ちくま新書

ヨーロッパ冷戦史

山本 健
Yamamoto Takeshi

1550

ヨーロッパ冷戦史【目次】

はじめに

冷戦が終わり三〇年が経つ。その間、数多くの冷戦史の本が書かれてきた。戦後ヨーロッパ史の本も少なくない。重厚な訳書も、いくつも出版されている。しかし、ヨーロッパという地域に焦点を当てた冷戦の通史は、洋書も含めて、実は驚くほど少ない。

その理由は、わからなくもない。米ソを中心としたグローバルな冷戦史を書くにしても、その「主戦場」であったヨーロッパに関しては、それなりの紙幅を割《さ》いて論じられるため、「ヨーロッパ冷戦史」は冷戦の通史の中にある程度回収されてしまうからである。ドイツの分断やベルリン危機、ハンガリー動乱、ワルシャワ条約機構軍のチェコスロヴァキア侵攻、ポーランド危機などなど、戦後ヨーロッパにおける主立った事件は、どれも冷戦史の中で多かれ少なかれ取り上げられることになる。だとすると、あらためてヨーロッパに焦点を当てた冷戦史を書く意味はあるのだろうか。

ある、と私は考える。

冷戦史の研究は、この数十年の間にめざましく進展した。米ソ超大国のみならず、最初は西ヨーロッパの主要国の史料が利用可能になり、冷戦後には東側陣営の史料も開示されるようになった。さらにアジア、アフリカ、ラテンアメリカの国々の史料を用いた研究もますます増加している。中国に関する冷戦史研究も驚くほど増えた。政治外交や軍事のみならず、経済、社会、文化の領域に焦点を当てた冷戦研究も活況を呈して久しい。近年では、中立・非同盟諸国間の協調と対立や、第二世界（東側陣営）と第三世界との関係を一次史料に基づいて論じる研究まで現れている。冷戦をまさにグローバルに理解し、グローバルなものとして記述することが、スタンダードになっている。

しかしながら、ヨーロッパに関する冷戦史研究が停滞していたわけではまったくない。ヨーロッパ諸国・地域に関する冷戦史研究も一貫して増え続けている。小国も含め、様々な国の史料が利用され、多くの研究が学術雑誌において、あるいはテーマごとの論文集の形で生み出されている。また、冷戦時代のヨーロッパ各国や主要政治家を詳しく分析した歴史研究も次々と出版されている。

だが、冷戦史をグローバルに描くとき、グローバルな研究が増えたがゆえに、ヨーロッパに関する記述は制限されることになった。記述が減ったとはいえないかもしれない。しかし、グローバルにバランス良く描くためには、ヨーロッパのことばかりを書くわけにもいかない。その結果、蓄積されたヨーロッパに関する冷戦史研究の成果の多くが、十分に活かされないままになってしまったように思える。

それゆえ、本書はあえてヨーロッパに焦点を当てて冷戦史を描くことを試みる。西欧諸国は東欧諸国とどのように向き合ったのか。逆に、東欧諸国は西欧諸国とどのように対峙《たいじ》し、あるいは関係を発展させようとしたのか。アメリカの東欧政策は、どのようなものだったのか。ソ連の西欧政策はどのようなものだったのか。西と東、それぞれの同盟国内でどのような対立があったのか。ワルシャワ条約機構とは何だったのか。ソ連は、ヨーロッパ統合をどのように見ていたのか。東西貿易の実体は。東欧革命が起こっていたとき、西側諸国は何をしていたのか。東西のヨーロッパ諸国は、どのようにヨーロッパ冷戦の緊張を緩和し、安定させようとしたのか。冷戦の対立を乗り越えるどんな秩序が構想されていたのか。本書は、これまでの研究蓄積に依拠しつつ、グローバルな冷戦史の中では捨象されてしまう、あるいはごく簡単にしか触れられない話についても取り上げていきたい。

とはいえ、こぼれ話を羅列するわけでは、むろんない。本書では、ヨーロッパにおける冷戦を、以下のような視角から俯瞰し、その特徴や独自のダイナミズムを浮き彫りにしたいと思う。本書に関心を持たれた読者に、冷戦時代のヨーロッパが東西に分断されていたことは説明するまでもないだろう。本書はまず、冷戦期ヨーロッパの東西双方に注目しつつ、東西間の対立と緊張緩和の過程を描くことを試みる。西側陣営（米国・西欧関係）や東側陣営（ソ連・東欧関係）のどちらかに偏ることなく、ヨーロッパ冷戦の全体像を素描することが、本書の最大の目的である。

またヨーロッパの各国史の寄せ集めではなく、東西の「陣営《ブロック》」に焦点を当てる。戦後ヨーロッパ史の本は、東西双方の多数のヨーロッパ諸国を取り上げ、その内政や、社会経済、文化芸術、さらには思想のはやり廃りにいたるまで、幅広い領域の歴史的変遷を描いており、その博覧強記ぶりにしばしば圧倒される。しかし、ヨーロッパ各国について多くを知ることはできるが、ヨーロッパ冷戦の特徴である「陣営」という側面についての記述は限定的である。ヨーロッパ統合の発展については、今日のヨーロッパを知る上で不可欠であるため、それなりの紙幅を割いて語られることが多い。だが、NATOやワルシャワ条約機構、あるいはコメコン（経済相互援助会議）について、あるいは陣営内国際関係についてはあまり語られない。本書は、ヨーロッパ冷戦史として、NATOやワルシャワ条約機構、欧州共同体（EC）やコメコンに注目し、陣営内の協調や対立について論じたい。

もちろん、東西両陣営をそれぞれ別個に並べて語るだけでは、ヨーロッパ冷戦史にはならない。東西両陣営の間の対立と緊張緩和を描くことが、ヨーロッパ冷戦史の中心となる。ここでも、三つの領域に注目する。第一に、軍事的対立と、軍事領域における緊張緩和である。第二に、経済的分断、禁輸措置、経済制裁といった経済冷戦と、通商協定や東西貿易などの経済領域における緊張緩和である。そして第三に、ドイツ問題や戦後の国境線をめぐる政治的対立と、現状を相互に認め合うことによる緊張緩和である。特に、東西間の緊張緩和を求めると、それぞれの陣営内で軋轢が生じ、陣営内の結束を重視すると、東西対立につながるというように、東西関係と陣営内国際関係が連動したヨーロッパ冷戦のダイナミズムに注目する点が、本書の特徴といえよう。

中でも本書は、ヨーロッパ冷戦における東西貿易がどのように発展したのかについて、他の冷戦史よりもやや詳しく論じている。冷戦における経済領域は、軍事領域や政治領域とともに重要である。にもかかわらず、通史的な冷戦史となると経済面は極めて限定的にしか叙述されない。とりわけヨーロッパにおける冷戦期の経済関係については、一定の研究蓄積がある。本書はヨーロッパ冷戦に焦点を当てることで、これらの知見を活用し、通史的記述の中に経済的次元を組み込むことを試みている。

東西ヨーロッパが対立する中で、対立を緩和し、あるいは冷戦の対立を乗り越えるためのさまざまな構想や提案についても、本書は積極的に取り上げた。そこに、米ソ超大国間の冷戦とはまた異なった、ヨーロッパ冷戦の独自性があると考えるからである。

ヨーロッパと一口に言っても、それなりに広く、国の数も多い。北欧や地中海・バルカンにおける冷戦、あるいは東西両陣営に属さないヨーロッパの中立諸国にとっての冷戦については、コラムの中で取り上げてみた。コラムという限られたスペースのため、スナップショット的な描写にならざるを得ないが、ヨーロッパ冷戦の多様な側面を知る一助となれば、本書の存在意義に貢献することになるだろう。

本書は、おおむね時系列的に描かれている。まずは、第二次世界大戦末期から戦後にかけて、ヨーロッパとドイツがどのように東西に分断されていったのかから話を始めることにしよう。

第一章

ヨーロッパの分断
——1945～49年

ベルリンへの大空輸作戦。西ベルリンのテンペルホーフ空港にて(1948年)。

ソ連赤軍がベルリン近郊に到着したのは一九四五年の四月であった。ヨーロッパにおける第二次世界大戦末期、ソ連軍と英米軍がドイツに向かって東西から攻め上がっていた。他方の英米連合軍は、三月末にライン川を渡り、ドイツ国内に進軍していた。米軍の先遣隊がドイツをさらに東へと進み、エルベ川を越え、ソ連兵と合流したのは四月二五日。それが、両軍の兵士が初めて邂逅を果たした瞬間であった。「エルベ川の出会い」と呼ばれている。米兵とソ連兵は、互いの言葉が分からないながらも、酒を酌み交わし、この出会いを喜び合った。

そのころドイツ帝国の首都ベルリンでは、ソ連軍とドイツ軍との間で激戦が繰り広げられていた。ヨーロッパにおける第二次世界大戦の最後の猛攻撃が開始されたのは、四月半ばである。激しい爆撃の最中、アドルフ・ヒトラーは四月三〇日に自殺した。その日、ブランデンブルク門にはソ連赤軍の旗が掲げられた。英米軍もベルリンを目指すべきである。イギリスの首相ウィンストン・チャーチルはそう主張していたが、アメリカのドワイト・アイゼンハワー将軍は米兵の戦死者が増大するのを望まず、ベルリン攻防戦には参加しなかった。ベルリンは五月二日に陥落し、ソ連軍が占領した。ドイツが無条件降伏したのは、その五日後のことである。

ドイツ降伏の報が届くと、ロンドン、モスクワ、そしてニューヨークで歓喜が沸き上がった。人々は街頭に繰り出し狂喜乱舞した。だがヨーロッパは、戦争によって計り知れないほどの被害を受けていた。ドイツ軍の占領、ソ連軍の進撃、そして英米軍の絨毯爆撃によって多くの都市や町が破壊され、あるいは略奪された。三六五〇万のヨーロッパの人々が戦争で死亡したと見積もられている。その半数は、非戦闘員であった。生き延びた者も、皆飢えに苦しんでいた。あらゆるインフラやサービスが崩壊し、経済は破綻していた。そのような中、五月八日、チャーチルはBBC放送を通じて、「対独戦争は終わった。……彼らは今、我々の前にひれ伏した」と勝利演説を行った。彼は、「自由の大義よ、永遠なれ」と叫んだ。だがその四日後、「私はヨーロッパの状況について深刻な不安を抱いています」と述べる電信を、チャーチルはアメリカ大統領に送った。その電信の中でチャーチルは、「彼ら（米英軍）の前線の上には鉄のカーテンが引き下ろされています」と訴えていた。

1　鉄のカーテン

第二次世界大戦後のヨーロッパは、わずか数年のうちに東西へと分断されていく。だがそれは、必ずしも一九四五年の時点で確定された姿だったわけではない。主要各国が抱いていた戦後構想は、実際の歴史の中で起こったものとは異なるものであった。米英関係も、米仏関係も良好だったわけではない。当初より、アメリカとイギリスがともに一つの陣営をつくろうとしていたわけでもない。ソ連もまた、米英との協調を継続することは必要だと考え、はじめから東欧諸国とともに共産主義陣営をつくることを構想していたわけでもなかった。戦後のヨーロッパの東西分断は、必ずしも既定路線ではなかったのである。本節ではまず、戦後ヨーロッパの形成に最も大きな影響を持った英米仏ソの戦後構想を概観し、とくにポーランド問題とドイツ問題に焦点を当て、相互不信が高まっていく過程を見ていくことにする。

†ソ連の戦後構想

確かにソ連は、戦争を通じて東欧諸国を支配下に収めていった。一九四三年にスターリングラードの戦いでドイツ軍に勝利を収めると、ソ連軍は反撃を開始する。四四年には、ポーランド、チェコスロヴァキア、ルーマニアへ軍を進めた。秋から夏にかけて、ブルガリアを通って、ユーゴスラヴィアまで迫っていった。ソ連軍は一一月、枢軸国側について戦っていたハンガリーにも侵攻し、翌四五年四月初頭にハンガリー全土を制圧した。ヒトラーとの戦争が始まる以前に、独ソ間の取り決めで獲得した領土を確保する。これが、ソ連の指導者ヨシフ・スターリンが設定した、最低限の戦争目的だった。さらにスターリンは、ソ連の安全保障のために、ヨーロッパを勢力圏に分割することを考えていた。早くも一九四一年末に、彼はソ連を訪問していたイギリス外相アンソニー・イーデンに対して、その構想を披瀝していた。

とはいえスターリンは、ソ連軍が占領する地域に共産主義政権をすぐに植え付けようとしていたわけではなかった。むろん、ソ連に敵対的な政権が誕生するのを許すつもりはなかった。スターリンがとっていたのは、「国民戦線」戦略である。すなわち、ソ連の「勢力圏」の国々に、ファシズムに対抗する国民解放戦線を組織化することを目指したのである。この国民戦線は、左翼勢力だけでなく、すべての反ファシズム勢力の連合を意味し、複数政党制を認めるものであった。共産党の活動が活発になることは望ましかったが、共産主義者の最も重要な目的は国内で同盟相手を見つけることであり、支配的な地位を獲得することではないとされていた。モスクワからの指令は、共産主義のスローガンは使うな、プロレタリア独裁について語るな、だった。

国民戦線戦略の最初の適用例がチェコスロヴァキアである。ソ連は一九四三年一二月に、チェコスロヴァキアのロンドン亡命政府の大統領エドヴァルド・ベネシュと友好相互援助協力条約を締結した。ベネシュは共産主義者ではなかったが、四五年四月に彼が率いる亡命政府が帰国を果たすと、チェコスロヴァキア共産党と国民戦線を結成し、連立政府を樹立させた。ベネシュの側も、かつて三八年九月のミュンヘン会談でチェコスロヴァキアが英仏に見捨てられた経験から、ソ連との関係を重視していた。ソ連軍も、戦後早期にチェコスロヴァキアから撤退し、同国はソ連の統制が直接及ばない状態をしばらく享受することができた。次章で論じるように、四八年二月にクーデターが起こるまでのことではあるが。

ポーランドでは、しかし、国民戦線戦略はスムーズにはいかなかった。というのも、一九三九年八月の独ソ不可侵条約の秘密議定書に従ってドイツとソ連によって分割されてしまったポーランドでは、ドイツのみならず、ソ連に対しても強い不信感がもたれていたからである。独ソに支配されてしまった後、ポーランド政府はロンドンに亡命していた。ドイツがソ連に侵攻すると、スターリンはロンドンのポーランド亡命政権をいったんは認めた。だが、その関係は長続きせず、四三年に関係は断絶する。

他方でソ連軍がポーランドに入ると、モスクワでポーランド国民解放委員会が発足し、それがポーランド入りし政府業務を始めることとなった。ルブリンを拠点としていたことから、ルブリン政権とも呼ばれる。スターリンは、チェコスロヴァキアのベネシュ亡命政権の帰国は認めたが、ポーランドのロンドン亡命政権の帰国を認めようとしなかった。スターリンの安全保障認識においてポーランドの地理的位置はソ連にとって極めて重要であり、ポーランドに親ソ政権を樹立することは最優先課題であった。それゆえ、ポーランドにおける国民戦線戦略の実施も強引なやり方で進められたのだった。

それでもスターリンは、米英と対立するのではなく、協調することで自身の目的を達成するつもりだった。ヨーロッパの共産化には数十年はかかると想定されていた。資本主義国と社会主義国との間の戦争は、いずれ不可避であったとしても、遥か先のことだと想定されていた。

むしろ資本主義国同士の対立が起こることをスターリンは期待しており、ソ連では米英との関係の安定化を通じて戦後復興を進めることが先決であると考えられていた。だが、米英との良好な関係を維持しつつソ連の政治目標を達成することは容易ではなかった。スターリンはその解を見つけることができないまま、冷戦の対立が形作られていくことになる。

†チャーチルのパーセンテージ協定

勢力圏を分けるというスターリンの考えは、チャーチルも望むところであった。それを示す有名な事例が、一九四四年一〇月にチャーチルがモスクワを訪問した際に交わされた「パーセンテージ協定」である。同協定では、ギリシャについてはイギリスが九〇%、ルーマニアについてはソ連が九〇%、ユーゴスラヴィアついてはともに五〇%ずつ、などと勢力比を取り決めていた。ソ連軍がバルカン半島に進撃し、ギリシャでは共産党が主導するレジスタンスの活動が活発になる中、東地中海での影響力を確保しイギリス帝国に通じるエンパイア・ルートを維持するためにも、チャーチルは、ソ連の勢力圏としてルーマニアとブルガリアを認めることにしたのである。

またこの時点でチャーチルは、米英ソ三大国の協調を維持することを最優先としていた。チャーチルは反共主義者であったが、一九三九年に第二次世界大戦が勃発した際、イギリスは孤立を経験したからである。ソ連はドイツと独ソ不可侵条約を締結し、アメリカは中立の立場を維持し、フランスはドイツ軍にあっけなく敗北したため、イギリスは一国でヒトラーのドイツと対峙するという苦しい時期が続いた。四一年六月にドイツが独ソ不可侵条約を破り独ソ戦が始まり、一二月には日本が真珠湾を攻撃しアメリカが参戦することになると、米英ソ三国による大同盟が実現し、イギリスはようやく孤立から抜け出すことができた。

ドイツとの戦争に勝利するためにも、チャーチルにとって米ソとの協力は不可欠であった。イギリス外務省内では、すでに四四年半ばから、米ソに対する第三の勢力をイギリス主導で構築するという戦後構想が温められたが、チャーチル自身は戦時中に戦後構想を明確にすることを避け、ソ連の膨張を警戒しつつも、米ソに対して柔軟な交渉ができる立場を維持し続けた。しかしながら、ロンドンにポーランド亡命政府を抱えるイギリスとしては、ポーランド問題に関してソ連と合意を見いだすのは困難であり、この問題がソ連との最初の大きな対立点となる。

†ポーランド問題

ポーランドの行く末は、米英ソ三巨頭による、戦時中に行われた一連の首脳会談の中で決められていった。ポーランド問題、とりわけポーランドと将来のドイツとの国境線の問題は、冷戦時代を通じて何度も問題となり、冷戦の終焉まで尾を引くことになる。それゆえ、ここでやや丁寧に説明しておきたい。

三巨頭の間で問題となったのは、大きくポーランド政府の問題と、国境線問題の二つに分けられる。まず後者について、ポーランドの（そしてドイツの）国境線は、戦前と戦後で大きく移動させられることとなった。スターリンはとりわけ、ドイツとの密約に基づき一九三九年に侵攻して手に入れたポーランド東部を手放すつもりはなかった。まだ戦時中の四三年にテヘランで開かれた会談で、米英がスターリンの主張を受け入れた結果、ポーランドの東側国境が大きく西方へ移動することとなった。さらに、旧ポーランド領の東側がソ連領となった埋め合わせとして、ドイツ帝国の東部がポーランド領となり、ポーランドの新たな西側国境はオーデル・ナイセ線（オドラ・ヌィサ線）とされた。ポーランドの領土を西方、すなわちドイツ側に三〇〇キロメートル以上移動させることで基本合意がなされたのである。ロンドン亡命政権はこのような取決めに強く反発し、そのことがソ連との関係悪化の主な要因の一つとなった。

ヒトラーのドイツを倒すためにもソ連の力は不可欠であり、それゆえ米英には、ポーランドの国境線についてスターリンに譲歩する準備があった。またポーランド政府の問題についても、米英はソ連に大幅に譲歩することになる。しかしながら、この問題は特に、両国の対ソ不信を増幅させる原因となっていった。イギリスとポーランドは、戦前、同盟関係にあったからである。そのポーランドにドイツ軍が一九三九年に侵攻したことから、イギリスはドイツに宣戦布告し、ヨーロッパにおける第二次世界大戦が勃発した。いわば、イギリスはポーランドのために戦争を始めたわけである。ポーランド政府は、同盟国たるイギリスのロンドンに亡命することとなった。だがソ連軍は、一九四五年一月に首都のワルシャワを解放すると、そこにロンドン亡命政府ではなく、すでに臨時政府を宣言していたポーランド国民解放委員会を首都に入城させた。英米が承認していたのはロンドン亡命政府の方だったため、翌月のクリミア半島の保養地ヤルタで開かれた三巨頭会談では、ポーランド政府の問題が焦点となった。

アメリカは、英ソと異なり、勢力圏を分割するという発想を嫌っていた。ヤルタ会談に出席したフランクリン・ローズヴェルト大統領は、四四年一〇月の英ソ間の「パーセンテージ協定」を黙殺し、代わりにチャーチルとスターリンに対して、「ヨーロッパ解放宣言」の受け入れを迫った。同宣言は、戦後ヨーロッパ諸国の政治体制が自由選挙によって選ばれた人々によって構成される民主的な政府になることを謳っていた。アメリカとしては、ポーランドを含む東欧を実効支配するソ連の実質的な勢力圏を受け入れざるを得なかったが、自由選挙に基づく民主主義という要素を主張することで、その中身について一定の制約を課そうとしたのである。

スターリンは、アメリカへの譲歩として同宣言に調印することを受け入れた。だが本音では、「(調印は)たいしたことではない。我々は我々のやり方を踏襲するだけだ。大切なのは力関係である」と彼は考えていた。チャーチルもまた、「ヨーロッパ解放宣言」に調印はしたが、それが掲げる理想は手の届かない星のようなものであると考えていた。

スターリンはむしろ、ポーランド問題で実質的な譲歩を勝ち取った。米英は、ポーランドにおいて速やかに自由選挙を実施するとの条件付きで、しかし、ポーランド国民解放臨時政府が核となる連立政権を発足させることに同意した。一九四五年六月末にポーランドで発足した挙国一致政府に参加することができたロンドン亡命政府系の政治家は、わずか五名であった。政府の主要なポストは、共産党が独占した。ローズヴェルトがヤルタ会談において譲歩したのは、ポーランド問題よりも、国際連合の創設や極東における日本との戦争へのソ連参戦に関する合意を実現することの方が優先順位の高い問題だったからである。

ヤルタ会談では、ポーランドの国境問題、特に西側国境線の問題も論争となった。というのも、オーデル・ナイセ線のナイセ川には西ナイセ川と東ナイセ川があり、スターリンが突如、西ナイセ川を国境線とすべきと主張したからである。チャーチルは東ナイセ川で合意していたと考えていたため、激しく反発した。西ナイセ川と東ナイセ川との間のシュレージエンは数百万のドイツ人が住む地域であったが、西ナイセ線が国境線になるとこの地域がポーランド領になってしまうからであった。この問題はヤルタでは決着がつかず、七月に開催される次のポツダム会談に持ち越された。結局ポツダム会談では、米英ソの間で、スターリンが主張した西ナイセ線が暫定的な国境線と定められ、平和条約締結時に国境線を正式に画定することで合意がなされた。

だがこの点が、後に問題となる。なぜなら、ドイツが東西に分断され、平和条約自体が締結できなくなり、関係国すべてが合意する形で国境線を画定できなくなるからである。ポーランドの西側国境線は、ドイツの東側国境線でもある。そして後の西ドイツが、ポーランドとの国境線を分断ドイツが再統一されるまで承認しないとの立場をとることになるのである。その背景に、国境線の変更によって追放されたドイツ人による反対があった。ポーランドに併合されてしまった旧ドイツ領から、多数のドイツ人が西ドイツへと逃げ延びた。そして住み慣れた土地を奪われた彼らは、西ドイツ内で、ポーランドとの新たな国境線を認めないとする一大勢力となり、無視できない存在となっていくのである。この国境線問題は、ヨーロッパ冷戦の一要素を構成することとなる。

†ドイツの戦後処理

スターリンは、ソ連の安全保障にとってポーランドはドイツよりも重要であると考えていたが、ドイツ問題はヨーロッパ冷戦の中核となっていった。戦後のドイツのあり方に関しては、連合国の間で戦時中から多くの議論が積み重ねられていた。中にはドイツを農業国にし、ドイツ全土をジャガイモ畑にするといった案もあったが、非現実的であるとして却下されていた。

一九四四年以降、ドイツは、米英仏三国で分割占領するという構想がまとまっていった。戦後ドイツの詳細については、ヤルタ会談とポツダム会談で議論された。四五年二月のヤルタ会談では、連合国のドイツ最高管理機関として、米英ソ三大国の軍司令官からなる連合国管理理事会（ACC）をベルリンに設置することが決められた。さらに、チャーチルの強い主張によって、フランスがドイツ占領の一角を占め、ドイツは米英仏ソ四カ国により分割占領されることとなった。ローズヴェルトが、アメリカはドイツ降伏後二年以内にヨーロッパから撤退すると言明したことから、ソ連に対抗するためにもフランスを引き込むことが重要であるとチャーチルが考えた結果であった。また四カ国の共通の目的として、ドイツの全面的武装解除と、非ナチ化を通じたナチズムと軍国主義の根絶が合意された。

中でもスターリンが最もこだわったのが、ドイツに対する賠償問題である。彼は二〇〇億ドルという賠償額を提示し、その半分をソ連が受け取る権利があると主張した。ドイツに対して過酷な賠償を課すことに否定的であった米英は強く反発し、ヤルタ会談は賠償額を特定しないまま終わった。

二月のヤルタ会談から七月のポツダム会談開始までに、多くの重要な出来事が相次いだ。まず、すでに重篤状態でヤルタ会談に出席していたローズヴェルト大統領が四月に死去し、副大統領だったハリー・トルーマンが大統領に昇格した。トルーマンは外交経験が乏しく、ローズヴェルトが行ってきた戦時外交についても蚊帳の外だった。彼は、国務省やローズヴェルトから引き継いだ外交顧問から、ソ連がこれまでポーランド問題などに関して非妥協的な態度を取ってきたとの説明を受け、ソ連に対する不信感を植え付けられたことで、対ソ強硬路線を取るようになる。また、すでに冒頭で触れたように、五月七日にドイツが無条件降伏し、ヨーロッパにおける戦後が始まる。その約一月後の六月五日には、ドイツの最高権力を引き継ぐことを定めたベルリン協定が調印され、ヤルタでの合意に沿って、米英仏ソによる連合国管理理事会が発足した。ドイツ敗北後、ベルリンはソ連が排他的に占領を続けていたが、六月末に管理理事会の第一回会合が開かれた。米英仏軍がベルリンに進駐したのは、ようやく七月一日になってのことである。ベルリンもまた、米英仏ソの四カ国で分割されることになった。さらに七月一六日には、アメリカが人類初の核実験を成功させ、ここに核時代が幕を開ける。

その翌日の七月一七日から開催されたのがポツダム会談である。この会談ではドイツ問題に関していくつかの合意がなされたが、むしろドイツをめぐる後の対立の源泉を生み出すこととなった。というのも、その合意内容は曖昧で、矛盾を含んでいたからである。米英ソ三国はフランスとともにドイツを分割占領することとなったが、ポツダム協定において「ドイツは単一の経済単位として扱わなければならない」とされ、統一ドイツが建前とされた。しかしその一方で、各占領地区の最高司令官はそれぞれの占領地区に関して最終的な決定・執行の決定の権限が与えられた。連合国管理理事会の決定は全会一致制であったため、各国が事実上の拒否権を行使し機能不全に陥っていく。そのような中、各占領地区では独自の占領政策が進められることになり、統一ドイツの建前は形骸化していくことになるのである。

†ドゴールのフランス

ヤルタ会談の結果、フランスはドイツ占領の一角を担えるようになったが、戦後直後のフランスは、西側陣営の一員という姿にはほど遠かった。フランスは、一九四〇年六月にヒトラーのドイツに敗北を喫していた。フランスの北半分はドイツに占領され、南半分がドイツの傀儡《かいらい》であるヴィシー政府が統治した。だがシャルル・ドゴール将軍はイギリスに亡命し、「自由フランス」運動を組織し、ヒトラーへの抵抗をつづけた。四四年六月初頭、ソ連軍が東欧への進攻を続けていたころ、米英軍はノルマンディ上陸作戦を開始し、八月末にはパリ防衛ドイツ軍を降伏させ、パリを解放した。ドゴールもすぐにパリ入りする。八月二六日にはシャンゼリゼ通りを行進し、彼はパリ市民の熱狂的な歓迎を受けた。当時ドゴールは「フランス共和国臨時政府」の代表を自任していた。だが、それが米英ソ三大国に正式に承認されるのは、一〇月末まで待たねばならなかった。

ドゴールが目指していたのは、偉大な大国フランスの復活だった。そして彼が最も重視したのがドイツ政策である。ドゴールはドイツの弱体化を求め、ドイツからルール、ザール、ラインラントを分離し、ルールは国際管理の下に置き、ザールとラインラントはフランスが管理することを目指した。このようなドイツ政策への支持を得るため、ドゴールは四四年一二月にモスクワを訪問し、ソ連とフランスとの間で反ドイツ条約を締結する。だが結局、フランスのドイツ政策への支持をスターリンから得ることはできなかった。アメリカからも冷遇され、ドゴールはヤルタ会談にもポツダム会談にも招待されず、彼の反米意識は強まっていった。この反米意識は、ヨーロッパ冷戦の中で西側陣営が制度化され、それがアメリカの支配体制としての側面も持つようになると、西側陣営を揺るがすドゴールの独自外交という形となって後に現れることになる。

†ベヴィンのイギリス

戦後のイギリス外交を主導したのは、チャーチルではなく、アーネスト・ベヴィンであった。一九四五年七月二五日にイギリスで総選挙が行われ、政権交代が起こり、チャーチルは下野させられてしまったからである。まさにポツダム会談が開かれている最中のことであった。イギリスでは戦時中に総選挙は行われず、一九四〇年からはチャーチルが挙国一致内閣を率いていた。ドイツが降伏したことで総選挙が実施されたのだが、その結果、チャーチルの保守党は敗北し、労働党が勝利することとなった。失意のチャーチルがポツダムに戻ることはなかった。新たな労働党政権の首相にはクレメント・アトリーが、そして外相にはベヴィンが就任することとなった。アトリー首相は内政に専念し、ベヴィン外相が以後六年間、実質的にイギリス外交を担うこととなる。

ベヴィン外相が目指したのは、世界大国としてのイギリスの地位を維持することであった。実際、一九四五年のイギリスは依然として世界中に植民地を保有しており、イギリスの元植民地で自治領となっていたカナダやオーストラリア、ニュージーランド、南アフリカとともにコモンウェルス（英連邦）も形成していた。またイギリスは当時、世界第二位の海軍力を保持していた。だが、ヨーロッパでの戦争が終わった時点で、イギリス経済は事実上、破産していた。労働党政権が誕生する直前の七月一一日、英外務省では戦後構想に関する覚書《おぼえがき》が作成され、三つの主要課題が示された。第一にソ連による東欧支配への対抗、第二にドイツの管理、そして第三にヨーロッパの経済復興である。ソ連の脅威に対してはアメリカの支援が必要であったが、アメリカもまたイギリスの世界大国としての地位にとって脅威であると認識されていた。フランスや他の西欧諸国、さらにイギリス帝国および自治領諸国を束ねることで、イギリスは依然として世界大国であることを示す必要があると、その覚書は主張していた。ベヴィンも外務大臣になって間もない八月一三日、ヨーロッパ大陸との緊密な政治的、経済的、軍事的つながりを構築することを望み、英仏の友好関係がその基盤であるとの考えを披瀝した。

イギリスに労働党政権が新たに発足したとき、米英関係は良好とはいいがたかった。チャーチルの代わりにポツダム会談に戻ったアトリーとベヴィンは、早速苦い経験を味わう。チャーチルと同様に、ベヴィンはポーランドとドイツの新たな国境線を東ナイセ川にすべきと主張した。だが米ソは、イギリス抜きで、ポーランドの国境問題とドイツに対する賠償問題をワンセットにする妥協を進めてしまっていた。アメリカは、西ナイセ川を主張するソ連の立場を受け入れた。賠償は、各国が各占領地域から取り立てることを原則としつつも、ソ連が西側占領地域から追加の賠償を得られることとなった。このことは、イギリス占領地区からも賠償がソ連に支払われることを意味し、ベヴィンは激怒した。しかし妥協案の大枠はアメリカとソ連との間の非公式協議の中で決められてしまっており、イギリス側はそれを甘んじて受け入れるほかなかった。ポツダムからロンドンに戻ったベヴィンは、アメリカがイギリスを対等なパートナーとして扱わなかったことに憤った。

トルーマン政権が、戦時中の同盟国だったイギリス（とソ連）への援助を突如として打ち切ったことも、アトリー政権に衝撃を与えた。アメリカは一九四一年からイギリスやソ連などに対して武器貸与法に基づき、膨大な軍需物資を提供してきた。しかし、四五年八月初頭にアメリカが広島と長崎に原爆を投下し、ソ連が日本に宣戦布告したことで、同月一四日、日本がポツダム宣言を受諾し、それを連合国側に通告する。するとトルーマン政権は、一七日、戦争は終わったとのことで武器貸与援助の停止を発表したのである。イギリスはすぐさま、ドル不足に直面し、財政が深刻な打撃を受けるとしてアメリカ側に遺憾の意を伝えた。だが米国務省は、労働党政権を、国内においては社会主義的で、国外においては植民地を維持し続ける帝国主義的政府であるとみなし、イギリスに寛大な援助を続ける意思を持っていなかった。イギリス側でも、次章でさらに論じるように、長期的には米ソに対抗する第三の勢力を、イギリス主導で構築するという可能性を模索することになる。米ソを頂点とする二つの陣営が対立し合うという構図は、まだ現れてはいなかった。

とはいえ、早くも英ソ対立が姿を見せ始めていた。ソ連を脅威であるとする認識は、アメリカよりも早く、イギリスにおいて強まっていた。イギリスが植民地帝国を維持しようとしたため、戦後処理を通じて世界的に影響力を拡大しようとしたソ連と衝突することになったのである。

イギリスにとって、ドイツに次いで重要だったのが、東地中海と中東だった。中東にはイギリスにとって死活的利益である石油が存在し、東地中海はその中東への玄関口であった。そのような中、まずイギリスを驚愕させたのが、ソ連がトリポリタニアを要求したことであった。トリポリタニアとは、イタリアが植民地にしていたリビアの西側半分の地域である。北アフリカにおけるかつてのオスマン帝国の属州の一つに、その名は由来する。イギリスは、イギリスが戦争で弱体化したことを利用して、ソ連が地中海に影響力を拡大しようとしているのではないかと懸念した。事実スターリンは、敗戦した枢軸国の旧植民地を手に入れられるのではないかと考え、トリポリタニアは地中海への足がかりになると認識していた。また、イギリス帝国を弱めるため、アメリカはこのソ連の要求に反対しないだろうとも予想されていた。予想に反しアメリカは、イギリスとともにソ連に猛反発する。ソ連は結局トリポリタニアを断念した。

だが、イランにおけるソ連の行動も、ベヴィンの対ソ不信を増大させた。イランに進駐していたソ連軍を、スターリンが期限までに撤退させなかったからである。こうして、四六年にはイギリス内で対ソ強硬的認識が支配的になっていった。

同年三月五日、野党党首となっていたチャーチルもまた、アメリカ・ミズーリ州フルトンにおいて、最も有名な演説の一つを行う。そこでチャーチルは、「バルト海のシュテッテンからアドリア海のトリエステにいたるまで大陸を横断する鉄のカーテンが下ろされた」と語った。「鉄のカーテン」という言葉はすでに四五年の時点でトルーマン大統領への電信の中で用いられていた。だが、この四六年のフルトン演説によって一躍有名となり、冷戦を象徴する言葉として人口に膾炙《かいしゃ》することになるのである。

2 ドイツをめぐる対立

戦勝国の利害と戦後構想は様々であった。それが対立と相互不信の源泉となっていった。中でも、戦後ドイツをめぐる各国の思惑の違いを克服することは容易ではなかった。米英仏ソ四カ国が合意できるドイツ問題の解決策を見いだせなかったことが、ヨーロッパを東西に分断していく背景を作っていくことになる。この節では、四カ国の対ドイツ政策を概観し、その対立の構図を見ていきたい。

†フランスとソ連の対独政策

ポツダム会談で、ドイツは経済的統一体として扱われることになった。だが同時に、ドイツは米英仏ソ四カ国によって分割占領されることとなった。ドイツ全体の問題について決定を下すのは、ベルリンの連合国管理理事会だった。しかしこの理事会は全会一致制をとったため、占領各国が対立する中ですぐさま機能不全に陥ってしまう。

特に拒否権を積極的に利用したのが、フランスだった。フランスは、強いドイツが復活することを恐れていた。ドイツが再びフランスに侵攻することを阻止するためにも、ドイツは非軍事化されるのみならず、経済的にも非武装化され、政治的には分裂させられなければならなかった。それゆえ、中央集権的な行政機構を樹立することに強く反発し、ドイツは権力が分散された緩やかな連合国家になることをフランスは望んだ。さらに、ザール、ラインラント、ルールという三地域はドイツから切り離されるべきであった。ザールは経済的にフランスに統一され、ドイツがフランスに侵攻する際のルートとなるラインラントは長期にわたり占領下に置かれ、ドイツ工業の中心で良質な石炭を産出するルールは国際化されることがフランスにとって望ましい姿だった。フランスは賠償としてルールの石炭を求め、ドイツの工業水準を低く設定すべきとした。つまり、ドイツの経済復興は後回しということである。ヤルタ会談にもポツダム会談にも招待されなかったフランスは、米英ソ三国のこれまでの合意には縛られないと主張し、ドイツに関するこれらの目的を達成するため、連合国管理理事会において拒否権を連発するという強硬攻策をとったのである。

ソ連もまた、敗戦国ドイツに対して厳しい態度をとった。ソ連が最も重視したドイツ政策は、賠償の取り立てであった。第二次世界大戦で最も大きな被害を被ったのはソ連である。その死者の数は二七〇〇万人ともいわれる。ドイツ軍によって、少なくとも、一万七〇〇〇もの都市や町、七万の村が壊滅し、産業の七〇%、交通インフラの六〇%が破壊されたとされる。ソ連の経済復興のために、ソ連占領地区からは、工場や機械などがことごとく解体されソ連へと運ばれていった。ドイツへの復讐心もあり、戦後のドイツ人の生活などはスターリンには二の次であった。

ソ連軍がドイツを占領したとき、はっきりとしたドイツ政策の青写真がスターリンにあったわけではなかった。しかし、スターリンが当初から分断ドイツを望んでいたわけではなかったことは確かである。彼は、ドイツを分割占領することを受け入れはした。だが、ドイツ全土に対するソ連の影響力を維持するためにも、ドイツが統一体であることを彼は重視した。実際スターリンは、ドイツ共産党に対して、ドイツ分断を阻止するように指示していた。

†イギリスの対独政策

フランスやソ連のドイツ政策と真っ向から対立したのがイギリスであった。そしてイギリスは、対ソ不信と占領コスト軽減のため、ドイツ分断へと舵を切っていくことになる。ソ連が占領することとなったドイツ東部がドイツの中では農業地域であったのに対して、イギリスが占領したドイツ西北部は工業地帯であり、ドイツ経済の心臓部でかつての軍需産業の中心部でもあったルール地域を含んでいた。だがそれゆえに、イギリス占領地区だけで食糧をまかなうことはできなかった。原則としては、占領負担は占領軍ではなくドイツがまかなうことになっていた。しかし、瓦礫の山と化したドイツにそれを負担できるわけもなく、イギリスのドイツ占領コストは年間約七〇〇〇万ポンドにも上った。イギリス本国の再建にも必要な貴重なドルが流出することにもなり、ドイツ占領の負担は、イギリスに重くのしかかっていた。

連合国管理理事会における仏ソの非妥協的な態度は占領コスト軽減の妨げとなり、とりわけイギリスをいらだたせた。イギリスとしては、早期に占領を終わらせるためにも、ドイツの中央政府樹立が望ましかったが、フランスはそれを拒否し続けた。また、ドイツ経済の復興をどこまで認めるのかという点に関しても、イギリスは高い工業水準を主張した。ドイツが自力で賠償を払い、自前で必要なものを購入できるようにするためである。しかし、これに対しても仏ソが反対し、許容されるドイツの工業水準は低く抑えられてしまった。ソ連がドイツ経済の再建に反対するのは、ドイツ内で共産主義者を増やすためではないかとベヴィン外相は疑った。

イギリスにとって、ソ連をルール地域に関与させないことは特に重要だった。ソ連の影響力が及ばないようにするためにも、イギリスはルールの国際化に反対であるとフランスを説得した。こうして、イギリス政府内では、一九四六年春までに、ドイツを分断し、ソ連を排除し、西側三国の占領地区を統合し、独自のドイツ政策を進めていくのが望ましいとの認識が広がっていったのである。そして、ドイツが分断される際には、その責任はソ連にあるという形にすることも重要であると考えられていたのだった。

†アメリカの対独政策

アメリカのジェームズ・バーンズ国務長官は、当初、四大国によるドイツ問題の解決を目指した。しかし、米国務省内でもソ連に対する不信感がますます強まっていた。トルーマン大統領も、四六年一月初頭に「私はソ連を甘やかすのに飽きた」と述べるほどであった。バーンズは、ソ連の意図を試す最後の機会として、四月のパリでの米英仏ソ外相会議を利用した。そこで彼は、ドイツを二五年間非武装化し、国際管理の下に置くという構想を提案したのである。スターリンにとって最も重要なのはドイツに対する安全保障であり、ドイツを非武装化すれば、他の問題に関してソ連は譲歩するのではないかと期待したからであった。

スターリンは、しかし、このバーンズの提案を拒否した。ソ連側は、アメリカの目的が、できるだけ早くドイツの占領を終わらせ、ドイツからソ連を追い出し、ドイツへのソ連の影響力を弱め、ソ連が得られる賠償を減らし、ドイツの経済力と軍事力を温存し、それをソ連に対して用いることであると見なしていたからであった。

四六年前半の段階では、アメリカ政府もイギリス政府もまだ、全面的な反ソ政策を政府の最高レベルで決定していたわけではない。だが両政府内で、ドイツ経済の再建をヨーロッパ経済の復興に役立てるべきであるとの意見はすでに十分な支持を得ており、また軍部の中には、ソ連の軍事力に対抗するためにドイツの再軍備も必要であるとの意見があったことは確かである。ドイツから賠償をどのようにどの程度取り立て、ドイツ経済をどの程度どのような早さで復活させ、それをどの程度まで自国ならびにヨーロッパの復興と関連させるのか。ドイツをめぐるこれらの諸問題は、イデオロギーや安全保障問題と連動し、より広い文脈で解釈され、相互不信を増幅させていった。

ドイツ非武装化案を拒否されたバーンズは、ソ連の外交政策は帝国主義的なものであるとの結論に達した。四六年九月初頭のシュツットガルトでの彼の演説は、アメリカの対ドイツ政策の転換を明確にしたものとして知られる。演説の中でバーンズは、連合国管理理事会は機能不全に陥ったためポツダム協定はもはや履行できないと述べ、アメリカがドイツの経済復興を妨げることはないと明言し、占領下のドイツ人を勇気づけた。彼は、ドイツ経済を拡大させ、輸出を増やし、それによって輸入を増やすことでドイツが経済的に自立し、ヨーロッパの平均的な生活水準を享受できるようにすべきと宣言した。また、ドイツはヨーロッパの一部であり、ドイツの復興はヨーロッパ復興の一部であるとも強調した。アメリカは、ドイツに関してソ連と協力し続けることを断念したのだった。

†バイゾーン

かくして、ドイツは分断の方向へと動き始めた。すでにイギリスではベヴィンが、ソ連が非協力的であることから、ドイツを二つの国家へと分断する可能性を排除すべきではないと主張していた。統一ドイツがソ連と結びつくことはイギリスにとって最悪の事態であり、鉄のカーテンで分断されたドイツの西側を西ヨーロッパに結び付けることの方が望ましかった。また占領と復興のコストをまかなうため、イギリス占領地区は同地区にあるルールの石炭を他の占領地区に輸出することを禁止し、自分たちの占領地区のために利用するとの政策をとった。ルールの石炭はアメリカ占領地区にもヨーロッパの復興にも必要であると考えていたアメリカ側も、米英仏の占領地区を統合するとの提案を行った。

ソ連とフランスは、それをポツダム協定違反であると非難した。英米はフランスも占領地区統合に参加することを期待したが、フランスはすぐに加わることはなかった。フランスでは、四六年一月にドゴールが首相を辞任し、共産党、社会党、キリスト教民主党の連立政権が発足していた。連立政権は、米ソどちらの側にもつかない立場を維持し、むしろ東西間の架け橋を自認していた。

フランス外交の主導権は、すでにドゴールから外相のジョルジュ・ビドーに移っていた。しかし、強硬な対ドイツ政策はそのまま継続された。キリスト教民主党所属のビドー外相自身は、米英のドイツ政策に共感し、ドイツよりもソ連こそが脅威であると考えていたものの、フランスの国内世論に配慮し、また共産党を含む連立政権を維持するためにも、ソ連と露骨に対立することを避け、ドゴール時代のドイツ政策を維持したのである。占領地区の統合案に関しても、フランス独自の占領地区を維持することの方が、フランスにとってより有利な条件を引き出すことができるとの計算もあった。それゆえビドーは、占領地区統合へのフランスの参加を見送ったのである。その結果、米英占領地区の統合が先行することとなった。二つの占領地区が統合されたことから、英語では「バイゾーン」と呼ばれる。米英占領地区経済統合協定は四六年一二月に調印され、バイゾーンは翌四七年一月に発足する。フランスは参加せず、ソ連は統一ドイツをまだ諦めていなかったが、このバイゾーンがドイツの東西分断の原型となっていくのである。

3　分断ヨーロッパの制度化

†トルーマン・ドクトリンか共産党の排除か

一九四七年は、冷戦の起源の年であるといわれる。むろんそれ以前から、アメリカ、イギリス、フランスそれぞれの政府の中で対ソ不信は高まっていた。逆もまたしかりで、ソ連の対米不信も強まっていた。

従来から、アメリカによる冷戦開始宣言として注目されてきたのが、四七年三月のトルーマン大統領の演説であった。トルーマンは、上下両院合同会議においてギリシャとトルコへの援助を訴え、その際に「自由主義体制」と「全体主義的体制」という二つの生活様式で世界を二分する見方を公にしたのである。当時、ギリシャでは共産主義勢力が武装闘争を激化させており、トルコに対してはソ連が黒海への入り口であるボスポラス、ダーダネルス両海峡の支配権を得ようと圧力をかけていた。それゆえ、演説の中で使われた「全体主義的体制」は、ソ連・共産主義勢力を暗に意味していた。これが、いわゆるトルーマン・ドクトリンである。

だがトルーマン・ドクトリンは、ソ連のスターリンにはさほど重視されていなかったことが、今日では史料的に明らかにされている。むしろ一九四七年当時、スターリンの態度を硬化させた問題は、西ヨーロッパにあった。スターリンは、各国政府から共産党が追放されたことを深刻に受け止めていた。というのも、それは「国民戦線」戦略が崩れていったことを意味したからである。

西ヨーロッパの中では、ナチス・ドイツに対するレジスタンス活動で中心的な役割を果たしたことから、共産党が戦後のイタリアやフランスなどにおいて、国民の間で高い支持を得ていた。両国では共産党が連立政権入りし、四六年の選挙では、イタリア共産党は一九%、フランス共産党は二八・六％の得票率を獲得していた。だが連立政権内の政策対立から、四七年五月に、フランスでもイタリアでも共産党の閣僚が相次いで排除されることになった。スターリンが重視したのはこれらの出来事であった。

ソ連の戦後構想である「国民戦線」戦略は、共産党が他の政党と連立を組む形で政権に関与し影響力を維持することを目的としていた。だが、その戦略が西ヨーロッパにおいて崩れることとなった。その結果スターリンは、西側諸国との間で妥協を模索するという方針を放棄していったのである。

アメリカ側から見れば、確かにトルーマン・ドクトリンは象徴的な意味があったが、ソ連側からみると、「国民戦線」戦略の崩壊という点で、一九四七年が重要な年であった。さらに同年、西側と東側という陣営がヨーロッパにおいて制度化されていくことになる。

†マーシャル・プラン

何をもってして冷戦の起源とするかは論者によって異なる。だが、ヨーロッパの分断を制度的に固定化することになる最も重要なイニシアティヴは、アメリカの欧州復興計画提案である。およそ一二〇億ドルを支援することになるこのアメリカの提案の背景には、一九四六年から四七年にかけてヨーロッパを襲った厳冬があった。その吹雪は交通を麻痺させ、運河も凍り付くほどであった。工場は止まり、暖を取るための石炭も炭鉱から運べなくなった。一八八一年以来の厳しさといわれる冬が、まだ緒についたばかりのヨーロッパの戦後復興を著しく停滞させてしまったのである。いかにヨーロッパ経済が危機的な状況にあるかを訴える報告が、ヨーロッパに駐在するアメリカ政府関係者から米国務省に相次いで届いていた。国務省が最も懸念したのが、この危機に乗じて共産主義が西ヨーロッパにおいて勢力を拡大させることであった。そして、それを阻止するため、アメリカによる大規模な復興支援計画が考案されたのである。

一九四七年一月にバーンズの後を継いで国務長官に就任していたジョージ・マーシャルは、同年六月五日、ハーバード大学の卒業式での演説の中でこの復興計画を打ち上げた。それゆえ、欧州復興計画は、マーシャル・プランと呼ばれる。その核心には、ドイツ経済の復興という目的があった。ヨーロッパの戦後復興は、各国でバラバラに進められていた。どの国も、自国の復興が最優先課題だった。しかし、戦前のヨーロッパは経済のネットワークでつながっていた。ドイツは地理的にもその中心であった。ヨーロッパが力強く復興するためには、ドイツの経済復興が欠かせない。アメリカの政府当局者はそう考えた。マーシャルの演説の中では曖昧にされたが、アメリカ政府はマーシャル援助の前提条件として、ドイツの生産力をヨーロッパ経済全体の復興計画に組み込むことを求めた。そのため、各国バラバラの復興計画ではなく、ヨーロッパ全体の復興計画をヨーロッパ側が策定することが要求された。その計画案に対してアメリカは復興資金を提供するとしたのである。強いドイツの復活を恐れ、ドイツの工業水準引き上げに反対し続けるフランスを翻意させる狙いもあった。

問題は、ソ連の参加であった。マーシャル国務長官の演説は、必ずしもソ連を排除するものではなかった。だがマーシャルは、ソ連に妥協するつもりはなかった。ソ連によって、ドイツとヨーロッパの復興が妨げられてはならなかった。スターリンは、四七年四月にマーシャルと会談した際、お互いに交渉に疲れ切った時が妥協可能な時であると語った。それを聞いたマーシャルは、ソ連がドイツ問題の迅速な解決を望んでおらず、意図的に経済復興を遅らせようとしていると確信した。彼は、東欧諸国のマーシャル・プランへの参加は受け入れるものの、ソ連の参加は阻止する構えであった。マーシャルは演説の中で、「他の国の復興を妨害しようとする政府は、アメリカの援助を期待できないだろう」とも述べていた。ソ連がアメリカの条件を受け入れることはないだろうとも想定されていた。

そのソ連は、条件次第ではヨーロッパ復興計画に参加するつもりだった。そもそもソ連は、戦後復興に向けてアメリカの経済援助に期待していた。四五年一月にソ連は、復興のため六〇億ドルの信用供与をアメリカに要請していたが、アメリカ側がヤルタの合意事項の履行をその条件としたため、米ソ交渉は滞っていた。マーシャル・プランに関しては当初、ソ連政府内で異なる評価がなされていた。アメリカの陰謀であるとする説と、アメリカは自国の余剰製品をヨーロッパに購入してもらうためにも積極的に援助をしたがっているとの意見があった。後者であれば、ソ連に有利な形で支援を得ることができる。それゆえソ連は、情報収集のために予備協議に参加することを決めたのである。だがすぐに、ソ連側の条件とは全く相容れないことが判明し、ソ連は協議の席を立つことになる。

マーシャルが六月の演説で、ヨーロッパ側のイニシアティヴを求めたこともあり、まずはパリで、六月末からイギリス、フランス、そしてソ連の間でアメリカの申し出にどのように回答するかが協議されることとなった。ソ連外相ヴャチェスラフ・モロトフは九〇人近い外交官と経済専門家を引き連れてパリ入りした。ソ連側にとって重要だったのは、ドイツを援助計画に含めないこと、そしてソ連の経済的自立性を損ねないことであった。だがすでに見たように、アメリカにとって重要だったのはドイツを援助計画に含めることであり、ヨーロッパの共同復興計画の策定であった。後者は、ソ連の経済的自立を脅かすものであった。さらにソ連側は、スパイを通じてマーシャル・プランに関する米英間の事前了解の中身を把握し、米英の方針がソ連の条件と根本的に相違しており、米英がソ連の排除を狙っていることを知った。その結果、マーシャル・プランに見切りをつけたモロトフは、七月初頭にパリを後にした。

†欧州経済協力委員会とコミンフォルム

だがモロトフは、ただパリを去っただけではなかった。ソ連が実質的に支配していた東欧諸国がマーシャル・プランへ参加していくことも阻止したのである。ソ連は、アメリカとイギリスが、ヨーロッパ復興計画を通じて、西ドイツを含む反ソ連の西側ブロックを形成しようとしていると確信した。それのみならず、マーシャル・プランは、東ヨーロッパ経済に資本主義を浸透させ、ソ連の影響力を弱め、東欧諸国を西側に引きつけようとするものであると見なした。それゆえソ連は、その影響下にある東欧諸国にマーシャル・プランの協議に出席しないよう通告した。モロトフは、東欧諸国がアメリカの覇権の下に置かれることを恐れたのだった。

その結果、アメリカのヨーロッパ復興計画に参加したのは西欧諸国が中心となった。七月中旬、アメリカの申し入れを受諾した一六ヵ国の代表が参加する復興会議がパリで開催された。そして、欧州経済協力委員会（CEEC）が発足することとなったのである。一六ヵ国にはスイスやスウェーデンといった中立国も含まれていたが、CEECは東西に分断されたヨーロッパが制度化されていく端緒となった。

他方で、すぐさま東側陣営の制度化も始まった。かつてコミンテルンと呼ばれる、世界各国の共産主義運動を指導する組織があった。一九一九年に設立されたコミンテルンは、ソ連がドイツとの戦争に入り米英と同盟関係に入る中、四三年に解散していた。スターリンは、早くも四六年前半にはコミンテルンのような組織の復活を構想していた。その考えが、マーシャル・プランに対応する形で実現することとなったのである。

とりわけ、チェコスロヴァキアがソ連の意向に反してマーシャル・プランへの参加を求めたことが大きく影響した。当時チェコスロヴァキアは、貿易赤字を減らすため、外貨を切実に必要としていた。しかしスターリンは、マーシャル・プランによってアメリカがソ連の孤立を画策していると述べ、モスクワを訪問していたチェコスロヴァキア政府の代表団に対して、もしマーシャル・プランに参加すれば「(チェコスロヴァキアは)ソ連を懲らしめる道具として利用されるだけだ。そんなことはソ連も政府も認められない」と圧力をかけた。その結果、最終的にチェコスロヴァキアもマーシャル・プランへの参加を断念した。だが、この経験は、東欧諸国が各国独自の道を進むことを止めさせ、ソ連がより厳格に各共産党の政策を統制する必要性をスターリンに認識させることにもなった。

こうして、東側陣営の制度化も進められた。四七年九月、ソ連、ポーランド、チェコスロヴァキア、ハンガリー、ルーマニア、ブルガリア、ユーゴスラヴィア、フランス、イタリアの共産党・労働者党代表が参加する秘密会議がポーランドの保養地シクラルスカ・ポレンバで開かれた。会議の準備文書には、共産党が連立政権に参加し、各国ごとに社会主義へ多様な道を進むという考えは時代遅れであると書かれていた。つまり、これまでの国民戦線戦略が明確に放棄されることとなったのである。そして会議では新たな組織、コミンフォルム（共産党・労働者党情報局）の設立が決められた。その目的は、共産主義者が団結して資本主義と戦い、反米闘争を行うことであった。

コミンフォルムが創設されたこの会議において、その実現に尽力した政治局員のアンドレイ・ジダーノフは、有名な「二つの陣営」演説を行った。彼は戦後世界政治が、一方で帝国主義・反民主主義陣営、他方で反帝国主義・民主主義陣営へと二つの陣営に分裂する方向性がはっきりしたとし、帝国主義陣営の指導国はアメリカであり、イギリスとフランスはそのアメリカと同盟していると名指しした。米ソ双方において、世界が二つに分かれているとの認識が公然と語られるようになったのだった。

4　東西ドイツの誕生

一九四七年にヨーロッパの東西分断の制度化が進み、さらに翌年、ドイツの東西分断の動きが加速すると、ヨーロッパ冷戦における最初の危機が勃発する。第一次ベルリン危機とも呼ばれるベルリン封鎖である。ソ連は、米英仏の占領区域であるベルリン西部を封鎖することで圧力をかけ、ドイツの分断を阻止しようとしたのである。だが、米英の大空輸作戦により、スターリンのもくろみは失敗に終わる。そして、四九年秋には東西二つのドイツ国家が誕生することになるのである。

†ソ連のドイツ占領政策

ベルリン封鎖という強引な措置をスターリンがとったのは、確かに戦後ドイツに関する交渉が事実上決裂し、西側諸国が西ドイツ国家建設へと邁進していったからであるが、それはまた、ソ連の対ドイツ政策が失敗した結果でもあった。

ソ連はまず、共産党の影響力を全ドイツに広げることができなかった。スターリンは、第二次世界大戦の末期、モスクワから亡命ドイツ共産党員の一団をベルリンに輸送した。そこには、後に東ドイツの指導者となるヴァルター・ウルブリヒトも含まれていた。当初彼らは、国民戦線戦略に基づき、ドイツに反ナチ・親ソ連の勢力を広げるよう命じられていた。ソ連占領当局も、その占領地区内で、ドイツ共産党のみならず、キリスト教民主同盟（CDU）、自由民主党（FDP）そして社会民主党（SPD）の設立を許可し、複数政党制を認めていた。ドイツ共産党も、四五年六月に合法的な政党として公式に復活した際、ソ連のような共産党一党独裁体制を主張するのではなく、「反ファシズム・民主体制、議会民主主義的共和国の創設」を党の目的として掲げていた。

だがソ連は、共産党の影響力を拡げるため、「労働者階級の統一」の名の下に、強引にドイツ共産党と社会民主党の合同を進めた。その結果、四六年四月に生まれたのが、ドイツ社会主義統一党（SED）である。その狙いは、社会民主党と合同させることで、共産党により穏健な政党に見える外観をまとわせ、ソ連占領地区だけでなく、ドイツの西側占領地区にも支持者を広げることにあった。確かに共産党は、ソ連占領地区内では、SEDの主要ポストを押さえ、事実上SPDを吸収合併するのに成功した。しかし西側占領地区内ではうまくいかなかった。ドイツ西部のSPDは反共意識が強く、西側で両党の合同は実現しなかったからである。結局SEDは、全ドイツをカバーする政党にはなれなかった。

ソ連の対ドイツ政策は、一貫性も欠如していた。一方でスターリンは、ソ連の影響力を保持するため統一ドイツを求めていた。しかし他方で、全ドイツを経済的統一体として扱うとするポツダム協定の実施を困難にする措置を、ソ連は自ら取り続けた。例えば、ソ連がドイツの工業水準引き上げに反対したことは、特にイギリスをソ連占領地区とは協力しないという方向へと向かわせた。ソ連がドイツからの賠償取立てを最優先課題としたことも、占領四カ国が全ドイツ的観点から協力するのではなく、各占領地区が独自の占領政策を推し進めていくことを促した。そして、西側諸国がソ連占領地区を切り離し、ドイツ西部のみの復興を優先させるという動きを後押ししてしまったのである。

スターリンがソ連占領地区の経済復興を軽視したことは、ソ連占領地区の社会経済を脆弱なものにすることにもなった。そもそも、ドイツ占領が始まってすぐ、ソ連軍によるすさまじい略奪が行われた。その間、二〇〇万人ともいわれる女性がソ連兵に強姦された。さらに、賠償の一環として、解体された工場や線路などのインフラがソ連に運び去られた。賠償金の取り立ても、一九五三年まで続いた。東ドイツがソ連に支払った賠償額は、西ドイツがマーシャル・プランを通じて得られた援助額に匹敵したともいわれる。くわえて、何千人ものドイツ人の技術者、科学者、経営者、技能保持者らがソ連に強制連行された。その結果はいうまでもない。西側占領地区と比べ、ソ連占領地区の社会経済状況は著しく悪化することとなった。多くのドイツ人がソ連占領地区から西側へ逃亡することにもなった。西側占領地区はソ連占領地区にとって社会経済的な脅威となり、スターリンを強硬策に駆り立てる背景要因を生み出すことになったのである。

†ロンドン勧告と通貨改革

一九四八年に入ると、西側諸国は西ドイツ国家の樹立に向けて着実に準備を進めていった。すでに四七年初頭にドイツの占領地区を統合していたイギリスとアメリカは、さらにそのバイゾーンにおいてドイツ人による行政機構の建設を進めることで合意していた。フランスも、四七年末までにフランス占領地区をバイゾーンに統合させる方向に傾いていた。だが、米英がフランス側との協議なしにバイゾーンの改革を加速させていることに強く抗議したため、米英仏にベルギー、オランダ、ルクセンブルクを加えた六カ国によるドイツ問題に関するロンドン会議が四八年二月に開催される運びとなった。これまでは、ドイツの将来は米英仏ソ四カ国によって協議するのが建前であった。しかしついに、ソ連抜きの会議が公然と開かれることになったのである。

同会議は、四八年六月初頭にロンドン勧告に調印し、憲法を制定して西ドイツの連邦政府を作ることで合意する。ドイツ西部は、マーシャル・プランにも参加することとなった。米英はフランスにも譲歩した。ルール地域を国際管理化することを受け入れ、ルール国際機関という新組織が作られることとなった。だがそれは、フランスが望んだほどの強い権限を持つことは認められず、ルール石炭鉱業を直接管理する権利を持たなかった。このことは、後にフランスが、石炭鉄鋼分野のヨーロッパ統合を提案する遠因となる。

アメリカとイギリスはまた、フランスの懸念に配慮し、西ドイツ国家を樹立しても、米英仏による占領を継続するとした。同時にアメリカは、もしフランスがロンドン勧告の成立に協力しなければ、アメリカはヨーロッパへの協力を再考すると迫った。そのためフランスは、単にフランス占領地区を米英バイゾーンに統合させるのみならず、西ドイツ国家を樹立することにも同意したのだった。

ソ連側は、当然のごとく反発した。すでに四八年三月の時点で、ソ連は、ロンドン会議の開催はポツダム協定違反であると非難し、連合国管理理事会から脱退していた。さらに四月からは、ドイツの西側占領地区とベルリンとの間の交通・通信の規制を強化し、圧力をかけ始めていた。だが、スターリンがベルリン全面封鎖に踏み切る直接のきっかけは、西側占領地区における通貨改革であった。

通貨改革の必要性は、早くから認識されていた。占領下のドイツでは、依然としてナチ時代の通貨ライヒスマルクが用いられていたが、敗戦後それに対する信用がすっかり失われていた。ものを売っても無価値のライヒスマルクしか手に入らないのであれば、店を再開しようという気は起こらない。闇市による物々交換が、占領下の人々の日々の支えとなっていた。ドイツ経済の立て直しのため、新たなドイツの通貨が極秘のうちにアメリカ内で準備された。

通貨改革は、ロンドン勧告調印の約一〇日後に、米英仏三国のドイツ占領地区で実施された。無価値になっていたライヒスマルクが廃止され、新たにドイツマルクが導入されたのである。アメリカで印刷された大量の紙幣は、フランクフルトに運ばれていた。通貨改革の効果は絶大だった。一夜にして店に商品があふれ、闇市は姿を消した。信頼できる貨幣が登場したことで、ドイツの人々は退蔵していたものを売りに出し、経済が一気に活気づくことになったのである。

†ベルリン封鎖と大空輸作戦

この通貨改革が引き金となり、スターリンは四八年六月二四日、ベルリンを全面封鎖するという強硬手段に出た。敗戦後のドイツは米英仏によって分割占領されたが、首都ベルリンもまた四カ国によって分割占領されていた。だがベルリン自体はソ連占領地区の中にあり、西側占領地区から一七七キロも離れたところにあった。このことは、西側からベルリンへのアクセス・ルートがソ連に握られていることを意味した。しかもポツダム協定にはベルリンへのアクセスを保証する四大国間の取り決めがなく、ソ連が西側諸国に圧力をかけることのできる脆弱な部分になっていた。ベルリン封鎖により、西ベルリンへの旅客も貨物輸送も、さらには食糧も石炭も電力供給も止められた。スターリンの目的は、西ドイツ国家の樹立を阻止することだった。彼は、西側がドイツの軍需産業を復活させ、資本主義世界に組み込み、西ドイツをソ連に対する西側陣営の橋頭堡《きょうとうほ》にするつもりであると考えていた。さらにソ連は、このベルリン封鎖によって、ベルリンから西側の駐留軍を追い出せるかもしれないと期待していた。だがその当てはまったく外れることになる。

ベルリン封鎖というソ連の圧力に、アメリカとイギリスは屈しなかった。ベヴィン英外相は、ベルリンに留まらなければならないと強調した。トルーマン大統領もそれに促され、大空輸作戦を実施した。西ベルリンへの陸上アクセス・ルートは封鎖されたが、米英は空のルートを利用したのである。それは、「空の架橋」とも呼ばれた。西ベルリンには、二三五万の住民がいた。ベルリン市民を救うべく米英両政府は、六月二六日より輸送機を使い大規模な空輸を開始する。大量の食糧と石炭、生活必需品が、昼夜を問わず一一ヵ月に渡り、およそ二七万七五〇〇回もの空輸によって運ばれた。食糧だけでも、二三〇万トンが輸送されたことになる。この空輸作戦によって、西ベルリン市民もまた、ソ連の圧力に屈しなかった。

むしろ屈したのはソ連の方だった。ベルリン封鎖は、事前に綿密に計画されたものではなく、スターリンによる多分に即興的な措置であった。ソ連側が、米英の輸送機を打ち落とすことは簡単にできた。しかしながら、もしそのようなことをすれば何が起こるかは明らかだった。スターリンは戦争を望まなかった。結局、米英仏ソ四ヵ国の外相会議を再開するという形で最低限の面子を保ちながら、ソ連は四九年五月一二日にベルリン封鎖を解除した。外相会議は二三日から開かれたが、約一ヵ月続いた協議でももはや何も決まらなかった。だがそれで、ソ連がベルリン封鎖を再開することはなかった。米英仏の軍隊は、小規模ながらも冷戦の終焉まで西ベルリンに駐留し続けることになる。

ベルリン封鎖は、スターリンの大失策の一つに数えられる。ベルリン封鎖はソ連のイメージを大きく損なわせ、他方で大空輸作戦はアメリカのイメージを大幅にアップさせた。ソ連はドイツ人を飢え死にさせようとした。そう見なされたのに対して、アメリカはドイツ人の救世主と見なされたのである。西ベルリンを守ることは、冷戦の戦いのシンボルとなった。ベルリン封鎖を経験したことで、ドイツの分断に反対していた西側占領地区のドイツ人たちも、西ドイツ国家の創設を受け入れるようになった。スターリンの政策は、完全に裏目に出た。西ドイツ国家樹立を阻止するどころか、かえってそれを加速させてしまったのである。

†東西ドイツの誕生

ベルリン封鎖が続いていた最中でも、西ドイツ国家の樹立に向けた準備は進んでいた。ドイツ西部における新たな国家は、「憲法」を制定し、選挙を行い、議会を招集することで誕生することとなる。まず一九四八年九月に憲法制定会議が招集され、翌年五月に「基本法」が採択された。実質的な憲法であるが、西ドイツという国家は将来の統一ドイツのための暫定的国家であるとの位置づけから、暫定的な憲法であるとの意味を込めて「基本法」と呼ばれることになったのである。

公布された基本法に基づき、八月半ばに第一回連邦議会選挙が行われた。そして九月七日、やはり暫定的な首都とされたボンに議会が招集される。そしてこの日、ドイツ連邦共和国（西ドイツ）が樹立されることとなった。一五日、西ドイツの初代首相に選出されたのは、元ケルン市長でキリスト教民主同盟（CDU）のコンラート・アデナウアーであった。当時彼は七三歳と、すでに高齢であった。だがアデナウアーは、その後六三年まで、実に一四年もの長きに渡って西ドイツの首相を続けることになる。

西ドイツという国家が樹立されたことは、しかし、西ドイツの独立を意味したわけではなかったことは、後の議論のためにも改めて強調しておく必要があるだろう。西ドイツは、新国家として誕生すると同時に、米英仏三国と占領規約を締結することとなった。それにより占領軍による軍政は終了する。だが西ドイツは、依然として武装解除されたまま軍事的権限を剝奪され、外交権も認められなかった。多くの権限が西ドイツ政府に委譲されたものの、米英仏による占領状態は継続し、西ドイツ軍を創設することも、外務省を設立することもできなかった。占領規約の改定によって、五一年に外務省の設置は認められるようになるが、西ドイツの占領状態は五五年まで続くことになる。

他方で、国家としての東ドイツの樹立は、西ドイツ創設に対する反発としてもたらされたものであった。確かにドイツ社会主義統一党（SED）の指導部は、自前の国家樹立を望んでいた。実際、東ドイツ内では、実質的に単独の国家となる準備も進められていた。四七年六月にソ連占領地区内に設置されたドイツ経済委員会は、準政府的役割を担う組織となっていた。S

EDは、ドイツ分断は不可避と認識し、東ドイツ内での権力掌握を進めていた。

しかし、それはスターリンが望んだものではなかった。ベルリン封鎖が続く最中の四八年一二月、スターリンはSEDの指導者らをモスクワに召喚し、ソ連占領地区を単独国家にするのではなく、統一ドイツを目指すよう指示していた。ただしスターリンは、もしドイツが分断されるのであれば、その責任が西側諸国に帰せられる形にならなければならないとは考えていた。実際、西ドイツが創設されると、スターリンは四九年九月末に、SED代表団に対して東ドイツ国家設立することに同意すると伝えた。ドイツ民主共和国（東ドイツ）の樹立が宣言されたのは、一〇月七日のことである。こうしてドイツは、東西二つの国家に分断されることになったのだった。

†ドイツ問題

第二次世界大戦が終わる以前から、主要各国はそれぞれの戦後構想を思い描き、潜在的な利害対立は相互不信の源泉となっていた。確かに米英仏はソ連に対する不信と脅威認識を抱いていたが、さりとてイギリスやフランスがアメリカと良好な関係にあったわけでは必ずしもなかった。しかしながら、戦後処理について具体的な交渉が進む中、とりわけ戦後のドイツをめぐり、合意が困難となっていった。マーシャル・プランを機に、東西ヨーロッパの分断は制度化

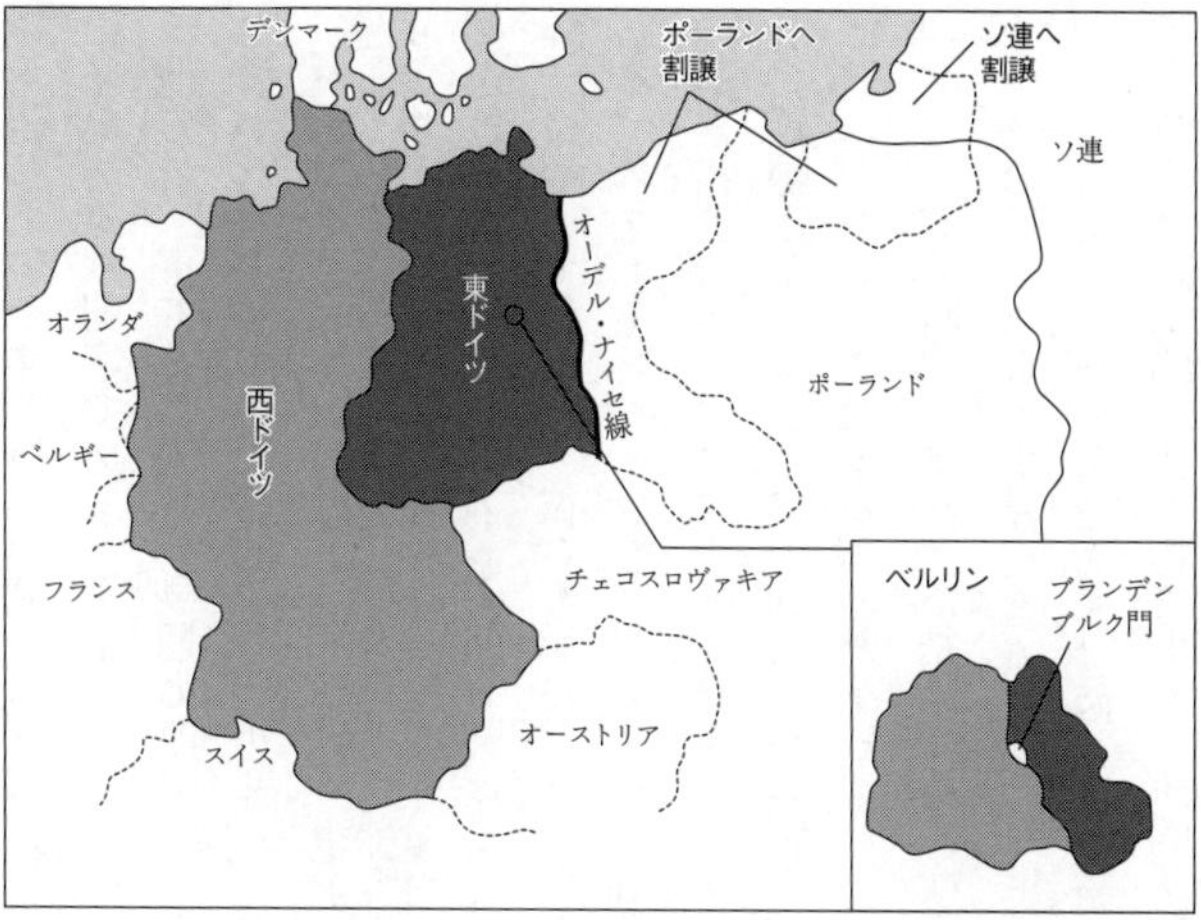

図1　ドイツ・ベルリンの分断
出所：松岡完『20世紀の国際政治（改訂増補版）』同文舘出版、2003年、84頁をもとに作成。

されていった。鉄のカーテンというチャーチルのレトリックが、実体化していったのである。ヨーロッパ冷戦の始まりであった。さらに鉄のカーテンはドイツの上にも降ろされ、ドイツもまた東西に分断されることとなった。

ドイツが分断国家になったことで、冷戦時代のドイツ問題が生み出されることとなった。一つのドイツか、二つのドイツか、という問題である。成立当初の東西ドイツは、どちらもが一つのドイツをあるべき姿として掲げていた。しかも同時に、自分たちこそが唯一正しいドイツであるとの立場をとったのである。西ドイツ政府は、ドイツ民主共和国（東ドイツ）の成立宣言が出されるとすぐ、それを承認しないとする声明を発表した。アデナウアー首相は、西ドイツこそが唯一正統なドイツの歴史的継承国家であると主張した。

他方で、東ドイツ側は、早期の西ドイツの崩壊を期待していた。資本主義の危機や共産主義に導かれたドイツの愛国的ナショナリズムの高まりによって、東ドイツを中心としたドイツ統一が実現することが夢想されていた。東ドイツ憲法の第一条には、「ドイツは、不可分の民主的な共和国である」と記されていた。東ドイツのヴィルヘルム・ピーク大統領は、「わが引き裂かれた祖国の再統一」を表明し、オットー・グローテヴォール首相も「再統一のための闘い」について語った。彼らもまた、自分たちこそが全ドイツを代表していると考えていたのである。スターリンにとっても、東ドイツ創設は将来の全ドイツのためであって、あくまでも暫定的な措置だった。スターリンは東ドイツの主権を認めなかった。ソ連が「二つのドイツ」を公式路線とし、東ドイツの社会主義体制を維持することを明確にするのは、第三章で見るように、スターリンの死後のこととなる。

ドイツが分断国家になった結果、第二次世界大戦を正式に終わらせるための平和条約はドイツと連合国との間で締結できなくなってしまった。「正統なドイツ」を主張する国が二つ存在することになったからである。西ドイツ誕生後、アメリカ政府は、「いわゆるドイツ民主共和国の政府は人工的な作り物であり、法的基盤が欠けている」として東ドイツ政府を承認せず、イギリス・フランスとともに西ドイツ政府のみを承認した。四九年一一月のパリ外相会議で米英仏三国は、東ドイツを法的に承認しないのみならず、事実上の承認を示唆するような行動もとらないことで合意した。ソ連もまた、西ドイツを承認しなかった。この時点で、二つのドイツをそのまま受け入れる動きは存在しなかった。連合国全てが承認する統一ドイツが存在しなくなり、平和条約の締結も不可能になってしまったのである。

米英仏三国はまた、積極的に東ドイツ包囲網を築いていった。三国は、東ドイツを承認しないとする立場を他の国々にも取らせようとした。マーシャル・プランへの参加国のみならず、アメリカは中南米の国々に、イギリスはコモンウェルス諸国に働きかけを行った。その結果、東ドイツと国交を樹立した国は東側陣営の一一カ国のみとなった。それに対して西ドイツは、五四年までに五三カ国と国交を樹立することになる。

東ドイツは、世界保健機関(WHO)や国際労働機関(ILO)といった国際組織からもはじかれた。西ドイツが五二年末までにほとんどの国連専門機関に加盟できたのに対して、東ドイツを承認していた国が少数派であったため、東ドイツはこういった国際組織に加盟できなかったのである。ただ西ドイツは、国連そのものには加盟できなかった。ソ連が安全保障理事会において拒否権を持っていたからである。東西両ドイツが国連に加盟できるのは、第七章で触れるように、両国が互いを国家承認する一九七〇年代に入ってからのこととなる。

コラム1　チトーの冷戦――ユーゴスラヴィアの独自外交

戦後直後、米英仏三国は一枚岩にはほど遠かったが、東側陣営もまた、冷戦初期から対立含みであった。東側陣営内における冷戦最初期の深刻な対立は、ユーゴスラヴィアとソ連の間で起こった。ユーゴスラヴィアは、第二次世界大戦後、ソ連軍の力を借りることなく社会主義国となった唯一のヨーロッパの国だった。ユーゴスラヴィア共産党員で、戦時中、人民解放軍（パルチザン）を率いて戦ったのがヨシップ・ブロズ・チトーである。彼が、戦後のユーゴスラヴィアの指導者となった。

チトー自身はソ連に忠実であろうとした。彼とスターリンの間には意見対立はあったものの、チトーはソ連をモデルとして戦後ユーゴスラヴィアの国家建設を進めた。スターリンも当初は国民戦線戦略をとっており、東欧諸国が一定の独自路線をとることに寛容だった。一九四六年半ばまでは、両者の関係は決して険悪なものではなかった。

しかしながら、スターリンは次第にチトーを敵視し始める。冷戦の対立が忍び寄る中、スターリンがより厳格に東欧諸国を管理するようになると、チトーとの関係は急速に悪化していった。スターリンが激しく批判したものの一つが、チトーが進めていたバルカン連邦構想である。ユーゴスラヴィアが中心となり、アルバニアとブルガリアを一体化しようとするその構想を、スターリンはチトーの野心の表れであるとみなし、警戒感を強めていった。そしてスターリンは、ユーゴスラヴィアがソ連と適切に相談することなく同構想を推進し、ソ連の指導的役割を無視したと断じるようになった。四七年以降、西側との協力を断念したスターリンは、東欧諸国の独自路線をもはや認めなくなっていた。一枚岩的な「陣営」を確立する上で、ユーゴスラヴィアのチトーは好ましくない存在となっていた。

スターリンとチトーの対立は、四八年六月末にコミンフォルムがユーゴスラヴィアを追放したことで決定的となった。これ以降、ソ連に従わないものは「チトー主義者」と呼ばれて粛清され、東側陣営の「ソ連化」が完成していった。

ユーゴスラヴィアに対しては経済制裁が科された。東側陣営をソ連に従属させるため、チトーはいわば見せしめにされたのである。四九年初頭に創設された東側の経済組織コメコンは、ユーゴスラヴィアを経済的に孤立させるためのものでもあった。その結果、同国では、飢餓が発生するほどの経済的苦境に立たされることになる。

ユーゴスラヴィアの苦境を救ったのが、西側であった。アメリカは、ソ連と対立することになったユーゴスラヴィアを有益な存在とみなし、四九～五五年の間におよそ一五億ドルに上る経済・軍事支援をチトーに与えたのである。

チトーはしかし、資本主義の西側陣営に傾くことはなかった。彼は共産主義者であり続けた。同時にチトーは、外交面では第三世界に目を向け、「第三の道」を模索するようになる。五六年七月にチトーは、ユーゴスラヴィアの（現在のクロアチアの）島ブリオニにインドのネルー首相とエジプトのナセル大統領を招いて会談を行い、今日の世界が軍事同盟分裂してしまっていることを非難し、「平和と積極的共存の原則」を謳いあげた。このブリオニ宣言は、チトーが二つの陣営に与さないという立場を明確にしたものであった。そして六一年九月には、首都ベオグラードで第一回目の非同盟諸国首脳会議を主催することになる。二五か国が参加した同会議は、米ソの平和共存を訴えた。かくして冷戦におけるユーゴスラヴィアの立ち位置が明確にされたのだった。

さらにユーゴスラヴィアは、ヨーロッパ冷戦においても独自の存在感を示した。七〇年代にはオーストリア、スウェーデン、フィンランド、スイスといったヨーロッパの中立諸国と共に、ユーゴスラヴィアは中立・非同盟（N+N）グループを結成し、欧州安全保障協力会議（CSCE）の中でNATO諸国とワルシャワ条約機構諸国の間の橋渡し役を担った。CSCEを一回限りのもので終わらせず、定期的にCSCE再検討会議を開くよう提案したのはこれらの国々である。そして、その第一回となるCSCE再検討会議が、ベオグラードで開催されることになったのだった。

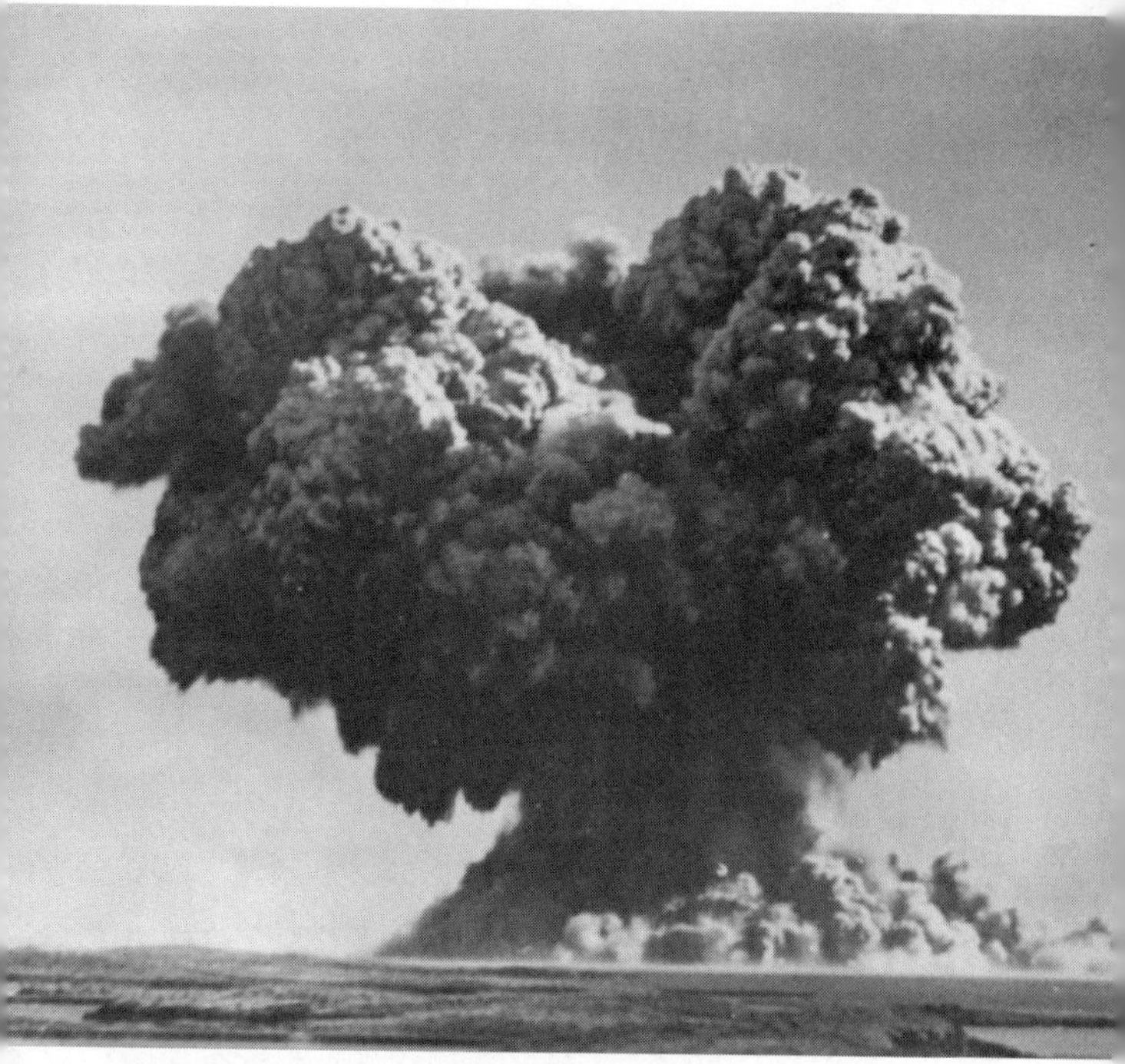

第 二 章

冷戦の軍事化と経済的分断
——1949~53年

イギリスの核実験(1952年10月3日)。

鉄のカーテンによって東西に分断されたヨーロッパは、一九四〇年代末より軍事的対立をエスカレートさせていった。西側陣営は、北大西洋条約機構（NATO）を発足させ、一九五〇年に勃発した朝鮮戦争を契機に、NATO軍の軍拡を進めていく。さらには西側防衛に貢献させるため、西ドイツ再軍備の議論が俎上に乗せられていく。それに対して、スターリンも、ソ連・東欧諸国の大軍拡を始める。典型的ともいえる軍拡競争が展開された。

経済面での東西分裂も、よりはっきりしていった。東西それぞれの経済秩序が構築されていき、鉄のカーテンをまたぐ貿易は激減していった。のみならず、特にアメリカの主導によって、東側に対する戦略物資の禁輸という形で経済冷戦が開始されることにもなっていく。

1 第三勢力からNATOの創設へ

第一章では、冷戦の開始とともにヨーロッパの分断が制度化され、分割占領されていたドイツもまた東西に分断される過程を見た。だが、一九四五年の当初から、東西分断という戦後ヨーロッパの姿が明確だったわけではない。イギリスは、植民地を持つ世界大国として、米ソに伍する第三の勢力となることを戦後構想として抱いていた。ヨーロッパ冷戦における東西対立の図式が定着する過程は、そのような第三勢力構想が消滅する過程でもあった。本節では、一九四九年までにイギリスの第三勢力構想が放棄され、西側の軍事同盟であるNATOが発足する過程を見ていきたい。

†第三勢力構想

まだ戦時中の一九四四年ごろ、イギリスでは、特に外務省内において第三の勢力を構築するという戦後構想が芽生え始めていた。四五年に労働党政権が発足し、ベヴィンが外務大臣に就任すると、彼は第三勢力構想を自らの外交目標として追求していった。ベヴィンの第三勢力構想の骨子は、次の三点にまとめられる。第一に、英仏を中心に他の西ヨーロッパ諸国をイギリスのリーダーシップの下にまとめあげることである。第二に、単なる軍事同盟ではなく、むしろ関税同盟を中心とする協力関係の構築に力点が置かれていた。第三に、英仏が持つ植民地の資源も利用することで、米ソに対抗できる勢力を作り上げられると考えられていた。戦後復興にアメリカの支援は不可欠であっても、中長期的には、むしろアメリカに依存しない体制を作ることが重要であった。

その最初の一歩である英仏協力が実現したのは、ようやく四七年になってのことである。戦後直後の英仏関係はむしろ、ドイツをめぐる方針で対立含みであった。フランス側は英仏協力の前提として、フランスの対ドイツ政策をイギリスが支持することを求めたため、両国間の協力も停滞してしまったのである。だが四六年末に、短命ではあったがフランスで親英的な社会党政権が発足すると、それを機に交渉が一気に進んだ。その結果、四七年三月に英仏間で調印されたのがダンケルク条約である。ダンケルク条約は、ドイツを仮想敵とした二国間軍事同盟条約であり、軍事的・政治的・経済的協力を行うことが約されていた。

ベヴィンの第三勢力構想を、ある意味さらに後押ししたのが、鉄のカーテンの向こう側における変化であった。ベヴィンは、東欧諸国の「ソ連化」傾向を大いに懸念していた。「ソ連化」とは、事実上の共産党一党独裁体制が築かれていく過程である。前章で見たように、ソ連の当初の戦後構想は「国民戦線」戦略であった。例えばスターリンは、四六年五月にも、ポーランドの共産主義者たちに対して「急ぐ必要はない」と語り、「議会やその他の制度のようなブルジョワ民主主義秩序の諸要素を利用することで、徐々に社会主義に向かって進んで行く」よう促していた。しかし実際には、国ごとに速度に違いはあっても、四八年までに東欧諸国のソ連化の段階が完成していった。

ソ連化には一定のパターンがあった。共産党(国によって正式名称は労働者党や社会主義統一党など様々であり呼び方は異なる)は、東欧各国で内務相や法務相のポストを握り、警察権力を動員して反ソ・反共主義的な人々を逮捕し、強制収容所に送り、あるいは処刑した。ソ連軍とともに東欧諸国に来たソ連の政治警察(内務人民委員部)が、その手法を伝授していた。形式的に複数政党制が存続していた国でも、共産党は他のライバル政党を徐々に弱体化させていった。他方で共産党は、不正選挙も駆使した。それにより共産党は、あり得ないほどの圧倒的な得票率で第一党となり、共産党独裁体制を固めていった。四六年一〇月のブルガリアでの選挙では、共産党は七〇%、ルーマニアでも一一月の選挙で七〇%、そしてポーランドでは、四七年一月の選挙で八〇%の得票率を獲得した。四七年末にベヴィンの首席秘書官となった元駐ソ英大使のフランク・ロバーツによれば、東欧諸国に対するソ連の態度がベヴィンに、ヨーロッパを強化し統一しなければならないと確信させたという。ベヴィンは共産主義を、西ヨーロッパの文明に対する脅威であると見なしていた。

こうした背景からベヴィンは、四八年一月、イギリス下院での演説で「ヨーロッパを強大にすること」を訴え、「西欧同盟《ウエスタン・ユニオン》」の形成を唱える形で彼の第三勢力構想を公にしたのである。ベヴィンは事前に、ビドー仏外相の全面的賛同を得ていた。またベルギー外相のポール＝アンリ・スパークも、ベヴィンの演説のすぐ後に、西欧同盟形成の考えに歓迎の意を示した。このベヴィンの提案は、三月半ばに、イギリス、フランス、ベルギー、オランダ、ルクセンブルクの五カ国が調印したブリュッセル条約として結実する。

しかしながら、早くもブリュッセル条約が調印された時点で、すでにベヴィンの第三勢力構想は彼の思惑通りにはいかなくなっていた。まずイギリス政府内で、具体的な方針について意思統一を図ることができなかった。ベヴィンと外務省は、西欧諸国による関税同盟の実現を重視したが、大蔵省や商務省、植民地省などから関税同盟については消極的な意見が相次いで出されていたのである。

†チェコスロヴァキア政変

さらに、ブリュッセル条約調印の約一月前に起こったチェコスロヴァキアでの政変が、西側諸国に大きな衝撃を与え、ソ連に対する脅威認識をいっそう強めていた。西側では、チェコスロヴァキアは東欧諸国の中で、複数政党制が実際に機能しており、ソ連の影響力から比較的自立している国であると見なされていた。だが四八年二月二〇日、共産党の内務大臣による権力濫用に抗議して、非共産党の閣僚全員が一斉に辞職の意思を示した際に、ベネシュ大統領はソ連の圧力を受けて辞表を受理することとなった。その結果は甚大だった。チェコスロヴァキアもまた、共産党単独政権になってしまったのである。東ヨーロッパのソ連化の完成であった。

米英両政府にとって、このチェコスロヴァキア政変は、チェコスロヴァキアに止まらず、さらに西欧諸国にまで波及しかねない問題として強く懸念された。ソ連の脅威は、軍事的なものというよりも、各国の内側から民主主義を破壊するものと米英には認識されていた。

他方でフランスは、チェコスロヴァキア政変を、軍事安全保障面における脅威と認識した。

そして、その認識は、西ヨーロッパを独立した第三の勢力としていくという構想と整合しなくなっていく。フランスはダンケルク条約、そしてブリュッセル条約に調印してきたが、次第にイギリスに対する不信感を募らせていった。というのも、イギリスのヨーロッパ大陸への軍事的関与を強く求めるフランスに対して、イギリス側はその期待に応えようとしなかったからである。

実際、当時のイギリスの軍事戦略は、実質的にフランスを見捨てるようなものだった。イギリス政府は、圧倒的な数のソ連の陸上兵力に対してイギリス軍は対抗できないと考えていた。もしソ連が西ヨーロッパに侵攻してきた場合、イギリスはヨーロッパ大陸に増派するのではなく撤退し、イギリス本土や北アフリカから空軍力で対抗する。そのような軍事戦略を、アメリカ・カナダとともに合同軍事会議において極秘で作成していたのである。ベヴィンは出発点として、軍事協力よりも関税同盟という経済協力を重視していたが、ビドーは軍事協力を重視していた。英仏を中心とする第三勢力構想は、この点でも限界を孕んでいた。

ブリュッセル条約調印国であるオランダも、アメリカの軍事的関与を求めた。そして同時に、イギリスの第三勢力構想を骨抜きにしていった。というのも、オランダはブリュッセル条約の草案にあった植民地条項に反対し、それを削除させたからである。ベヴィンにとって、西ヨーロッパと英仏の植民地を緊密に結びつけることは、アメリカに依存しない第三勢力を実現する上で不可欠であった。だがオランダは、アメリカの支持を得るためにも、植民地の維持に嫌悪感を抱くアメリカに配慮したのである。かくして、第三勢力構想の核であった英仏協力も、関税同盟も、さらには植民地の資源といった要素もなくなっていった。

†北大西洋条約へ

こうして、ブリュッセル条約調印の前後から第三勢力構想は後退していき、代わってアメリカを含む西側軍事同盟が形成されていくことになる。イギリスに失望したフランスはすでに、ブリュッセル条約が調印される前からアメリカの関与を積極的に求め始めていた。四八年三月初頭にビドー仏外相は、マーシャル米国務長官に書簡を送り、西ヨーロッパの共産化を防ぐためには、アメリカがマーシャル・プランと同様の努力を政治・軍事分野においても行うべき時が来たと訴えた。ブリュッセル条約は、フランスにとって、むしろアメリカをヨーロッパに引き込むための手段となった。同条約によって西ヨーロッパが独自の防衛努力を行っているとアメリカ側にアピールしつつ、アメリカの積極的関与を求めたのだった。

ビドーと同じくベヴィンもまた、ブリュッセル条約が調印される前からアメリカとの軍事同盟を模索し始めていた。四八年二月のチェコスロヴァキア政変のみならず、ソ連がフィンランドとノルウェーに友好・協力・相互援助条約の締結を迫ったことがベヴィンの焦燥感を駆り立てていた。同年三月、彼はマーシャルに書簡を送り、「チェコスロヴァキアにおいて、次いでフィンランドで、そして今やノルウェーで、ロシアによって設定されたペースは、一刻の猶予もないことを我々に物語っています」と述べ、ブリュッセル条約と並行して、アメリカを含む大西洋安全保障の枠組み、さらに地中海の安全保障体制の三つが早急に構築されることが望ましいとの見解を示した。

すでにアメリカ政府内でも懸念は高まっていた。トルーマン大統領は、ブリュッセル条約が調印された三月一七日、米議会において同条約を歓迎する演説を行い、「自国を守ろうとするヨーロッパの自由な国々の決意が、これらの国々の防衛を我が国も援助するという同様の決意によって迎えられると私は確信している」と明言した。アメリカが軍事面においても西ヨーロッパを支援する意図があることを示したメッセージであった。そして二二日から、まずはアメリカ、イギリス、カナダの三カ国によって、後の北大西洋条約につながる極秘の交渉が開始され、七月からさらにフランスとベネルクス三国を加えてワシントンで交渉が進められた。この交渉が、NATO創設への第一歩となる。

ソ連に対する脅威認識が高まっていたとはいえ、アメリカがどの程度西ヨーロッパの防衛に関与するかは、むろん、また別の問題だった。交渉は、ちょうど前章で見た西ドイツ創設過程と並行して進んでおり、フランスは、もし西ドイツ国家が樹立されるならば、相応の米軍のプレゼンスが西ヨーロッパに必要であると主張した。フランスは、ドイツ問題と絡めて、アメリカの実質的な軍事的関与を求めたのである。だが、それはまだアメリカ政府に受け入れられるものではなかった。アメリカは当面、西欧諸国に大規模な軍事支援をすると約束することでフランスを懐柔した。

イタリアの参加についても論争となった。とりわけイギリスは、ノルウェーなど自国の安全保障にとって重要な北欧諸国を重視する一方で、イタリアを地中海の国であって西ヨーロッパの国とは見なさず、大西洋防衛体制の一員に加えることに消極的であった。また、同盟国としてのイタリアの力量についても疑念が持たれていた。一九四〇年代後半にイギリス政府が頭の中で描いていた安全保障の地図は、後のNATOの形とは同じものではなかったのである。

だが四八年四月のイタリア総選挙で勝利したキリスト教民主党を中心とするデ・ガスペリ政権は、同盟への参加を熱望した。イタリア国内では、共産党を中心とする左派勢力が西側の防衛体制にイタリアが組み込まれることに激しく反対したものの、最終的にはアメリカが積極的に後押ししたことで、イタリアも大西洋同盟に最初から加わることとなった。

こうして、一九四九年四月四日、アメリカ、カナダ、イギリス、フランス、ベルギー、オランダ、ルクセンブルク、イタリア、デンマーク、ノルウェー、ポルトガル、アイスランドの一二カ国は、北大西洋条約に調印した。その防衛範囲は、北は北欧から、南は地中海までを含み、その第五条には相互防衛が約された西側の軍事同盟が誕生したのである。イギリスは、四九年には明確に第三勢力構想を放棄するようになっていた。以後イギリスは、冷戦の終焉まで、この北大西洋条約をイギリス外交の基軸に据えていくことになる。

同条約はすぐさま機構化され、外相理事会や防衛委員会を制度化した北大西洋条約機構（NATO）となるが、NATO軍が創設され、軍事同盟としての内実が整備されるにはやや時間がかかることになる。アメリカは、一七七六年の独立革命以来、はじめてヨーロッパ諸国と平時に同盟関係を結ぶこととなった。とはいえ、アメリカ側の当初の狙いは、西ヨーロッパへのモラル・サポートであり、軍事支援を通じて西欧諸国自身の防衛努力を促すことであった。ヨーロッパ大陸へ米軍を増派し、より直接的な形でアメリカが西ヨーロッパ防衛に関与することになるのは、第3節で見るように、朝鮮戦争の勃発を待たなければならない。

一九四九年にNATOが誕生した時、スターリンはヨーロッパの東側において、それに対応する多国間の軍事同盟を作る必要を感じていなかった。ソ連と東欧各国との二国間相互援助条約のネットワークを構築する方を彼は好んだ。東側陣営における多国間軍事同盟の創設はスターリンの死後のことであり、それについては次章で見ることになるだろう。

2 ヨーロッパの経済的分断

冷戦の進展は、戦後のヨーロッパ経済にも多大な影響を与え、その姿を大きく変化させた。戦間期には、東欧諸国の貿易のおよそ七五%が西ヨーロッパとの貿易で占められていた。それに対して、東欧諸国間の貿易はわずか一五%であった。だが戦後になると東西ヨーロッパ間の貿易は激減し、他方で東側陣営内での貿易は六〇%以上にまで増加する。その最大の理由は、ソ連による東ヨーロッパの経済的支配であった。

†ソ連による経済的東欧支配

ドイツとの戦争で著しく疲弊したソ連は、自国の戦後復興を図るため、戦争末期に占領した東欧諸国の経済を様々な形でソ連に結びつけていった。ソ連は敗戦国から多額の賠償金を得るだけでなく、ソ連に有利な形で東欧各国との二国間経済協定を締結することで、占領した国の経済をソ連に従属させた。例えばポーランドは、一九四五年四月に締結されたソ連との貿易協定によって、石炭をソ連が望む価格で輸出しなければならなくなった。ソ連はまた、東欧各国において積極的に合弁会社を設立することによって実質的に経済を支配していった。ソ連は経済面でも、東欧諸国のソ連化において重要な役割を果たしたのである。

東欧各国で事実上の共産党一党独裁体制が確立していくと、経済面でもソ連モデルが導入されていった。東欧諸国の経済省庁にはソ連から専門家が送られ、「助言」が与えられた。主要産業は国有化され、中央集権的な計画経済が開始され、重工業重視の五ヵ年計画が各国で策定された。それらが、軽工業や消費財、そして農業分野を軽視する形で行われていったのも、ソ連と同じだった。資本主義経済から独立した社会主義経済を確立することが目指された。それは経済領域における、西側世界とのイデオロギー的戦いだった。計画経済によって東欧諸国は自給自足的《アウタルキー》傾向を強め、その結果、西側陣営との貿易はますます停滞していった。

東側陣営でも、経済面での多国間組織が作られたが、その内実は西側のものとは大きく異なっていた。四九年一月初頭、コメコンの名で知られる経済相互援助会議の設立が、ソ連と東欧諸国によるモスクワでの秘密会議において決められた。四八年四月にマーシャル・プランが米議会に承認されたことで、ヨーロッパ側の受け入れ組織として欧州経済協力機構（OEEC）が設立されるが、コメコンはこれに対抗し、表向きはマーシャル・プランに参加しない国々の間で経済的な相互援助を促進する組織として創設されたのである。だがそれは、その名が示すような「相互援助」によるコメコン加盟国の経済発展に貢献するようなものとはならなかった。スターリンは、引き続きソ連と東欧諸国との二国間関係を重視したからである。ソ連への従属状態を維持するためにも、スターリンは東欧諸国間の協力が進展しないことを望んでいた。五三年にスターリンが死去するまで、コメコン内での多国間レベルの活動は、ほとんどないままだった。

†西側の経済秩序と経済冷戦

第二次世界大戦後の国際経済秩序は、冷戦が始まる前から交渉が進められていた。しかし、その結果作られた秩序にソ連が参加しなかったことから、それは実質的に西側陣営の経済秩序になっていった。

戦後の経済秩序の起源は、一九四一年八月に米英首脳によって打ち出された大西洋憲章にあるとされる。その第四条の中で、当時のローズヴェルト米大統領とチャーチル英首相は、「すべての国に対して、その経済的繁栄に必要な世界の通商および原料の均等な開放がなされるよう希望する」と述べていた。戦間期、とりわけ二九年の世界恐慌の後に国際経済が混乱したことへの反省から、アメリカ政府内では、第二次世界大戦後の経済秩序は戦時中にあらかじめ設計されなければならないと考えられるようになっていた。そのような考えを主導したのが、自由貿易主義者として知られるコーデル・ハル国務長官である。ハルは、自由な国際貿易が繁栄をもたらし、ひいてはそれが平和につながるとの信念を持っていた。

アメリカのニューハンプシャー州で四四年に開催された、米英が主導したブレトンウッズ会議には、ソ連も代表団を派遣していた。ソ連は、戦後復興を支援することになる国際復興開発銀行（世界銀行）には強い関心を示し、当初は国際通貨基金（ＩＭＦ）へも一二億ドルの拠出を表明した。ブレトンウッズ協定に調印もした。だがその後スターリンは翻意し、同協定を批准しなかった。アメリカがソ連のブレトンウッズ体制への参加を求めて、ソ連にさらに有利な提案をすることを期待したスターリンによる駆け引きの結果といわれる。結局、戦後の国際金融秩序となるブレトンウッズ体制の二本柱であるＩＭＦと世銀は、ソ連が加盟しないまま、四五年に設立されることとなった。

東欧諸国の中では、ポーランドとチェコスロヴァキアがブレトンウッズ体制に参加したが、両国とも五〇年代にそこから抜けることになる。両国は、戦後復興のため世銀に対してローンを申請するが承認されなかった。アメリカが、それに反対したからである。両国とも、ブレトンウッズ体制に参加していないソ連との関係が深く、ローンを承認すれば、間接的にソ連経済を利することになる、あるいはローン返済のリスクが大きいと判断された。東側陣営は、それゆえ、ブレトンウッズ体制をアメリカが支配する国際機構であるとはっきり認識した。ポーランドは、一九五〇年に自発的に世銀から脱退する。チェコスロヴァキアの方は、分担金が未払いであるとして、五四年に世銀の方から除名させられることとなった。

戦後の国際貿易秩序の形成は、冷戦が触媒の役割を果たした。国際貿易秩序に関する協議は、戦後まずは米英間で始まったが、両国の思惑に大きな隔たりがあり難航した。アメリカ側が自由・無差別の貿易体制を目指し、イギリスと英連邦・植民地との間の差別的な帝国特恵関税制度を問題視したのに対し、イギリス側は戦後経済復興のためにも世界大国としての地位を維持するためにも、その特恵制度を死守しようとしたからである。最終的に折れたのはアメリカ側であった。冷戦の対立が激化する中で、この問題でイギリスと決裂することを避けたからである。その結果、関税と貿易に関する一般協定（GATT）が四七年一〇月に締結されたが、それは多角的二国間交渉を通じて漸進的に関税を引き下げる方式を採択したものになった。それでもGATTは、関税引き下げに大きく貢献し、西側陣営内の貿易活性化と経済成長に寄与することになる。

ソ連は、そもそもGATTの交渉には関与しなかった。社会主義体制では、貿易もまた国家が管理するものとなっており、自由貿易体制となじまなかった。スターリンは、GATTをイデオロギー的観点から解釈していた。彼はそれを、膨張主義的なアメリカが世界経済を支配するための道具であると見なし、批判し続けたのである。

冷戦の対立は、国際貿易面にまで及んだ。東側陣営の軍事的能力が高まるのを防ぐため、アメリカはソ連・東欧諸国に対し、戦略物資を禁輸するという措置を発動していったのである。

マーシャル・プランが打ち出された四七年に、トルーマン政権は、ソ連・東欧諸国に対する貿易制限を承認した。戦略物資を規定したリストを作成し、四八年夏には禁輸を実施していった。アメリカが掲げていた自由貿易の原則は、東側陣営に適用されることはなかった。

さらにアメリカは、マーシャル・プランに参加した西欧諸国に対して、同様の措置をとるよう強要していった。西欧諸国にとっては、ソ連の資源や、東側陣営との貿易だと貴重なドルを節約できるなど、東西貿易に潜在的な利益があった。しかし、アメリカのマーシャル援助の方がより重要であったため、アメリカの意向に従わざるを得なかった。四九年末には、ココムという名で知られる対共産圏輸出統制委員会が設立され、五〇年一月より活動が開始される。禁輸対象のリストは三〇〇品目を超えるにまで及び、それによって東西ヨーロッパ間の貿易は、さらに停滞することとなった。だが東西貿易の問題は、冷戦の緊張が緩和すると、すぐに西側陣営内の対立点となっていくことになる。

†西ヨーロッパの統合

冷戦の中、西側陣営では、西ヨーロッパを統合する動きも進んでいった。ヨーロッパを統合すべきとする思想や運動は、戦前から存在した。だが、今日の欧州連合（EU）にまで発展していくことになる超国家的統合の具現化は、フランスのイニシアティヴによって一九五〇年から始まる。戦後フランスは、すでに見たように、当初はドイツの弱体化を目指す政策を追求していた。戦時中ドイツによって占領された経験をした多くのフランス人に、仏独和解を求める主張は皆無に近かった。だが米英が占領するドイツ西部の経済復興を重視し、マーシャル・プランにドイツ西部も含めなければならないとアメリカが要求すると、フランス政府も態度を変える必要に迫られていった。さらに、ドイツを東西に分断し、西ドイツ国家を樹立する試みが米英によって進められると、フランスはそれに対応すべく、「ヨーロッパ統合の中のドイツ」という方向性を模索するようになった。

アメリカもまた、ヨーロッパ統合の考えを熱心に支持した。西ヨーロッパの統合が進むことは、アメリカの冷戦戦略上、非常に都合が良かったからである。単なる政府間協力を超えて、より緊密な超国家的なヨーロッパ統合が進めば、フランスとドイツの歴史的な対立を乗り越え、西ヨーロッパが一致団結してソ連に対抗できるようになる。また、西ドイツを西側陣営に分かちがたく結びつけることにもなり、さらには危険なドイツ・ナショナリズムをヨーロッパの枠組みの中に封じ込めることができると期待されたのである。東西対立の中でヨーロッパ統合は、西ドイツを含む西側陣営を結束させる上で、アメリカから見て極めて望ましいものであった。

トルーマン政権は、マーシャル・プランによって西ヨーロッパの統合を促そうとした。しかし、その目論見は超国家的統合を嫌うイギリスなどによって反対され挫折する。当時まだ第三勢力の形成を目指していたベヴィンは、世界におけるイギリスの影響力を維持するためにヨーロッパの協力を考えていたのであり、イギリスを縛るためではなかった。イギリスの主権が制限されることなど論外であった。

それゆえアメリカは、フランスに期待をかけるようになる。四九年一月に米国務長官に就任していたディーン・アチソンは、九月に西ドイツ国家が誕生すると、一〇月にシューマン仏外相に書簡を送り、「今こそ、ドイツ連邦共和国（西ドイツ）を……西ヨーロッパに統合するフランスのイニシアティヴが求められる時です」と圧力をかけた。西ドイツは依然として米英仏三国によって占領状態にあった。だがいずれ、その占領状態も終わらせなければならなくなることは明らかだった。シューマンもまた、それまでに何らかの提案をしなければならないと考えていた。

そのような中、画期的な提案を提供したのが、フランス計画庁の長官だったジャン・モネである。モネは、仏独和解をアピールしつつ、石炭・鉄鋼の共同市場を創設し、それを超国家的な組織である最高機関が管理するという構想を編み出した。軍需物資でもある石炭・鉄鋼を最高機関の管理下に置くことで、「フランスとドイツとの間のいかなる戦争も想像すらできなくなるばかりでなく、物理的にも不可能になる」とされた。それはまた、ドイツのルール地方の良質な石炭を、西ドイツの独立後もフランスが利用できるようにするためのものでもあった。

モネの構想を、シューマン外相は積極的に採用した。

この構想は一九五〇年五月九日にシューマンによって発表され、シューマン・プランと呼ばれるようになる。西ドイツ首相アデナウアーにも事前に根回しがされており、彼から全面的な賛同を得ていた。「一九四五年の惨劇以来初めて、ドイツとフランスが対等な立場でともに取り組んでいくことになる」ことがアデナウアーにとって最も重要だった。彼にとってシューマン・プランは、西ドイツの独立に一歩近づくことになる、フランスから提示されたまたとない好機であった。

シューマン・プランは、五一年に欧州石炭鉄鋼共同体（ECSC）として実現した。フランスと西ドイツに加え、イタリア、ベルギー、オランダ、ルクセンブルクの六カ国がECSCの加盟国となった。これが、戦後のヨーロッパ統合の最初の一歩となる。

それに対しソ連は、ECSCを通じた西ドイツの西側統合の進展にいらだった。ソ連当局はECSCを、西ドイツの産業力を復活させ、同国の再軍備を可能にするための道具と見なした。東側陣営では、スターリンの死後、コメコンを通じた経済統合が何度か試みられる。しかしそれは、ことごとく失敗に終わることになる。他方、ECSCの六カ国は、冷戦期を通じてさらに経済統合を発展させていき、やがて東欧諸国を引きつけていくことになるのである。

3 ドイツ再軍備問題

†ソ連の核実験

一九四九年以降、冷戦の軍事化は加速していった。同年夏、西欧諸国がアメリカ・カナダとともに北大西洋条約に調印してまだ半年も経たない頃、カザフスタンにある、かつてセミパラチンスクと呼ばれた町から北西約一四〇キロのところに、高さ三〇メートルほどのタワーが建てられた。八月二九日、タワーの先端が極度の光を放った。次いでそこから爆音と爆風が広がった。直後に、巨大なきのこ雲が立ち上った。ソ連による初の核実験であった。アメリカが日本に原子爆弾を投下してから四年後のことである。この瞬間、アメリカが核を独占していた時期は終わりを告げた。

核実験に関する研究はソ連も早くから行っていたが、広島・長崎への原爆投下後、スターリンはソ連の核開発を最優先課題の一つとした。第二次世界大戦の傷が全く癒えていない中でも、ソ連は核開発に邁進していったのである。スターリンは、アメリカの核保有によってソ連が戦争で敗北することになるとは思っていなかった。しかし、アメリカの核の脅しに対抗できるようにする必要があるとは考えていた。核兵器を持っていないからソ連は弱腰であると思われてはならなかったからである。核兵器は軍事的なものというよりも、心理的なものであると捉えられていた。スパイから核爆弾関連の情報を得ていたことも手伝って、アメリカが予想していたよりも早く、ソ連は核実験の成功にこぎ着けた。これを受けてアメリカのトルーマン大統領は、さらに強力な水素爆弾の開発にゴーサインを出す。すでにソ連は、その「超爆弾」の開発にも着手していた。核軍拡競争が始まった。

ヨーロッパにも核保有国が現れる。米ソに次いで三番目の核保有国となったのが、イギリスであった。四七年に独自の核開発を進めることを決定したイギリスが、西オーストラリアのモンテベロ諸島において初の核実験を成功させたのは、五二年一〇月のことである。その一月後、アメリカが人類初の水爆実験をマーシャル諸島で成功させる。広島型原爆の数十倍、メガトン級のその威力は、島が一つ消滅するほどのものだった。ソ連もまた、それから一年も経たないうちに水爆実験を行った。核の拡散が始まり、核兵器の威力も桁違いなものとなっていった。核兵器の問題は、米ソ間のみならず、ヨーロッパ冷戦においても、様々な形で影響を与えていくことになる。

核実験に成功したからといって、ソ連の軍事面での方針が大きく変化することはなかったようである。この問題に関する十分なソ連の史料が開示されているわけではないが、当時の東側陣営の軍事的方針はもっぱら防衛的なものであった。東欧諸国の史料によると、軍部は、もし西側が攻めてきたら自国内でどう防衛するかという計画を立てていた。西側陣営を攻める軍事計画はなかった。スターリンはいずれ必ず戦争が起こると信じ、それを公言していたが、それが資本主義国同士の対立によるものか、ソ連と西側との戦争なのかは曖昧だった。

他方で西側は、ソ連の核実験成功によって、軍事戦略の再考を迫られた。もしソ連が西ヨーロッパに攻めてきた場合、いったん撤退してしまうと、もはや核を保有したソ連からヨーロッパ大陸を奪還できないと考えるようになったからである。それゆえ、NATOの防衛ラインはヨーロッパ大陸のできるだけ東側に置かれることになった。

だが問題は、ソ連軍との陸上兵力の戦力差であった。当時西側では、ソ連軍の戦力は一七五個師団と見積もられていた。それに対して西側はわずか一二個師団であった。西ドイツに駐留する米軍の二個師団強を含めてである。今日では、ソ連の兵力は過大に評価されていたことが明らかになっている。一師団の大きさも、実際にソ連のそれは西側のものよりもずっと小さかった。ソ連軍の装備も、西側のそれと比べ貧弱だった。だが当時は大きな兵力差があると認識され、その差を埋めるためにも、米英仏の軍の上層部では、西側防衛のために西ドイツの再軍備が必要であるとの考えが広まっていった。

とはいえ、軍事的に必要であることと、政治的にそれが受け入れ可能であることとは別問題である。一九四五年のポツダム協定で、連合国はドイツを、非ナチ化、民主化、そして非軍事化することで合意し、ドイツ軍は解体されていた。まだ戦争の記憶が生々しい中、かつてのドイツ軍を復活させることは、多くの人々にとって受け入れがたいものだった。しかし、アジアでの戦争が状況を一変させることになる。

†朝鮮戦争の影響

一九五〇年六月二五日、未明。北朝鮮軍が、突如として韓国に侵攻した。朝鮮戦争の勃発である。北朝鮮の指導者金日成は、かねてから武力による朝鮮半島の統一を目指していたが、スターリンがようやく北朝鮮に南への侵攻を許可したからであった。その理由は、ソ連の核実験の成功や中国内戦における中国共産党の勝利、NATOの創設などいくつかあったが、アメリカは朝鮮半島の問題に軍事的関与をしてこないだろうとの見通しもその一つだった。

しかしそれに反して、アメリカはすぐさま国連において北朝鮮の侵略を非難する決議を採択させ、六月末までに国連軍の旗の下、米軍を朝鮮半島に向けて出動させた。西側は、北朝鮮の背後にソ連がいると考え、朝鮮戦争を武力による共産主義の膨張であると見なした。それゆえ問題はアジアに限定されるものではなかった。朝鮮戦争は、特にヨーロッパでは、東ドイツが西ドイツに武力侵攻してくる可能性を暗示させるものだったからである。実際に東ドイツでは、すでに四八年から人民警察軍の創設という形で隠れた軍事化が進められていた。NATOの防衛力を強化しなければならないという認識が否応なしに高まった。

トルーマン政権は、すでに西ドイツの再軍備を進めることを決めていた。問題は、それをどのように他のNATO諸国に受け入れさせるかであった。アメリカ政府が交渉のカードとしたのが、西ヨーロッパにおける米軍の増強であった。五〇年九月に米英仏三国の外相会議がニューヨークで行われた際、アチソン米国務長官は、米軍のヨーロッパへの追加派遣が、西ドイツの再軍備を含む西欧諸国の防衛努力の強化と一体であるとする「パッケージ提案」を行った。アメリカは西ヨーロッパ防衛のため四〜六個師団を送る用意があるが、それと引き換えに、一二個師団規模の西ドイツ軍を創設することが要求されたのである。この外相会議がウォルドルフ・アストリア・ホテルで開催されたことから、アチソンの提案は「ウォルドルフの爆弾」と呼ばれた。

アメリカのパッケージ提案に対する英仏の対応は分かれた。英外相ベヴィンは、アメリカの支援は必要不可欠であると考え、やむなしとして賛同した。だが仏外相シューマンは、受け入れることができなかった。シューマンは、「ドイツからの貢献なくして、ドイツを含む西ヨーロッパを防衛するというのは論理的ではないかもしれない」と認めた。それでも彼は、フランスには「深刻な心理的な問題」があるため、西ドイツ再軍備にはまだ同意できないとかたくなに拒否した。

朝鮮戦争はまた、NATOを軍事同盟として著しく発展させた。四九年四月に北大西洋条約が調印されたとき、NATOはまだ机上の軍事同盟だった。だが米英仏三国外相会議のすぐ後に開かれたNATO理事会においてはじめて、NATOの統一軍を創設することが決められた。トルーマン大統領は、アイゼンハワー将軍をそのNATO軍（欧州連合軍）の最高司令官に任命し、欧州連合軍最高司令部も設置されることとなった。そのNATO軍のため、四個師団の米軍がヨーロッパに増派されることになった。こうしてNATOは名実ともに軍事同盟となった。アメリカは、自らのヨーロッパへの軍事的関与を強化することによって、西欧諸国がさらに防衛努力を行うことを促した。しかしながら、このNATO理事会においても、NATO軍への西ドイツ軍の参加については合意できず、一〇月に開かれるNATO防衛委員会（国防大臣会議）での検討課題とされることになった。

†プレヴァン・プラン

対応を迫られたフランス政府は、西ドイツの再軍備問題について、独自の対抗案を出すことで乗り切ろうとした。第二次世界大戦においてドイツ軍に敗れ、四年にわたってドイツ軍に占領された経験を持つフランスからすれば、国内で西ドイツ再軍備への抵抗が大きかったことは不思議ではない。

西ドイツ再軍備問題はまた、欧州石炭鉄鋼共同体の創設を目指すシューマン・プランにも影響を与えかねなかった。五〇年五月に打ち出された同プランは、六月二五日から、それへの参加を表明した六カ国の間で、その実現に向けた交渉を始めたばかりであった。まさにその日に、朝鮮戦争が勃発したのである。

朝鮮戦争によって浮上した西ドイツ再軍備問題は、ヨーロッパ統合の文脈の中で取り扱われるようになっていった。シューマン・プラン交渉の議長も務めていたジャン・モネは、西ドイツ再軍備問題が浮上したことで西ドイツの交渉の立場が強まり、シューマン・プランがフランスにとって望ましい形で実現できなくなること、最悪の場合、交渉が決裂してしまう可能性を大いに懸念した。それを回避すべく、再びモネが考案したのが、超国家的なヨーロッパ軍創設構想であった。シューマン・プランの基本的な考えを軍事領域に拡大し、六カ国による軍事統合を進め、新たに創設される西ドイツ軍をその中に封じ込めることをモネは考えたのである。その際、彼にとって重要であったのは、まずシューマン・プランを実現し、その後にヨーロッパ軍を創設するという順番であった。つまり、もし西ドイツの再軍備が必要であるならば、まずはシューマン・プランを先に実現しなければならないという状況を作ろうとしたのである。

このモネの提案はフランス政府に受け入れられ、NATO防衛委員会の開催直前に、ルネ・

プレヴァン仏首相によって発表された。それゆえ、ヨーロッパ軍創設構想は、プレヴァン・プランと呼ばれることとなる。フランス政府は、この構想に固執した。一〇月末に開かれたNATO防衛委員会でフランスは、プレヴァン・プラン以外の形で西ドイツの再軍備を進めることをかたくなに拒否したのである。

だがシューマン・プランと異なり、プレヴァン・プランは歓迎されなかった。それはフランスによる西ドイツ再軍備の先延ばし策であると認識された。超国家的なヨーロッパ軍の軍事的有用性も疑問視された。西ドイツのアデナウアー首相は、プレヴァン・プランについて西ドイツを差別的に扱うものであると見なした。「プレヴァン・プランは、ヨーロッパにおけるフランスの覇権を再び確立するための試みに他ならない」とアデナウアーは捉えていた。

アデナウアーはまた、ドイツ再軍備を機に、未だ米英仏の占領下にある西ドイツの独立を達成したいと考えていた。占領下の首相アデナウアーにとって、西ドイツの独立の完成は、最も重要な政治課題だった。西ドイツの主権がないまま西ドイツ軍だけが作られれば、それは西ドイツ以外のために利用されかねない。西ドイツ軍が創設され、戦争において西ドイツ人の兵士が犠牲になるのであれば、それはまずもって独立した主権国家としての西ドイツの防衛のためでなければならない、というのがアデナウアーの立場であった。それゆえ、西ドイツ軍が西側防衛に貢献するのであれば、西ドイツの独立と結びついたものでなければならなかった。そして逆に、西ドイツ再軍備問題は、西ドイツを占領状態から抜け出させるための手段にもなると考えられたのである。

プレヴァン・プランに対する当初の不信感にもかかわらず、西ドイツの再軍備問題は、同プランを軸に話が進んでいくことになった。なぜなら、西ドイツが他国と対等な立場での再軍備を強く求めたからである。フランスが提案した超国家的なヨーロッパ軍以外の形で西ドイツ再軍備を進めようとすると、西ドイツに対する警戒感から、西ドイツの兵力を制限するなど差別的な形にならざるを得ず、アデナウアーがそれを拒否し、交渉は行き詰まってしまったのである。その一方で、アデナウアーは、ヨーロッパ軍が西ドイツに差別的な形にならなければそれに賛同するとの立場に変わっていった。アデナウアーが望んだ西ドイツの独立に関する交渉が進展したことも、その重要な背景となった。さらに、NATO軍最高司令官となったアイゼンハワーが、プレヴァン・プランを支持するようになったことも手伝って、最終的に五二年五月末に、ヨーロッパ軍創設構想は、欧州防衛共同体（EDC）条約としてECSCと同じ六カ国で締結されることになったのである。同時に、西ドイツの独立を定めたドイツ条約も、米英仏三国と西ドイツとの間で調印された。

しかし、これで西ドイツ再軍備問題の決着とはならなかった。EDC条約が、フランス議会によって、その批准を拒否されることになるからである。その結果、西側陣営内に一時混乱がもたらされることになるが、その顚末については次章において、西ドイツのNATO加盟とワルシャワ条約機構創設の文脈の中で論じることにしよう。

4 東側陣営の対抗

†大軍拡とプラハ宣言

朝鮮戦争にゴーサインを出したのはスターリンだったが、それはヨーロッパにおいて西ドイツ再軍備問題を浮上させ、軍事同盟としてのNATOを発展させることになった。NATO理事会はさらに、五〇年一二月には、全体で六〇個師団規模となるNATO軍を創設することにも合意した。

このNATOの決定を知ったスターリンは、さらに東側陣営の軍備増強を進め、通常戦力の軍拡競争をも加速させていく。西側は二、三年で戦争準備を完了し、ソ連に向けて戦争を仕掛けてくる可能性が生まれたと、スターリンは真剣に懸念するようになった。それゆえ、五一年一月にモスクワで、ソ連と東欧諸国の防衛相会議が極秘裏に開かれ、東側陣営の軍事力強化について合意がなされた。スターリンは、二、三年以内に「近代的で強力な軍隊を創設する」よう求めた。軍事力の弱いところに「帝国主義者（西側）」は攻めてくる。軍備を増強すれば相手は攻めてこない、というのがスターリンの説明であった。東欧各国は、短期間での急速な軍拡は経済的に困難であるとの考えであったが、ソ連の意向に逆らうことはできなかった。五三年までに東欧諸国はおよそ一二〇万人規模の軍隊を増強した。ソ連軍の規模もまた約二倍の五六〇万人に達することとなる。だが、東欧経済には大きな負担となった。

東側陣営は、軍拡を進めるのみならず、西ドイツ再軍備を阻止すべく、外交攻勢も積極的に行った。その際、特に西ドイツの世論に対するアピールが試みられた。というのも、当時、西ドイツ国内では再軍備に対して激しい批判が起こっており、再軍備を進めれば分断してしまったドイツを再び統一することがさらに困難になるとの主張がなされていたからである。ドイツ再統一を望む人々にアピールすべく、五〇年一〇月に開かれたソ連・東欧諸国のプラハでの外相会議では、全ドイツの暫定政府を作り第二次世界大戦の平和条約を締結する準備をするための「全ドイツ設立委員会」を設置することを提唱した。その委員会は、東西ドイツの代表者によって対等な形で構成されることになっていた。この提案は、前月に行われた米英仏外相会議への対抗でもあった。「ウォルドルフの爆弾」が落とされたそのニューヨークでの米英仏外相会議は、西ドイツ政府こそが「自由にそして正統に設立された唯一のドイツ政府であり、それゆえ国際問題においてドイツ国民を代表する政府として語ることができる資格を有している」

と宣言し、東ドイツの不承認を再度明言するものだったからである。

東ドイツは、「ドイツ人よ、一つのテーブルに」というスローガンを掲げ、西ドイツの再軍備とドイツ分断政策はポツダム協定違反であるとするキャンペーンを続けていた。プラハの会議も、「ヨーロッパにおける平和と安全の維持」のため、「ドイツの再軍備とあらゆる侵略計画へのドイツの編入を認めないこと」を宣言した。同宣言はまた、ECSCをも攻撃していた。それは、「西ドイツの軍需工業力を再建し、西ドイツ経済を英米軍事ブロックの計画に適応」させるものであると非難したのである。だが東側のプロパガンダが、西ドイツ国民の心に響くことはなかった。

†スターリン・ノート

ヨーロッパ軍を創設するプレヴァン・プラン交渉が大詰めを迎え、五二年二月のリスボンでのNATO理事会でNATO軍をさらに九六個師団規模にまで拡大するという中期防衛計画が合意され、同時にギリシャとトルコがNATOに加盟することにもなると、スターリンはさらなる外交攻勢に打って出た。

中立の統一ドイツを創設するという案が、ソ連の側から公式に打ち出されたのである。ドイツが東西に分断されて以来、ドイツを代表する「一つのドイツ」が不在の中で、ドイツとの平和条約は締結されないままであった。そして今や、西ドイツがEDCを通じて再軍備し、ドイツ条約によって独立しようとしていた。それに対してソ連は、五二年三月、「スターリン・ノート」と呼ばれる覚書を米英仏三国に手交する。その中でスターリンは、「ヨーロッパにおける戦争の終結からすでに約七年が経過したにもかかわらず、依然としてドイツとの平和条約が締結されていない」という「異常な状態を改善するため」、平和条約締結問題を協議することを提案し、中立の統一ドイツ創設を提言したのである。

ソ連は、平和条約締結を提案する中で、ドイツを中立化し、ドイツが西側陣営に組み込まれることを改めて阻止しようとした。スターリン・ノートによれば、米英仏ソの全ての占領軍は統一ドイツから撤退する。そして、その統一ドイツは自国の防衛のため再軍備することを認められるが、第二次世界大戦を戦ったどの国とも同盟を結んではならないとされていた。つまり、中立ドイツは、EDCのヨーロッパ軍にもNATOにも参加できないことになる。このスターリン・ノートは、西ドイツと西側諸国でセンセーションを巻き起こすこととなった。

スターリン・ノートに対して西側三国は、自由選挙と同盟選択の自由を盾に対抗した。当時、西ドイツの野党であった社会民主党(SPD)は、ドイツ再統一のための中立ドイツ政策を掲げていた。しかしながら、米英仏にとって中立ドイツは論外であった。中立ドイツは、東西対立の中で東西両陣営を手玉に取り、漁夫の利を得ようとする危険な存在になりかねないと見なされていた。また中立ドイツがソ連の圧力に脆弱になり、実質的に東側陣営に組み込まれることになる可能性も懸念された。アデナウアーにとっても、米英仏ソ四カ国が西ドイツの頭越しにドイツの中立化を決めてしまうことは悪夢だった。三月末、西側三国はソ連の覚書に返信し、ドイツ再統一は、国連の監視下における自由選挙に基づいて作られたドイツ政府が必要であること、そして何より、統一ドイツは自由に同盟相手を選択できなければならないと主張した。むろん、西ドイツ軍を西側防衛に貢献させることを可能にするためである。結局、五月末にEDC条約が調印されると、次第にスターリンも、中立の統一ドイツという考えに対する関心を失っていった。

その代わりスターリンは、東ドイツの再軍備と社会主義化を指示するようになった。西側がドイツ問題についての交渉を受け入れようとしなくなった今、彼は東ドイツ指導部に対して、「あなた方は、独自の国家を組織しなければならない」と語った。東ドイツの社会主義化は、社会主義統一党（SED）の党第一書記で、一九七一年まで同国の指導者の地位に座るヴァルター・ウルブリヒトがまさに望んだことであった。ウルブリヒトはスターリンからのお墨付きを得ると、中央集権化や手工業・中小商業の廃止、そして農業の集団化を積極的に進めていった。五二年九月には、東ドイツの国家人民軍創設も発表された。

だが急速な社会主義化は、東ドイツの人々の西ドイツへの逃亡をもたらした。西ドイツ当局は、すでに一九四九年以降、東ドイツから流入してきた人々を不法移民ではなく政治的難民と見なし、積極的に受け入れ、支援することにしていた。亡命者の数は、一九五二年の一年間で一八万二〇〇〇人を超えた。東ドイツ政府はソ連軍と協力して国境監視を強化したが、逃亡者の流れが止まることはなかった。翌五三年の最初の四ヵ月だけでも、その数は一二万人に達していた。西ドイツへの人口流入は、西ドイツの経済復興、さらに後の高度経済成長に貢献することになる。他方で、東ドイツからの人口流出の問題は、その後、ベルリンの壁が構築されるまで、東ドイツ政府を苦しめることとなる。

そのような中、五三年三月、独裁者スターリンが死去した。七四歳であった。死因は脳卒中であると発表されている。スターリンの死については陰謀説も多い。だが、いずれにせよ、一つの時代が終わることとなった。

†二つの陣営

一九四〇年代末から五〇年代初頭にかけて、ヨーロッパには東西二つの陣営《ブロック》が形成されることになった。この「陣営」とは、複数の国家によって構成される、ある種の認識共同体である。同じ陣営内の国々は、同じ価値観、同じイデオロギーを共有し、その社会経済システムもまた共通しているとの認識を持っていた。また、相手陣営を敵であり、脅威であると認識する。自陣営の結束が乱れれば、それが相手陣営の利得となり、相手陣営を分断させられれば、自陣営の利得となるといったゼロサム的認識を持つ、そのような諸国家の共同体でもあった。

冷戦の対立はグローバルなものであったが、ヨーロッパではとりわけ、東西それぞれにおいてヨーロッパ独自の地域的な多国間制度が作られたため、陣営がよりはっきりした形をとることになった。ヨーロッパ諸国は、それぞれどちらかの陣営に帰属しているというアイデンティティを持つようになった。いくつかの国は、あえて中立・非同盟という選択をしたが、それもまた、ヨーロッパが二つの陣営に分裂し対立しているという認識を背景にしていた。

東側陣営は、ソ連による東欧支配、高まる対米不信、そして東欧各国における共産党による一党独裁体制の確立によって形成されていった。東側陣営は、とりわけソ連の支配と影響力が強かった。東側は共産主義イデオロギーで結びつき、各国共産党同士の関係が緊密であった点が大きな特徴である。東側陣営の国家間関係は、党と党の関係の延長であった。その関係の中で、ソ連共産党は指導的立場にあるとされ、ソ連が各国の党あるいは国家の指導者をしばしば名指しするほどの影響力を持った。東欧各国の共産党指導者は頻繁にモスクワを訪問し、あるいは各国に駐在するソ連大使と会うことでソ連の意向を窺った。

東側陣営にとって、西側の資本主義体制はイデオロギー上の敵であった。資本主義を打破することが、共産主義のそもそもの目標である。東側諸国は、アメリカや資本主義の影響が及ぶのを恐れ、極度の情報統制と人の移動の制限を行った。共産主義という理想を実現するとの名目で、一般国民の自由も大きく制限され、監視下に置かれることになった。同時に、特に支配層は、自分たちのイデオロギーや社会経済システムの方が先進的で、歴史の正しい側に立っていると考え、それが各国の東側陣営への帰属意識や結束を支えた。コミンフォルムやコメコン、そして後に創設されるワルシャワ条約機構といった多国間制度も、陣営への帰属アイデンティティを強化した。

他方で西側陣営は、ソ連の影響力や共産主義イデオロギーの浸透に対する脅威認識と、アメリカの支援の必要性から生まれていった。アメリカは「招かれた帝国」だったという議論がある。ソ連が支配による「帝国」を構築したのに対して、アメリカは西欧諸国に求められて西側陣営の盟主になったという議論である。確かに、すべてのヨーロッパ諸国が戦後復興のためアメリカの支援を必要とした。だがアメリカ自身もソ連の膨張を警戒し、積極的に西側陣営の構築に関与していったことは間違いない。マーシャル・プランもNATOも、アメリカと西欧諸国のいわば合作であった。

チェコスロヴァキアにおけるクーデター、ベルリン封鎖、朝鮮戦争などによってソ連に対する軍事的脅威認識が増幅されたことで、西側陣営においても、ソ連とその「衛星国」が敵であるとの認識が共有されていった。その過程で、第三勢力を構築するといった構想は放棄されていき、自分たちは西側陣営の一員であるというアイデンティティが定着していった。西側においてもやはり同様に、自由や民主主義といった価値と、それに基づく自分たちの社会経済システムの方が優れていると考えられていた。ブレトンウッズ体制やGATTといった資本主義経済を基盤とする国際組織に加盟していることも、西側アイデンティティを支えた。こうして、第二次世界大戦後のヨーロッパが二つの陣営に分かれ、対峙するという構図が固まっていったのである。

東西両陣営はいずれも、それぞれソ連とアメリカが大きな、時に圧倒的な影響力を持っていたという点で階層的構造を有していた。支配体制という面があった、といってもよい。その階層構造は、米ソ超大国が持つ軍事力と経済力、そして同盟国に対する軍事的・経済的支援によって支えられていたところが大きい。だが支配体制であるがゆえに、東西両陣営のどちらにおいても、超大国に対して国益やナショナリズムに基づく反発がしばしば起こり、陣営を揺るがすことになる。

さらに、一方の陣営は、他方の陣営の動揺を利用し、時に緊張緩和策を提案することで、時にプロパガンダやラジオ放送を通じて、また時に反核平和運動を裏で支援することで、相手陣営の分断を図る試みが何度も繰り返されることにもなる。

ただそれでも、両陣営はそう簡単に崩壊することはなかった。陣営を維持する様々な力学が働いたからである。相手陣営の軍拡、禁輸措置、諜報活動、プロパガンダ合戦などは、相手陣営は敵であり脅威の源泉であるという認識を再生産させた。また、戦後の現状を承認しようとしないことや、非民主的な政治、人権侵害、さらに第三世界への介入などが相互の不信感を増幅させていくことになる。

それぞれの陣営内でも、陣営の結束を図る力学が働いた。同盟内における軍事戦略の策定や共同軍事演習、多国間制度を通じた人的交流と共通の立場の確立、そして経済協力などがそれである。陣営の支配体制の側面に反発し、ある国が超大国に対して反抗の姿勢を示しても、他の国々がそれに追従することはなかった。むしろ、そのような時こそ、陣営の結束を図らなければならないという動きが生まれた。米ソそれぞれも、折に触れて同盟国の不満に対処し、それぞれの陣営において協議をより緊密に行い、そのための制度化が進められていくことにもなる。

ただし、経済協力に関しては、東西の陣営で異なる結果をもたらすことになる。西側陣営においては、戦後の経済協力が、持続的な経済成長をもたらすことになった。不況に直面しても、協同でそれを乗り切ることが試みられた。経済成長を遂げた西欧諸国は、アメリカの経済的競争相手になっていくが、貿易摩擦が起こっても、それが陣営の結束を揺るがすことはなかった。むしろ、経済力をつけた西欧諸国（や日本）が、アメリカの兵器や国債を購入することで、アメリカ経済を間接的に支えていくことにもなる。

他方で、東側陣営における経済協力は、西側と比べるとさほど進展しなかった。東側諸国の経済成長も頭打ちとなる。ソ連の経済援助にも限界があり、やがてソ連自身が東欧諸国を重荷であると認識するようになる。そして東側諸国は、西側諸国との経済関係の強化に、経済的行き詰まりを打開するための活路を求めていくことになる。

陣営の維持という点で、さらに重要な相違が東西間にはあった。東側陣営では、陣営維持のため、陣営内における武力の行使に頼ることになる。体制に反発する民衆蜂起が起こったとき、ソ連・東欧諸国はしばしば武力を用い、流血の事態を引き起こすことになるのである。

コラム2　北欧の冷戦――NATOか中立か

冷戦時代、北欧諸国は異なった国際的立場を選択することとなった。フィンランドとスウェーデンが中立国になる一方で、ノルウェーとデンマークは西側の軍事同盟であるNATOに加盟した。第一次世界大戦から戦間期にかけて、ノルウェーとデンマークはスウェーデンと同じく中立の立場を維持し続けていたにもかかわらず、である。なぜノルウェーとデンマークはNATO加盟を選択したのか。

ノルウェーもデンマークも、第二次世界大戦中はナチス・ドイツに占領されるという経験をしたが、戦後すぐから西側志向だったわけではない。両国は当初「橋渡し」政策をとり、軸足を明確にしない外交を続けた。確かにノルウェーとデンマーク、そしてスウェーデンも、一九四七年にアメリカによって提案されたマーシャル・プランには参加した。しかしその態度は慎重であった。同プランへの参加は、あくまでも経済に限定されたものであり、軍事安全保障問題は別だとの姿勢がとられたのである。

安全保障の観点から北欧諸国を重視したのが、イギリスであった。イギリスはアメリカよりも早くからソ連を戦後の第一の脅威であると認識し、イギリスの安全保障のためにも北欧は戦略的に重要な部分であると考えていた。それゆえベヴィン英外相は、北欧諸国が西側の軍事同盟に参加するよう訴えていくことになる。

ノルウェーにとっての転機は、四八年であった。同年二月には、チェコスロヴァキアでクーデターがおこり、同国は共産化する。さらに四月にはフィンランドがソ連と友好・協力・相互援助条約を締結した(コラム7参照)。ノルウェーはこれらを、ソ連の影響力が拡大している証左であると見なした。北欧にもソ連の脅威が迫っているとの認識が広がり、ノルウェーはもはや非同盟の橋渡し政策をとり続けることはできないと考え、英米両国に支援を要請し始める。

それに対してスウェーデンは、伝統的な中立政策を維持しようとした。米ソの対立に巻き込まれないことこそがスウェーデンにとっての安全保障だった。西側諸国との軍事協力は、冷戦の対立を北欧に持ち込むことになる。それを避けるべく、同国は、四八年五月にノルウェーとデンマークに対してスカンディナヴィア防衛同盟構想を提示した。防衛同盟という言葉が示すように、スウェーデンの構想は、あくまでも中立を守るためのものであった。それゆえ、これは敵対的な軍事同盟ではない点が強調されたのである。

だが結局、スカンディナヴィア防衛同盟構想は失敗に終わった。ノルウェーは、ソ連の脅威に対抗するためにはイギリスとアメリカの支援が不可欠であると考え、北欧のみで中立同盟を維持することは不可能であると認識していた。他方でスウェーデンは、同構想が軍事同盟的なものになることに断固として反対した。アメリカのトルーマン政権も四八年までに北欧諸国を含む西ヨーロッパの軍事同盟創設の必要性を認識し初め、アメリカと共に集団安全保障体制に参加する国にのみ軍事支援を与えるとの立場をとり、スカンディナヴィア防衛同盟構想を支援しないと示唆していた。同構想をめぐる交渉は、四九年初頭までに決裂し、スウェーデンは単独で中立を堅持する道を選ぶことになったのである。

他方でノルウェーは、NATOを選択した。ソ連はノルウェーに不可侵条約の締結を提示してきたが、ノルウェーはそれを拒否した。デンマークはノルウェーよりも中立志向が強かった。しかし、スカンディナヴィア防衛同盟構想が流産すると、見捨てられることを懸念したデンマークも消極的ながらノルウェーに従い、両国は四九年四月に北大西洋条約に調印することとなったのである。

だが両国は、ソ連を刺激しないことも重視し、ソ連側に対してNATOはあくまでも防衛的なものであると強調し続けた。アメリカはノルウェーとデンマークに対して、米軍基地の設置やミサイルの配備を提案していったが、両国は、平時において外国軍が駐留したり、核兵器が持ち込まれたりすることは認めないとする政策をとり続けたのだった。

第三章

二つのドイツと二つの同盟
――1953～55年

ワルシャワ条約調印式(1955年5月)。

スターリンが死去したことで、冷戦が終わったわけではない。しかし彼の死は、ヨーロッパ冷戦に緊張緩和、冷戦用語でいうデタントという要素をもたらすことになった。東西間に対話の機運が生まれたからである。とはいえ、対話がすぐに具体的な成果をもたらしたわけではなかった。とりわけ、ドイツ問題をめぐる東西間の隔たりが大きかったからである。西側が「一つのドイツ」政策を堅持するのに対して、スターリン後のソ連は「二つのドイツ」政策をとるようになっていく。そして、ソ連は東西両ドイツと国交を樹立し、その後、「二つのドイツ」が存在するという現状を維持し、それを国際的に承認させる努力を続けていくことになる。

西ドイツ再軍備問題も、引き続きヨーロッパ冷戦の重要な要素であり続けた。前章で見たように、欧州防衛共同体（EDC）条約は一九五二年に調印され、西ドイツの再軍備はその中で進められることになっていたが、同条約の批准手続きは、とりわけフランスにおいて難航していた。スターリンの死後、緊張緩和の雰囲気が生まれる中でも、西側陣営はEDC条約の批准を目指す。ソ連は、それを阻止すべく、対案として全ヨーロッパの集団安全保障体制の構築を提示する。結局、EDCは挫折するものの、西ドイツは五五年にNATOに加盟し、その中で再軍備を進めていくことになる。他方で、全ヨーロッパの安保体制は実現せず、代わりに同年、東側諸国のみの集団安全保障体制が誕生する。それが、ワルシャワ条約機構である。こうして、一九五〇年代半ばに東側陣営にも多国間軍事同盟が出現し、ヨーロッパにおいて東西二つの同盟が対峙《たいじ》する構図が生まれることになるのである。

1 チャーチルの冷戦

スターリンの死は、冷戦の緊張緩和をもたらすかに見えた。というのも、ソ連が対話の姿勢を見せたからである。スターリンの葬儀の際に、新たにソ連首相（閣僚会議議長）に就任したゲオルギー・マレンコフが、葬儀での演説で、「資本主義と社会主義という二つの異なる体制の長期にわたる共存と平和的競争」という方針を示したことで、早速それは明らかになった。彼はまた、「相互理解に基づき、平和的手段によって解決され得ない」紛争はない、とも語った。実際、ソ連新指導部は、膠着状態に陥っていた朝鮮戦争を終わらせるという方針をすぐに採択した。後にソ連共産党の第一書記になり、数年後に権力闘争を勝ち抜いてソ連の指導者となるニキータ・フルシチョフは、スターリンの死によって、アメリカが戦争を仕掛けてくるかもしれないと考えていたと、後に回顧録で述べている。新たなソ連の指導者たちが、いわゆる「平和攻勢」に出た背景には、このような認識があった。

†チャーチルの首脳外交提案

ソ連の姿勢の変化に最も積極的に応えようとしたのが、イギリス首相チャーチルである。彼は五一年一〇月の総選挙で保守党が勝利したことで、再び首相の座に返り咲いていた。スターリンが死去する一年半前のことである。再登板となったとき、彼はすでに七七歳とかなり高齢であった。当初チャーチルは、スターリンのソ連との関係改善には悲観的だった。前章で触れた五二年三月のスターリン・ノートにも、特段の反応を示すことはなかった。しかしスターリンが死去すると、チャーチルは精力的に動き始める。早くもスターリンの訃報の五日後に、五三年一月にアメリカ大統領に就任していた元NATO軍最高司令官アイゼンハワーに書簡を送り、ともにソ連の新指導者と米英ソ首脳会議を行うことを呼びかけた。第二次世界大戦中に自らが携わった、かつての首脳外交を復活させ、冷戦の対立を終わらせようとしたのである。

チャーチルは五三年五月、下院の演説において、独自の構想を披瀝した。彼は改めて「最高レベル」での米英ソ会議を提唱したのみならず、一九二五年のロカルノ条約を引き合いに出し、欧州安全保障のあり方についても語った。チャーチルによれば、ロカルノ条約でイギリスは、もしフランスがドイツに攻撃されたらフランスを支援し、もしドイツがフランスに攻撃されたらドイツを支援することになっていた。チャーチルはこの演説の中で、ロカルノ・モデルを、ドイツとソ連の間に適応することを提言した。すなわち、もしソ連がドイツを攻撃したらイギリスはドイツを支援するが、逆にもしドイツがソ連を攻撃したら、イギリスはソ連を支援するとすることでソ連の安全保障上の懸念に応えようとしたのである。

とりわけ注目されるのが、ここでいう「ドイツ」の意味である。チャーチルの考えでは、それは再統一された中立ドイツであった。再統一された中立ドイツとは、西ドイツはEDCにも西側陣営にも加わらず、再軍備も認められないことを意味した。そのような形でドイツ問題を解決することが、ソ連と対話し、新たな安全保障体制をヨーロッパに構築し、冷戦を終わらせるために払うべき代価であるとチャーチルは考えていた。五月の演説の中では、チャーチルは、ドイツに関するこのような本音を公にはしなかった。だが、彼の中で欧州安全保障とドイツ問題は結びつけて考えられていた。

なぜチャーチルは、このような大胆な構想を抱いたのだろうか。彼の狙いは、大きく三つあったと考えられる。一つには、チャーチルは冷戦の対立が核戦争を引き起こしかねないと真剣に懸念していたことがあげられる。二つ目の狙いは、冷戦後の世界秩序を構築する役割を果たす世界大国としてのイギリスを復活させることにあった。そして第三に、彼自身の政治家としての名声があった。チャーチルは、「戦争屋」ではなく、「平和創設者《ピースメーカー》」と呼ばれ歴史に名を残すことを望んでいたのである。

しかしながら、チャーチルの構想を支持するものはほとんどいなかった。チャーチルの提案は、イギリス政府内で十分検討されたものではまったくなく、彼の独断に近いものだった。チャーチル政権のイーデン外相を始め、閣僚の大半がそれを非現実的で危険な構想であると見なしていた。イギリス外務省も、チャーチルの提案はフランスにおけるEDC条約の批准を遅らせ、西側陣営を不安定化させるものであると猛反発した。アデナウアー西独首相は、西ドイツが犠牲にされかねない東西間の首脳会議の提案を大いに警戒した。アイゼンハワー米大統領も、米ソ間の緊張緩和を進めるつもりはなく、東西首脳会議にも極めて消極的であった。まずソ連の側から譲歩が示されなければならない、というのが彼の主張であった。

さらには、ソ連の新指導部ですらチャーチルに不信感を持っていた。イギリスにはアメリカを説得する力はないと見なされており、彼の首脳会議の提案にソ連が積極姿勢を示すこともなかった。だが皮肉にも、四大国首脳会議は、後述するように、チャーチルが首相の座を降りた後の一九五五年に開催されることになる。

†禁輸の緩和

チャーチルは、スターリンの死後に東西首脳会議を提唱したのみならず、西側と東側陣営の貿易増加が冷戦の雪解けをもたらすと考えていた。しかし、対共産圏輸出統制委員会（ココム）による禁輸措置という制約があった。禁輸の対象品目はアメリカが一方的に作成していた。しかも、一九五一年の相互防衛援助統制法、いわゆるバトル法によって、禁輸リストに違反した国は同盟国であってもアメリカからの援助が停止されることになっていた。それゆえ西欧諸国は東側陣営と自由に貿易ができず、それがアメリカに対する不満の源泉にもなっていた。西欧諸国の中には、歴史的なつながりがあり地理的にも近い東欧諸国との貿易を回復させたいという期待が大きかったからである。

四大国首脳会議と異なり、東西貿易に関しては、アメリカのアイゼンハワー大統領もまたチャーチルと同じ考えを持っていた。アイゼンハワーは東西貿易の促進に前向きで、それによって東欧諸国を西側に引きつけ、ソ連陣営を弱体化させられると考えていた。彼は、西欧諸国の経済のためにも、東側陣営との貿易を妨げるべきでないとの意見であった。冷戦は長丁場の戦いになったとアイゼンハワーは考えており、健全な経済基盤は冷戦に勝利するための重要な要素であった。さらに西側同盟を良好にするためにも、彼は禁輸を緩和することによって、それをめぐる同盟国との対立が解消されることを望んだのだった。

だがアイゼンハワー政権内には、禁輸の緩和に対する強い反対が存在した。それゆえ、東西貿易に関する政権としての基本的立場は妥協的なものにならざるを得なかった。反対の急先鋒だったのが、商務省と国防総省である。くわえて、統合参謀本部議長もトルーマン政権時代の厳しい禁輸措置の継続を主張した。東西貿易の増加は、西欧諸国が東側陣営に経済的に依存することになるとの懸念もあった。他方でアメリカとソ連・東欧諸国との間の貿易はごくわずかで、東側陣営との貿易を増加させることに対するインセンティヴはアメリカ側にほとんどなかった。その結果、米欧関係改善のため最低限の禁輸措置の見直しは必要とされたものの、ソ連に対する不信感は根強く、スターリンの後継者たちが平和共存を唱えていても、ココムの禁輸リストを大幅に見直すことは望ましくないとされた。

しかしイギリス側は、五三年八月までに現行の禁輸体制の見直しを行い、それが非効率であり、大幅な改革が必要であるとの結論に達していた。そして、まずは米英二国間で禁輸体制の見直しに関する協議を開始した。だがアメリカ側の消極姿勢から、早くも同年末までに協議は行き詰まってしまう。

この行き詰まりを打開したのが、チャーチルであった。彼は五四年二月末に下院で行った演説で、政府がソ連陣営との貿易見直しを検討していることを明かし、それは東西の緊張緩和につながると述べた。「鉄のカーテンを越える貿易が、そしてイギリスとロシアの衛星国との間の貿易が増えれば増えるほど、我々がともに生きる機会が増え、快適さが増すことになります」、とチャーチルは主張した。彼はまた、東欧諸国との商業的つながりによって西側が鉄のカーテンの向こう側に浸透することができ、東欧諸国に対するソ連の手綱を緩めることができ

 るとの考えを示した。チャーチルがイギリスの立場を演説で公にしたことにより、他の西欧諸国はすぐさま、ココムの会議でイギリスの提案について協議すべきであると主張し始めた。西欧諸国はことごとく、イギリスの立場を支持した。米国務省が恐れたように、アメリカは孤立することとなった。

その結果、ココムの禁輸リストは大幅に緩和された。イギリスは、核関連物資や軍事に直接関わる品目のみを禁輸の対象にし、禁輸リストは短くあるべきであるとの立場であった。そして、そうすることが長期的な冷戦の戦いにおいて、結果として西側にとって利益になると主張した。それに対してアメリカ側は、より幅広い品目を戦略物資であると定義し、西側が禁輸措置を取っても、東側陣営が他から輸入できてしまう品目のみをリストから外すというのが基本的立場だった。三〇〇品目以上あった禁輸リストは、事務レベルで品目ごとに検討が進められた。協議は数カ月に渡ったが、最終的に合意され五四年八月から実施された修正禁輸リストは、二〇〇品目近くまで削減された。それでもまだイギリス側には不満の残るものであったが、とりあえずはチャーチルの勝利といってよかった。

先のチャーチルの演説は、東西貿易における一つの転換点であったとされる。だが、このココムの禁輸リストの緩和によって、すぐに東西貿易が急増したわけではない。東欧諸国では基本的に外貨が不足しており、禁輸措置が緩和されるだけでは貿易は増えなかったからである。

ヨーロッパにおける東西貿易が実際に大きく増えるのは、六〇年代を待たねばならない。

†ニュールックと核依存

東側陣営に対する禁輸政策のみならず、NATOの軍事戦略もまた、一九五三年以降大きく変化することとなった。朝鮮戦争後、NATO諸国は、西ドイツの再軍備を含め、急速な軍拡を目指した。五二年のリスボンNATO理事会では、NATO軍を九六個師団規模にするという目標も立てられた。EDCの超国家的ヨーロッパ軍のため、フランスは一四個師団、西ドイツとイタリアは一二個師団、ベネルクス三国は五と三分の二個師団を提供することになっていた。当初はアトリー政権期のイギリスも、三年間で四七億ポンドの軍事費を計上し、西ドイツに駐留するイギリス軍を四と三分の一個師団にまで増強する計画だった。

しかしながら、早くも五三年までに、そのような野心的な目標を達成することは、経済的に極めて困難であることが明らかになった。西欧諸国の戦後復興は進んでいたが、急激な軍拡は復興の大きな足かせとなるからであった。西ヨーロッパの一人あたりの国民総生産（GNP）は、五一年の時点で、まだアメリカの四分の一しかなかった。五二年末までに、NATO軍は一八個師団までしか増えていなかった。それゆえチャーチル政権となったイギリスは、すでに五二年の政策文書「防衛政策とグローバル戦略」において、軍拡目標を緩和し、代わりに核抑止を重視し、経済に配慮した長期的観点から戦略を見直すべきであると提言していた。それは、その後のNATOの戦略の基礎となっていく考え方であった。

このような方向性は、五三年一月に共和党のアイゼンハワー政権が誕生したことで、NATOの方針となっていく。すでに述べたように、アイゼンハワー大統領は、冷戦の戦いが長期的なものになったと認識しており、トルーマン政権時代の巨額な軍事支出をいつまでも継続できないと考えていた。また近い将来、ソ連が西側に攻めてくることはないとも認識されていた。

このような認識を前提に、アイゼンハワー政権が新たに策定したのが、「ニュールック」と呼ばれる冷戦戦略である。まず大前提として、防衛問題が国家の経済的安定性を損なってはならないとされた。また同盟と西側の集団安全保障体制の維持が、アメリカの安全保障の要であると確認された。そして何より、共産主義陣営を抑止するために、アメリカの核の力を利用すべきであるとした。東側のどのような軍事行動に対しても、圧倒的な核戦力で反撃するとしたことから、ニュールック戦略のこの部分は「大量報復戦略」として知られている。さらにニュールック戦略は、ソ連の脅威は軍事的なものだけではなく、政治的、心理的、そして経済的なものであり、プロパガンダや隠密作戦などの手段によってそれらすべての側面に対応しなければならないともされた。

そしてNATOの戦略も、このニュールック戦略に合わせる形で見直されることとなった。

やはり、ソ連側がすぐに攻めてくることはないとの前提に立ち、むしろ長期的観点から西ヨーロッパ経済への配慮がなされることとなった。同時に、米欧間の分業が新たな特徴となった。すなわち、アメリカが矛としての核攻撃力を提供する一方で、盾としての西ヨーロッパの防衛力は西欧諸国が第一の責任を持ち通常戦力の増強に努めることとされた。アイゼンハワー政権は、ヨーロッパ側が防衛努力を緩めてもよいと考えていたわけではなかった。

だが西欧諸国は、その後もコストのかかる通常戦力を十分に増強させられず、アメリカの核戦力に大きく依存するようになっていく。そしてNATOの軍事戦略も、どのようなソ連の攻撃に対しても、核兵器によって即座に対応するというものになっていった。

アイゼンハワー政権のニュールック戦略の究極の目的は、コストがかかる駐留米軍を長期的に西ヨーロッパから撤退させることにあった。しかしながら、結局アメリカは、いったん関与させた米軍を撤退させることはできなくなる。西欧諸国が盾としての通常戦力を十分増強させることなどついぞできなかったからであり、また、とりわけアメリカのヨーロッパへの関与こそが西側陣営の結束を維持する上で不可欠だったからである。ヨーロッパにおける米軍のプレゼンスこそがNATOの同盟国を安心させることにつながり、逆にヨーロッパ駐留米軍を削減するという話は、同盟国の不安を駆り立てるものになっていく。次章で論じるように、特に西ドイツが後に、不安、さらにはアメリカに対する不信感から独自の核兵器を保有することに関心を示すようになると、それがヨーロッパ冷戦における大きな問題となっていくのである。

2　ドイツと欧州安全保障をめぐる対立

西側陣営は、一九五三年以降、東側に対する禁輸政策や軍事戦略の見直しを進めていった。他方でソ連は、五三年六月に起こった東ベルリン暴動を機に、そのドイツ政策を変え、東ドイツの体制維持を重視していくことになる。東ベルリン暴動はまた、外相レベルの四大国会議が開催されるきっかけももたらした。その会議自体は、東西双方が、ただそれぞれの立場を主張し合う場で終わることになるが、ソ連側がそこで打ち出した欧州安全保障条約案が、第3節で論じるように、東側陣営の軍事同盟となるワルシャワ条約機構創設の背景となっていく。この第2節では、スターリンの死後、新たな対話の場が生まれる一方で、新たな対立の構図も生まれる過程を見ていくことにしたい。

†東ベルリン暴動

スターリン末期から進められた東ドイツの社会主義化は、同国の経済を著しく混乱させていた。社会主義的理想に基づき計画経済の徹底や農業の集団化を進めたことによって、一九五二年から五三年の冬には食糧不足が深刻化し、工業生産性も落ち込んだ。物価は急激に上昇し、東ドイツ国民の生活水準は劇的に下がったため、西ドイツへと逃げ出す人々が後を絶たなかった。その中には、後に西ドイツ外相となるハレ出身のハンス＝ディートリッヒ・ゲンシャーも含まれていた。東ドイツ指導部は、五三年四月にソ連に支援を求めたが、ソ連も様々な問題を抱えており援助できないと断られていた。むしろソ連は、東ドイツの社会主義化のペースを落とすよう指示した。だが、東ドイツの指導者ウルブリヒトはそれに逆らい、五月末に工業労働者のノルマを一〇％増加する指令を出した。生産性を高めることで、危機を乗り切ろうとしたのである。しかし、これがまったくの逆効果であった。

六月一六日の朝、東ベルリンの労働者らはデモを開始した。ノルマが強化されるのみならず、実質賃金も引き下げられることになったからである。デモ参加者は瞬く間に東ベルリンの街全体に広がっていった。ノルマの廃止や賃金の引き上げ、食品価格の引き下げが叫ばれた。だが次第に、政治的要求も含まれるようになった。ウルブリヒト指導部の辞任、自由選挙の実施、そして時にドイツの再統一などを要求する声も上がった。

翌一七日もデモは続いた。五〇万人がデモに繰り出し、東ベルリン市の中央部に向かって行進した。その一部は暴徒化し、数千人が政府の建物を占拠しようとした。彼らは、略奪を行ったり、ドイツ社会主義統一党の党員を殴り倒したり、あるいはブランデンブルク門に掲げられていた赤旗を引き下ろし燃やしたりした。デモは、東ベルリン以外の数百の東ドイツの街にも広がっていた。

当初は東ドイツの警察で鎮圧できるだろうと考えていたソ連占領軍が、ついに動くこととなった。午後一時、ソ連占領地区の司令官は戒厳令を布告し、ソ連の機械化部隊二個師団が投入された。戦車は発砲を始め、約五〇人が死亡、数百人が逮捕されたとされる。暴動は鎮圧され、夜までに秩序が回復された。

この東ベルリン暴動は、東欧諸国における社会主義体制に対する最初の大規模な民衆の異議申し立てであったという意味で重要である。同時に、この事件はソ連指導部内の権力闘争と結びつき、ソ連の対ドイツ政策に多大な影響を与え、ソ連が「二つのドイツ」政策をとるようになる重要な転機をもたらすことになる。

スターリンの死後、集団指導体制となっていたソ連指導部の中で、大きな権力を握っていた大物幹部が、東ベルリン暴動をきっかけとして失脚させられることとなった。彼の名は、ラヴレンチー・ベリヤ。内相のポストにあり、秘密警察のトップであったため、他のソ連指導部の者たちから恐れられていた。

そのベリヤが、東ベルリン暴動の数日後に突如として、「東ドイツにおいて降伏政策を遂行した」という理由で逮捕されたのである。彼はその一月前、ソ連指導部において、東ドイツから多くの人々が逃亡しており、もはや東ドイツは持たないと報告したとされている。ベリヤは、東ドイツがソ連にとって大きな負担になることを懸念していた。東ドイツ問題を解決するため、ベリヤにとっては、東ドイツはもはや社会主義国でなくてもよく、ソ連にとって脅威にならなければ、中立の統一ドイツが生まれてもよかった。だがそのような考えが、ソ連内の権力闘争に利用されることとなったのである。ベリヤは、東ドイツを見捨てようとしたとして非難された。彼はその後、五三年一二月末に処刑されることになる。

そしてソ連内の権力闘争の結果救われたのが、東ドイツの指導者ウルブリヒトであった。もしベリヤの立場がソ連の方針となっていたら、ウルブリヒトが指導者としての地位を維持することは難しかっただろう。東ベルリン暴動の責任は、明らかに東ドイツの社会主義化を強引に進めたウルブリヒトにあった。しかしベリヤ失脚後、ソ連指導部はウルブリヒトを引き続き支援する決断をした。それはまた、スターリン後のソ連指導部が今後も東ドイツを支え、ベリヤが主張したとされる中立の統一ドイツという考えを拒否することを意味したのだった。

†アデナウアーと外相会議の提案

東ベルリン暴動は西側諸国にとって突然の出来事であり、驚きをもって受け止められた。またそれが、ソ連の武力で弾圧されたことは西側にとって悲劇であった。しかし西ドイツ首相のアデナウアーには、国内政治上の好機をもたらすものとなる。一九五三年は、西ドイツにおいて秋に選挙を控えた年であった。野党の社会民主党（SPD）は、この事件を機に、いっそうドイツ再統一の要求を強め、ドイツ再統一よりも西ドイツの西側統合が優先課題であるとするアデナウアーを批判した。SPDはまた、ドイツ再統一を妨げるとして欧州防衛共同体（EDC）にも反対し、中立の統一ドイツを提唱していた。それに対してアデナウアーは、米英仏ソ四大国会議でドイツ問題を協議するというチャーチルの構想を利用することを画策するのである。

アデナウアーにとって、東ベルリン暴動は、東ドイツ体制の弱さの現れであった。アデナウアーの従来からの政策は、ソ連と東ドイツに対抗するため、西ドイツをより緊密に西側陣営に統合することであった。だが、東ドイツ体制の揺らぎを見て取った彼は、新たな攻勢に出ることにした。アデナウアーは、五三年六月以降、ドイツ再統一と西側統合を同時に追求する姿勢を示すことにしたのである。

背景には、選挙があった。一九五〇年代の西ドイツ国民はドイツ分断が克服されることを望んでいたが、これまでのアデナウアーの政策は再統一という目標に逆行すると見なされていた。そのような批判をかわすため、彼は、自由選挙に基づく統一ドイツを西側陣営に組み入れるという主張を全面に押し出していった。それは、中立の統一ドイツやEDC反対を唱えるSPD

への有効な対抗案にもなると考えられた。五三年五月にチャーチルが四大国首脳会議を提唱したときアデナウアーはそれに反対する態度を取ったが、東ベルリン暴動後は一転して四大国会議を通じてこの新たな政策を追求することにしたのである。しかしそのためには、西側三国の支持が不可欠であった。

そのアデナウアーの考えを全面的に支持したのが、アメリカのジョン・F・ダレス国務長官であった。七月にワシントンでの開催を予定されていた米英仏外相会議を前にアデナウアーはダレスに書簡を送り、自らの考えを売り込んでいた。ダレスは、選挙でアデナウアーが勝利することが極めて重要であると考え、アデナウアーの考えを積極的に採用した。ダレスは、英仏に、首脳レベルではなく、外相レベルの米英仏ソ会議を開催すべきであると訴え、またその会議で、自由選挙に基づく統一ドイツの実現、そして統一ドイツは自由に同盟を選択できることにするという点については一切ソ連に譲歩しない形でドイツ問題を取り上げることを主張した。英仏もそれを支持した。特にフランスは、EDC問題の観点から、四大国会議の開催に強く同意した。当時フランスの国民議会内ではEDCへの反対が強まる一方で、同議会は東西の主要国が会議を開催すべきとの決議を採択していた。それゆえビドー仏外相は、四大国会議が開催されなければ、国民議会でのEDC条約批准手続きが進められないと考えていた。ビドーの、そして西側の狙いは、四大国会議を早期に開催しつつ、それを失敗に終わらせることにあった。

そしてその失敗の責任をソ連に押し付けることで、ソ連との合意は不可能であるとの印象を西側陣営の世論に与えることが重要であった。それは西ドイツの西側統合への支持につながり、またとりわけ、フランス国民議会にEDC条約の批准を促すはずであった。こうして七月の米英仏外相会議は声明を出し、ソ連に対して四大国外相会議を開き、ドイツ問題について協議することを提案したのである。チャーチルの構想が、形を変えて動き始めることとなった。

†ソ連の対案

ソ連側は、五三年八月、逆提案でもって対抗した。中国も交えた五大国の会議を開催し、ドイツ問題に限定するのではなく、軍縮問題など国際的な緊張緩和につながる広範囲な諸問題を扱うべきとしたのである。さらにドイツ問題に関しては、平和条約を締結するための会議を開き、全ドイツ暫定政府を形成し、全ドイツにおける自由選挙を実施すべきとする提案を行った。全ドイツ暫定政府は、東西両ドイツから同数の代表が集まって構成されることになっていた。全ドイツでの選挙はドイツ人自身の手で行われるべきだというのがソ連側の言い分である。東ベルリン暴動の経験から、最初に自由選挙を行えば、ウルブリヒト率いる社会主義統一党（SED）が敗北する可能性が高いことが予想された。それゆえ、まず東ドイツの代表も参加する暫定政府を作り、SEDが不利にならない基盤を確立しようとしたのである。

だが東西間での見解が対立したまま九月初頭に行われた西ドイツの総選挙は、アデナウアー率いるキリスト教民主同盟（CDU）の圧勝という結果に終わった。六月の東ベルリン暴動以降、アデナウアーの政策に対する支持は急増しており、この事件が西ドイツの世論に与えた影響の甚大さが示された形となった。

選挙でアデナウアー政権を敗北させられなかったソ連は、次の一手に出る。西側の提案を受け入れつつ、ソ連は西ドイツ再軍備を阻止することを画策し始めた。一一月、ソ連外相モロトフは「ドイツ問題の解決は欧州安全保障、ひいては国際的緊張緩和と密接に結びついている」と述べ、四大国外相会議の提案の受諾を西側に伝えた。同会議は翌五四年一月末に開催される運びとなる。そして、欧州安全保障条約の草案の準備がソ連外務省内で開始された。西ドイツ再軍備とEDC創設を食い止めるため、西側諸国間の対立を利用する。それが、欧州安全保障条約の狙いであるとされていた。

†ベルリン外相会議

米英仏ソによる四大国外相会議は、予定通り五四年一月末から二月初頭にかけてベルリンで開催された。四大国会議は、ベルリン封鎖の解除後以来、四年八カ月ぶりのことである。

まず西側が、イーデン・プランと呼ばれるドイツ再統一案を提示した。イギリス外相アンソニー・イーデンの名にちなむものであるが、イギリス独自の案ではなく、西側の立場をイーデンが代弁したためその名がつけられたものである。イーデン・プランは五段階でのドイツ再統一を提言していた。まず全ドイツでの総選挙を行い、議会を招集し、憲法を制定し、全ドイツ政府を樹立し、最後に平和条約を締結するというものであった。また、統一ドイツは自由に同盟相手を選ぶことができることになっていた。西側三国は従来からの主張をより洗練させたが、そこにはソ連側に対する譲歩は一切含まれていなかった。モロトフにも、そのような提案を受け入れる準備はなく、まず全ドイツ暫定政府を形成すべきとする従来の主張を繰り返した。

モロトフも、ソ連側の欧州安全保障条約案を提示した。この条約には、政治体制を問わず、東西ドイツを含むすべてのヨーロッパ諸国が参加することとなっていた。そしてこの条約に参加する国は、敵対的な軍事同盟には加盟せず、既存の同盟は解体することになるとモロトフは説明した。さらに、この条約はヨーロッパのものであるため、アメリカと中国は直接加盟国になることはできず、オブザーバー参加に留まるとされた。この点が示されたとき、ベルリン会議では西側から笑いが生じたという。西側にとって、アメリカが参加しない条約など論外であった。ベルリン会議も終わりに近づいた頃、欧州集団安全保障条約はEDCに取って代わるものであるとモロトフは明言した。それはまさに、西側三国が是が非でも避けなければならないものだった。

イギリスの外交官は、このベルリン会議をシャドー・ボクシングと形容した。西側もソ連側も、どちらも本気でドイツ再統一など求めてはいなかった。双方は、それぞれの主張をするだけで、互いの提案をすり合わせ、合意を目指すようなそぶりを見せることもなかった。ソ連側はEDC創設をできる限り遅らせようとし、他方で西側はベルリン会議後すぐにEDCを実現させようとして、この会議を利用していたのだった。東西双方はリングで拳を交えることはなかった。それゆえベルリン会議自体の雰囲気は比較的落ち着いたものとなったが、三週間に渡るこの会議は何ら成果なく閉幕することとなった。米英仏ソの会議に西ドイツは直接関与することはできなかった。だが、西側陣営の結束は保たれたとして、アデナウアーはその結果に満足したのであった。

3 EDCの挫折、ワルシャワ条約機構の誕生

†ソ連のNATO加盟提案

成果のなかったベルリン会議について、ソ連も落胆することはなかった。それどころかモロトフは、欧州安全保障条約案に対する西側世論の反応に手応えを感じていた。それを踏まえて

ソ連は、五四年三月末に、なんとソ連がNATOに加盟するという奇策を提案するのである。

ソ連側はなぜ、このような突拍子もないように見える提案を行ったのか。冷戦後に開示されたソ連の史料は、ソ連側の考えが次のようなものであったことを明らかにしている。ベルリン外相会議において、ソ連側は欧州安全保障条約にアメリカはオブザーバー参加しかできないとしたことで、西側三国から冷笑と批判を受けた。それゆえ、欧州安全保障条約案の構想を実現すべく、同条約へのアメリカの参加を認める代わりに、ソ連もまたNATOに加盟する、という形にしようとしたわけである。

同時に、イーデンやビドーがベルリン会議でNATOは防衛的なものであると繰り返したことに対して、それならばソ連がNATOに加盟しても問題ないだろうという反論の意味も込められていた。むろんソ連側は、西側がソ連のNATO加盟を受け入れるとは考えていなかった。実際、西側は、ソ連が民主主義国でないとの理由でソ連の申し出を拒否した。だが西側でEDCが挫折すると、ソ連は改めて、この欧州安全保障条約案を持ち出すことになる。

†EDCの挫折

ベルリン会議の決裂は、フランスにEDC条約の批准を促すという期待された効果をもたらすことはなかった。むしろその半年後、EDC条約は死産の憂き目を見ることになる。アメリカとイギリスは、何とかEDCを実現すべく、硬軟織り交ぜた外交努力を続けていた。ダレス国務長官は、すでに五三年一二月に、もしEDCが実現しなければ、アメリカは「苦悩に満ちた再検討」を行わなければならないと演説し、暗にアメリカがヨーロッパの安全保障から手を引く可能性があると示唆することで、フランスに圧力をかけていた。イギリスは超国家的なEDCに直接参加するつもりは毛頭なかったものの、五四年四月にイギリスとEDCとの間の協力協定を締結し、イギリスは西ヨーロッパの防衛に引き続き関与するとの姿勢を示すことで、フランスに安心感を与えようとした。だがすべては無駄に終わった。

五四年八月末、西側陣営に衝撃が走る。三〇日、フランス国民議会がEDC条約の批准を最終的に拒否したのである。かねてからEDCに反対していた右派のドゴール派と共産党の議員らは互いに腕を組み、この投票結果を喜び合った。

EDC条約の批准がフランスによって拒否されたことは、軍事領域におけるヨーロッパ統合の進展が妨げられ、またEDCを通じた西ドイツの再軍備が不可能になったという意味にとどまらなかった。一九五二年の協定で、西ドイツの占領終了は、EDCの発足と結びつけられていた。それゆえ、EDCの流産は、西ドイツが独立し主権を回復できなくなることをも意味したのである。

さらにEDCの挫折は、西側の防衛戦略を根底から揺るがしかねない問題であった。アイゼンハワー大統領もダレス国務長官も、EDCが仏・西独和解を実現し、西ドイツの軍事力を西側防衛に利用すると同時に、その超国家的枠組みの中で再軍備を進めることでフランスの不安を解消し、西ドイツの軍国主義的ナショナリズムを封じ込められる、一石何鳥にもなる極めて重要な構想であるとみなしていた。それゆえダレスは大いに落胆し、八月三一日、アメリカ政府は「とりわけヨーロッパとの関係におけるその対外政策の見直し」を強いられるかもしれないとの声明を発表した。これは、米軍をスペインまで撤退させることを示唆しており、ソ連に対してできる限り東側に防衛ラインを設定するというこれまでのNATOの方針を根本的に覆すものであった。

アメリカの撤退を特に懸念したのが、イギリス外相イーデンであった。そして、彼の迅速なイニシアティヴによってこの危機は回避された。イーデンは、EDCの代替案として一九四八年のブリュッセル条約を活用するという策を考案する。かつてベヴィン外相が、第三勢力を模索する中で英仏ベネルクス三国の五カ国間で創設した同盟条約である。イーデンは、このブリュッセル条約に西ドイツとイタリアを加盟させることを提案し、関係各国の歓迎を受けた。西ドイツをより緊密に西側に統合したいと考えていたダレスにとって、ブリュッセル条約には超国家的な要素がないことが不満であったが、アメリカ側にそれに代わる妙案はなかった。

イーデンの新構想がフランスに受け入れられるようにすべく、さらにいくつもの措置が取られた。中でも重要なのが、西ドイツが一方的に核兵器、生物兵器、化学兵器の製造を自国で行わないと宣言したことである。それを受けて、フランス政府も西ドイツがNATOにも加盟することに同意した。イーデンもまた、関係国が望む限り、イギリスが英軍四個師団と戦術航空部隊を大陸ヨーロッパに駐留させ続けると宣言した。五四年九月にパリで開かれた会議において、これらの提案がパリ協定として合意された。EDCが流産してから、わずか一カ月後のことである。西ドイツとイタリアが新たに加わったブリュッセル条約は、西欧連合（WEU）とその名を変えた。WEUはNATOの一部となることも決められ、西ドイツはNATOにも加盟することとなった。そしてパリ協定が批准された暁には、西ドイツがようやく主権を回復することにもなったのである。

†ワルシャワ条約機構の誕生

フランスの国民議会がEDC条約を拒否したことをソ連が歓迎したことはいうまでもない。ソ連は同時に、パリ協定に対抗し西ドイツ再軍備をあくまで阻止するため、改めて欧州集団安全保障体制の構築を訴えた。ソ連は、欧州各国に宛てた覚書で、欧州集団安全保障のための会議を五四年一一月末にモスクワで開催することを提案した。西側諸国がそれを受け入れることは、むろんなかった。

結局、一一月末から一二月初頭にかけてモスクワで開催された欧州安全保障会議に参加したのは、ソ連と東欧諸国のみであった。同会議では、これまでのソ連の主張が繰り返された。だがモロトフの演説の中に新たな提案があった――

それゆえ我々は、次の事実を無視したり、軽視したりすることはできない。すなわち、パリ協定の批准によって、さらなる重要な措置が必要になるであろうという事実である。そこには、平和愛好国（注――東側諸国の意）に適切な防衛を提供するという考えが含まれる。

この提案が、翌年のワルシャワ条約機構創設へとつながることになる。

同時にソ連は、パリ協定の批准を阻止すべく、西欧諸国への外交攻勢も続けていた。フランスに対しては、もしパリ協定が批准されれば、一九四四年にドゴールがソ連と締結した仏ソ条約を破棄すると警告した。しかしフランス国民議会は、最終的に、五四年一二月末にパリ協定を、賛成二八七票、反対二六〇票で批准する。西ドイツ再軍備よりもEDCによってフランスの軍事主権が制限されることを嫌っていた議員が、今回は賛成に回った結果であった。EDC条約を拒否したフランスは、結局、西ドイツ再軍備と西ドイツのNATO加盟を受け入れることとなった。西ドイツに対しても、もし西独議会がパリ協定を批准しなければ、五五年中に全ドイツ自由選挙を実施するとモロトフは語った。だが、西ドイツ連邦議会も連邦参議院も、五五年二月から三月にかけてパリ協定批准法案を可決していった。

かくして、五五年五月五日、パリ協定が発効する。それによって西ドイツは主権を回復し、独立国家となった。ただし、ベルリンに関する権限は連合国に残され、その後もベルリンは冷戦終結まで占領状態に置かれ続けることになる。また、米英仏三国の同意なしにドイツを再統一することも、平和条約を締結することも認められないとされた。西ドイツの主権に一定の制約が課せられた形での独立であった。翌六日に、西ドイツはNATOにも加盟する。西ドイツは、一五番目のNATO加盟国となった。

その五日後、ソ連・東欧諸国は、東側陣営に限定された二度目の安全保障会議をポーランドの首都ワルシャワで開催した。そして五月一四日、この会議において、ソ連、アルバニア、ブルガリア、チェコスロヴァキア、東ドイツ、ハンガリー、ポーランド、ルーマニアの八カ国が軍事同盟条約であるワルシャワ条約に署名した。同時に、統一司令部議定書も調印され、ワルシャワ条約機構が誕生したのである。

こうして、NATO創設から六年後に、ヨーロッパにおいて二つの軍事同盟が対峙する図式が生まれた。ワルシャワ条約の条文の中身も、北大西洋条約と酷似していた。とはいえ、近年の研究は、東側陣営に新たに誕生した軍事同盟は、西側の軍事的脅威に対抗するために創設さ

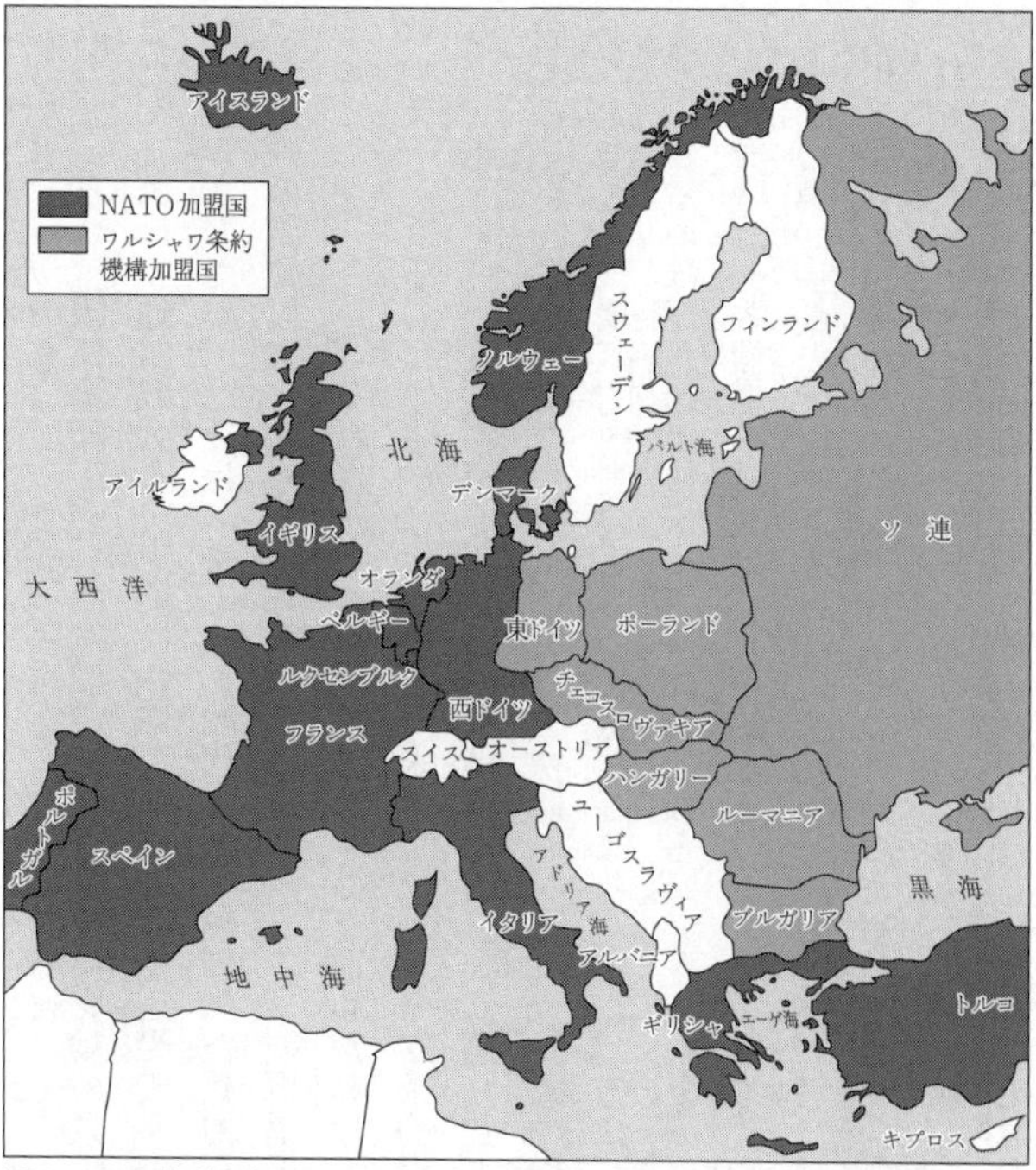

図2　1980年代のヨーロッパ。アルバニアは68年にワルシャワ条約機構を脱退した。スペインがNATOに加盟するのは82年である。
出所：渡邊啓貴編『ヨーロッパ国際関係史』有斐閣、2002年、234頁。

れたわけではなかった点を強調している。例えばソ連は、ワルシャワ条約が調印される直前の五月一〇日に、国連軍縮小委員会において、軍縮や核実験の禁止に関する提案を行っており、また七月には、通常戦力を一方的に六四万人削減すると発表した。西側諸国はこれをプロパガンダとみなしたが、ソ連はスターリン時代末期に急増した兵力を実際に削減していった。それは、冷戦の開始以来、初めてのことであった。西ドイツの再軍備はNATOの枠内で進められることになったが、それに対して東側陣営が軍拡を進めたわけではない。その逆であった。それゆえ、NATOに軍事的に対抗することが、ワルシャワ条約機構の目的ではなかったとされる。ソ連はすでに東欧各国と二国間の軍事協定網を張り巡らしており、新たな多国間同盟を創設する軍事的必要性はなかった。実際、初期のワルシャワ条約機構は、軍事同盟としては張り子の虎であり、軍事的内実の乏しい状態がしばらく続く。それが軍事同盟としての実体を持つようになるのは、六〇年代末まで待たねばならない。

ワルシャワ条約機構の創設は、軍事的なものというよりも政治的なものであった。ワルシャワ条約の第一一条は、次のように述べている。「この条約は、締約国が終始一貫して追求する欧州集団安全保障体制の結成、及びその目的のための集団安全保障に関する全ヨーロッパ条約の締結が行われたときは、その全ヨーロッパ条約が効力を生ずる日に効力を失う」。ワルシャワ条約が締結された時点では、ソ連の政策目標は、依然として欧州集団安全保障体制を実現することであった。実際、来るジュネーヴでの米英仏ソ首脳会議で、ソ連は引き続きその提案を主張し続けることになる。ワルシャワ条約機構の創設は、そのための外交的手段だったのである。

4　二つのドイツとハルシュタイン・ドクトリン

ベルリンにおける外相レベルの四大国会議が成果のないまま終わったにもかかわらず、一九五五年に入ると、四大国の首脳会議がスイスのジュネーヴで開催されることとなる。首脳会議はチャーチルが提唱したものであったが、その開催は彼が首相を辞任した後のこととなった。だが、いずれにせよ、首脳会議も実質的に物別れに終わることになる。東西双方が欧州安全保障に関する提案を行うものの、西側がドイツ再統一をその前提とする一方で、ソ連側は二つのドイツを前提として譲らなかったため、何ら合意点を見いだすことができなかったからである。

ジュネーヴ会議の後、西ドイツはソ連と国交を結ぶことになる。だがソ連の「二つのドイツ」政策に対抗するため、アデナウアーは、より強硬な東ドイツ不承認政策を打ち出していく。

†ジュネーヴ四巨頭会議

四大国の首脳会議開催を主導していったのは、フランスとイギリスであった。フランスの国民議会が五四年八月にEDC条約を拒否したことは、フランスの国際的な威信を大きく傷つけていた。当時フランスの首相だったピエール・マンデス＝フランスは、フランスの威信を取り戻すべく、同年一一月、国連総会において、ドイツ・オーストリア問題、そして軍縮に関する四大国会議の開催を示唆した。マンデス＝フランスの狙いは、フランスがその一角を担うことで、同国の大国としての地位を確認し、国際舞台において一定の役割を果たすことであった。

イギリスの新政権も、選挙を理由に、東西首脳会議に積極的になっていった。五五年四月にチャーチルが辞任すると、外相のイーデンが次のイギリス首相の座に就くこととなった。イーデンは、チャーチルが首相であったときは一貫して東西首脳会議に反対の姿勢をとっていたにもかかわらず、自身が首相になると自らその開催を提唱するようになる。一つには、西ドイツのNATO加盟によって、より優位な立場からソ連と交渉ができるようになったとイーデンが考えるようになったからであった。今ひとつは、東西対話と緊張緩和を求めるイギリス世論に対して、選挙においてアピールするためであった。イーデンもまた、首脳会議という構想を利用しようとしたのである。そのため彼は、五月初頭、アイゼンハワー大統領に書簡を送り、東西首脳会議の開催について検討することを要請した。

アイゼンハワー政権は、東西首脳会議に積極的であったわけではない。しかし、この頃になると、東西首脳会議を行っても、そのデメリットは最小限に抑えられると考えるようになっていた。すでに、懸案の西ドイツの再軍備とNATO加盟は既定路線になっていた。フランスとイギリスが東西首脳会議に積極的になる中で、それに強く反対する材料も乏しかった。それゆえアメリカは、首脳会議では実質的な成果を求めないというシナリオを前提に、東西首脳会議の開催を受け入れることにしたのである。

さらにソ連が、その対オーストリア政策を転換したことにより、首脳会議開催の大きな障害が取り除かれることとなった。オーストリアは戦後、ドイツと同様に米英仏ソ四カ国により分割占領されていた。これまでソ連は、このオーストリア問題の解決を、ドイツとの平和条約締結とリンクさせる政策を続けてきた。しかし、五五年三月に入り、ソ連はオーストリア問題を単独で解決する方針に切り替える。西ドイツのNATO加盟を阻止できないことが明らかになったため、その二の舞いを避けるべく、オーストリアの中立化を前提にその独立を認めることにしたのである。

中立ドイツという形を断固として拒否していたアデナウアーと異なり、オーストリア政府はオーストリアの中立化を積極的に受け入れた。その結果、交渉は著しく進展し、米英仏ソ四カ国は五月にオーストリアと国家条約を締結した。そして同条約が発効した七月末、オーストリアは完全に独立し、同時に中立を宣言することとなったのである。

そして五五年七月、冷戦開始以来初の東西首脳会議がジュネーヴで開催された。ポツダム会談から数えても、一〇年ぶりの首脳会議である。その舞台として選ばれたのは、世界平和と国際協調を理念に掲げた国際連盟のかつての本部パレ・デ・ナシオンである。ここに、二月末からフランスの新首相となっていたエドガー・フォール、イギリスのイーデン首相、アメリカのアイゼンハワー大統領、そしてソ連からはフルシチョフ第一書記と、一月からマレンコフに代わり首相となっていたニコライ・ブルガーニンが集まった。六日間続いた四巨頭会議は、しかし、改めて東西間の優先順位が大きく異なることを露呈するものとなった。

ジュネーヴ会議においてソ連側は、欧州安全保障を優先課題とし、二段階でそれを実現する構想を披露した。第一段階では、東西二つのドイツを含むすべてのヨーロッパ諸国が武力不行使協定を締結し、核実験の禁止を含む一定の軍縮を進め、さらにすべての外国駐留軍を撤退させるとされた。

すでにソ連は、五月の時点で大胆な軍縮提案を行っていた。段階的な通常戦力の軍縮とともに、核実験の停止も提唱していた。当時、米英ソによる核実験に対して世界で反核の声が高まっており、インドなどが核実験の禁止を主張していた。しかし、核保有国自身が核実験禁止を提案したのはこれが初めてである。これはフルシチョフの意向が大いに反映されたものであった。彼は、その主張をジュネーヴでも西側に突きつけたのである。

ソ連の提案の第二段階はさらに大胆なものである。NATOとワルシャワ条約機構の二つの軍事同盟を解体し、ヨーロッパの集団安全保障体制に取って代えるというものであった。NATOのみの解体を一方的に求めるのではなく、東側陣営においてもワルシャワ条約機構を創設し、東側の軍事同盟も解体する代わりに、全欧州安保体制を創出すべきと提案したわけである。ブルガーニンらは、しかし、ドイツ再統一問題については協議することを避けようとした。ドイツ問題の解決は、四大国会議ではなく、東西二つのドイツの間の交渉で解決されるべきであるとの立場であった。

他方で西側三国は、まずドイツ問題が解決されるべきであり、それなくして欧州安全保障もあり得ないと主張した。すでにソ連が欧州安全保障という考えを明確にしていたため、イギリスやフランスはそれに対抗すべく独自の提案を準備していた。統一ドイツがNATOに加わったままでもドイツがソ連の脅威にならないような欧州安全保障構想を新たに提示したのである。イーデンは、ソ連にとってのセーフガードとして、ヨーロッパの中央に非武装地帯を設け、さらに米英仏ソと統一ドイツが五大国安全保障条約を締結するという案を提示した。フォールもまた、NATOとワルシャワ条約機構の上に位置する全ヨーロッパ諸国が参加する「包括的安全保障組織」の創設を提唱した。だがそれらは、あくまでもドイツ再統一が実現した上での話であった。それに対しソ連側は、「もし統一ドイツがワルシャワ条約機構に加わるという話になったら西側はどんな態度を取るだろうか」と反駁した。そして、ソ連は西側に安全を保障してもらう必要などないと述べ、英仏の提案を拒否した。

ジュネーヴ四巨頭会議では、他にも様々な提案が取り上げられた。アイゼンハワーは、アメリカ独自の案として「領空開放《オープンスカイ》」を提示した。航空機を使い、東西双方が軍縮・軍備管理の合意を誠実に履行しているかを空から査察できるようにするという提案であった。しかし、フルシチョフはこの提案を、アメリカによるスパイ行為のためであると見なし激しく反対した。ドイツ問題や欧州安全保障、そして軍縮問題に加えて、東西貿易や文化交流を含む「東西交流の発展」という議題もジュネーヴ会議で提示された。だが実際には、四大国の首脳がこの議題に関して積極的に議論することはなかった。

七月二三日、四巨頭会議は何も合意することがないまま閉幕した。決裂という印象を避けるため、一〇月から四国外相がフォローアップ会議を開催することが示された。しかし、一〇月末から約三週間にわたって行われた外相会議においても、やはり東西間の根本的な差異が埋まることはなかった。冷戦の東西対立の中で、四大国がまずは直接対話を行ったことを良しとする「ジュネーヴ精神」という言葉だけがもてはやされた。だがその後も、ドイツ問題がヨーロッパ冷戦の緊張緩和の足かせとなっていくことになるのである。

†ソ連と二つのドイツ政策

ジュネーヴでの四大国会議は、首脳レベルでも外相レベルでも、何ら歩み寄りは見られなかったが、ソ連は五五年の秋に、東西両ドイツとの間で「二つのドイツ」政策を着実に実現していった。ベリヤを失脚させたソ連指導部はもはや、東ドイツを犠牲にしてドイツ再統一を実現するつもりはなかった。東ベルリン暴動が示したように、「一つのドイツ」の中で社会主義体制が生き残れないことはすでに明らかだった。東ドイツで構築されてきた社会主義体制を守るため、二つのドイツが存在するという現状を維持することで、東ドイツの安定化も図る。これが、社会主義イデオロギーを信奉するフルシチョフの方針だった。ジュネーヴでの首脳会議の後、彼はベルリンに立ち寄り、東ドイツ指導部に首脳会議の結果を伝えるとともに、東ドイツを犠牲にした形でのドイツ問題の解決をソ連が受け入れることはないと公に誓った。

ソ連側はまた、西ドイツとの関係構築にも乗り出していた。ジュネーヴ会議の開催前の六月初頭に、ソ連はアデナウアー首相をモスクワに招待し、西ドイツとの国交樹立と貿易協定の締結について話し合いたいとする覚書を送っていた。アデナウアーを招待したソ連の覚書は、西ドイツ国内でセンセーションを巻き起こした。

アデナウアーは、西ドイツの世論に押されて、ジュネーヴ会議後に訪ソすることを決断した。だが当初、アデナウアーは、ソ連訪問によって何か具体的な成果が見込めるとは考えていなかった。西独外務省の事務方トップであったヴァルター・ハルシュタイン事務次官は、ソ連との貿易協定は他の諸問題を解決するための重要なカードであるため、政治問題の進展なくして貿易協定を締結すべきではないとアデナウアーに助言していた。それゆえアデナウアーも、ドイツ再統一問題に関して見返りがない限り、訪ソの際に貿易問題を協議するつもりはなかった。安易にソ連と協定を結べば、独ソ接近という西側諸国が抱く不信感を再燃させかねなかった。かつて、一九二二年にソ連とドイツとの間で締結されたラパッロ条約は、「ラパッロの悪夢」として記憶されていた。そして何より、ソ連が東ドイツを支持する限り、西ドイツとの外交関係の樹立はない、とアデナウアー自身が語っていた。

にもかかわらず、西ドイツとソ連は国交を結ぶことになる。それは、ソ連側の巧みな取引の結果であった。アデナウアーは五五年九月九日からモスクワを訪問するものの、不毛な交渉の日々が数日続いた。ドイツ再統一問題についてアデナウアーが協議しようとすると、ソ連側は、もしドイツ再統一を実現したいのであれば、東ドイツと直接交渉するよう主張し、この問題について西ドイツ側と交渉することを拒否していた。アデナウアーにとって東ドイツと直接交渉することは、東ドイツの存在を公式に認めることにつながるため、とても受け入れられない主張であった。

だがアデナウアーの帰国が間近に迫った九月一二日、ソ連側から突如として、ある「紳士協定」が提示される。それは、第二次世界大戦の結果ソ連の捕虜となっているドイツ国籍保有者をすべて解放する代わりに外交関係を樹立する、というものであった。当時ソ連には、ドイツ人の戦争捕虜が約一万人いた。この提案はアデナウアーにとって想定外だった。だが彼は、それを拒否できなかった。もしこの申し出を拒否すれば、ソ連との外交関係を樹立しないために、ドイツ国民を見捨てることになり、アデナウアーは西ドイツ国内で激しく批判されると考えられたからである。ドイツ再統一問題について、まずソ連側が譲歩すべきとの立場をアデナウアーは引っ込めざるを得なかった。こうして九月一四日、ソ連と西ドイツとの間で国交が樹立されることとなった。米国務省は、これをソ連の外交的勝利であり、ソ連の戦術にアデナウアーが屈した結果であると見なした。

ソ連はすぐさま、東ドイツとも新たに条約を締結した。九月二〇日のその条約により、ソ連は東ドイツを主権国家として承認した。これは、ソ連の「二つのドイツ」政策を法的に具現化したものである。ソ連としては、東西両ドイツを主権国家として承認し、両国と国交を樹立したからである。スターリンの時代からソ連は東欧諸国と様々な二国間条約を締結してきたが、実はこれまで東ドイツとの条約はなかった。このソ連との初めての二国間条約により、東ドイツは国際法的にソ連から独立することとなった。ソ連は東ドイツと大使を交換し、また東ドイツと西ドイツの国境管理の権限なども東ドイツに委譲されることとなった。さらにドイツ再統一問題に関しても、ソ連は、交渉の権限は主権国家となった東ドイツにあるとの立場を改めてとるようになり、米英仏西側三国に対しても、東ドイツを承認し、東ドイツと直接交渉するよう促していくことになる。

†ハルシュタイン・ドクトリン

西側三国は即座に、東ドイツ政府を承認しないとの共同声明を出した。三国外相は声明の中で、西ドイツのみが唯一正統な政府であり、ドイツの国境は統一ドイツと平和条約が締結される際に最終的に画定されるとの従来の立場を繰り返した。また、九月二〇日にソ連と東ドイツとの間で結ばれた条約は、米英仏ソ四大国が持つドイツとベルリンに対する義務と責任に何ら影響を与えないと強調した。ソ連側が二つのドイツ政策をとったのに対して、西側は一つのドイツ政策に固執したわけである。

西側三国の声明はアデナウアーにとって歓迎すべきものであったが、西ドイツにとってそれだけでは十分ではなかった。自らソ連と国交を樹立したことが、東ドイツに関して、西ドイツに深刻なジレンマをもたらしていたのである。もともと西ドイツ外務省は、ソ連と国交を結ぶことに反対であった。というのも、西ドイツがソ連と国交を樹立すれば、東西両ドイツを承認する国家の先例ができてしまうからであった。国際的に東ドイツを孤立させることを重視してきた西ドイツは、このような先例の誕生によって、東ドイツとも国交を樹立したいと考える国家がソ連を模倣し始めることを恐れたのである。だが今や、西ドイツはソ連と国交を樹立し、五五年末までにモスクワには東西両ドイツの大使館が存在することとなった。このままではもはや、他の国々が、なぜ我が国も同様に首都に両ドイツの二つの大使館が存在するようにしてはダメなのか、と主張し始めるのを止めることはできなくなってしまう。

この問題に対するアデナウアー政権の対策が、五五年一二月に表明される強硬策である。先述の外務事務次官の名にちなみ、ハルシュタイン・ドクトリンと呼ばれる。西ドイツは、これ以降、新たに東ドイツと国交を樹立する国とは国交を断絶するとの立場を取ることにしたのである。こうすることで、すでに西ドイツと国交を結んでいる国が、さらに東ドイツとも国交樹立することを阻止しようとしたのだった。また、新たに独立した国は、西ドイツと国交を樹立するのか、それとも東ドイツと国交を樹立するのか、選択しなければならないことになった。そして確かに、ハルシュタイン・ドクトリンによって西ドイツは、グローバルなレベルで、東ドイツを孤立させることにかなり成功することになる。大多数の国が、西ドイツを選ぶことになるからである。

だがこの教条主義的な政策には、一つ重大な問題があった。ハルシュタイン・ドクトリンを厳格に適用すれば、西ドイツは、これまで西ドイツを承認しておらず、すでに東ドイツを承認しているポーランドやハンガリーといった東欧諸国とは国交を結べなくなってしまうのである。実際、例えば、ポーランド政府がソ連に倣《なら》う形で五五年に西ドイツとの国交正常化に前向きであるとの声明を出すが、アデナウアー政権がこれに応えることはなかった。これは後に、西ドイツと東欧諸国との関係を複雑にし、ヨーロッパ冷戦の緊張を緩和させる上で、大きな足かせになるのだった。

†デタントの三つの領域

スターリンの死は、ヨーロッパ冷戦に新たな時代をもたらした。冷戦の対立が長期的なものになると想定されるようになり、冷戦の緊張緩和《デタント》が求められ、どのように緊張を緩和するのかが模索されるようになった。

早くも、三つの形のデタントがヨーロッパ冷戦に現れ始めた。一つ目が、経済・文化交流デタントである。経済その他の分野における交流を通じて、ヨーロッパ諸国間に友好的な雰囲気を生み出し、東西間の相互理解と相互利益を発展させることで緊張緩和を目指すものである。

二つ目が、現状維持デタントである。既存の国境や政治体制を互いに承認することを通じて安定を目指すものである。とりわけ「二つのドイツ」政策を掲げるようになったソ連が一貫して重視し続けるようになるのが、この現状維持デタントであった。そして、三つ目が、軍縮・軍備管理デタントである。軍拡競争を抑制したり、軍事面での透明性を高めることで信頼を醸成したり、あるいは通常兵器や核兵器の数を制限したり減らしたりすることで、軍事的緊張度が低い状況を生み出すものである。

だが、すぐに具体的な結果をもたらしたわけではなかった。ドイツ問題をめぐり、東西双方の主張はかみ合わず、それがデタントの大きな足かせになっていた。ヨーロッパ冷戦は、以後、東西が対立を続ける一方で、これら三つの領域におけるデタントをいかに実現するかをめぐる国際政治過程として展開されることになる。そこでは、東西対立のみならず、東西双方における陣営内対立をも引き起こすことになる。緊張の緩和と陣営の結束とをどう両立させるのか。模索の時代が始まる。

コラム3 ヨーロッパ・デタントの傑作――オーストリアとハンガリー

オーストリアとハンガリーは、かつて一九世紀にオーストリア＝ハンガリー二重帝国を形成していた。第一次世界大戦で敗北すると、帝国は解体され、オーストリアとハンガリーは別々の国となる。領土も大幅に縮小された。第二次世界大戦時、オーストリアはヒトラーのドイツに併合され、ハンガリーはドイツの枢軸側について戦った。そして、再び敗北した。戦後、オーストリアはドイツから切り離された独立国となったが、ドイツと同じく、米英仏ソ四カ国による分割占領状態に置かれた。ハンガリーはソ連に占領され、そして社会主義国になり、東側陣営に組み入れられていった。

オーストリアの占領状態は、一〇年続いた。それは東西双方がそれを望んだからであった。西側諸国にとっては、とりわけ一九四八年にチェコスロヴァキアで起こった共産化クーデターが衝撃的であり、オーストリアでも同様の事態が生じることが懸念された。それゆえ、米英仏は軍隊をオーストリアに駐留させ続けることが必要であると考えた。

他方でソ連は、オーストリアを占領し続けることで、ソ連からオーストリアにいたるルートとなるハンガリーとルーマニアにもソ連軍を駐留させる口実を維持することができた。また、ハンガリーとルーマニアに軍を維持できれば、ソ連との対立が深まっていたユーゴ

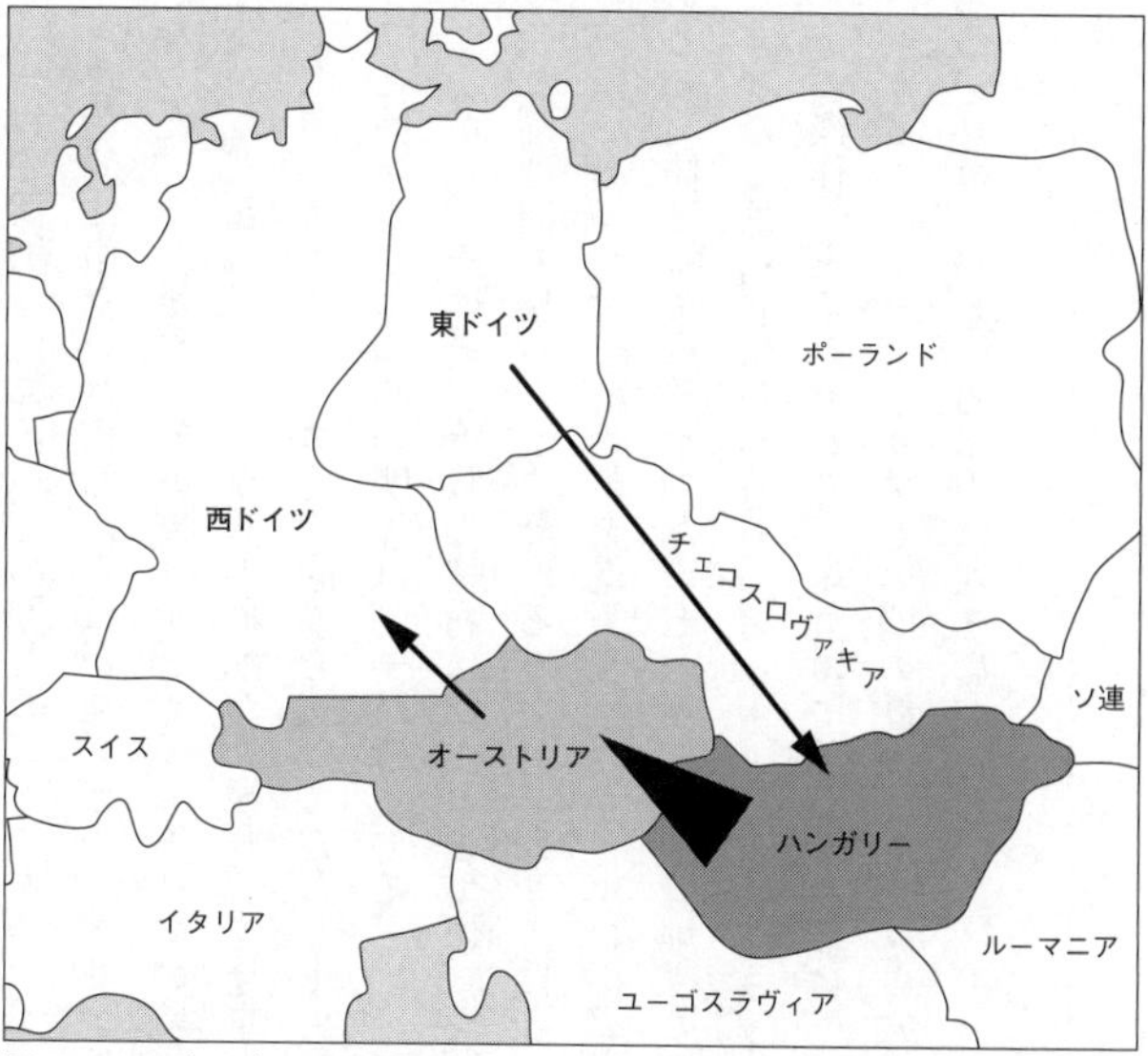

図3　1989年、東ドイツ国民のハンガリー経由での「大脱走」
出所：http://potyomkin2012.blogspot.com/2015/02/blog-post.html をもとに作成。

スラヴィアにもにらみを効かすことができるとスターリンは考えた。その結果、早期にオーストリアを独立させる機運は高まらなかった。

スターリンの死後、「雪解け」と呼ばれる一時的な緊張緩和の時期に、オーストリアは独立を達成することができた。ソ連が望み、オーストリア側もそれを受け入れたため、オーストリアは中立国として独立することとなった。五五年にオーストリア国家条約が締結され、同年九月に駐留外国軍はすべて撤退する。オーストリア議会が中立法を全会一致で採択したのは、その翌月のことである。

政治的に中立を選択したとはいえ、オーストリアは経済的には資本主義経済体制の国となった。その結果、ハンガリーとオーストリアの境界は、実質的に鉄のカーテンの一部となった。五六年にハンガリー動乱が勃発し、ソ連軍が軍事介入すると、数万人のハンガリー人が、オーストリアとの国境を抜けて亡命していった。亡命者を受け入れたオーストリアとハンガリーの間の関係は、一時悪化する。

しかし、その後、冷戦の終焉にいたるまでに、両国関係は非常に良好なものとなっていった。地図で見るとよくわかるが、ハンガリーにとって、オーストリアとの国境は西側への扉であった。経済改革を進めたハンガリーの指導者カーダールにとって、オーストリアとの関係は特に重要だった。七一年には国境地帯の地雷が撤去され、七八年には両国間でビザなし旅行も解禁された。ハンガリーとオーストリアの関係は、「ヨーロッパ・デタントの傑作」ともいわれる。第九章で論じるように、このような両国間の関係を背景に、ハンガリーとオーストリアとの間の鉄のカーテンに穴が空き、ヨーロッパ冷戦の終焉にいたるプロセスが始まることになるのである。

第四章
東西両陣営の動揺
——1956～58年

核軍縮キャンペーン(CND)。

ヨーロッパにおける東西二つの陣営は、いずれも一枚岩でも盤石でもなかった。東側陣営では、ソ連および各国の共産党一党支配に対する潜在的な不満が常に渦巻いていた。その不満は一九五六年に、ポーランドとハンガリーで表面化し、東側陣営を揺さぶることになる。

西側陣営においても、一九五〇年代後半に、核兵器をめぐって同盟内で軋轢《あつれき》が生じることとなる。特に西ドイツが独自の、あるいはアメリカから独立したヨーロッパ独自の核武装に関心を示し、それが東西両陣営の関係国の懸念を高めることになるのである。

1 ポーランドとハンガリーの一九五六年

†ラジオ・フリー・ヨーロッパ

一九五三年一二月、ポーランド政府の高官が東ドイツに出張中、西ベルリンで失踪した。その約一〇カ月後、彼の声が、なんと西側の放送局であるラジオ・フリー・ヨーロッパのポーランド語放送から聞こえてきたのである。それはポーランド当局を驚愕させた。「秘密警察と党の内幕」。それが彼のラジオ番組のタイトルだった。その番組は連日、秘密警察の犯罪的手法から、ポーランドにおけるソ連人顧問の役割、いかに党指導部がソ連に依存しているか、さらには共産党エリートたちの贅沢な日常生活やゴシップまでを赤裸々に暴露し始めたのである。彼の名は、ユゼフ・シフャトウォ。ポーランドの公安省公安局第十課で課長補佐をしていた男であった。第十課は共産党員を監視する部局であり、シフャトウォはまさに党の内幕を知悉《ちしつ》する人物だった。彼は、妻と子供を残したままアメリカに亡命し、CIAと協力し、五四年九月末からラジオによるアメリカの心理戦に積極的に加担した。シフャトウォのラジオ番組には、何十万人というポーランド人が耳を傾けた。ポーランド指導部の権威は大いに失墜することとなった。西側によるプロパガンダ戦の成功例の一つとされる。

ラジオによる心理戦は、ヨーロッパ冷戦の一つの特徴である。冷戦時代、ソ連・東欧諸国は、非常に閉ざされた世界であった。情報は各国共産党によって厳格に統制され、非共産圏からの情報は遮断されていた。それゆえ西側諸国、とりわけアメリカ政府は、ラジオによって鉄のカーテンの向こう側に向けて情報を発信し、一般大衆に情報を届け、社会主義体制を揺さぶろうとしたのである。

ラジオによるプロパガンダ戦の歴史は第一次世界大戦まで遡るが、冷戦における心理戦の開始は、四六年三月にイギリスの国営放送BBCが、そしてその約一年後にアメリカのラジオ局ボイス・オブ・アメリカが、ロシア語放送を始めた時点に求められる。ラジオ・フリー・ヨーロッパの放送開始は、五〇年七月とやや遅い。前年六月に、表向きは民間組織として自由欧州委員会が設立され、より自由な内容の番組、つまりは東側に対してより攻撃的な内容を放送することが目指された。その放送局となったのが、ラジオ・フリー・ヨーロッパである。自由欧州委員会とラジオ・フリー・ヨーロッパは、実際には米国務省とCIAによって設立されたものであり、CIAがもっぱらその運営資金を提供していた。

ラジオ・フリー・ヨーロッパの目的は、「解放の日の準備のため、鉄のカーテンの向こうにとらわれている人々を助けること」であった。同ラジオ局の本部は、ドイツのアメリカ占領地域内のミュンヘンにあった。そのスタッフの大半は、ソ連・東欧各国から西側に逃れてきた人々である。ラジオ番組はポーランド語やハンガリー語など、各国語でなされたため、東側陣営の人々は、陣営の外のからの情報を母国語で聴くことができた。いくつもの放送局がある中でもラジオ・フリー・ヨーロッパは放送時間が長く、電波を送る送信機の力が強かった。ソ連・東欧諸国は通信妨害《ジャミング》をして対抗したが、東側陣営の多くの人々はノイズの中から聞こえる西側からの声に、密かに、そして熱心に耳を傾けた。当局が妨害しようとすればするほど、むしろ逆に人々の知りたい気持ちをかき立てることになった。西側の放送局も頻繁に周波数を変えたため、東側諸国はジャミングによって完全に妨害することはついぞできなかった。

トルーマン政権もアイゼンハワー政権も、プロパガンダによる心理戦を重視した。だが、いたずらに東欧諸国の民衆を煽ることには慎重であった。確かに五三年の東ベルリン暴動は、東側陣営内に社会主義体制に対する不満を持つものが多くいることを証明した。しかし彼らに幻想を抱かせ、流血の事態を引き起こすことは避けなければならなかった。共和党のアイゼンハワー大統領も、彼の国務長官ダレスも、大統領選挙の中で「巻き返し」による「とらわれの国々（東欧諸国）の解放」というレトリックを語った。しかし自らが政権の座につくと、「巻き返し」には、「平和的な手段によって」という限定がつけられた。いうまでもなく、アメリカが鉄のカーテンを越えて軍事介入すれば、ソ連との全面戦争になりかねなかったからである。ラジオ・フリー・ヨーロッパの放送指針においても、社会主義体制に対する暴動を公然と煽ってはならず、またその暴動を支援するためアメリカが武力介入するといった可能性を示唆してもならないとされていた。だが実際、東側陣営の人々を、一方で希望を失わせないようにしつつ、他方で流血の事態を招くような行動を控えさせ続けることは難題であった。それは一九五六年に、ポーランドとハンガリーで試されることになる。

†スターリン批判とポーランドの一〇月

シファトウォのラジオ番組に加え、ポーランド、さらにはハンガリーや他の東欧諸国に衝撃を与えたのが、五六年二月のフルシチョフの演説であった。第二〇回ソ連共産党大会の最終日、フルシチョフは秘密会議での演説において、四時間にわたってかつての指導者スターリンの批判を行ったのである。その内容は、スターリンが行った大粛清についての詳細な暴露を含み、いかに彼が残忍であったかを語るものだった。フルシチョフは個人崇拝を弾劾すると同時に、スターリン時代の多くの政策も誤りであったと批判した。

フルシチョフの演説内容は、すぐに各国共産党にも伝えられた。それを入手したCIAはメディアにリークし、六月には非共産主義陣営の世界にまでフルシチョフのスターリン批判が知れ渡ることとなった。さらには、この秘密演説のコピーが西側経由で東側世界に持ち込まれ、東欧諸国の一般の人々の間でも回覧された。東欧各国には東ドイツのウルブリヒトやハンガリーのラーコシ・マーチャーシュといった「小スターリン」と呼ばれた独裁的指導者が多くいたが、その支配を大きく揺さぶることになったのである。

東側陣営における新たな労働者の抗議運動は、東ベルリン暴動から丸三年経った五六年六月にポーランドで起こった。ポーランド西部の都市ポズナンの工場労働者がストを始めたのである。東ドイツの時と同様、ポーランドの労働者たちも賃金の減額、労働ノルマと労働時間の増加、劣悪な労働環境、食料品価格の上昇といった諸問題に抗議の声をあげた。六月二八日、全労働者の八割にもなる一〇万人の労働者によるスト行進に主婦や学生も加わった。その要求は「独裁の廃止」や「ロシア人は出て行け」といったものにエスカレートしていった。すぐにデモは暴力的なものとなり、監獄や警察署を襲い、武器を奪い、地域のラジオ局を占拠した際には、西側のラジオ放送を妨害していたジャミングの機械も破壊された。しかし、国防相のコンスタンチン・ロコソフスキーが即座に軍を派遣し、ポズナンの動乱は鎮圧された。一万人の兵士と四〇〇両の戦車が投入され発砲し、一五〇人が殺害され、負傷者も五〇〇人を超えた。

ポズナンでの動乱は鎮圧されたが、ポーランド指導部の動揺と混乱は収まらなかった。ポーランド統一労働者党（共産党）の中央委員会総会は、八月、急進的な民主化綱領を採択した。それは、党組織の見直しや法治主義の強化、自治の拡大、文化・報道の自由維持、特定の社会層への差別の撤廃などが謳われた画期的なものだった。さらに一〇月、同党は人気のあったヴワディスワフ・ゴムウカを党第一書記に選出した。

ゴムウカは、第二次世界大戦中、ポーランド共産党の指導者だった人物である。しかし彼は、民族主義的共産主義者と目されソ連からは好かれず、四九年に党から追放され、五一年には逮捕までされていた。ゴムウカ逮捕には、本章の冒頭で登場したシフャトウォ自身も関わっていた。その経緯もシフャトウォはラジオ・フリー・ヨーロッパの放送で暴露し、その衝撃もあって、五四年一二月にゴムウカは自宅軟禁を解かれ、翌年八月に党への復帰を認められていた。そのゴムウカが、再びポーランドの指導者に舞い戻ったのである。これにポーランド国民は沸き立ち、数十万人がワルシャワの街頭に繰り出した。ポーランドに「一〇月の春」と呼ばれる政治的自由化の季節が訪れた。だが、ゴムウカの選出はソ連との相談なしに行われたものであり、前代未聞の出来事だった。

ポズナン動乱以降ポーランドの動向を注視していたソ連指導部は驚愕した。事態に対処すべく、フルシチョフやブルガーニンなどソ連指導部の面々は急遽、一〇月一九日に、事前の通告なしにポーランドの首都ワルシャワを慌ただしく訪問した。のみならず、フルシチョフはモスクワを出発する前にポーランドに駐留するソ連軍にワルシャワへ進行するよう命令を出していたのである。それゆえ、ゴムウカとフルシチョフとの間の交渉は、極めて緊迫した中で行われることとなった。

結果としてポーランドの一〇月は、次に述べるハンガリーと異なり、穏便な形で決着がついた。ゴムウカはフルシチョフに、ポーランドはソ連に忠誠を誓うと強調した。ポーランドは社会主義体制を維持し、ワルシャワ条約機構の一員であり続けるともされた。フルシチョフはその言葉を受け入れた。またポズナンの動乱で武力介入を命じたロコソフスキー国防相も解任された。一九四九年から国防相に就任していたロコソフスキーは、ポーランド系とはいえソ連の軍人であり、ソ連によるポーランド支配を象徴する人物と見なされていたからである。ゴムウカはまた、ポーランド国民に対しても、ソ連軍の力はオーデル・ナイセ国境線を守るために必要であると語り、仕事に戻るよう訴えた。

ラジオ・フリー・ヨーロッパのポーランド語放送も、ポーランド国民を煽らず、むしろ穏便な行動を取るよう呼びかけた。ポーランドの独立には時間がかかるが、ゴムウカの復帰を含め、これまでに得られた譲歩を無にすべきではないと語り、人々が急進化しないよう配慮を示した。ポーランド国民も、これから改革が進むことを期待しデモを終わらせた。こうしてポーランドは次第に落ち着きを取り戻していった。だが同じ頃、ポーランドの「一〇月の春」がハンガリーへと波及し始めていた。

†ハンガリー革命

ポーランドと異なり、ソ連軍の武力介入を招く結果となったのがハンガリーであった。ハンガリーにおいて、ポーランドのゴムウカと似たような立場にあったのがナジ・イムレである。スターリン死後の「新路線」の中で、ナジはハンガリー首相に就任し、経済問題を重視し工業化のペースを落とす方針などを示していた。しかしナジは、ハンガリー共産党の第一書記で「小スターリン」的存在だったラーコシと対立し続けた。その結果、ナジはいったん失脚し、五五年一一月には党から除名される。

五六年二月のフルシチョフによるスターリン批判演説後、状況が変わった。ラーコシに対する批判が高まり、ナジの復帰を求める声が強まったのである。さらにポーランドとハンガリーの状況が連動し始めた。ポーランドでの六月のポズナン動乱の後、ハンガリーでは七月にラーコシが辞任に追いやられた。だがラーコシの後任にはナジではなく、ラーコシの右腕とされたゲレー・エルノが就任する。これらはすべてソ連の意向を反映したものだった。一〇月、ゴムウカの復帰でポーランドが沸くと、ハンガリーでも同月二二日、ブダペスト工科大学で五〇〇〇人が集まる集会が開かれ、ポーランドにおける闘争と改革への連帯を示す決議がなされた。さらに学生たちはマニュフェストを起草し、ソ連軍の撤退、自由選挙の実施などを訴え、翌日にデモを行うことを決定した。

そして一〇月二三日、ハンガリー革命が始まる。ハンガリー内務省はデモの禁止を放送していたが、三〇万人ともいわれる人々が国会議事堂へ向かった。ゲレー第一書記はラジオ演説で、デモ参加者を「われわれ人民の敵」であると非難した。これが群衆を激怒させた。さらに若者たちがラジオ放送局に押し入ろうとしてもみ合いとなる中で発砲事件が起こり、死傷者が出た。これが最初の犠牲者となり、デモは暴動へと変わった。

翌日、ナジが首相に戻ることとなった。ナジはまた、ハンガリー軍にソ連軍に抵抗しないよう命じた。ハンガリー駐留ソ連軍は同日、ブダペスト郊外に迫っていた。

当初は、ハンガリーでも平和裏に事態が沈静化するかに見えた。フルシチョフはナジを受け入れ、彼を支持するようになった。ナジ以外に選択肢はないと考えられていたからだった。一〇月二八日、ナジは演説でソ連軍のブダペストからの即時撤退を要求し、実際、翌日撤退が始まった。さらに三〇日には、ソ連指導部が、「ソ連と他の社会主義諸国との間の友好と協力の発展と一層の強化のための諸原則」という宣言まで採択し公表した。これは、国際世論の目を欺くためのものなどではなく、ソ連指導部内で真剣に考慮されたものだった。

しかしながら翌三一日、フルシチョフは急転直下、ハンガリーへの再度の軍事介入を決定する。「われわれは、ハンガリーの秩序を回復するためのイニシアティヴをとるべきである。もしわれわれがハンガリーから去れば、アメリカ、イギリス、フランス、つまりは帝国主義者たちを大いに後押しすることになるだろう」とフルシチョフは語った。

なぜソ連は、一転して軍事介入を決めたのだろうか。三〇日から三一日にかけて、すでにハンガリー入りし、状況を視察していたソ連指導部員から、ハンガリーの状況は悪化しているとの悲観的な報告がなされていた。ナジではもはや暴動を抑えられず、このままではハンガリーを失ってしまうと懸念された。その結果、ポーランドと同じような平和的解決はもはや望めないと判断されたのだった。

ポーランドと異なり、ラジオ・フリー・ヨーロッパのハンガリー語放送は、ハンガリーの民衆を煽るような放送をした。おそらく、ハンガリー語放送のアナウンサーが、母国ハンガリーの国民が立ち上がったことに胸を熱くしたからであろう。ラジオ・フリー・ヨーロッパは、ナジも共産主義者であるとして否定的な評価を伝え、彼を民衆から遠ざけるようなメッセージを発した。またソ連軍の戦車にいかにして対抗するかといったことまで助言する内容の放送を行っていた。後にハンガリー革命に関わった人たちの多くが、アメリカが介入してハンガリーを救ってくれることを期待していたと証言している。だがアイゼンハワー政権にそのような意図はなかった。ソ連指導部も、アメリカの軍事介入はないと認識していた。一一月に入ると、ソ連の軍隊四個師団がハンガリーの国境線を越え始めた。

ハンガリー革命は、多くの血が流れる形で終わった。一一月一日、ソ連軍の介入を知ったナジは、ワルシャワ条約の破棄とハンガリーの中立を宣言し、国連軍のハンガリーへの介入をラジオで訴えた。だが三日までにハンガリーの要衝はすべてソ連軍に占拠され、首都ブダペストは完全に包囲された。四日、ソ連軍の総攻撃が始まった。これにより、死者二七〇〇人、負傷者は一万人を超えた。二〇万人以上のハンガリー人が難民となり、その多くが隣国オーストリアへ逃れていった。

ハンガリーへ助けが来ることはなかった。七日までに、ブダペストは制圧された。ナジはソ連軍が介入したことを伝える悲痛なラジオ放送を行った後、ユーゴスラヴィア大使館に逃れた。だが、後にナジは大使館から誘拐され、数年後処刑されることになる。すでにゲレーの後任として党第一書記に就任していたカーダール・ヤーノシュは、ソ連指導部と密かに内通しており、ナジの後を継いで首相にも就任した。カーダールは新政権を発足させ、ハンガリー革命に関わった者たちを数多く逮捕した。二三〇〇人を超える人々が絞首刑となった。以後、カーダールは、冷戦の最終盤までハンガリーに君臨し続ける。

ハンガリー市民の武力弾圧に実質的に加担したカーダールは、しかし、次第に東欧諸国の中では相対的に穏健な指導者になっていく。他方で「一〇月の春」の結果ポーランドの指導者になったゴムウカは、皮肉なことに、次第に独裁的になっていき、ポーランドは他の東欧諸国と比べ保守的な国になっていった。当初アメリカや西ドイツは、ソ連から自立するかに見えたゴムウカに期待し、五七年以降ポーランドとの経済・文化協力を進めようとした。ポーランドを通じて、東側陣営の切り崩しを図ろうとしたのである。しかし両国は、早くも五八年にはゴムウカ体制にそれほど期待しなくなっていった。ゴムウカは、自身の体制を維持するため、「ドイツの復讐主義」に対抗しなければならないとのレトリックを多用した。西ドイツからポーランドの国境線であるオーデル・ナイセ線を守ることができるのは、共産党のみであると主張することで国民の支持を集めるとともに、ポーランドは東側陣営の確固たる一員であることを対外的にアピールした。西側陣営は結局、ポーランドを利用して東側陣営を動揺させることはできなかった。

ポーランドとハンガリーにおける五六年の出来事は、様々な教訓と余波をもたらした。東欧諸国にとっての教訓は、急進的に改革を進めれば共産党の一党支配体制が揺らぎ、ソ連の軍事介入を招いてしまうというものであった。他方でポーランドの事例は、共産党の一党独裁とワルシャワ条約機構への残留を維持すれば、自国において一定程度の独自の改革が許容されることを示した。とはいえ、どの程度の改革を進めれば国民の不満を抑えられるのかは誰にもわからなかった。東ヨーロッパの支配者たちは、その匙加減に関して、冷戦の終焉まで悩むこととなる。

ハンガリー人を除き、ソ連のハンガリーへの軍事介入によって非常に大きな影響を受けたのが、西ヨーロッパの共産党であった。ソ連の暴力に、フランスとイタリアの共産党は大きな衝撃を受け、ソ連離れが加速することとなった。また五七年以降、これらの共産党の党員数も激減する。さらに、西欧諸国の経済が大きく成長し、福祉国家としての制度も充実させていくと、共産主義イデオロギーの魅力は西ヨーロッパにおいてますます失われていったのだった。

2　西ドイツの核武装問題

ポーランドとハンガリーの民衆蜂起は東側陣営を揺さぶる出来事であったが、一九五〇年代後半以降、西側陣営を揺さぶることになるのが西ドイツと核兵器の問題である。西ドイツのアデナウアー政権は、西側同盟国、とりわけアメリカへの不信感から、ヨーロッパが独自に核武装する可能性を模索し始めることになる。アデナウアーは、イギリスを含めたヨーロッパの独自核と、イギリスを含まない、ヨーロッパ統合を通じた独自核という二つのルートからその可能性を追求していった。

†英仏共同三段階軍縮提案

一九五六年は、アデナウアーにとって、同盟国に対する不信感の募る年であった。まずその前半、イギリスとフランスが、ドイツ問題を棚上げにしてソ連と軍縮・軍備管理デタントを進めようとしたことが、アデナウアーをいらだたせることになる。

イギリスのイーデン首相は、五五年七月のジュネーヴ四巨頭会議以降、ソ連との緊張緩和を進め、何らかの欧州安全保障を実現したいと考えていた。米英仏西側三国は、一九五四〜五五年のソ連との交渉で、ドイツ再統一と欧州安全保障の問題をリンクさせ、まず全ドイツ自由選挙に基づき前者を達成させた後に後者を実現するとの立場をとった。だがソ連側はそのようなリンケージに反対し、かつ「二つのドイツ」政策をとったため、交渉は完全に行き詰まる。西側が一つのドイツ政策をとり続ける以上、ドイツ問題とのリンケージを外さない限り、軍縮・軍備管理デタント領域でソ連との交渉を前進させるのは難しかった。

その点で、より踏み込んだ立場を取るようになったのがフランスの新政権である。五六年一月にギー・モレがフランスの首相に就任すると、社会主義者の彼は首相就任演説において、「ジュネーヴの教訓」として軍縮問題を優先させると表明したのである。これは、まず軍縮を進めれば、ドイツ再統一はその後についてくるとの考えを示唆するものだった。そしてモレは三月に訪英し、イーデンと共同で軍縮計画を提示することで合意する。

その結果まとめられた英仏案は、三段階の構想として提示された。第一段階では、自衛の場合を除いて核兵器の使用禁止に合意するとともに、軍縮計画の実施を監視する査察体制を構築することとなっていた。それが実現した後、第二段階では、核実験が制限される。そして、第三段階において核実験、核兵器の製造、ならびに使用が禁止され、さらに通常戦力も削減されるという計画であった。だが注目すべきは、そこに、ドイツ問題に関する言及がなかったことである。

ドイツ問題と軍縮とを切り離すという英仏の姿勢は明確だった。イーデンは、フルシチョフによってなされた前述のスターリン批判演説を受けて、西側もソ連に対してより柔軟な政策をとる必要があると語っていた。英外相セルウィン・ロイドも、ドイツ再統一問題を前進させるためにも、まず軍縮を実現させるべきとの考えであった。モレ仏首相もまた、四月初頭になされたインタビューの中で、軍縮・軍備管理交渉は、ドイツ再統一の交渉に先立って行われるべきであると明言した。

英仏の態度に激怒したのがアデナウアーだった。彼は、英仏がドイツを犠牲にしてソ連との合意を実現しようとしていると強く警戒したのである。西独外相のハインリヒ・フォン・ブレンターノは、もし軍縮問題でソ連との協定が締結されるようなことになれば、NATOは解体され、西ドイツは中立化させられ、ドイツの分断状況は固定化させられることになるとアデナウアーに警告していた。西ドイツ政府は英仏に対し激しく抗議し、そして他方でアメリカを味方につけようとした。

西ドイツ側の強い反発は奏功した。アイゼンハワー政権は西ドイツを全面的に支持し、ドイツ問題の解決が先決であるとの立場を堅持したからである。アデナウアー政権の猛抗議を受けて、英仏もその立場を後退させた。最終的に、五月に開かれたNATO理事会において、次のような妥協案がまとめあげられた。すなわち、ソ連との交渉の第一段階では、ドイツ再統一問題が進展する前に限定的な軍備管理を実施することは認めるものの、ドイツ問題に進展が見られなければ、そこから先に軍縮・軍備管理問題を進めないとしたのである。こうして、軍縮・軍備管理デタントとドイツ問題とのリンケージが実質的に再確認されることとなった。その結果、ソ連がドイツの再統一に関してまったく妥協するつもりがない中で、ヨーロッパ冷戦の緊張緩和には大きな足かせがはめられることとなった。

†ラドフォード・プランと西ドイツの反応

英仏が譲歩したことで、西側陣営内の意見の相違は一旦は乗り越えられたかに見えた。しかし五六年の後半に入るとすぐ、再び同盟国がアデナウアーを激怒させる出来事が起こる。今度はアメリカであり、アメリカに対する不信感を機に、西ドイツは核武装の可能性を検討し始めることになるのである。

きっかけは、七月一三日のニューヨーク・タイムズ紙のリーク記事であった。それによると、アメリカの統合参謀本部議長アーサー・ラドフォードが、一九六〇年までに米軍の約三分の一にあたる八〇万人の兵力を削減することを計画していると報じたのである。これはヨーロッパ駐留米軍の大規模な撤退を示唆したことから、アデナウアーは非常に大きな衝撃を受け、憤慨した。アイゼンハワー政権は火消しに躍起になり、ヨーロッパから米軍を撤退させる予定はないと強調したが、その後もアデナウアーの疑念が消えることはなかった。西ヨーロッパの防衛のため、米軍がいつまでもヨーロッパに駐留し続けるとは限らない。そうであるなら、西欧諸国、そして西ドイツは独自の核兵器が必要である。アデナウアーはそう考えるようになった。

九月に入るとアデナウアーは、核武装の必要性を明言するようになる。確かに西ドイツは、一九五四年に自ら核兵器・生物兵器・化学兵器を製造しないと宣言していた。しかしながら、西ドイツは核兵器を所有することは禁じられていないという抜け穴があった。西ドイツが単独で核開発ができない中で、他の西欧諸国とともにヨーロッパの独自核を開発することをアデナウアーは目指した。二つの枠組みが、彼の念頭にあった。

その一つ、アデナウアーが最適の枠組みと考えていたのが、西欧連合（WEU）である。前章で触れたように、WEUは、欧州防衛共同体（EDC）がフランスの国民議会で拒否された際、イギリスのイーデン首相の提案でブリュッセル条約に西ドイツとイタリアを加盟させることで生まれた西欧七カ国の軍事同盟である。NATOの陰で存在感が乏しくなっていたが、アデナウアーは、すでに核保有国となっていたイギリスを含むWEUが西ヨーロッパ独自の核戦力を提供すること、さらにはWEUを通じて西ドイツが核兵器を共有できるようになることを期待した。とりわけ、WEUがNATOから真に独立した軍事組織になることがアデナウアーにとって重要であった。

†ユーラトム

ヨーロッパの核開発に関してアデナウアーが後に望みを託すことになるもう一つのルートは、一九五四年にEDCが流産した後の、ヨーロッパ統合の再出発となる新たなイニシアティヴの中で打ち出されていた。イタリアのシチリア島東北部に位置する港湾都市メッシナが、その再出発の地点となった。五五年六月、欧州石炭鉄鋼共同体（ECSC）六カ国が、メッシナで外相会議を開いた際、ベルギー、オランダ、ルクセンブルクのベネルクス三国が共同で、後に欧州原子力共同体（ユーラトム）と欧州経済共同体（EEC）と呼ばれるようになる二つの新たなヨーロッパ統合構想を、ワンセットで提示したのである。EECの方はオランダが提唱者であり、六カ国の市場を統合しようとする構想であった。他方でユーラトムは、ECSCの生みの親ジャン・モネの発案であり、ECSCの原子力エネルギー版であった。ベルギーの外相ポール＝アンリ・スパークがこれを強く支持した。だが西ドイツは、始めからユーラトムの構想に積極的であったわけではない。西ドイツはむしろEECに対する関心の方が高く、その一方で、とりわけユーラトムの軍事利用には反対の姿勢を示していた。

西ドイツとは逆に、フランスはユーラトムに前向きであった。しかしながら、フランスの懸念は、民生用の核エネルギー統合の構想として提唱されたユーラトムが、フランス独自の核兵器開発を妨げることになるのではないかというものだった。フランスはすでに、EDC条約の批准が国民議会に拒否された後の五四年一二月、当時のマンデス＝フランス政権の時に核兵器開発を本格化する決定を行っていた。すでに西ドイツの再軍備はWEUを通じて行われる流れになっており、同時に西ドイツは自ら核兵器の製造をしないと宣言していた。再軍備が進められる西ドイツとの差別化を図るためにも、大国たるフランスには独自の核兵器が必要であると考えられたのである。

他方でアデナウアーは、アメリカのラドフォード・プランの後、ユーラトムに対する態度を変化させ始める。彼は、五六年九月になると、もしフランスの核開発がユーラトムにおいて共有されるなら、西ドイツはユーラトムの軍事利用を支持するであろうと示唆し始めた。同月二五日の演説の中でも、アデナウアーは新しいヨーロッパが作られなければならないと強調した。もはやヨーロッパの安全保障は、もっぱらアメリカにのみ依存することはできない。アメリカの利益は、西欧諸国の利益とは異なる。世界が超大国に分割されることに抗うため、ヨーロッパは統一されなければならず、核の力を獲得しなければならないとアデナウアーは語った。彼はさらに、一〇月初頭の閣議の中で、ユーラトムによって核兵器を開発できる能力が早期に獲得できることを望むと述べ、ユーラトムを利用することで西ドイツは核兵器を製造できるとも語っていた。

五六年一月にフランスの首相となっていたモレもまた、西ドイツとの協力に傾いていった。フランスも、アメリカがヨーロッパからいずれ手を引くかもしれないという可能性を恐れていた。同時に、アメリカがフランスの独自核保有を阻止しようとしていることにフランス政府は気づいていた。このようなアメリカの態度を受け、フランスもユーラトムを核兵器開発に利用できるのではないかと考えるようになっていった。またそれは、フランスにとって、アメリカに依存しない核開発に西ドイツの資源を利用できると同時に、西ドイツが単独で核開発に乗り出さないようにするための、西ドイツ封じ込めの手段にもなりうると考えられていたのである。

†スエズ戦争

フランスと西ドイツの接近をさらに強固なものにしたのが、中東でのスエズ戦争だった。この戦争に対するアメリカの対応が、結果として、アメリカに対する両国の不信感に拍車をかけることになるのである。

スエズ戦争は、一九五六年にエジプトがスエズ運河を国有化したことに端を発する。当時のエジプト大統領ガマール・アブドン・ナセルは、アラブ主義を掲げる一方で、東西冷戦の文脈では中立・非同盟主義の立場を取っていた。エジプトは長らくイギリスの強い影響下に置かれていたが、ナセルはソ連にも接近し、同国からの兵器の購入を進めた。それに強く反発したのが、米英であった。両国は、エジプトへの開発援助を停止することで圧力をかける。だが、アラブの盟主を自認するナセルがそれに屈することはなかった。彼は、五六年七月、スエズ運河を国有化するという強硬手段によって対抗した。スエズ運河は、植民地時代からの遺産であり、その運営会社の株を所有していたのがイギリスとフランスであった。

ナセルに自国の資産を没収されたイギリスとフランスは、五六年一〇月、アラブ諸国と敵対するイスラエルと手を組んで、エジプトに軍事侵攻した。スエズ戦争の勃発である。これに対してソ連はナセルを支持し、英仏に対して核攻撃も辞さないと警告した。さらにアメリカも激怒した。アメリカは、英仏イスラエルの軍事行動に関して事前に何も知らされておらず、またこのような英仏の植民地主義的行動はアラブ諸国をソ連陣営になびかせてしまうことになりかねないと懸念したからであった。それゆえアイゼンハワー政権は、英仏を激しく非難し、経済制裁を発動したのである。それが、イギリスの通貨ポンドの急落をもたらした。慌てた当時のイーデン政権は、フランス側と相談することなくエジプトから軍を撤退させた。フランスもまた、不本意ながら自軍の撤退を余儀なくされる。その結果、アメリカとイギリスに対するフランスの不信感がさらに高まることとなった。

スエズ戦争の顚末は、その直接の当事者ではなかった西ドイツにも大きな影響をもたらした。同じ陣営で同盟関係にあるからといって、アメリカがどのような場合でも同盟国を助けるわけではないことを、スエズ戦争はまざまざと示したからである。アメリカに全面的に依存せず、アメリカの圧力に屈しないためにも、ヨーロッパ統合を進めることが必要だとの認識がさらに強まった。スエズ戦争の直後、一一月初頭に行われた仏・西独首脳会談において、モレとアデナウアーは、EECとユーラトムを実現させることで合意した。

イギリス政府の中にも、アメリカへの牽制として、他の西欧諸国との協力を重視すべきだとの声はあった。ロイド外相は、その観点から、五七年一月初頭、WEU諸国が共同で核抑止力を開発するのがよいとの案を閣議に提示した。しかし国防省がその案に強く反対する。さらに他の閣僚からも批判されたことから、結局、他の西欧諸国とは通常兵器の分野でのみ協力すべきというのがイギリス政府の方針となった。WEUを通じたヨーロッパの独自核というアデナウアーの目論見の一つは、こうして潰《つい》えることとなった。

五七年一月に辞任したイーデンの後任となったハロルド・マクミラン首相は、政権が発足するとすぐ、水爆実験を行うことを決定した。そして同年五月、イギリスは、太平洋中部にあるクリスマス島で初めての水爆実験を成功させた。このことも、イギリスに対するフランスと西ドイツの反感をさらに強めることになる。

他方アメリカは、イギリスを通じてイギリス以外の西欧諸国に核兵器が拡散することを阻止しようとした。その点で、新首相マクミランがスエズ戦争で悪化した英米関係を修復することを外交上の最優先課題としたことは、アイゼンハワー政権にとって好都合だった。三月、北大西洋に浮かぶ島バミューダで米英首脳会談が開催されたとき、アイゼンハワーは、マクミランと核兵器に関する協力を進めることで合意した。アメリカは中距離核ミサイルをイギリスに供与し、イギリスはアメリカ側にそのための基地を提供することになった。その際アメリカ側は、秘密協定によって、イギリスに対してフランスに核兵器に関する軍事協力しないことを約束させたのである。こうして、西側陣営内において、核をめぐり米英協力と仏・西独協力という二つの潮流が生まれることになった。

アイゼンハワー政権はまた、ユーラトムの軍事利用を阻止することにも成功した。確かにフランスと西ドイツは、ユーラトムが核兵器開発に利用できるようになることを期待した。しかしアメリカは、ユーラトムという超国家的なヨーロッパ統合構想を支持しつつ、それを逆に核不拡散の枠組みとして利用しようとしたのである。そのためのアメリカの武器がウランであった。

核兵器開発にも、原子力エネルギー開発にも、核分裂を引き起こす原材料が必要である。その一つであるウランを、アイゼンハワー政権はユーラトムに対して、核兵器には利用できないレベルに濃縮した形で安価で提供することにした。もともと核エネルギー開発には多大なコストがかかると見込まれていたため、安価な濃縮ウランを購入できればユーラトムにとって大幅なコスト削減につながることになる。アメリカの狙いは、超国家的なユーラトムに核物質を管理させ、さらに提供したウランが軍事転用されていないかをアメリカ自身で査察できる権限も得ることで、ユーラトムの軍事化を阻止することであった。ユーラトムとEECは、五七年三月にローマ条約が調印されることで実現することとなる。しかし、アメリカの目論見通りユーラトムの軍事利用は実質的に不可能となり、それを通じたヨーロッパ独自核の実現も阻まれることとなった。

それでもフランスと西ドイツは、第三の可能性を模索した。両国は、ユーラトムの枠外で、核兵器を含む軍事協力を進めようとした。ユーラトムそのものが軍事利用されることはなくなったが、ユーラトムを発足させるローマ条約に、各国独自の核兵器開発を妨げる条項が含まれることもなかったからである。ここに五〇年代半ばから核開発への関心を高めていたイタリアも加わる。五七年から五八年にかけて、仏・伊・西独三国の国防相を中心に協議が進められ、五七年一一月末には三国間で核協力議定書が調印されるまでにいたる。だが次節で見るように、結局この三国間協力も、アメリカの別の一手によって切り崩されていくことになる。

3 核共有・非核地帯・反核運動

アメリカ、ソ連、イギリスが相次いで水爆実験を成功させ、他の国も核開発に対する関心を示す中、一九五〇年代後半にはそれを抑制しようとする動き、さらには禁止すべきとする運動が現れるようになる。その一つが、核共有である。すでに見たように、アメリカはユーラトムやイギリスを通じて核拡散を抑える措置をとってきた。だが同時に、アメリカは西側陣営の維持にも腐心し、アメリカが核兵器を管理できる形での核共有という方針を進めていくことになる。他方で西ドイツの核保有を懸念する東側陣営は、東西ドイツを含む中部ヨーロッパに非核地帯を設置する案を打ち出していく。さらに市民レベルでは、特に西欧諸国を中心に反核運動が盛り上がりを見せるようにもなるのである。

†アメリカと核共有

アメリカは、核を拡散させないという問題と同時に、陣営の結束維持という問題にも対処しなければならなかった。とりわけ核兵器に関しては、西ドイツが抱いていた安全保障上の懸念と、不平等な扱いを受けているとの不満に応える必要があり、ただ西ドイツの核開発を阻止すれば十分というわけではなかった。

そのためアイゼンハワー政権が選んだ手法が、核戦力の共有であった。すなわち、アメリカの核弾頭や中距離核ミサイルを他のＮＡＴＯの同盟国と共有することで、同盟国が独自に核兵器を開発することを阻止しようとしたのである。アメリカの核兵器を共有したいという意向は、もともと西欧諸国の側から出されていたものだったが、それをアメリカは受け入れていくことになったわけである。

問題は、どのように共有するのかであった。特にアメリカの観点からすれば、共有された核兵器をどのように管理するのかが重要であった。というのも、核共有とは、ある意味で核兵器を他国に拡散させるものであったからである。この問題に対してアメリカは、「二重鍵」というシステムによってその管理権を維持しようとした。「二重鍵」とは、アメリカと、アメリカの核戦力を共有する同盟国がそれぞれ核兵器を使用するための「鍵」を持ち、双方が合意して初めて核を使用できるシステムである。どちらかが反対すれば核兵器は使用できないため、アメリカは実質的に拒否権を保持することができた。

核共有という政策は、五七年一二月のNATO理事会で合意されたが、実際の方法はアメリカと二国間の交渉で決められた。アメリカのミサイル配備を受け入れたのは、イギリス、イタリア、トルコであった。西ドイツには核弾頭は配備されたが、ミサイルの配備は見送られた。アイゼンハワー政権末期までに、約五〇〇発の核弾頭がヨーロッパのNATO諸国に配備されていった。

†仏・伊・西独協力の終焉

アメリカの核共有政策は、フランス・イタリア・西ドイツ三国による核開発を大きく揺さぶることとなった。まずイタリアが、アメリカとの核共有を選び、実質的にフランスと西ドイツとの協力から抜けることとなった。独自核の開発は、やはり高くつくため、イタリアの経済成長を妨げることになると考えられたからである。またフランスと異なり、イタリアにはアメリカに依存することへの抵抗が大きくなく、「二重鍵」システムも容易に受け入れることが可能であった。むしろアメリカとの核共有は、イタリア政府にとって米伊関係を強化するという重要性があり、軍事的というよりも、政治的に意味があったのである。五九年三月に、アメリカの準中距離弾道ミサイルであるジュピター・ミサイル三〇基をイタリアに配備するという合意が米伊間で締結され、六〇年末までに最初のミサイルが実践配備されていくことになる。

フランスもまた、アメリカとの核共有に関心を示し、米仏交渉が進められた。ただ最終的に、両国間の交渉は決裂する。フランスは、アメリカの核兵器が配備されるのであれば、アメリカの拒否権なしに、フランスがそれをいつでも自由に使用できることを求めた。核拡散を懸念するアイゼンハワー政権は、しかし、決してそれを認めようとしなかったのである。だが、米仏交渉が進められる間、五八年に入ると、フランス・イタリア・西ドイツ三国の交渉の方は行き詰まりを見せるようになっていった。

核共有をめぐる米仏交渉は妥結しなかったが、結局、フランスはイタリア・西ドイツとの核協力に戻ることもなかった。というのも、五八年六月にフランスで、かつての英雄ドゴール将軍が再び首相の座に就くと、彼はすぐさまこの三国協力を終了させてしまうからである。以後フランスは、一国で核兵器開発を進めていき、一九六〇年に核実験を成功させ、世界で四番目の核保有国となる。

こうして、核武装に関する西ドイツの不満は解消されないままとなった。この問題は引き続き次章で取り上げるNATOの多角的核戦力（MLF）構想という形で継続し、最終的には、六〇年代末に西ドイツが核拡散防止条約（NPT）に調印するまで続くことになるのである。

†ラパツキ・プラン

東側陣営もまた、一九五〇年代半ばから、核軍拡競争や核拡散問題に対する懸念を示すとともに、独自の軍備管理政策を提唱していた。核保有国の中で、最初に核実験の停止を主張したのはソ連であった。東ドイツもまた、五六年に東西ドイツにおける核兵器の製造や配備の禁止を提案していた。核共有を含む西ドイツへの核拡散問題は、東側諸国にとって極めて大きな懸念として受け止められていたからである。ソ連は、ユーラトムに対しても、それが西ドイツに核開発能力を与えるものであり、ヨーロッパにとって重大な危険をもたらすものであると批判していた。東側陣営のイニシアティヴの中で、おそらく最も有名なのはポーランドのラパツキ・プランであろう。五七年一〇月初頭、ポーランド外相アダム・ラパツキが、国連総会の演説の中で、東西両ドイツ、ポーランド、そしてチェコスロヴァキアを非核地帯にするという構想を提案したのである。

ラパツキ・プランは、非核地帯の設置という点に焦点を絞ったシンプルな提案であった。また、西側陣営が西ドイツ一国なのに対して、東側陣営は東ドイツ、ポーランド、チェコスロヴァキアの三カ国であり、より西側に受け入れやすい提案のように見えた。ラパツキの狙いは、この非核地帯構想を通じて、西ドイツの核武装を阻止するのみならず、ポーランドの西側国境であるオーデル・ナイセ線を西ドイツに認めさせることにもあった。西ドイツのアデナウアー政権は、ポーランドから見て、戦後のポーランドの国境線を断固として認めようとせず、ポーランドと国交を正常化しようとせず、なおかつ核武装まで目論む、大きな脅威の対象であった。

しかし西側が、ラパツキ・プランに賛同することはなかった。確かに西側のメディアや左派系の政党、そしてスウェーデン、ノルウェー、デンマークといった北欧諸国は、同プランに好意的な態度を示した。だが西側の主要国である西ドイツ、アメリカ、フランス、イギリスがラパツキ・プランを拒否し、中欧における非核地帯設置構想は日の目を見ることはなかった。

ラパツキ・プランに対する反対理由は、当時の西側の安全保障観をよく示している。まず、当時のNATO事務総長で元ベルギー外相のスパークが述べたように、核ミサイル時代においては非核地帯を設置しても軍事安全保障の観点から有効性は乏しいと考えられていた。ラパツキ外相が国連で非核地帯構想を提案した二日後の五七年一〇月四日に、ソ連がスプートニクという名の人工衛星の打ち上げに成功していたことは象徴的だったかもしれない。大気圏を超えるそのロケットの技術は大陸間弾道ミサイルに転用できるものであり、人工衛星を核弾頭に替えれば、ソ連からアメリカを直接攻撃できる核ミサイルになる代物だった。中欧の非核地帯は、東側諸国にとっては西ドイツの核武装を阻止する意味があったが、西側諸国には軍事安全保障上のメリットは小さかった。

むしろラパツキ・プランは、西側にとって軍事的にはデメリットの方が大きいと見なされた。通常戦力における東西間の戦力差が大きかったからである。ソ連はスターリン時代の大軍拡が大きな経済的負担となっていたこともあり、五八年までにソ連軍の兵員数を一方的に二三〇万人削減していたが、それでもNATO諸国と比べ大規模な通常戦力を擁していた。それに対して西欧諸国は、NATOで計画されていた軍拡を予定通り進められずにいた。通常戦力における東西間の格差を核兵器で埋めるというのが、NATOの戦略の実体であった。NATOは核兵器にその安全保障を依存しきっていた。それゆえに、非核地帯の設置は軍事的に東側に有利なもので、NATOの弱体化を招くことになると認識されたのである。

ラパツキ・プランをとりわけ激しく拒否したのが西ドイツであった。アデナウアー首相はこれを、単なる「ロシアの罠」であると切り捨てた。西ドイツはまさに同プランの対象国であったが、西ドイツが非核地域となれば、アメリカの核兵器が撤去されるのみならず、やがては駐留米軍自体の撤退にもつながってしまうことが懸念された。アメリカへの不信感が依然としてくすぶる中、何らかの形で自国の核保有を可能にする必要もあった。くわえて、ラパツキ・プランは、東ドイツとオーデル・ナイセ線の承認を強いるもの、それゆえドイツ分断と現状を固定化するものであると西ドイツ政府に見なされていた。「ラパツキ・プランに同意することは、絶対に、絶対にない」とアデナウアーは強調した。

アメリカもフランスも、それぞれの理由から非核地帯設置に反対だった。すでに見たように、アメリカは核共有を進めることで、西欧諸国の核開発を断念させるとともにNATOの結束を強化しようとしていた。フランスは五七年の時点ではまだ、西ドイツ、イタリアとともに、アメリカから独立した核戦力の構築を目指していた。これらの思惑の実現を妨げることになるラパツキ・プランを、米仏両国が受け入れることはありえなかったのである。

†反核運動

西ヨーロッパにおいて反核運動が盛り上がったことも、一九五〇年代後半の特徴であった。むろん、すべての国で同じような盛り上がりを見せたわけではない。だが、西ドイツとイギリスの反核運動の組織化は群を抜いていた。ヨーロッパ冷戦の最前線に位置する西ドイツでは、もし戦争となれば自国が真っ先に戦場となり、ドイツ領内で核兵器が使用されることへの潜在的な不安が存在していた。実際、一九五五年になされた戦後最大規模のNATOの軍事演習では、ソ連から西ヨーロッパに攻撃がなされた場合、三五五発の戦術核が用いられ、その大半がドイツ領内で爆発し、最初の二日間だけで一五〇〜一七〇万人の民間人が犠牲になるとされていた。

アデナウアー首相が西独連邦軍の核武装を示唆する発言を行うと、著名な科学者や野党の社会民主党（ＳＰＤ）からの批判が高まった。五八年に西独連邦議会で核武装問題について協議が行われると、前年の選挙で敗北し少数野党となっていたＳＰＤは、議会内で勝てないことが明白だったこともあり、その外に活路を見いだした。ＳＰＤは、「原爆死に反対する戦い」という名の団体を組織し、連邦軍の核武装に反対する運動を展開したのである。それは、西ドイツ全土で盛り上がりを見せることとなった。

イギリスでは、左派知識人を中心に「核軍縮キャンペーン」（ＣＮＤ）が五七年結成された。かつて共産主義イデオロギーに共感を覚えていた左派は、ハンガリー革命へのソ連の武力介入に憤り、失望した。彼らは新左翼《ニューレフト》になり、反核となった。ＣＮＤの主張は、イギリスによる一方的な核軍縮であった。アメリカやソ連ではなく、まず自国が自発的に核軍縮をすべきと訴えたのである。イギリス政府は五七年五月に水爆実験を成功させた後、五八年までに七回核実験を繰り返しており、そのことでＣＮＤを中心とする英国内の反核運動はさらに盛り上がった。

ＣＮＤは行動の面でも注目された。最初は、ロンドンからオルダーマストンにある原子兵器研究所まで約八〇キロの反核デモ行進を行った。このデモ行進は、翌年からは向きを変えてオルダーマストンからロンドンのトラファルガー広場に向けて行われるようになり、感謝祭の恒例行事として、絶頂期には一五万人を動員するまで支持を広げていった。CNDのためにデザインされたピースマーク「☮」は、その後、平和のシンボルとして世界中で広く使われるようになる。この時期のヨーロッパの反核運動は第一の波と呼ばれ、部分的核実験禁止条約が六三年に締結されるころまで盛り上がりを見せ続けることになる。

4　経済・文化交流デタント

ドイツ問題によって軍縮・軍備管理デタントが足踏みする一方で、経済・文化交流デタントが、五〇年代後半からゆっくりと動き始めることになる。経済・文化交流デタントは二国間で進められることもありドイツ問題に縛られることはなく、西ドイツですら経済・文化交流デタントをドイツ問題から切り離すことになっていく。

†英ソ・仏ソ首脳会談

クレムリンからの訪問者を乗せた巡洋艦が、イギリスのポーツマス港に到着したのは、一九五六年四月一八日であった。その九カ月前、ジュネーヴ四巨頭会議の際に、イーデン英首相が直接招待したことを受けてのことである。フルシチョフらは、そこから電車を使いロンドンへ向かった。これが、ソ連の指導者による初の西側訪問であった。翌月、今度はフランスのモレ首相がモスクワを訪問する。こちらも、西側主要国の首相として初めてのことだった。五〇年代の後半に入り、二国間での首脳外交がにわかに活発化した。

五六年前半の英ソと仏ソの両首脳会談は、何か大きな成果をもたらしたわけではない。ドイツ問題や軍縮問題に関する見解の相違は相変わらずであった。だが、どちらも良い雰囲気の中で行われた。フルシチョフはイギリスでの演説の中で平和共存を強調し、貿易の促進を訴えた。仏ソ首脳会談後のコミュニケでは、友好的な雰囲気と相互理解が謳われ、両国間で貿易、文化、科学、そしてスポーツ関係を促進すると述べられていた。

二国間サミットで醸成された良好な雰囲気は、しかし長くは続かなかった。五六年一〇月のスエズ戦争とハンガリー動乱によって、双方は互いに激しく批判し合うことになったからである。

とはいえ、その後も東西貿易を活性化させる動きが続いたことは触れておくべきであろう。その一つが、西側陣営による禁輸措置のさらなる緩和である。イギリスは、五七年より再びココムの対共産圏禁輸リストの見直しをアメリカに求めた。イギリス側は、もし核戦争が起これば それは短期戦となるため、ソ連の軍産複合体に対して経済戦争を続けても余り意味はないと考えるようになっていった。アメリカのダレス国務長官もまた、スプートニクを打ち上げられるだけの高い技術を持つソ連に対して、貿易制限がどれほどの効果があるのか疑問視していた。その結果、五八年にココム・リストはさらに短いものにすることで合意された。イギリスはまた、それまでの慣行を破り、同年、ソ連に対して五年という長期の借款を与えることを決定した。これは、東側陣営が西側から外貨を獲得し、経済や東西貿易を発展させていく上で重要な転機となるものだった。イタリアもまた五七年に、より安い石油を獲得するため、国営エネルギー公社が、ソ連から石油を輸入することで合意していた。これも、後に西側諸国が石油や天然ガスといったエネルギー資源をソ連から輸入していく流れのさきがけであった。

†西独・ソ連通商協定

西ドイツにおいても、ソ連との貿易は与野党間の争点の一つとなった。野党SPDは、ソ連の新聞が、西側との貿易は国際的な緊張緩和につながるとの主張を行っているのを受け、ソ連との経済関係を改善することで、ドイツ再統一に関してソ連の再考を促すことができるとの論陣を張った。それに対してアデナウアー政権側は、当初は貿易問題に関してもドイツ問題とリンクさせる姿勢を続けていた。アデナウアーは、ドイツ再統一問題に進展がない限り、ソ連とは貿易交渉をしないと強調していた。ブレンターノ外相も、政治的目的のため経済的インセンティヴを用いる用意はないと、五六年一二月の議会での論争の中で野党側に反論していた。ルートヴィヒ・エアハルト経済相すら、ソ連との貿易に利益を見ていなかった。しかし五七年になると、アデナウアーはこの立場を変えることになる。

一九五七年は西ドイツにおける議会選挙の年であり、アデナウアーは、選挙戦略の一環としてソ連と交渉することを決めたのである。すでに二月に、ソ連首相ブルガーニンからアデナウアーに対して、経済交流は両国間にとって大きな利益になると示唆する書簡が送られていた。選挙戦ではやはりドイツ再統一問題が争点の一つだったが、アデナウアーはそれに関して無策であるとの批判にさらされていた。それゆえアデナウアーは、政府がソ連に対して強硬一辺倒ではないことをアピールするため、七月からソ連の要請に応える形で西独・ソ連間の貿易交渉を開始することにしたのである。

ソ連との交渉に際し、西ドイツ側が重視していたのは、貿易による経済的利益ではなく、むしろドイツ人のソ連からの帰還という政治的利益であった。五五年に西ドイツとソ連が国交を樹立した際、ドイツ人の戦争捕虜は解放され西ドイツに送還されることが取り決められていた。しかしソ連には、戦争捕虜以外にも、民間のドイツ人がまだ数千人いると考えられていた。貿易交渉の中で西ドイツ側は、そのドイツ人の帰還を貿易協定締結の前提条件とした。この帰還問題が西独・ソ連間の交渉を難航させ、交渉延期にすらなった。西ドイツの議会選挙はその間に実施され、アデナウアーのCDUの大勝利に終わる。九月の開票の結果、CDUは姉妹党のキリスト教社会同盟（CSU）と合わせて五〇%を超える得票率を獲得し、絶対多数を確保したのである。

西ドイツでの選挙の後、ソ連は交渉方針を変えた。ドイツ人帰還問題について譲歩しなければ貿易協定を締結できないと悟ったソ連側は、これに関して妥協を示すようになったからである。かつて東側陣営は、自給自足的な経済を志向していた。しかし五〇年代後半になると、徐々に貿易を重視するようになっていった。フルシチョフは、ソ連の工業化の進展にとって資本主義諸国との貿易促進は不可欠であると考えていたのである。その結果、最終的に五八年四月にソ連と西ドイツとの間で、文化交流に関する協定とともに通商協定が締結された。ソ連が期待した五年よりは短く期間は三年となったが、両国間の貿易量を二倍にする協定であった。西ドイツとソ連の関係は、明るいものになったかのようであった。

対立する両陣営間の緊張緩和の手段には、いくつものやり方があった。軍縮・軍備管理デタントは、依然としてドイツ再統一問題とリンクさせられ、停滞したままだった。しかしながら、この西独・ソ連間の通商協定は、五〇年代後半にドイツ問題に関する進展が何ら見られなかったにもかかわらず締結されたものであった。このことは、経済・文化交流デタントがドイツ問題とのリンケージを外されたことを意味したのであった。

†動き始めた経済文化交流デタント

本章では、一九五五年のジュネーヴ四巨頭会議以降、東西両陣営が、それぞれの理由から動揺した姿を見た。とりわけ東側では、ポーランドとハンガリーで、五六年に大規模な民衆の反体制デモ、そして暴動が起こった。振り返ってみて、五六年の東側陣営の出来事は示唆的である。ある一国で起こった抗議運動が、隣国へと波及するという現象が見られたからである。ソ連は最終的に、ポーランドに対しては武力による圧力をかけ、ハンガリーに対しては直接武力を行使することで陣営の維持を図った。以降、東側陣営の国々は、自国のみならず、他国においても社会主義体制が動揺する動きを警戒することになる。

他方で西側では、西ドイツの核武装問題が陣営を揺さぶった。西ドイツを中心に、アメリカから独立した、ヨーロッパの独自核の開発が必要だとの動きが生まれたからである。スエズ危機も西側陣営を動揺させ、アメリカに依存しきることは望ましくないという考えを一層強めた。アメリカは陣営の維持に苦慮した。同盟国の安全保障要求に応える必要がある一方で、核拡散、とりわけ西ドイツの核保有は阻止したいと考えたからである。アメリカは、核共有などを通じてヨーロッパ独自核の試みは阻止するが、西ドイツの不満を払拭することはできなかった。それゆえ、西ドイツの核武装問題は六〇年代も継続する。西ドイツが核武装するという可能性は東側陣営にとっても大きな懸念材料であり、それは東西対立の一要因となり、緊張緩和の進展を阻む要素として残ることとなる。

五〇年代後半のヨーロッパ冷戦において注目すべきは、経済・文化交流デタントが始動したことである。確かに西側陣営には、依然として「二つのドイツ」やオーデル・ナイセ線といった「現状」を公式に認める機運はなかった。それゆえ、ドイツ問題と結びつけられた軍縮・軍備管理デタントも、五〇年代後半には停滞し続けた。しかし経済・文化交流デタントの領域では、ささやかな進展が見られた。それが二国間ベースで進められ、ドイツ問題と切り離して実施することが可能だったからである。西ドイツとソ連との五八年の通商協定は、その具体的な成果の一つだった。両国間関係は、さらなる改善に向かうかに見えた。しかし、その締結から約半年後、ベルリンをめぐりヨーロッパ冷戦の緊張が再び高まることになる。

コラム4 ハルシュタイン・ドクトリンの発動――ユーゴスラヴィアと西ドイツ

一九五五年、西ドイツはソ連と国交を樹立すると同時に、東ドイツを承認する国が増えないよう、東ドイツを承認する国とは国交を結ばないとする方針を打ち出した。いわゆるハルシュタイン・ドクトリンである。このドクトリンに基づいて、初めて国交を断絶させられたのがユーゴスラヴィアであった。なぜユーゴスラヴィアは、一線を越えたのか。

一九五三年にスターリンが死去すると、チトーのユーゴスラヴィアはソ連と和解することとなった。ソ連の新指導部がスターリン時代の政策を見直す中、ユーゴスラヴィアとの関係改善を重要課題に位置づけるようになったからである。五五年にはソ連首脳陣がベオグラードを訪問し、ユーゴスラヴィアをコミンフォルムから追放したことは誤りであったと認め、両国関係が四八年以降断絶したことを謝罪した。この訪問を機に両国は、相互の尊重や内政不干渉を謳った共同宣言を打ち出し、関係を改善することとなった。翌五六年にソ連は、コミンフォルムも解散させた。

ユーゴスラヴィア側も、ソ連に歩み寄りを見せた。その一つが、ドイツ問題に関するソ連の立場への同調であった。ユーゴスラヴィアは、五一年以来、西ドイツとの外交関係を維持していた。しかしながら、五六年六月にモスクワを訪問した際チトーは、ドイツ再統一への道のりについて「現実的に」見る必要があるとの演説を行った。彼は、「今や二つの国家、西ドイツと東ドイツが存在し、この事実を考慮しないことは誤りとなるだろう」と語ったのである。五〇年代半ばからフルシチョフが明確にしていた「二つのドイツ」政策をチトーは受け入れていった。両者は、西ドイツと東ドイツが直接交渉することでドイツ統一という目的を達成する必要があると述べた共同声明にも署名した。西ドイツと東ドイツの両方を認めることはまた、東西どちらの陣営にも属さない非同盟主義へと傾きつつあったチトーの立場と合致するものだった。

西ドイツ政府は、ユーゴスラヴィアの新たな姿勢に対し、警戒感を強めた。ブレンターノ外相は、東ドイツを承認する国とは国交を樹立しないとするハルシュタイン・ドクトリンに基づき、すぐさま警告を発した。五六年六月、ブレンターノは、もし西ドイツが外交関係を結んでいる第三国がいわゆる「ドイツ民主共和国（東ドイツ）」と外交関係を樹立するのであれば、西ドイツはこれを非友好的な態度であり、ドイツの分断を深め固定化するものであると見なさざるを得ないと西ドイツ連邦議会で演説したのである。

だが、「第三の道」を目指すチトーは、西ドイツの圧力に屈することなく独自路線を貫いた。五七年九月にポーランドの指導者がユーゴスラヴィアを訪問した際には、チトーはゴムウカとの共同声明において、ポーランドと東ドイツの間のオーデル・ナイセ線が最終的な国境線であり、また東ドイツを第二のドイツ国家として承認することを明言した。西ドイツ政府は、それを「深刻な問題」であるとユーゴスラヴィア政府に通告した。

しかしチトーは、西ドイツが断交という強硬手段をとることはないだろうと考えていた。一〇月一五日、ユーゴスラヴィアは東ドイツと外交関係樹立に踏み切る。だが、チトーの読みは外れた。四日後の一九日、西ドイツはユーゴスラヴィアとの国交断絶に踏み切った。ハルシュタイン・ドクトリンが初めて発動されることになったのだった。

西ドイツ側の意図は明白である。東ドイツを承認しようとする中立・非同盟諸国に対する警告であった。警告は効いた。以後、大多数の国は、東ドイツと国交を樹立しようとしなくなった。次にハルシュタイン・ドクトリンが発動されるのは、六三年にキューバが東ドイツと国交樹立したときのみとなる。

ユーゴスラヴィアが西ドイツと再び国交を回復するのは、断交してから約一〇年後の六八年一月のことである。第六章で論じるように、デタント時代に入ると、ハルシュタイン・ドクトリンは、むしろ西ドイツ外交の柔軟性を奪う原則になっていた。そして、六七年に西ドイツがルーマニアと国交を樹立し、同ドクトリンが実質的に放棄されたことを受け、ユーゴスラヴィアと西ドイツも外交関係を復活させたのだった。

第五章

第二次ベルリン危機と同盟の分裂
——1958~64年

ベルリンの壁の構築(1961年)。

東西両ドイツが国家として樹立してから九年が経ったとき、両国の社会経済は大きく隔たっていた。東ドイツは、東側陣営の基準では工業化が進んだ豊かな国になっていたが、高度経済成長期に入り「経済の奇跡」を実現した西ドイツとは大きく水をあけられていた。東ドイツの体制維持にとってベルリンは深刻な問題であった。そこから多くの東ドイツ国民が、西ドイツへと逃げ出していったからである。この問題を解決すべく、一九五八年、ソ連は二度目のベルリン危機を起こすことになる。

1 第二次ベルリン危機勃発

†分断都市ベルリン

「ベルリン」は、第二次世界大戦の終わりから冷戦の終焉まで、国際法的に占領状態であり続けた。もっとも、ここでいう「ベルリン」が、ベルリン全体を指すのか、西ベルリンのみを意味するのかが東西間で論争にもなった。戦後ベルリンは、米英仏ソによって分割占領された。一九四九年に西ドイツと東ドイツが誕生した後も、五五年に両ドイツの占領状態が終わり、それぞれが主権を回復した後も、ベルリンは占領状態に置かれ続けた。西ドイツが独立する際、西側三国は、ドイツに軍隊を駐留する権利、ドイツ再統一と平和条約締結に関する権利、さらにベルリンに関する権利を留保した。そして全ベルリンが米英仏ソ四ヵ国の共同統治下にある、というのが西側の立場であった。他方でソ連は、東ドイツに主権を委譲した際に、東ベルリンも東ドイツの首都であるとした。ただしソ連は、五五年の時点では、西ベルリンに関する西側三国の権利を尊重し、それを保証する義務を果たすとしていた。西ドイツのみが唯一正統なドイツ国家であるとの立場を取る西側三国は、東ドイツの存在を認めず、ベルリンに関するソ連の主張も受け入れなかったが、ソ連が西ベルリンにおける西側三国の権利を保証する限り、対立は避けられていた。

しかしながら、米英仏の占領状態にある西ベルリンの存在は、東ドイツにとって頭痛の種であった。東ドイツ当局は、東西ドイツ間、そして東ドイツと西ベルリンの間の人の移動を厳しく管理した。だが、東西ベルリン間は別だった。ベルリンの壁ができる前は、一日におよそ五〇万人が、東西ベルリン間を自由に移動していた。東ベルリンに住み、西ベルリンの職場で働き、また東ベルリンに帰宅する人は多かった。西ベルリンの学校に通う東側の子供も一万二〇〇〇人いた。東ドイツ内で西ベルリンは、独特な空間を形成していた。

西ベルリンは、西側資本主義の経済・文化をアピールする絶好の場所でもあった。西側諸国は、西ベルリンをプロパガンダのためのショーウィンドーとして利用した。一九四五年に瓦礫《がれき》の山と化したベルリンは、マーシャル・プランの復興援助と、西ドイツによる積極的な経済支援によって、五六年頃になってようやく戦前の水準にまで経済は持ち直した。潤沢な資金供給のおかげで、東ベルリンと異なり、西ベルリンには新しい建物が林立し、ネオンが瞬き、消費文化が花咲く都市に変貌した。西ベルリンにおける車や電話の普及率は、東ベルリンを圧倒した。西ベルリンに持ち込まれた新鮮なフルーツは東ベルリンでは入手困難なものの一つであり、東側の人々をとりわけ魅了したという。他方で東ベルリンは、社会主義国に典型的な無機質な建物が建ち並び、多くの人が薄暗いとの印象を抱く街であった。

　映画は重要な西側のプロパガンダの手段であった。一九五一年から始まったベルリン国際映画祭《ベルリナーレ》には、ハリウッドや西欧諸国の映画スターが集まり、西ベルリンを一層華やかにした。通常、西ベルリンで流通するドイツマルクと、東ドイツの通貨オストマルクの交換レートのせいで、東側の人々が西ベルリンで買い物をすると高くついた。しかし、映画は別だった。西側文化を広めるため、米軍が補助金を出し、映画のチケットは、ドイツマルクとオストマルクは一対一のレートにされた。五〇年代末には、西ベルリンの映画館の観客の四分の一以上が東ドイツ人であったという。

　東西を自由に行き来できるベルリンという都市は、スパイ天国でもあった。特に西側各国の諜報機関が西ベルリンを重要拠点とし、東側陣営に関する情報を収集すべく暗躍した。多くのドイツ人が情報提供者となることで、時に東ドイツ当局の支配に抗い、時に金銭的報酬を享受した。ポーランド公安省公安局第十課のシフャトウォがCIAと接触し、亡命したのも西ベルリンからであった。

このような西ベルリンは、必然的に東ドイツ人の西側への逃亡拠点となっていった。東ドイツ人は、まず西ベルリン南部の難民収容所に逃げ込み、そこから西ドイツへと流出していった。東ドイツにとって人口流出は慢性的な問題であったが、五〇年代末には毎週四〜五〇〇〇人、年間十数万人が自由と豊かさを求めて東ドイツを去って行った。毎年、町が一つ消滅する規模である。ベルリンの壁が建設されるまでに、三〇〇万人、東ドイツ全人口の六分の一が西へ逃れたとされる。また、とりわけ若者や、医者、教師、技術者の流出が顕著であり、東ドイツの社会基盤を揺るがす深刻な問題となっていた。今や、全体の九割が西ベルリンから逃れていった。東ドイツにとって、まさに西ベルリンこそが問題の核心であった。それゆえ東ドイツの指導者ウルブリヒトは、ソ連に対してベルリンの「中立化」を訴え、西側に対してベルリン問題に強い態度で臨むよう求めたのである。

†フルシチョフの最後通牒

ソ連のフルシチョフは、一九五八年一一月一〇日、ベルリンに関して、かつてなく強い姿勢を示した。ソ連とポーランドの友好を称える会合での演説の中で、フルシチョフは、二つのドイツと平和条約を締結する時は来たと述べたのである。彼は、平和条約により連合国による西ベルリンの占領状態を終結させ、西ベルリンを非武装の自由都市にすべきと提案した。そして、もし西側三国がこれに応じなければ、ソ連は東ドイツと一方的に平和条約を締結し、ベルリンに関するすべての権限を東ドイツに委譲するとした。それが意味したのは、もはやソ連は西側三国の権利を保証しないということであった。もしそうなった場合、西側三国は東ドイツを国家として承認し、ソ連ではなく東ドイツの承認を得る形で西ベルリンにアクセスしなければならなくなる。さらに東ドイツが西側三国の西ベルリンへのアクセスを拒否したり、三国の駐留軍をベルリンから追い出そうとすれば、武力衝突につながり、ひいては大戦争にまでエスカレートする可能性が生じたのである。タイムリミットも設けられた。同月二七日、ソ連は西側三国に正式に覚書を手交し、その中で六カ月以内に平和条約を締結することを求めた。最後通牒が西側に突きつけられることとなった。第二次ベルリン危機が始まった。

なぜフルシチョフは、このような強硬策に打って出たのか。何より、西ベルリンの問題が東ドイツの存続にとって喫緊の課題であると認識されていたのは間違いない。彼は西ベルリンを「悪性腫瘍」と見なしていた。フルシチョフは、それを手術しなければならず、強い態度に出なければもはや西ベルリン問題を動かすことはできないと考えていた。彼には自信があった。

一九四八年のベルリン封鎖（第一次ベルリン危機）の時、ソ連はまだ核兵器を持っていなかった。しかし今やソ連は水爆を保有し、さらに五七年にはアメリカに先んじて大陸間弾道ミサイルの実験にも成功していた。つまり、アメリカを直接攻撃できるまでになっていたのである。他方でフルシチョフは、アメリカはベルリン問題で戦争を起こすことはないと思っていた。それゆえ、強い態度に出れば西側は引き下がる。そう考えていた。だが、もし引き下がらなかったら？　息子セルゲイにそう問われたとき、フルシチョフは、その時また考えると答えたという。

†西側の分裂

フルシチョフの最後通牒に対して、西側の対応は割れた。五八年四月にソ連と通商協定を締結しソ連と西ドイツとの関係は上向きになっていると考えられていただけに、フルシチョフの行動はアデナウアーにとって衝撃であった。むろん西ドイツは、それに猛烈に反発した。ソ連の最後通牒は、東ドイツを承認せず孤立させるというアデナウアーの外交戦略の根幹を揺るがすものであった。フランスのドゴール大統領はアデナウアーの強硬路線を支持し、西ドイツとの関係を強化した。対してイギリスのマクミラン首相は、ソ連との妥協を試み、アデナウアーとの関係を悪化させる。アメリカのアイゼンハワー政権は、西側陣営の結束維持に腐心しつつ、問題解決の可能性を探り揺れたが、西ベルリンに関してソ連に妥協するつもりはなかった。

西側陣営内で意見が分かれたのは、第二次ベルリン危機の捉え方が大きく異なっていたからであった。アデナウアーやドゴールは、フルシチョフの脅しをブラフであるとみていた。フルシチョフは戦争をするつもりはなく、むしろ西側の立場がぶれる方が危険であると認識していた。ドゴールの念頭には、一九三八年のミュンヘン会談におけるヒトラーに対する宥和《ゆうわ》政策の失敗があった。脅された弱い立場で交渉してはならない。断固とした態度をとるべきだ、というのがフランスと西ドイツの考えであった。「もしソ連が力で我々を脅すなら、我々は力で対応するとはっきり言わなければならない。それこそが、戦争を避ける真のやり方であることは明らかだ」とドゴールは述べている。またフランスにとって、ベルリンにおけるプレゼンスを維持することは、ドイツ問題に関してフランスが発言権を持ち続けるためにも極めて重要であった。西側がベルリンを放棄すれば、西ドイツはソ連へと接近してしまうとの懸念もあった。ベルリンへの駐留権を放棄するつもりは、ドゴールにはなかった。

他方でマクミランは、事態がエスカレートすることを何より恐れた。マクミランの念頭にあったのは、一九一四年に勃発した第一次世界大戦だった。誰も戦争を望まないのに関係各国が引き下がろうとせず、戦争にいたってしまった第一次世界大戦の状況を繰り返してはならなかった。アデナウアーやドゴールと異なり、マクミランは、もしフルシチョフを追い込んでしまえば戦争になる恐れがあると考えていた。戦争を避けるためなら、ドイツの東西分断という現状を受け入れ、東ドイツを事実上承認することもやぶさかではなかった。むしろ、中立の統一ドイツ出現という可能性を懸念し、それよりもソ連とともに分断ドイツを互いに承認した方が望ましいとすら考えていた。くわえて、それで中部ヨーロッパが安定するなら、西ドイツに駐留する英軍を削減でき、イギリスの経済的負担も減らすことができる可能性すらあった。

実際マクミランは単独で、五九年二月に自らソ連を訪問し、ベルリン危機解決の糸口を探ろうとした。しかし、あいにくこの訪ソは何ら具体的な成果をもたらすことはなく、イギリス一国でできることの限界を露呈することにもなった。他の西側同盟国からは、マクミランの行動は、選挙向けのスタンドプレーであると冷ややかに受け止められた。中でもアデナウアーは、マクミランが西ドイツの利益を犠牲にしてソ連との合意を目指そうとしたと憤り、両者の関係は決定的に悪化した。

ベルリン危機に対して両極端な主張がなされる中、アイゼンハワーは西側同盟の維持と、共通の立場の構築を目指した。特に西ドイツの立場には配慮し、東ドイツを承認することも、二〇〇万人の西ベルリン市民を見捨てることもないとの立場を明確にした。西ベルリンにおけるプレゼンスの維持は、アメリカの西ヨーロッパへの関与、さらにはグローバルな冷戦におけるアメリカの関与の象徴でもあった。西ベルリンは「スーパードミノ」であり、それが倒れることは、世界全体に影響を及ぼすことになると認識されていた。

アイゼンハワー政権は、ソ連と交渉する姿勢も同時に見せた。とはいえ、アメリカが主導して西側でまとめた交渉案は、これまで通り、自由選挙に基づくドイツ再統一という大原則を掲げるものだった。ドイツが再統一されるまで、ベルリンに関する米英仏ソ四カ国の権利は維持されるとも規定されていた。

案の定、ソ連との交渉は平行線をたどった。幸いソ連は、西側を交渉のテーブルに引き出したことで六カ月という期限を取り下げ、若干の柔軟姿勢を見せた。だが、西側の提案を受け入れることはなかった。他方で、西側三国も、ソ連が準備した二つのドイツとの平和条約草案を拒否した。六〇年五月に再び米英仏ソ四大国の首脳会議がパリで開催されることになったが、アメリカの偵察機U2がソ連上空で撃墜される事件が起こり、アイゼンハワーが断固として謝罪しないとの姿勢をとったため、フルシチョフは彼と会うのを拒否した。この年はアメリカ大統領選挙の年であり、実質的にアイゼンハワー政権の最後の年であった。もともとパリでの首脳会議で望ましい結果が得られると期待していなかったフルシチョフは、ベルリンに関して次のアメリカ大統領と改めて対峙することにした。

†ベルリンの壁

一九六一年、アメリカでジョン・F・ケネディが史上最年少で大統領に就任した年、ベルリン危機が再燃した。その年の二月にフルシチョフはアデナウアー西独首相に書簡を送り、改めて平和条約の締結とベルリン問題の解決を要請し、その期限を六一年末とした。フルシチョフは、六月初頭、中立国となったオーストリアの首都ウィーンで、四四歳の若き新大統領ケネディと首脳会談を行った。その際、フルシチョフは再度、極めて強い調子で同様の最後通牒を突きつけた。「統一ドイツはうまくいかない。というのも、ドイツ人自身がそれを望んでいないからだ」とフルシチョフは述べ、「戦争か平和か、それを決めるのはアメリカ次第だ」と迫った。ケネディも、もしソ連が一方的に平和条約を締結することになれば、「寒い冬になるでしょう」と答えた。米ソ首脳会談は物別れに終わった。

ケネディに、ベルリン問題で譲歩するつもりはなかった。六一年七月の演説で、ケネディが示したベルリン政策に関する三原則にその立場がはっきりと表れている。第一に、西側三国の西ベルリンへの自由なアクセスの保証。第二に、西ベルリンが存続できる保証。そして第三に、米英仏軍が西ベルリンに駐留し続けられる保証。これら三つがアメリカにとって譲れない点であった。「もし我々が西ベルリンから立ち去れば、ヨーロッパもまた放棄されるでしょう。だから、我々が西ベルリンについて話しているとき、我々は西ヨーロッパについて話してもいるのです」。ケネディは、ウィーンでフルシチョフにこう語っていた。フルシチョフはウィーン会談の直前に、九五％の確率でベルリン問題で戦争になることはないと述べていたが、ケネディは一歩も引かない姿勢を示したのだった。

ベルリンに関する当面の「解決」は、結局、東側陣営からもたらされることとなった。西ベルリンからの人の流出を止められない東ドイツは、早くも六一年一月に、解決策を検討する作業グループを設置していた。ウルブリヒトは、もはやソ連の圧力でアメリカが西ベルリンを放棄するとは信じていなかった。同年六月末までに一〇万人以上が東ドイツを脱出していた。その夏、人の流出はピークを記録した。七、八月には、毎日一〇〇〇人が東ドイツを逃げ出していた。その半分近くが二五歳以下の若者だった。ソ連と東ドイツは、ベルリン危機を起こしたことで、むしろ東ドイツ人の流出を加速させてしまった。ウルブリヒトはソ連大使に、「境界線を開いたままにしていたら、（東ドイツの）崩壊は避けられません」と訴えていた。彼は、東西ベルリンの境界を鉄条網などで封鎖する計画を立案した。七月初頭、フルシチョフはついに、その東ドイツの提案を承認する。ただし、一九五三年のような暴動を起こさないようにすることを条件とした。

運命の日の前日は、夏の土曜日だった。ベルリンでは取り立てて大きな事件もなかったという。東ベルリンの人々も、いつものように西ベルリンの映画館に足を運んだであろう。だが夜までに、極秘作戦の準備は完全に整えられていた。

八月一三日、深夜一時に作戦は開始された。コードネームは「バラ」。作戦の責任者は、若手の政治局員エーリッヒ・ホーネッカーだった。後に、東ドイツの指導者となる人物である。西ベルリン封鎖作戦は、極秘で極めて綿密に準備された。警察や工兵などによる夜を徹した作業によって、ベルリンを西と東に分ける四八キロの長さの境界が鉄条網で分断された。西ベルリンへ向かうバスや地下鉄やトラム、道路や水路もすべて遮断された。翌朝、ベルリンの人々は、家族や親類、友人たちと引き裂かれてしまったことを知った。

西側の指導者たちは、しかし、行動に出ることはなかった。ケネディも、マクミランも、ドゴールも、アデナウアーも、非難声明は出すものの、それ以上の対応を取らなかった。東ドイツの西ベルリン封鎖作戦は、米英仏軍が出動するような口実を作らないよう、西ベルリン領内に一歩も入り込まないよう配慮されていた。空港も閉鎖されなかった。西側三国の西ベルリンへのアクセスも妨害されることはなかった。それらを知って、西側諸国の首脳陣はむしろ安堵した。ただ、西ベルリンを封鎖するという非人道的行為に心底憤ったのが、西ベルリン市長のヴィリー・ブラントだった。彼は東ドイツの暴挙に力でもって対処するようケネディに訴えたが、それが聞き入れられることはなかった。

西側から強い反応がないことがわかると、鉄条網は壁になっていった。八月一三日から数日後に、高さ一・五メートルの壁が作られた。その後、ベルリンの壁は二重になっていった。一つは西ベルリンとの境に。そして一〇〇メートルほどの立入禁止区域が設けられ、もう一つの壁が作られた。壁と壁に挟まれた立入禁止区域には、監視塔が作られ、地雷が埋められ、番犬が放たれた。後に、自動射撃装置が設置されることにもなる。

ベルリンで暴動は起こらなかった。その代わり、多くの東ベルリン市民が最後の脱出を試みた。当初は、まだ塞がれきれていない部分を見つけ、うまく西ベルリンにたどり着けた者もいた。だが、抜け道は一つ一つ潰されていき、一週間後に混乱は沈静化していった。結局、六一年末までに五万人以上が逃げおおせた。しかし、監視塔も一三〇近く作られ、壁を越えて逃げようとするものに対する発砲命令も出された。「対ファシズム防壁」というのが、東ドイツにおけるベルリンの壁の正式名称である。その後も改良が重ねられ、高さ三・六メートルにまでなる。監視塔の数も三〇〇にまで増加する。六一年以降、東ドイツの人口流出は激減した。それでも脱出を試みるものは後を絶たず、ベルリンの壁は冷戦の分断の象徴になるとともに、その崩壊までの二八年の間、脱出を試み命を落とすこととなる数多くの悲劇の現場ともなった。

フルシチョフは、ベルリンの壁構築に対して西側が壁を壊そうとするどころか、懸念された経済制裁すら科してこないことに安堵し、東ドイツ人の流出が止まったことに満足した。六一年一〇月半ばに開催されたソ連共産党大会においてフルシチョフは、西側がベルリン問題の解決を求めるようになったとして、単独で東ドイツと平和条約を締結するという案を取り下げると明言したのだった。

2 ドゴールの冷戦

ベルリンの壁が構築されたことで第二次ベルリン危機は沈静化したが、六〇年代に入ると、フランスのドゴール大統領が冷戦の支配体制の側面に対してより批判的になっていった。彼の国際政治観は、米ソ二極体制とは相容れなかった。冷戦の支配体制に抗い、フランスが国際政治の舞台で存在感を発揮すべく、ドゴールは西ドイツとの関係を重視し、さらにヨーロッパ統合の枠組みを利用しようとしていく。欧州経済共同体（ＥＥＣ）六か国の中でフランスが指導的役割を果たすべく、ドゴールはさらにイギリスがＥＥＣに加盟することも拒否する。だが、ドゴールが目指したＥＥＣ六か国による政治協力も流産してしまう。本節では、フランスに端を発する西側陣営の動揺を見ていく。さらに第三節では、ルーマニアの反発による東側陣営の動揺について論じることになる。

†ドゴールの国際政治観

冷戦は、米ソ超大国による支配の体制という側面を持っていた。それを最も敏感に感じ取り、反発したのがフランスのドゴール大統領であった。ドゴールは早くも政権に返り咲いた一九五八年に、米英仏三大国がNATOの基本方針を決める形になるよう制度変革を要求した。NATOのことは米英が二国だけで実質的に決めており、フランスがそこから外されているとの不満を抱いていたからである。しかし、NATOの小国の反発を受けてアメリカが躊躇すると、ドゴールはそれを、アメリカが単独で覇権を維持しようとしていることの証左とみなした。

六二年一〇月に発生した冷戦時代の最大の危機といわれるキューバ危機は、冷戦体制に対するドゴールの反発を一層強め、フランスの独自外交の動きを加速させた。キューバ危機のきっかけは、アメリカの裏庭であるカリブ海に浮かぶ島キューバでの革命だった。フィデル・カストロ率いる社会主義政権が発足すると、ソ連のフルシチョフがそれを大いに歓迎し、さらにキューバを守るため、核弾頭が搭載可能なミサイルをキューバに極秘裏に配備する。アメリカが偵察機によってそれを発見し、ミサイルの撤去を求めたことで世界は一触即発の危機に直面することとなった。核戦争の瀬戸際まで行ったとされるキューバ危機の始まりであった。

危機は、最終的に回避された。核戦争が起こることはなかった。だがドゴールは、キューバ危機から重要な教訓を引き出していた。核時代には核兵器が使われることはないことをキューバ危機は証明した。そしてアメリカは、核兵器を用いてまで西ヨーロッパを守る意思がないという「教訓」である。フランスはすでに、六〇年二月にサハラ砂漠での核実験に成功し、四番目の核保有国になっていた。それゆえフランスは、独自の核戦力を維持することによって、西ヨーロッパの安全保障をアメリカに全面的に依存する必要はなくなったとドゴールは考えるようになっていった。アメリカの核に依存する必要がなければ、フランスには独自の行動をとる余地が生まれる。キューバ危機は、ドゴールにそのことを教えるものであった。

ドゴールは、冷戦体制がずっと続くとも考えていなかった。とりわけ両超大国が核兵器を使おうとしないのであれば、いずれ同盟は廃れると考えていた。NATOは西ヨーロッパの安全を保障するものではない。ソ連も東ヨーロッパを支配し続けられない。ドゴールは、そう見ていた。このようなドゴールの認識の背後には、彼独自の歴史観があった。ドゴールにとってヨーロッパの常態は、多極体制であった。複数の大国が並び立つ状態が、ドゴールにとって普通であり望ましい形だった。米ソ超大国による冷戦の二極体制は、戦後の特殊状況によってもたらされた異常事態であり、持続可能なものではなく、またフランスにとって決して望ましい国際状況ではなかったのである。

フランスにとって望ましい状況を作るため、ドゴールがまず重視したのが西ドイツとの連携である。五八年の第二次ベルリン危機の勃発以降、ドゴールは一貫してアデナウアーを支持し、ソ連に一切妥協すべきでないとの立場をとり続けた。ドゴールは、フルシチョフに対しても、フランスと西ドイツの同盟はソ連にとっても安全保障となり、ヨーロッパに新たな均衡をもたらすと主張していた。さらに、フランスはもはやアメリカを必要とせず、NATOもますます必要なくなっていくだろうが、もし西ドイツが西側陣営から離れていくようなことになれば、フランスはそれに脅威を感じ、その結果フランスは、不本意ながらもアメリカにより接近せざるを得なくなる、とまでフルシチョフに語っていた。

西ドイツもまた、米英がソ連との交渉により積極的になると、フランスへの接近の度を深めていった。ベルリン危機は、西側にとってどこが譲れない一線であるかを明確にした。それは翻って、どの問題であればソ連と交渉可能であるかを浮き彫りにすることにもなった。ベルリンの壁構築以降、ケネディ政権は、より積極的にソ連との交渉に乗り出していった。ドゴールやアデナウアーがソ連との交渉に消極的な一方で、対話に前向きなイギリスのマクミランは、ケネディの交渉姿勢を熱心に後押しした。ケネディ政権は、不安定なベルリンの問題についてソ連から合意を引き出すべく、核実験禁止や核不拡散問題、不可侵条約の締結、あるいは東ドイツやオーデル・ナイセ線の承認など、様々な可能性を交渉のカードとして検討した。だがそれらは、アデナウアーの目には、西ドイツの利益を犠牲にして行われる交渉であった。アデナウアーは米英の交渉姿勢に反発し、ドゴールとの関係を一層強化していった。他方で、アメリカと西ドイツとの関係は最悪といわれるまで落ち込んでいくこととなる。

†フーシェ・プラン

冷戦体制に対抗すべく、ドゴールにとって重要な外交上の武器になると考えられたものの一つが、ヨーロッパ統合であった。それはまた、後述するように、イギリス不在で進められなければならなかった。野党時代のドゴールは、欧州石炭鉄鋼共同体（ECSC）にも、そしてとりわけ欧州防衛共同体（EDC）に対しても批判的であった。しかしドゴール自身が再びフランスの指導者になると、ローマ条約の発効によって一九五八年に発足した欧州経済共同体（EEC）を受け入れていった。フランスの偉大さを重視するドゴールは、フランスの行動の自由を制限することになる超国家的なヨーロッパ統合に対しては、その後も一貫して反対していくが、EEC自体はフランス経済に恩恵をもたらすと考えられていた。発足したものの実際には大きな役割を果たすことはなかったユーラトムと異なり、EECはその後、欧州連合（EU）へと発展する基盤となっていく。

ドゴールはさらに、このEECの枠組みを、経済のみならず政治外交面での協調のための枠組みとして発展させることを試みた。その際ドゴールにとって重要だったのは、フランスがE

EC六ヵ国の指導的立場に位置づけられ、それを基盤に西側陣営における米英の支配に対抗できるようにすることだった。

西ドイツのアデナウアーも、次第に六ヵ国の政治協力という構想に賛同していった。当初はその考え方に不信感を抱いたものの、ベルリン危機への対応をめぐって米英に対する不信感を強めると、アデナウアーはドゴールとの協力をより重視するようになっていった。西ドイツは、フランスと異なり、EEC六ヵ国の政治協力がNATOを弱体化させることには反対であった。しかしアデナウアーは、政治協力の枠組みを通じて、ドイツ・ベルリン問題に関する西ドイツの立場を浸透させられると期待した。六一年よりフランスの外交官クリスチャン・フーシェを議長とする委員会が設置され、政治協力の構想を具体化するための交渉が開始される。この構想は、フーシェ・プランと呼ばれるようになった。

†イギリスのEEC加盟問題

しかしイギリスがEECへの加盟を希望したことが、結果としてフーシェ・プランを、ひいてはドゴールの目論見を挫折させることになる。戦後一貫して超国家的なヨーロッパ統合に加わろうとしてこなかったイギリスは、六一年八月、デンマークやアイルランド、そしてノルウェーとともにEECへの加盟申請を行った。それはイギリス外交の大きな政策転換であった。

いくつかの理由がその背景にあった。

まず何より、マクミラン政権は、ＥＥＣを中心としたヨーロッパ大陸の経済統合にイギリスの将来的な発展の基盤を見いだすようになっていた。マーシャル・プラン以降、フランスやイタリア、そしてとりわけ西ドイツがめざましい経済成長を進めていた。これらの国々は、戦後の経済復興を超えて、五〇年代から六〇年代にかけて、高度経済成長と呼ばれる段階に入っていた。この時期の経済発展は、フランスでは「栄光の三〇年」、イタリアや西ドイツでは「奇跡」と呼ばれるほどであった。西ドイツは一九六〇年に国民総生産（ＧＮＰ）でイギリスを抜き、西側世界でアメリカに次いで世界第二位の経済大国になっていた。そのような中、ＥＥＣ六カ国は段階的に関税を撤廃し、経済共同体域内の貿易をいっそう活発化させていった。イギリスも高度経済成長の波に乗ってはいたが、大陸諸国と比べると見劣りした。この時期の西ドイツやイタリアの経済成長率が五％前後だったのに対し、イギリスは二・五％だった。イギリスとイギリスの旧植民地諸国との貿易も伸び悩んでいた。ＥＥＣ六カ国が経済統合のみならず、政治協力も進める動きを見せる中、イギリスは、ヨーロッパ統合の外に留まるのではなく、その中に入ることが自国の利益となると考えるようになっていったのである。さらに、あえてＥＥＣの中に加わることで、マクミラン政権は、ＥＥＣをイギリスにとって望ましい方向に向かわせることすら目論んでいた。

同じく重要であったのが、アメリカの圧力である。アメリカの冷戦政策上、東側陣営に対して西ヨーロッパが結束していることが望ましく、また超国家的な統合を進展させることで西ドイツが西側陣営に緊密に組み込まれることが重要であった。イギリスは当初、六一年に加盟申請する前まで、EECに加わるどころか、EECとは異なる自由貿易地域（FTA）の創設を目指し、EEC六カ国以外の国々と欧州自由貿易連合（EFTA）という経済グループを六〇年に発足させていた。だがこれは、アメリカの目からは西側陣営を分断させる動きであり、賛同しかねるものであった。むしろ、アイゼンハワー政権もケネディ政権も、一貫してイギリスがEECに加わることを求めた。さらにイギリスがEECの内側から影響力を発揮し、ドゴールの反米的な動きを中和することも期待されたのである。

イギリスのEEC加盟申請は、まさにその期待に応えようとするものでもあった。マクミラン自身、ドゴールの独自外交はヨーロッパ冷戦において西側に不利益をもたらしかねないと懸念していた。イギリスがEECに加わることで、EECがフランスによって反米グループとなることを妨げられると考えられた。そして、イギリスがその役割を果たすことで、改めてアメリカがイギリスを重視するようになり、米英関係がいっそう強化されることもマクミランの狙いであった。こうして、戦後イギリス外交の大きな政策転換がなされ、EECへ加盟申請することとなったのである。

†ドゴールのノンとエリゼ条約

マクミランとドゴールの思惑がぶつかり、西側陣営は六三年に危機的状況を呈するようになる。まず、フーシェ・プランが破綻した。イギリスの加盟申請を受けて、オランダとベルギーは、イギリスがＥＥＣに実際に加盟するまでフーシェ・プランに同意しないとの態度をとるようになったからである。フランスは、そのような前提を受け入れるつもりはなかった。フランスの「偉大さ」、フランスの「栄光」を求めるドゴールにとって、フランスこそがＥＥＣ六カ国を主導しなければならなかった。イギリスの参加する政治協力など、ドゴールには無意味であった。結局フランスとオランダ・ベルギーとの間の溝は埋まらず、ＥＥＣの政治協力を目指したフーシェ・プラン交渉は棚上げになった。

さらにドゴールは、六三年一月に、イギリスのＥＥＣ加盟申請も一方的な形で拒否した。その際、前年一二月にイギリスとアメリカが核協力で合意したことが、ドゴールに格好の理由を与えていた。アメリカがイギリスに核弾頭を搭載できるポラリス・ミサイルを提供する代わりに、イギリスはイギリスの核戦力をＮＡＴＯに提供し、アメリカの原子力潜水艦がイギリスの基地を利用できることになったのである。カリブ諸島の国の一つ、バハマのナッソーで行われたケネディとマクミランの首脳会談で合意されたことから、ナッソー協定と呼ばれる。ドゴールは、このナッソー協定を引き合いに出し、イギリスはアメリカと近すぎて十分にヨーロッパの一員になる準備ができていないと批判したのである。そしてフランスは、六一年から続けられていたイギリスとEECとの間の加盟交渉を独断で終わらせてしまった。イギリスがEECに加盟できるのは、ドゴールが去った後の一九七〇年代に入るのを待たねばならない。

ドゴールはたたみかけるように、六三年一月末、アデナウアーと、仏・西独二国間のエリゼ条約を締結した。これはドゴールにとって、フーシェ・プランの代替であり、EEC六カ国の政治協力を、フランスと西ドイツの二国間の協定に置き換えたものであった。アデナウアーもまた、フーシェ・プランの挫折の背後にはイギリスの陰謀があったと認識しており、ドゴールとともに二国間の関係強化に積極的になっていた。マクミランに対するアデナウアーの不信感は極まっていた。八七歳になっていたアデナウアーを「過去の人間」と見なしていた四五歳のケネディ大統領との関係も悪化していた。六三年までに、アデナウアーにとって、ドゴールが最も信頼が置ける相手になっていた。

フランスの大統領府であるエリゼ宮で調印されたこの条約は、西側陣営に衝撃を与えた。あたかも西側の主要大国が、アメリカ・イギリス対フランス・西ドイツという図式で対立するような形になってしまったからである。この危機的状況に対してアメリカは、西ドイツをフランスから引き離すよう躍起になっていく。次章で見るように、アデナウアーの後任となるエアハルトがアメリカ寄りの外交姿勢を明確にすると、ドゴールは今度は鉄のカーテンの向こう側に目を向け、独自のデタント外交を進めていくことになる。さらに、東側陣営内でルーマニアがソ連に反発し、独自路線を取り始めたことも、ドゴールがソ連・東欧諸国へと接近する背景となる。それゆえ次に、六〇年代前半に東側陣営が揺らぐ姿を見ていくことにしよう。

3　東欧諸国のソ連への反発

スターリンの時代より、東側陣営が支配の体制であることは言を俟《ま》たない。一九六〇年代に入ると、その東側陣営においても亀裂が見え始めた。すでに、五三年の東ベルリンや、五六年のポーランド、ハンガリーの国内において民衆の反乱は起こっていた。だが国家間においても、五〇年代後半から次第にソ連と中国との間で対立が深刻化していき、中国寄りの姿勢を示したアルバニアは、六一年にソ連と国交を断絶するまでにいたる。さらにルーマニアが、コメコン改革をめぐりソ連に強く異を唱え始めるようになる。

†コメコン始動

フルシチョフは、とりわけ五六年のポーランドとハンガリーでの民衆蜂起の後、コメコンを東側陣営の経済成長の基盤として重視するようになっていった。スターリン時代に設立されたコメコンは、長らく実質的な中身がない状態だったが、事務局長のポストや常設委員会を設置するなど、徐々に活動を活発化させていった。東欧諸国も、自国を単なるソ連の従属国ではなくパートナーと考えるようになり、コメコンの中でそれぞれの経済的利益をよりはっきりと主張するようになっていった。五七年一一月に開催された社会主義一二カ国の代表者会議で打ち出されたモスクワ宣言は、互恵と主権平等の原則に基づき、生活水準の向上と経済的相互依存の発展を謳《うた》った。翌月には、チェコスロヴァキアと東ドイツとの間で、二国間の経済委員会設置が合意される。これは、コメコン内で初めての経済委員会の制度化であった。

コメコン内の貿易構造もはっきりしてきた。ソ連は、チェコスロヴァキア、ハンガリー、ポーランド、そして東ドイツから工業製品を輸入し、石油やその他の資源をこれらの国々に輸出した。工業化が立ち後れていたルーマニアとブルガリアは、農産物や資源をソ連に輸出し、両国はソ連から工業製品を輸入していた。

東側陣営では、石油パイプラインの建設も進められた。五〇年代半ばまでに、ソ連は当時世界第二位の産油国となっていた。同時に五〇年代には、西側のみならず、東側でも著しく経済成長が進み、工業化が進むにつれて特にチェコスロヴァキアや東ドイツではますます石油が必要とされるようになっていった。そして、その問題が五〇年代末にコメコン内で協議され、ソ連南東部から東欧諸国へと延びる石油パイプラインが建設されることになったのである。パイプラインで石油が輸送できれば、鉄道輸送よりもコストを三分の一に抑えられることが期待された。

アメリカは、第二次ベルリン危機とキューバ危機による東西間の緊張の高まりを背景に、その妨害を試みた。「友好《ドルジバ》」と名付けられたソ連・東欧間の石油パイプライン建設が開始されたのは一九六〇年である。その建設の際、東側は西側諸国、とりわけ西ドイツから大口径のパイプを輸入する計画であった。西ドイツの民間企業三社との契約も結ばれた。しかしアメリカはその計画を破綻させるため、大口径パイプを「戦略物資」であると認定し、六二年一一月に東側陣営への輸出を禁じることをNATO諸国に認めさせたのである。その措置にフルシチョフは激怒した。西ドイツ企業もまた、多大な損失を被った。

だが結局、パイプライン建設を阻止することはできなかった。ソ連はある程度自力でパイプを作成し、また中立国のスウェーデンや非NATO加盟国の日本から大口径パイプを輸入することで、六四年に友好パイプラインを完成させたからである。禁輸措置の効果は、わずか一年程度の建設の遅れしかもたらさなかったとされる。友好パイプラインは、ソ連からウクライナ、ベラルーシを通って、ポーランド、チェコスロヴァキア、東ドイツへといたる非常に長いパイプラインであり、現在ヨーロッパ大陸に張りめぐらされている石油・天然ガスのパイプライン・ネットワークのはじまりだった。

七〇年代になると、今度はシベリアからの天然ガスのパイプラインが東欧諸国のみならず、西欧諸国にまで届くようになる。第七章で論じるように、ソ連による西側へのエネルギー輸出は経済・文化交流デタントの重要な領域の一つとなっていくのである。

†コメコン改革とルーマニア

フルシチョフは西側陣営との経済競争に打ち勝つべく、さらにコメコンの統合を進めようとした。それは、西ヨーロッパにおける経済統合に刺激を受けてのものだった。確かにソ連は、NATOを経済的に補完するものであるとして、EECを批判していた。だがEECの発展を横目に、それをコメコン統合のモデルにしようとしたのである。

フルシチョフがコメコン統合を進めようとした背景には、東欧諸国間の経済協力が実際にうまくいっていないという現実があった。例えば、東ドイツとポーランドの間の対立である。東ドイツは、自国の五カ年計画を着実に実施するためにポーランドの石炭を必要としていた。しかしポーランドは、東ドイツの要求をすべて満たそうとはせず、むしろ外貨獲得のため、そして石炭をより高値で購入してくれる西ドイツへ輸出を増やしていたのである。それゆえ、ウルブリヒトとゴムウカの関係は険悪となった。

第二次ベルリン危機も、コメコン統合の必要性をフルシチョフに認識させたと思われる。東ドイツがベルリンの壁を構築する際に、他の東側諸国が懸念したのが西側による経済制裁の可能性であった。もし東ドイツが経済制裁を受けた場合は、積極的に経済支援をするようウルブリヒトとフルシチョフは他の東欧諸国に訴えていた。しかしながら、他の東欧諸国は、もし西側が経済制裁を発動したら、自国の経済に対する悪影響の方が懸念されるため、東ドイツを支援することはできないと反発したのである。東側陣営の経済協力関係の脆弱性が露わになった瞬間であった。それゆえフルシチョフは、自発的な協力を促すだけでは不十分であり、より強制力のある経済統合が必要であると考えたのであろう。

六〇年代初頭になると、ソ連は、コメコンにおける社会主義的分業体制と超国家的統合の構想を強く打ち出すようになっていった。しかし、東欧諸国は依然として各国独自の計画経済に基づく自給自足を志向する傾向が根強く、国境を越える経済協力は容易ではなかった。とりわけ、コメコン統合に強く反発したのがルーマニアだった。もともとルーマニアは東側陣営の中では貧しい国であり、工業化も遅れていた。それゆえにルーマニアは、他の共産主義国と同様に、重化学工業を発展させることで経済成長を実現したいと考えていた。だが、もしコメコン内の分業体制が強化され、超国家的統合が進めば、ルーマニアは他の国々に農産物を供給するという役割が固定化されてしまい、工業化により豊かになるという夢が絶たれてしまう。これにルーマニアは、主権平等の原則を盾に激しく抵抗したのである。ルーマニアの反発はあまりに強く、フルシチョフはコメコンの経済統合を実質的に断念せざるを得なかった。ルーマニアは戦後これまで、ソ連の方針に忠実な国であった。しかしコメコン改革問題を機に、ルーマニアは経済ナショナリズムを全面に打ち出すようになり、東側陣営におけるドゴールのフランスのような存在になっていったのだった。

†キューバ危機と東欧諸国

ソ連への反発を強めたのは、ルーマニアだけではなかった。六二年一〇月のキューバ危機は、フルシチョフに対する他の東欧諸国の不信感をも高め、ワルシャワ条約機構の結束を揺るがした。特に、キューバへのミサイル配備が、ワルシャワ条約機構諸国との事前相談なしに行われ、核戦争になったかもしれない危機を引き起こしたことが、フルシチョフへの反発につながった。フルシチョフに対する不信感は、程度の差こそあれ、ポーランド、ハンガリー、東ドイツなどに共有されていた。ルーマニアなどは、フルシチョフを予測不可能で、軽率で、尊大で、好戦的であると非難していた。さらにルーマニア政府は、キューバ危機後に極秘裏にアメリカと接触し、もし同様の危機が再び起こったらルーマニアは中立を維持するので、アメリカ側もルーマニアを核攻撃の標的から外すよう要請していたのである。

4　核管理をめぐる陣営内政治

六〇年代初頭、とりわけキューバ危機の後、米ソは核管理を中心とする緊張緩和措置の実現に積極的になっていく。限定的ながらも、史上初の核軍備管理協定として結実したのが部分的核実験禁止条約（PTBT）であった。しかし、そこに西ドイツを参加させるためには、独特な法的工夫を要することとなる。またフランスと中国は、このPTBTを米ソの共同支配の産物と見なし、強い反発を示した。

PTBT後、フルシチョフはさらに核拡散防止条約の実現を目指し、また西ドイツとのさらなる関係改善を模索し始める。だがそれは、東ドイツやポーランドなど、東欧諸国の不満を高めていくことになる。特にフルシチョフが西ドイツの核へのアクセスに寛容な姿勢を見せ始めると、東欧諸国の懸念が高まっていく。東西間の緊張緩和の模索は、西側陣営のみならず、東側陣営においても不和をもたらすことになるのである。

†部分的核実験禁止条約

キューバ危機後、米ソはともに何らかの緊張緩和措置を実現しようとした。だが、東西両陣営内で分裂傾向が進む中、両超大国がかろうじて合意できたのは、核実験禁止に関する限定的な協定であった。

よく知られるように、核実験への反発は、五四年にアメリカ軍がビキニ環礁で実施した水爆実験で、爆心地周辺の島嶼民や日本のマグロ漁船第五福竜丸が被爆したことでグローバルな広がりを見せるようになった。インド首相のネルーは、すぐさま核実験の禁止を訴えた。核保有国で、最初に核実験禁止を提唱したのはソ連であった。だがアメリカもイギリスも、すぐに核実験を止めるつもりはなかった。特に米ソより後発のイギリスは、核実験禁止の圧力が高まる中、水爆開発を急いだ。イギリスが五七年に水爆実験を成功させたことは、すでに述べたとおりである。

核実験の禁止に関する交渉は、翌年ようやく始まる。アインシュタインらの科学者によって創設された反核を掲げるパグウォッシュ会議の主導で、五八年一月に二〇〇名を超える著名な科学者らが核実験禁止を求める署名を集めると、三月末、ソ連は一方的に核実験を一時停止すると宣言し西側に圧力をかけた。その後、一連の核実験により核開発のデータを集め終わると、イギリスは一転して核実験禁止に前向きになる。マクミランは、八月になり核実験停止を受け入れ、米英首脳が共同でソ連側に対して核実験禁止に関する交渉の開始を要請する書簡を送ることとなった。

交渉の妥結までには、第二次ベルリン危機とキューバ危機の二度の危機を経て、五年近くの時間がかかった。交渉は五八年一〇月から米英ソ三国で開始されたが、査察の問題などによってすぐに行き詰まりを見せる。ソ連は六一年までは核実験の一時停止を継続していたものの、ベルリンの壁構築後に核実験を再開し、北極海に浮かぶ列島ノヴァヤゼムリャにおいて人類史上最大規模の水素爆弾を爆発させた。他方でアメリカもそれに対抗し、六二年四月に核実験を再開する。

結局、全面的な核実験禁止を断念することが、交渉打開の糸口となった。つまり、現地査察を必要とする地下核実験は容認し、地上における核実験のみを禁止とすることで、交渉の妥結が可能となったのである。ケネディは、六二年前半までに、核実験を全面的に禁止するのではなく、大気中に放射能をまき散らす地上での核実験のみを禁止するという提案をソ連に行う方針を固めていた。当初フルシチョフは、すべての核実験を禁止する包括的核実験禁止条約を締結すべきとの立場であった。フルシチョフが、地下での核実験は可能であるとする部分的核実験禁止条約を内々で受け入れたのは、ようやく六三年四月になってからである。軍部から、地下核実験のみでもアメリカに対抗できる核開発を継続できると助言があったからであった。最終的に、部分的核実験禁止条約（PTBT）がモスクワで締結されるのは八月五日のこととなる。

ＰＴＢＴは、交渉の最終盤にいたってドイツ問題という壁にぶつかった。西ドイツは当初、ＰＴＢＴが米英ソ三国のみの条約であると考えていたが、それがこの条約の趣旨に賛同するすべての国に開かれていると知り驚愕した。というのも、もしＰＴＢＴに東ドイツが参加すれば、実質的に東ドイツを主権国家として承認することを意味する可能性があったからである。

核拡散を阻止するため西ドイツにもＰＴＢＴに参加することを求めるアメリカは、西ドイツの懸念を払拭するため、法的な工夫を凝らさなければならなかった。そこで考案されたのが、ＰＴＢＴの原締約国である米英ソ以外の国は、直接ＰＴＢＴに署名するのではなく、これら三国のいずれかに加入書を寄託すればＰＴＢＴ参加国になるとしたのである。こうして、東ドイツがソ連に寄託しても、西側諸国が直接東ドイツと条約を交わした形にはならず、ＰＴＢＴの法的有効性を保ちつつ、東ドイツを国家承認していないとの立場を維持することが可能となった。アメリカ政府は、議会でＰＴＢＴが批准される際に、この条約によって東ドイツを承認することにはならないと強調した。換言すれば、このような独特なやり方でドイツ問題を切り離さなければ、ＰＴＢＴに西ドイツを参加させることはできなかったのである。西ドイツは不承不承、ＰＴＢＴに調印した。「我々はアメリカのデタント政策の犠牲者である」とアデナウアーは嘆いたのだった。

東西両ドイツはＰＴＢＴに参加したが、ＰＴＢＴに激しく反発した国もあった。フランスと中国である。核兵器開発で先行する米英ソはすでに十分なデータの蓄積があり、今後は地下核実験のみでも開発を継続できるかもしれない。しかし、核開発の経験の浅いフランスと中国にとって、PTBTに参加すれば独自核の開発にとって大きな足かせとなるのは明らかであった。仏中両国は、PTBTを米ソ超大国による共同支配の象徴と見なし、それに加わることを断固として拒否したのだった。

PTBTは六三年一〇月一〇日に発効する。PTBT発効後、五〇年代末から盛り上がりを見せていたイギリスや西ドイツの反核運動の第一の波も、下火になっていった。反核運動の第二の波は、八〇年代初頭の新冷戦の時代に再びやってくることになる。

†多角的核戦力と核拡散防止条約

フルシチョフは、PTBT調印後、さらに西側との協調を模索した。そしてそのことが、東欧の同盟国とのさらなる軋轢を生むこととなる。軋轢の種の一つが、西ドイツと核兵器の問題であった。六三年に西ドイツもPTBTに署名すると、フルシチョフが次に目指したのが核拡散防止条約（NPT）の締結であった。その際、フルシチョフがNATOの多角的核戦力（MLF）を容認する姿勢を示したことが、東側陣営内で問題となる。MLFに西ドイツが含まれていたからである。

そのMLFとは、核戦力を持つ多国籍軍のことである。MLF構想の起源は、アイゼンハワー政権時代にさかのぼる。アメリカが核弾頭を搭載できるポラリス・ミサイルを提供し、それを利用できるNATOの多国籍艦隊を創設することが検討されていた。その多国籍の軍隊の中に西ドイツを参加させ一定の役割を担わせることで、西ドイツが単独、あるいはフランスと提携して核兵器を保有しようとする野心を失わせる。それがアメリカの狙いであった。アデナウアーも、NATOの核抑止に直接参加できるこの構想に強い関心を示した。さらにケネディ政権は、六三年のエリゼ条約によってアデナウアーとドゴールが関係を強化しようとすると、西ドイツをフランスから引き離すためにも、いっそうMLF構想に熱心になっていった。前章で論じた西ドイツの核武装問題は、MLF構想の形で五〇年代末以降も続いていたのである。

アメリカにとって西ドイツの核保有を阻止するためのMLFは、しかし、東側陣営にとっては、西ドイツの核保有につながるものであった。ソ連・東欧諸国にしてみれば、たとえ西ドイツ単独ではなく多国籍軍という形であっても、MLFに参加することは、西ドイツが核兵器発射のボタンに指をのせていることと同じだったからである。西ドイツへの核拡散は、東側陣営には受け入れがたいものだった。それゆえ東側諸国は、西側がMLF構想を放棄しない限り、NPTは受け入れられないとの立場をとった。

だが六三年一〇月になると、フルシチョフがNPT実現のために、MLFを受け入れる構えを見せ始めたのである。MLFはむしろ西ドイツへの核拡散防止の手段であるとするアメリカの主張を彼は容認しようとしていた。それに激しく反対したのが、ゴムウカとウルブリヒトであった。両者はフルシチョフに抗議の姿勢を示すとともに、独自の提案を打ち出し対抗した。ゴムウカは一二月に、かつてのラパツキ・プランと似た、中欧における核兵器凍結案を提唱する。翌六四年一月には東ドイツも、東西ドイツ間で非核協定を締結すべきとの提案を打ち上げた。どれも西側は受け入れなかったが、東側陣営の足並みも完全に乱れていた。

†ソ連の西ドイツ接近

さらに、フルシチョフが西ドイツへの接近を図ろうとしたことも、東欧諸国の不信感を増大させた。すでに六三年の六月末に、フルシチョフはアデナウアーに対して再度の首脳会談を持ちかけていた。彼はとりわけ、西ドイツとの経済関係強化を求めていた。五五年にアデナウアーが訪ソした際に国交を樹立して以降、ソ連と西ドイツとの間の貿易は着実に増大していた。西ドイツは、イタリアとともに、ソ連にとって重要な石油輸出国にもなり始めていた。西ドイツからパイプラインを輸入することには失敗したが、六三年に深刻な農業不振に陥っていたソ連は、西ドイツから農薬を輸入することにも熱心だった。

アデナウアーは結局、ソ連の申し出を受け入れることなく、六三年一〇月に辞任する。だがフルシチョフは、アデナウアーの後任となったエアハルト首相にも接近を試み、六四年三月に彼をモスクワに招待する。エアハルトもまたそれに関心を示した。

それに慌てたのが、やはりポーランドと東ドイツであった。ポーランドは、何といっても三九年の独ソ不可侵条約の秘密議定書でソ連とドイツによって分割され消滅させられた国である。それゆえ、ソ連と西ドイツの接近の動きはゴムウカに強い警戒の念を引き起こすこととなった。

ウルブリヒトも、ソ連と西ドイツの接近によって、東ドイツの利益がないがしろにされることを懸念した。ウルブリヒトは、ソ・西独首脳会談が行われる前に、東ドイツの立場を強化すべく六四年六月にモスクワを訪問し、ソ連と東ドイツの間で友好相互援助協力条約を締結するよう求めた。彼はまた、西ドイツと何らかの関係を発展させるのであれば、その前提条件として東ドイツを国際法的に承認するようにすべきと訴えた。

両国間で、友好相互援助協力条約は調印された。ソ連はすでに同様の友好援助条約を、東ドイツを除く東欧諸国と締結していた。それゆえ、六四年に東ドイツがソ連と友好相互援助協力条約を締結したことは、東側陣営において東ドイツが他国と対等な地位を認められたことを意味した。また両国は、この条約の中で、ドイツ再統一は、二つのドイツの間での合意に基づいてのみ達成しうることを明記した。

だが、東ドイツ側も譲歩を強いられた。フルシチョフは六年前に、東ドイツと一方的に平和条約を締結する意向を示し第二次ベルリン危機を引き起こした。だが、ベルリンの壁が建設されたことでフルシチョフは満足し、平和条約案を取り下げていた。ウルブリヒトはその後もソ連との平和条約締結を要求し続けていたが、危機を再燃させたくないフルシチョフはそれを受け入れることはなかった。東ドイツはむしろ、六四年の友好相互援助協力条約の第六条において、西ベルリンが特別な地位を持つ地域であることを承認させられたのである。ウルブリヒトは東ドイツが西ベルリンを吸収することも求めていたのだが、この条約によってそれが断念させられたのだった。

この条約を持ってして、第二次ベルリン危機の終結が正式に宣言された。これによって、ヨーロッパ冷戦におけるベルリンというパンドラの箱の蓋が閉じられた。次章で見るように、フランスのドゴール大統領は、このソ連・東独間の友好相互援助協力条約に注目する。ソ連がヨーロッパの現状を受け入れたと解釈したからである。ドゴールは、それを背景に、フランス独自の二国間デタント外交を展開していくことになる。

ソ連と東ドイツの間で友好相互援助協力条約が締結された後、ソ連と西ドイツの接近が具体化していった。実際フルシチョフは、同条約を締結する直前にウルブリヒトに対して、この条約が西ドイツとソ連との関係を正常化する出発点にもなると語っていた。他方で西ドイツ側でも、エアハルト政権は、エアハルトが訪ソするのではなく、むしろフルシチョフの方を西ドイツに招待することにした。フルシチョフもまた、九月に西独訪問を受け入れる。しかし、このときすでに、フルシチョフの命運は尽きかけていた。

一〇月一七日、クレムリンにおいて、事実上の宮廷クーデターが起こった。反フルシチョフ派の人々により、フルシチョフは突如として失脚させられたのである。フルシチョフの後を引き継いだ、レオニード・ブレジネフを中心とするソ連指導部は、もはやMLF構想を受け入れるようなことはなかった。次章で見るようにNPTは、アメリカがMLFを放棄した後、六八年にようやく実現することになる。フルシチョフの西ドイツ訪問も幻となった。ソ連と西ドイツとの首脳会談は、第二次ベルリン危機の最中に西ベルリンの市長だったブラントが西ドイツの首相となり、東方政策を進める一九七〇年まで待たなければならなくなった。

†冷戦の共同支配体制

本章では第二次ベルリン危機の勃発とベルリンの壁が構築される過程を見た後、六〇年代初頭における東西両陣営内の統合をめぐる対立、そして核管理をめぐる対立を見た。

西側では、高度経済成長を背景に西ヨーロッパの経済統合が進む中で、フランスのドゴールが、冷戦の支配体制に抗うべくEECを政治協力の枠組みへと発展させ、フランスのリーダーシップの基盤にしようとした。他方でイギリスは、ヨーロッパ統合に対するそれまでの立場を大きく転換させ、EECへの加盟を試みる。だがドゴールの思惑と対立し、加盟申請は拒否された。政治協力の構想も流産した。ドゴールの思惑に反発するオランダやベルギーの反発を受けたからであった。それでもドゴールは、アデナウアーと共にフランスと西ドイツの二国間のみでエリゼ条約を締結し、NATO諸国を驚愕させた。西側陣営は分裂する危機に陥った。

東側陣営においては、ソ連がコメコン統合を進めようとしたが挫折する。フルシチョフ時代になってようやくコメコンを中身のある経済組織にする動きが始まったが、経済ナショナリズムを全面に出すようになったルーマニアが、従属的な状況を固定化されることを嫌い、主権の原則を盾に超国家的なコメコンの経済統合に激しく抵抗したのである。その後ルーマニアは、一貫して独自路線をとっていくことになっていく。

東西ヨーロッパが、それぞれ陣営《ブロック》を形成し対峙する。これが、ヨーロッパ冷戦の大きな特徴であった。それぞれの陣営は、米ソを頂点としたことから階層構造を有した。それは、ヨーロッパ側から見れば、支配の体制でもあった。その構図に対して敏感に反発したのが、西はフランス、東はルーマニアであった。

第二次ベルリン危機とキューバ危機という二つの危機を経験し、米ソ両国が対立しつつも安定を模索するようになると、冷戦は二つの超大国による共同支配という色彩を帯びるようにもなった。だがそれは、しばしば同盟国の利害と対立した。部分的核実験禁止条約は軍縮・軍備管理デタントの成果の一つであったが、それは冷戦の共同支配体制の具現化とも見なされた。それゆえ緊張緩和措置が、翻って陣営内対立をもたらすことにもなったのである。

それでも、両陣営が崩壊するようなことはなかった。アデナウアーが西独首相を辞任した後、フランスの立場に同調する国はなくなった。東側でも、フルシチョフがNPTを重視し、MLF構想に寛容になったことに対してはポーランドや東ドイツが強く反発したものの、独自路線をとるようになったルーマニアと共同歩調をとることはなかった。むしろ六〇年代半ば以降になると、東西それぞれの陣営内で結束を重視するための協議がより活発になり、そのための制度化が進展する。さらに、対立よりも東西間の対話を求める雰囲気が醸成されていくことになるのである。

コラム5　ドイツの冷戦と第三世界――「民族自決」対「新植民地主義」

分断国家の東西ドイツは、双方とも国際的な承認を得るため競い合った。その承認争いは、ドイツの冷戦であり、その争いはグローバルに展開した。というのも、一九五〇年代後半以降、多くの国が脱植民地化し、新たに主権国家として国際社会の一員となっていく中で、新興独立国は東西ドイツのどちらと国交を結ぶのかが問題となったからである。

そのような国際状況を背景に、五〇年代末から西ドイツは、自決の原則をより前面に打ち出していった。反植民地を掲げる第三世界の指導者たちは、民族自決の原則を錦の御旗として掲げていた。西ドイツは自ら自決の原則を重視する姿勢を示すことで、新たに独立した第三世界の国々にアピールしようとしたのである。むろん自決の原則に同調するだけでは不十分で、西ドイツは新興国に対する開発援助に積極的になることで、東ドイツではなく西ドイツと国交を結ぶよう促していった。経済成長を続けていた西ドイツにとって、援助は最大の武器であった。

自決の原則は、ドイツ再統一の実現を目標として掲げる西ドイツの外交方針とも一致するものであった。なぜなら、実質的にソ連に支配されている東ドイツは、自決の原則に基づいた国家ではないと主張できたからである。そして西ドイツは、東ドイツはソ連の「植民地」であると批判し、自決の原則に基づき東ドイツが解放されることで、ドイツ再統一が実現されるとアピールしたのである。

それに対してソ連は、西ドイツのハルシュタイン・ドクトリンこそ「新植民地主義」であると非難した。独立した第三世界の国々は貧しいままであり、経済的には旧宗主国が作り上げてきた資本主義体制に支配され続けていると認識していた。政治的には独立しても、経済主権は回復していない。このような状況を、第三世界の国々は、南北問題の文脈で、「新植民地主義」であると批判していたのである。ソ連はこのようなレトリックを援用して西ドイツに反論し、第三世界の国々に、新植民地主義的なハルシュタイン・ドクトリンに縛られることなく、東ドイツを国家承認するよう求めたのだった。

独立した第三世界の国々の多くは非同盟・中立主義グループに加わった。そして、その立場から、東西どちらかに偏ることなく「二つのドイツ」を承認するのが望ましいと、これらの国々は本音では考えていた。しかしながら、経済大国である西ドイツの支援を得られなくなることを恐れ、結局ほとんどの第三世界諸国は、西ドイツとの国交樹立を選択した。

第三世界におけるドイツの冷戦の「主戦場」の一つは、アラブとイスラエルが対立する中東であった。というのも、西ドイツがイスラエルに武器を売却していたことにアラブ諸国が強く反発していたため、東ドイツがアラブ諸国に接近する余地が大きかったからである。実際、一九六五年、エジプトのナセル大統領は、東ドイツの指導者ウルブリヒトを首都カイロに招待することで、イスラエルを支援する西ドイツに圧力をかけた。当時の西ドイツのエアハルト政権は、エジプトと断交するか、それともハルシュタイン・ドクトリンを断念するかというジレンマに立たされた。最終的にエアハルトは、イスラエルへの武器供与を中止し、エジプトが東ドイツと国交を樹立することを何とか止めさせたのだった。

東ドイツは結局、その後もアラブ諸国から国家承認を得られなかった。シリアなどは、その見返りとして経済援助を求めたからである。だが、東ドイツ経済にその余裕はなかった。シリアと同様、他の国々からも見返りや援助を求められた場合、そのすべてに対応することは東ドイツにはできないと考えられたのである。

最終的に、第七章で論じるように、ブラントの東方政策によって、第三世界におけるドイツの冷戦は終わる。七三年に西ドイツ自身が東ドイツとの関係を改善することになるからである。東西両ドイツは、お互いの存在を認め合うことになる。その結果、第三世界の国々は、もはや東ドイツと外交関係を樹立することに躊躇する必要がなくなる。こうして、「二つのドイツ」がグローバルなレベルでも常態となっていったのだった。

第六章

対話と軍拡の時代
――1964~68年

ワルシャワ条約機構軍のチェコスロヴァキア侵攻(1968年)。

一九六三年から六四年にかけて、主要国首脳の顔ぶれが大きく変わることとなった。西ドイツでは、一四年間首相を続けたアデナウアーが六三年一〇月に辞任し、エアハルトが後任となっていた。アメリカでは同年末、ケネディ大統領がダラスで凶弾に倒れ、四六歳の若さで非業の死を遂げていた。ケネディ暗殺の直後、一一月二二日に副大統領のリンドン・B・ジョンソンが合衆国憲法の規定に従い大統領に昇格した。翌六四年一〇月には、ソ連でフルシチョフが失脚し、ブレジネフらによる新たな集団指導体制が誕生した。同じ頃、イギリスでも総選挙の結果、政権交代が実現する。チャーチル以来の保守党政権が続いた後、実に一三年ぶりにハロルド・ウィルソン率いる労働党政権が発足することになったのである。

一九六〇年代と七〇年代は、冷戦の「緊張緩和《デタント》の時代」として描かれることが多い。だがデタントには、いくつもの領域があり、それらを区分けし、その相互連関に注目する必要がある。特に本書では、現状維持デタント、軍縮・軍備管理デタント、そして経済・文化交流デタントの三つの領域に光を当てて論じている。ヨーロッパ冷戦の展開を理解する上では、さらに二国間で進められたデタントと、多国間で進められたデタントとを区別することも有益である。一九六〇年代はとりわけ、アメリカがアジアにおいてヴェトナム戦争の泥沼へとはまりこんでいく一方で、ヨーロッパ冷戦では、西側諸国が二国間デタントにより積極的になっていった時代であった。すでに五〇年代後半に変化の兆しは現れていたが、ドイツ再統一を優先すべしとする考えから、まず緊張緩和の実現を優先し、その延長でドイツ再統一は実現されるという考えが支配的になっていったのも六〇年代であった。

他方で東側陣営は、西側陣営と経済協力が進むことに関心を示す一方で、二国間デタントの中に東側陣営に対する分断策を見て取り、反発も生まれた。それに対抗するため、東側は欧州安全保障会議という多国間のデタントを提唱するようになる。西側は西側で、独自の論理からヨーロッパにおける通常戦力の軍縮を主張していく。多国間の軍縮・軍備管理デタントの提案である。しかしながら、この時代、実際には東西両陣営において軍拡が進んでいくことになる。

1 二国間デタントの進展

ヨーロッパで進展したデタントを、米ソ超大国間の緊張緩和と区別し、ヨーロッパ・デタントと呼ぶ。さらにヨーロッパ・デタントには、二国間のものと多国間のものがあった。ヨーロッパ冷戦において多国間デタントを実現する上での最大のハードルは、ドイツ問題であった。もし多国間で何らかの協定を締結しようとすると、一つのドイツか二つのドイツかという問題が生じたからである。繰り返しになるが、ソ連は「二つのドイツ」政策をとり、東ドイツが国際的に承認されることを一貫して求め続けた。他方で西側の主要国は、「一つのドイツ」政策に基づき、東ドイツを国家として承認しない立場を崩さなかった。とりわけ西ドイツが、東ドイツの国家承認につながるとして、多国間デタントに強い異を唱え続けた。実際、西側陣営内では、ベルギーやカナダ、イタリアやノルウェーなどが、六三年の部分的核実験禁止条約の次の緊張緩和のステップとして、NATOとワルシャワ条約機構との武力不行使協定の締結に大きな関心を示したが、西ドイツはそれに強く反対していた。

†西ドイツの二国間デタント

だが六〇年代におけるヨーロッパ冷戦の緊張緩和は、まずは二国間ベースで様々な展開を見せた。西ドイツでは、すでにアデナウアー政権の末期から、六一年に外相に就任していたゲアハルト・シュレーダーが、アデナウアーと前任者ブレンターノの硬直的な外交に変化をもたらすべく、東ドイツを除く東欧諸国との関係改善を始めていた。具体的な方策は、東欧各国に通商代表部を設置することによる経済関係の強化であった。実際、西ドイツは、六三年三月のポーランドを皮切りに、ハンガリー、ブルガリア、ルーマニアに通商代表部を次々と開設していった。東ドイツと国交を結んでいる国とは国交を断絶するとするハルシュタイン・ドクトリンを、西ドイツが放棄したわけではない。建前を維持するための理屈がひねり出されていた。五八年のソ連との通商協定を嚆矢《こうし》として、すでに西ドイツ政府は経済・文化交流デタントを容認する方向に舵を切っていたが、通商代表部の設置に関しては、代表部には領事機能は一切ないとすることで、その設置は国交樹立を意味しないと解釈することにしていたのである。「前進政策」と呼ばれたこのシュレーダー外交の狙いは、東欧諸国との経済関係を強化することで、逆に東ドイツを孤立させることにあった。

エアハルト新首相もまた、経済外交を重視し、東ドイツの孤立化を目指した。どのような状況であれドイツ分断という現状を固定化したり、東ドイツの国際的地位を向上させるような措置は受け入れないと、エアハルトは六三年一〇月の首相就任演説で強調した。西ドイツはすでに経済大国の道を歩み始めており、西側陣営でソ連・東欧諸国の最大の貿易相手国になっていた。西ドイツの経済成長率は五〇年代と比べると鈍化したものの、それでも六四年には六・八%、六五年には五・三%と依然として高く、エアハルト政権は、その経済力を武器に、東側陣営から政治的利益を引き出そうとしていく。だが、次節で論じるように、西ドイツの東ドイツ孤立化政策は、逆に東側諸国の反感を買い、やがて行き詰まることになる。

†英米の二国間デタント

イギリスも、より目立たない形ではあったが、二国間ベースのデタント政策を進めていた。イギリス政府は一九六二年にはすでに、ポーランドに対して、オーデル・ナイセ線を承認すると内々に伝えていた。これは、現状維持デタントの一つであった。またイギリス外務省の中では、六〇年代初頭に、通商、文化、科学技術の分野で協力を進展させることによって、長期的に、東側陣営の内側から変革を促すという政策もつくられていた。六四年に発足したウィルソン労働党政権も、ソ連・東欧諸国との貿易が増えることを望み、経済・文化交流デタントを積極的に推進していった。

だが、どのように東西貿易を促進するのかについては、常にNATO内で論争になっていた。とりわけイギリスが、外貨の乏しい東側諸国に借款を供与して貿易を促進させようとすると、それは敵に対して資金援助するようなものではないかとの批判がなされた。イギリスは長期的な変革を促すと強調した。しかし西ドイツ内では、イギリスが経済力を政治目的に利用しようとせず、もっぱら東欧諸国をイギリス製品を売り込む市場としてしか見ていないとの不満がもたれていた。確かにイギリスは、五〇年代から貿易赤字の問題を抱えていた。六四年には、戦後最悪の四億ポンド近い経常収支赤字を記録し、危機的状況にあった。それゆえ実際にイギリスが、政治的利益よりも経済的利益を重視していたという面はあっただろう。他方でイギリス内でも、西ドイツは政治的利益を盾にソ連・東欧諸国との貿易を独占しようとしているのではないかとの不信がもたれていた。東西貿易に関してNATO内で統一的な方針がまとめられることはついぞなく、各国はそれぞれ独自の立場をとり続けることとなった。

アメリカのジョンソン政権も、東欧諸国との関係を重視する方針を打ち出していた。大統領就任から半年後の六四年五月末に、ジョンソンはヨーロッパにおける緊張緩和に関心があると演説し、東ヨーロッパへの「橋渡し」が必要であると語ったのである。ただ実際には、商務省や米議会の抵抗が依然として強く、アメリカの橋渡し政策の実体は、例えばブルガリアにコカコーラ工場が作られたり、英語教師が東欧諸国に派遣されたりといった程度のものにとどまった。

しかしながら、二国間デタントの重要性は、その具体的な成果ではなく、他のところにあった。ドイツ再統一が実現して、初めて真のデタントが実現するというかつての西側陣営の共通の立場が、今や完全にひっくり返され始めていた。すなわち、東側陣営とのデタントを推進することで、その延長としてドイツ再統一が実現されるのだとの考えが、西側陣営内で確立していくこととなったのである。ジョンソン政権の「橋渡し政策」の背景には、このような考え方が明確に存在した。

依然として西ドイツのエアハルト政権は、アデナウアー政権時代と同様、ドイツ再統一が最も重要な優先課題であるとの方針を維持し続けていた。そのため、次第に孤立を深めることになる。フランスと西ドイツの関係も悪化していったからである。かつてアデナウアー時代に、ドゴールはアデナウアーを強く支持し、対話よりもむしろソ連との対決姿勢を鮮明にしていた。

しかしドゴールもまた、エアハルトの時代になると、ソ連・東欧諸国との間でデタント外交を展開していくことになる。

†ドゴールのデタント

一九六四年以降、ドゴールが対ソ強硬姿勢からデタント政策へと舵を切っていった理由は、西側と東側の双方にあった。西側に関しては、フランスと西ドイツとの関係が冷え込んだことが、フランスをソ連・東欧諸国へ向かわせた最大の要因であった。エアハルトの親米姿勢が、ドゴールの基本的立場とまったく相容れなかったからである。エアハルトの方もNATOを軽視するドゴールに強い不信感を抱いていた。また、アデナウアーがドゴールととりまとめた六三年のエリゼ条約に対しても批判的であった。何より、NATOの多角的核戦力（MLF）にエアハルトが熱心であったことが、彼とドゴールとの関係を悪化させた。というのも、ドゴールはMLFを、アメリカによる核の支配の手段であると見なしていたからである。西ドイツは、フランスではなくアメリカを選んだ、とドゴールは認識した。アメリカとNATOに対する批判を強めていたドゴールは、フーシェ・プランで挫折し、さらに西ドイツとの関係も期待できないとわかると、別の政策、すなわち東側陣営への接近を模索するようになっていった。

東側陣営における変化も、ドゴールをデタント政策へと向かわせる重要な背景となった。ドゴールが注目した一つが、六四年六月のソ連と東ドイツの間で結ばれた友好相互援助協力条約である。前章で指摘したように、その中で両国は、西ベルリンの特別な地位を認めることとなった。ドゴールはそれを、ソ連がヨーロッパにおける現状を受け入れた証であると解釈した。第二次ベルリン危機の最中、そしてベルリンの壁が建設された後も、緊張が高まっている時期に交渉するべきではないとの立場を彼はとり続けていた。しかし今や、その危機は真に終わったとドゴールは認識したのである。仏ソ間では閣僚級の訪問が再開され、六四年一〇月には仏ソ通商協定も締結された。

東欧諸国、中でもルーマニアの変化は、ドゴールにとって重要だった。六四年四月にルーマニア労働者党(共産党)が、自主独立路線を取るとの宣言を打ち上げていたからである。その宣言の中でルーマニアは、ソ連と東ドイツがコメコンやワルシャワ条約機構の結束の名の下に同盟国を拘束しようとしたことに反発し、社会主義国家間の関係は、完全な平等、国家主権、内政不干渉などの原則に基づかなければならないと強調したのである。これらの諸原則は、まさにドゴールが西側陣営の中で主張していたことであった。同年七月のルーマニア首相のイオン・マウアーによるパリ公式訪問はフランス側に大きな印象を与え、経済問題のみならず政治問題に関する両国間の対話の始まりとなった。ドゴールは、ヨーロッパ冷戦が新たな次元に入ったと考えた。

ドゴールが冷戦の米ソ二極体制に批判的であったことはすでに述べたが、彼はそれに代わる独自の秩序構想をもっていたことも注目してよいだろう。ドゴールにとって、国際秩序の基本単位は国民国家であった。そして共産主義イデオロギーはいずれ廃れると考えていた。それゆえソ連は、イデオロギーではなく、国益に基づいてパワーゲームを行う「普通の」大国になると予想されていた。さらに、「大西洋からウラルまで」という言葉で示されたドゴールが描く全ヨーロッパ的な新秩序の中で、東欧諸国も自らのアイデンティティを再発見し、ナショナリズムに基づいてソ連から次第に離れていくと期待されていた。デタント政策により、フランスはそれを促すことができる。さらに、それによってソ連がより協力的な国になり、ソ連の脅威が弱まれば、アメリカもまた伝統的な孤立主義に回帰していく。そうなれば、ヨーロッパはアメリカから自律的な存在になることができる。ドゴールにとってのデタントは、単なる緊張緩和ではなく、冷戦秩序を終わらせ新たな秩序を作り出す手段であった。

ヨーロッパにおける新秩序の中で、ドイツ問題はいうまでもなく中核にあった。ドゴールは六五年二月初頭の記者会見で、再統一されたドイツは、全ヨーロッパの平和的な枠組みの中に統合される必要があると強調した。国民国家を秩序の基本単位とするドゴールは、ドイツ再統一を一貫して支持していた。逆に、ドイツの分断状況を不自然であると見なし、東ドイツをソ連に依存する人工的な国家であるとして決して承認しようとしなかった。ドゴールに、「二つのドイツ」政策を受け入れるつもりはなかった。だが同時にドゴールは、第二次世界大戦後の現状、とりわけポーランドとの国境線であるオーデル・ナイセ線を西ドイツは認めなければならないとも主張した。

ドゴールは、ドイツ再統一を急いでいたわけではない。彼はあくまでも、ヨーロッパの中でのドイツ問題の解決を構想していた。フランス政府は、緊張緩和ではなく力でドイツ再統一を実現しようとするエアハルト政権を批判していた。ドゴールが思い描いていたのも、まずヨーロッパにおけるデタントを進め、その延長としてドイツ統一が実現されるという道筋だった。

一九六六年、ドゴールのデタント外交は最盛期を迎える。この年ドゴールは、より大胆な二つの外交イニシアティヴをとった。一つが、フランスのNATO軍事機構からの脱退である。それによってフランスが従属状態に置かれていると認識していたからである。すでに六三年にフランスは、NATOの大西洋連合軍最高司令官の下に配備されていたフランス海軍をその指揮系統から撤退させていた。さらに六六年三月、ドゴールはNATO軍事機構からフランスを脱退させると表明したのである。くわえてドゴールは駐留外国軍、つまりは米軍のフランス領土からの撤退、そしてパリにあったNATO本部の移転も要求した。友好関係にあっても常に利害が一致するわけではない、というのがドゴールの持論であった。フランスが、NATO軍事機構から離脱する理由の一つとして、ヴェトナム戦争に巻き込まれないためであることをあげていたのはその一例だった。

ドゴールはさらに、六六年六月、自らモスクワを訪問した。フランスのNATO軍事機構からの脱退表明は、仏ソ関係を進展させるための布石であったともいわれる。ドゴールはモスクワで、ソ連が東ヨーロッパを支配し続けていることを批判しつつも、東西両ドイツが核兵器を持つべきでないこと、オーデル・ナイセ線はドイツとポーランドの国境線であることについてソ連側に同意した。仏ソ両国は、科学技術および経済協力に関する協定や文化協力協定にも調印した。両国間で政治的対話を続けることにも合意した。だが、後述するように、両国はドイツ問題については折り合いがつかず、この訪ソによってドゴールの考える新たなヨーロッパ秩序に近づくことはなかった。とはいえ、彼の外交パフォーマンスは、西側陣営内におけるフランス問題をさらに印象づけることとなった。

2 東側の軍拡と多国間デタント構想

ドゴールはアメリカをヨーロッパから追い出し、フランスとソ連とでヨーロッパを支配しようとしている。そのようなことは決して受け入れられない。エアハルト西独首相はウィルソン英首相にこう述べていた。しかしながら、フランスのみならず英米も、まずデタントを推進し、ドイツ再統一はその先のことであるとの姿勢を取るようになり、西ドイツは孤立感を深めていく。NATOの小国もデタント重視派が増える中で、東側陣営に対する強硬姿勢は西側陣営内で賛同を得られなくなりつつあった。そのような中、エアハルト政権は「平和覚書」という新たな外交イニシアティヴを打ち出す。ルーマニアがそれに大いに関心を示す一方、ソ連と他の東欧諸国は警戒感を露わにし、対抗措置をとっていくことになる。

†平和覚書

外交的手詰まり感が強まる中で西ドイツが新たに打ち出した独自の緊張緩和政策が、一九六六年三月の「平和覚書」であった。エアハルト政権は、東側、西側、さらに第三世界諸国に対しても、西ドイツはドイツ分断に反対し、東側の隣国との友好関係を望み、戦争を拒否すると述べる覚書を一斉に送付した。その目玉は、ソ連、ポーランド、チェコスロヴァキア、その他の東欧諸国と二国間の武力不行使協定を西ドイツは締結する準備があるとしたことであった。ただし、この「平和覚書」が東ドイツに送られることはなかった。「平和覚書」もまた、シュレーダーの「前進政策」と同様、二国間デタントを進めつつ、東ドイツの孤立化を図るものであった。エアハルト政権の緊張緩和政策は、同時に東側陣営の分断策だった。「平和覚書」はまた、東欧諸国との外交関係樹立を提案したわけでもなく、実質的にハルシュタイン・ドクトリンを堅持するものであった。つまりは、この新たな外交イニシアティヴも、ドイツ問題に関する従来の西ドイツの立場を基本的に変えるものではなかったのである。

それゆえに、「平和覚書」はソ連・東欧諸国から冷ややかな反応しか得られなかった。とりわけポーランドは、東ドイツの存在が無視されているのみならず、依然として西ドイツがオーデル・ナイセ線を正式な国境線として認めようとしないことに憤慨した。またゴムウカは、他の東欧諸国が西ドイツとの関係を正常化し、ポーランドが孤立する可能性を懸念した。そのためポーランドは、後述するように、東ドイツとともに西側に対してより強硬な姿勢を取るようになっていく。ソ連もまた、西ドイツの東ドイツ孤立化政策に対抗するため、五月に送られた「平和覚書」に対する回答の中で、逆に多国間デタントを提示した。ソ連は欧州安全保障会議の開催を提案し、その中に東ドイツも参加させることで、同国を孤立させないとのメッセージをエアハルト政権に送り返したのである。

†安保会議構想

この欧州安保会議という構想は、第三章で触れたように、かつてソ連が提案したものであった。しかし、一九六〇年代半ばに、まずポーランドがその多国間デタントの構想を復活させていた。六四年一二月半ば、国連総会において、ポーランド外相ラパツキが、欧州安全保障会議の開催を訴えたのである。このラパツキの提案は、ポーランドの基本的な外交政策の延長に位置づけられる。すなわち、東ドイツとポーランドとの国境線であるオーデル・ナイセ線の国際的承認と、西ドイツの核保有ないし核兵器へのアクセスの阻止という二大目標を達成する手段として、ラパツキは独自に安保会議の開催を提唱したのだった。

ポーランドが安保会議を提唱した背景には、ソ連に対する不信もあった。六四年当時、フルシチョフが西ドイツと二国間関係を深めようとし、またNATOの多角的核戦力（MLF）を通じた西ドイツの核兵器へのアクセスも容認する構えを見せていたことは、ポーランド指導部を驚愕させていた。フルシチョフは同年一〇月に失脚したが、ラパツキは多国間デタントの枠組みである安保会議を新たに提案することで、いわばソ連の単独行動を阻止しようとしたのである。フルシチョフ後のソ連の新指導部も、揺らぎを見せていた東側陣営の結束を維持するため、また新指導部自体が他の東欧諸国の支持を得るために、ポーランドの提案を原則として受け入れていった。

だが、西ドイツが六六年に「平和覚書」によって新たな攻勢をかけてくると、ソ連自身が欧州安保会議構想を前面に押し出すようになっていった。エアハルト政権が「平和覚書」で東欧諸国と二国間関係を強化し、東ドイツの孤立を図ろうとしたのに対して、ブレジネフは逆に、多国間の安保会議を提唱することで東ドイツの国際的承認を得ようとし、「二つのドイツ」という現状を認めさせようとしたのである。

ソ連はまた、独自にデタント外交を進めていたドゴールにも期待した。NATOの軍事機構から脱退し、「大西洋からウラルまで」とのスローガンの下、ヨーロッパの枠組みの中でのドイツ問題の解決を謳っていたフランスは、ソ連から見て西側における重要なパートナーになりそうな存在であった。

だがドゴールは、多国間デタントには消極的だった。六六年六月のドゴール訪ソの際、ソ連側がドゴールに安保会議の構想をアピールしたのに対して、ドゴールは、会議開催の前提として仏ソ二国間の関係強化が必要であると強調した。二国間外交によってこそ、フランスは国際的な存在感を示すことができたのだった。

ドゴールは安保会議の構想自体を否定したわけではない。だが、彼にとって安保会議はデタントのための手段ではなく、デタントの結果として開催されるものだった。フランス側に、多国間の安保会議を通じて東ドイツを主権国家として承認するつもりもなかった。フランス外相モーリス・クーヴ・ド・ミュルヴィルが述べたように、欧州安保会議は「まだまだ早すぎる。なぜならドイツ問題について相互理解にいたるにはまだほど遠いから」である、というのがフランスの立場だった。

フランスの賛同は得られなかったが、ソ連はワルシャワ条約機構を通じて、安保会議の構想を以後一貫して打ち出していくことになる。六六年七月にルーマニアの首都ブカレストで開催されたワルシャワ条約機構首脳会議の主題は、欧州安保会議であった。ソ連・東欧諸国はそこで、「ヨーロッパにおける平和と安全保障の強化についての宣言」を採択した。いわゆるブカレスト宣言である。

このブカレスト宣言は、欧州安保会議というヨーロッパ冷戦の緊張緩和に向けた提案を打ち出す一方で、従来の東側諸国の様々な主張が盛り込まれていた。また、西ドイツに対しても敵対的な言葉が並べられていた。これは、西ドイツの「平和覚書」によっていっそう強硬な姿勢をとるようになった東ドイツやポーランドと、主に経済的観点から西側との関係改善を求めるルーマニアなどの双方の立場を、ソ連が一つの宣言にすべて盛り込み、東側陣営内の対立を避けようとした結果であった。

NATO諸国は、ブカレスト宣言の攻撃的な調子から、東側の安保会議の提案を黙殺した。西ドイツを「復讐主義」や「軍国主義」といった言葉で批判するブカレスト宣言を、NATO側は単なるプロパガンダと見なした。また同宣言にはアメリカについての言及がなかったため、東側陣営は、欧州安保会議からアメリカを排除しようとしていると解釈した。それゆえ西側の目には、それがNATOの分裂を図る試みであると映ったのである。六六年一二月に開催されたNATO理事会のコミュニケは、意図的に安保会議について言及しなかった。それは、ワルシャワ条約機構側の提案を拒否したことを示すものだった。

†ウルブリヒト・ドクトリン

ブカレストにおいて東側陣営は一応の結束を示したかに見えた。ソ連やポーランドのみならず、ハンガリー、チェコスロヴァキア、ブルガリアもエアハルトの「平和覚書」の提案に乗ることはなかった。だが、六五年からルーマニアの新たな指導者になっていたニコラエ・チャウシェスクは、前任者と同じく、独自外交路線を続けた。「平和覚書」を受け取ったルーマニアは、六六年五月半ばより西ドイツ政府と極秘に、経済関係を強化するための交渉を開始した。その際ルーマニア側は、「平和覚書」にあった武力不行使協定ではなく、西ドイツと国交を樹立したい意向を示していた。チャウシェスクは、東ドイツのために他の東側同盟国と歩調を合わせるつもりはなかった。

ルーマニアと西ドイツとの間の国交樹立は、西ドイツにおける政権交代をまたいで結実した。エアハルト政権は、六六年一〇月に、ルーマニアと外交関係を樹立する決定を行っていた。それは、東ドイツを国家承認している国と国交を結ぶことになるため、一九五六年から一〇年間維持し続けたハルシュタイン・ドクトリンを放棄することを意味する大きな決断であった。だが、時間切れであった。当時財政危機に直面していたエアハルト政権は連立相手の自由民主党と決裂し、エアハルトは六六年一〇月末に辞任に追い込まれてしまったのである。およそ一カ月にわたる政治的混乱の後、これまで与党と野党として対立してきたキリスト教民主同盟（CDU）と社会民主党（SPD）が大連立を組み、一二月にようやく新政権を発足させる。CDUのクルト・キージンガーが新首相となり、新外相にはSPDの党首になっていた元西ベルリン市長のブラントが就任した。キージンガーは首相就任演説で、（東ドイツを除く）東欧諸国と無条件で外交関係を樹立する準備がある旨を宣言した。そして早くも六七年一月末に西ドイツとルーマニアが国交を正常化したのである。

ルーマニアが事前の相談なく西ドイツと国交樹立を実現させたことは、ワルシャワ条約機構諸国の間に大きな衝撃をもたらした。ルーマニアは、東側がこれまで反発していたハルシュタイン・ドクトリンに風穴を開けたのだと、自分たちの外交行動を正当化した。しかし、そもそも東側陣営の足並みを乱してきたルーマニアの行動に、東ドイツやポーランドは激しく反発した。

その結果、六七年二月に開催されたワルシャワ条約機構外相会議において、東側陣営の共通の立場を確認し、陣営の引き締めを図るべく、新たな方針が打ち出された。ポーランドのゴムウカは、東ドイツとの連帯を壊したとしてルーマニアを激しく非難し、西ドイツとの外交関係を結ぶ際に三つの条件が満たされなければならないと主張した。第一に、西ドイツが東ドイツを承認すること、第二に、西ドイツがオーデル・ナイセ線を承認すること、そして第三に、西ドイツが核兵器へのアクセスを完全に放棄することである。ゴムウカの考えに東ドイツの指導者ウルブリヒトは強く賛同し、他の国々も消極的ながら従うこととなった。これは、西側では「ウルブリヒト・ドクトリン」として知られるようになる。だが実際は、ポーランドのイニシアティヴによるものであり、東側では「ワルシャワ・パッケージ」と呼ばれた。

このウルブリヒト・ドクトリンに沿う形で、ソ連は西ドイツに対して厳しい態度をとり続けた。西ドイツのキージンガー政権は、二月に、ソ連に対しても改めて武力不行使協定の締結を呼びかけていた。西ドイツ側は無条件での協定締結を求め、二国間デタントを進めようとした。しかしソ連側は、問題を二国間の話に限定するつもりはなかった。ソ連は、同様の武力不行使協定を、東ドイツとも締結するよう西ドイツに求めた。すなわち「二つのドイツ」政策に基づき、東ドイツを対等な主権国家として承認せよとの主張であった。また、ウルブリヒト・ドクトリンに示されたように、オーデル・ナイセ線の承認や西ドイツが核兵器に接近しないことなど東側陣営が問題視するすべての要求を、武力不行使協定に調印する前提条件として西ドイツ側に突きつけた。西ドイツ側は粘り強く対話を続けた。だが結局、後述するように、六八年七月に西ドイツが核拡散防止条約への調印を拒むと、西独・ソ連間の交渉は決裂することとなる。

ウルブリヒト・ドクトリンは、他の東欧諸国も拘束した。ハンガリーやチェコスロヴァキアは、西ドイツとの国交樹立を当面諦めざるを得なくなった。六〇年代に入りソ連・東欧諸国の経済成長は軒並み鈍化し、中でもチェコスロヴァキア経済はマイナス成長を記録するようになっていた。そのためチェコスロヴァキアも次第に経済改革に取り組まざるを得なくなっていった。キージンガー大連立政権が東欧諸国との国交樹立の意向を表明すると、ハンガリー、ルーマニア、ブルガリア、チェコスロヴァキアは、これを事実上のハルシュタイン・ドクトリン放棄の表明であると解釈し、東側陣営の外交的勝利であると考えた。「平和覚書」の際と異なり、これらの国々は当初、西ドイツとの関係強化に動き出そうとした。むろん、それが経済再建の一助になることを期待してのことである。しかしながら、大連立政権側には、東ドイツを承認する準備も、オーデル・ナイセ線を認める準備もまだなかった。それゆえウルブリヒト・ドクトリンの基準に照らし合わせ、早期の国交正常化は断念されることになったのである。

ただチェコスロヴァキアは、六七年八月にようやく、他の東欧諸国に遅れる形で西ドイツの通商代表部を首都プラハに開設することで合意した。同時に、両国間で貿易協定も締結した。一九三八年に当時のナチス・ドイツが英仏伊とチェコスロヴァキアのズデーテン地方をドイツに併合することで合意したミュンヘン協定が無効であることを、キージンガー西独首相がついに認めたからであった。両国は外交関係を樹立したわけではなく、通商代表部の設置自体、ウルブリヒト・ドクトリンに抵触するものではなかった。しかし東ドイツは、西ドイツとチェコスロヴァキアの接近を警戒するようになる。そして、チェコスロヴァキアに対する東ドイツの不信感は、後述するように、プラハの春で頂点に達することになる。

†東側陣営の軍拡

西側主要国が二国間ベースのデタントに積極的になる中で、東西貿易は六〇年代半ばまでにはブームといわれるほど活発化していた。一九六〇年の東西貿易の総額は六〇億ドルに過ぎなかったが、六〇年代末までに一六〇億ドルにまで増加することになる。実に二〇〇%近くの増加率であった。他方で、軍事面での緊張緩和は、次節で論じる核拡散防止条約以外に進展はなかった。むしろ、東西両陣営は六〇年代にいっそうの軍拡を進めていった。

とりわけ東側陣営の軍拡が顕著であった。ブレジネフ時代のソ連は、六五年から七〇年までの間に防衛費を四〇%増大し、核弾頭の数を急増させた。ケネディ－フルシチョフ時代には、まだ圧倒的にアメリカが核の優位を保っていた。だが七二年までに、米ソの核戦力は同程度《パリティ》に達する。

ソ連側の核戦略については、まだ不明な部分も多い。だがワルシャワ条約機構軍の軍事演習に関する史料やソ連軍幹部の回顧録などから、十分な先制攻撃能力を持つことが「帝国主義勢力」に対する抑止になると考えられていたようである。そして、基本的には核兵器を使用するのはまず西側の方からであると想定されていたが、西側が攻撃をしてきた場合、ソ連は持てる限りの核兵器で即座に反撃することになっていた。一気に全面核戦争へとエスカレートさせるという点では、アイゼンハワー政権時代の大量報復戦略と同じであった。

ワルシャワ条約機構軍も強化された。すでにフルシチョフの時代、五〇年代末から、ソ連は東欧各国と極秘協定を締結しSS-4やSS-5と呼ばれた中距離弾道ミサイルや、射程距離五〇〇キロメートル以下の短距離核兵器を東ヨーロッパに配備していった。後者の数は数千にも上る。東欧諸国に配備された核兵器はすべてソ連が厳格に管理し、NATO内で議論された核共有といった方式が取られることは一切なかった。またブレジネフは、核兵器のみならず、新技術を導入し、ワルシャワ条約機構軍の陸軍の能力も向上させていった。NATO側は六〇年代末までに、ワルシャワ条約機構はもはや張り子の虎ではなく、軍として完全に機能する強力な軍事同盟であると見なすようになっていった。

3　西側の軍拡と多国間デタント構想

一九六〇年代に軍拡したのは東側だけではなかった。NATO軍もまた、核戦力を大幅に増強していった。それは、柔軟反応戦略という新たな軍事戦略を提唱していたアメリカの考えとは異なる結果でもあった。NATOはまた、誕生から二〇年目を迎えるのを前に、その役割を再検討し、新たに抑止とデタントを目標として掲げた。そして、後者のデタントに関して、西側は通常戦力の軍縮を主張するようになっていく。西側からの多国間デタントの提案である。東側陣営が関心を示さなかったため、六〇年代に軍縮問題が交渉の段階に進むことはなかったが、他方で核拡散防止条約の交渉は進展し、六八年に調印にいたることになる。

†NATOの戦略と軍拡

NATOは六〇年代後半に、紆余曲折を経て新たな軍事戦略を採択した。柔軟反応戦略と呼ばれる戦略である。柔軟反応戦略は、アメリカのケネディ政権において、六一年の発足当初から国防長官ロバート・マクナマラを中心に考案されたものであった。それまでの大量報復戦略に代えて、東西間で軍事衝突が勃発しても、一気に核戦争にエスカレートさせるのではなく、より柔軟に紛争に対して抑制的に対応することを可能にする戦略が求められていたからであった。

アメリカの新戦略は六二年五月にアテネでのNATO理事会で表明されたが、それがNATOの戦略として六七年五月に採択されるまで、実に五年の歳月を要した。というのも、米欧間で望ましい戦略に、大きな隔たりがあったからである。

柔軟反応戦略を最も激しく批判したのは、ドゴールのフランスであった。柔軟反応戦略によれば、武力紛争が起こってもすぐに核兵器は使用されず、ヨーロッパ大陸が戦争で破壊される一方で、米ソは戦場にならない。フランスは、柔軟反応戦略が意味する状況をこのように理解していた。さらに、いつ核兵器を使用するかはアメリカの手に握られており、柔軟反応戦略はNATOの核政策をアメリカが独占するためのものであるとドゴールは見なしたのだった。

フランス以外のNATO諸国にとっても、アメリカの新提案を受け入れるのは容易なことではなかった。核兵器ではなく、まず通常戦力でワルシャワ条約機構軍に対抗することになっていた柔軟反応戦略は、通常戦力のさらなる増強が求められるコストのかかる戦略だったからである。実際マクナマラは、NATOの同盟国に通常戦力の強化を要求したが、どの国も負担増に対して大いに躊躇した。

米欧は、軍事面と政治面の双方で対立した。軍事面では、一気に核戦争にエスカレートさせないとしても、ではどこまで通常戦力のみで戦うのかという問題があった。アメリカは、九〇日間を想定していたが、西欧諸国はせいぜい一週間であると柔軟反応戦略を解釈していた。それゆえ、どのようなシナリオに基づいて通常戦力を整備するのかが政治問題となった。防衛予算を増やしたくない西欧諸国は、軍拡を望まなかった。そのため、むしろデタントを模索し、軍事的緊張を低減させることの方を好んだ。また西ドイツは、核兵器をなるべく使わないという戦略は、核抑止力を弱めることにつながると反発した。真っ先に戦場になる可能性の高い西ドイツにとって重要だったのは、戦争になったらどうするかではなく、いかに戦争を起こさないかであった。

柔軟反応戦略が六七年にようやくNATOで採択された理由は、大きく二つあった。六六年にフランスがNATOの軍事機構から脱退し、フランス抜きで柔軟反応戦略を採択することが可能になったことがその一つである。米欧間の妥協が成立したのが、もう一つの理由であった。核兵器で即座に反撃しないというアメリカの主張は受け入れられた。だが、西ヨーロッパのNATO諸国が防衛予算を増やすこともなかった。むしろ、NATOの即応戦力の計画目標を二四個師団から二二個師団に減らすほどであった。そしてアメリカは、柔軟反応戦略の採択を求める一方で、西欧諸国を安心させるため、ヨーロッパの核戦力を増強させたのである。ヨーロッパに配備されていた射程距離の短い戦術核兵器の数は、ケネディ時代は数百発であったが、六七年までに七〇〇〇発にまで増えることになった。西ヨーロッパにおいても、六〇年代に大幅な核軍拡が進められたのだった。

†アルメル報告

冷戦が支配の体制であることはフランス以外のＮＡＴＯ諸国にとっても同様だったが、ドゴールの反米的立場が共有されることはなかった。確かに、ベルリンとキューバという二つの危機において、ＮＡＴＯの小国は、自分たちの安全保障や生存にとって深刻な影響をもたらす問題について、超大国だけが決定を下していくことに大きな懸念を抱いていた。しかしそれでも、アメリカから独立した核抑止力を持つべきだと考える国は、フランスや西ドイツ以外にはなかった。むしろＮＡＴＯの小国が求めたのは、とりわけ重要な決定がなされる前にＮＡＴＯ内でより緊密な協議が行われることであった。いわば、協議を通じた陣営の結束の強化が、軍事面のみならず、政治外交面でも求められたのである。ドゴールの型破りな態度は、ＮＡＴＯの結束を脅かすものとして、むしろフランス問題として認識されていった。

そのフランス問題が、六〇年代後半のＮＡＴＯの役割の見直しにおいて重要な触媒となった。一九四九年に調印された北大西洋条約には、二〇年後、つまり六九年に同盟から脱退することを可能にする規定が含まれていた。フランスは六六年にＮＡＴＯの軍事機構から脱退し、アメリカとＮＡＴＯ批判を続けていた。また冷戦の対立よりも緊張緩和が好まれる時代において、ＮＡＴＯの結束を維持するためにも、発足から二〇年を迎える前にＮＡＴＯの役割を見直す必要に迫られていた。

その結果、ＮＡＴＯは、六〇年代後半に柔軟反応戦略を採用したのみならず、「同盟の将来の課題」と題された報告書をも採択することとなった。NATOの役割を前向きに見直すべきと最初に提案したベルギー外相ピエール・アルメルにちなんで、アルメル報告と呼ばれる。六七年一二月に採択されたアルメル報告は、抑止とデタントの両方がNATOの役割であると規定していた。一方で従来通り、敵の攻撃を抑止すること、もし攻撃されたら共同で防衛することが、軍事同盟としてのNATOの第一の機能である。だが、「いっそう安定した関係の進展を追求すること」が第二の機能であるとし、軍事安全保障とデタントとは矛盾するものでないと、アルメル報告は強調したのである。抑止とデタントという基本方針は、その後、冷戦の終焉によってNATOの役割が再度見直されるまで続くこととなる。

†レイキャヴィク・シグナル

抑止および防衛面でNATOは柔軟反応戦略を採択したが、デタント面でNATOが打ち出すようになったのが、通常戦力の相互軍縮提案である。アルメル報告の作成過程で、通常戦力の軍縮を熱心に主張したのがイギリスと西ドイツであった。イギリスの労働党政権は元来冷戦の緊張緩和に積極的であったが、財政問題から西ドイツに駐留する英軍をさらに削減したいと考えていた。もし英軍が一方的に本国に撤退すれば、西ドイツとの関係が悪化してしまう。だが、東側陣営と相互に軍縮を進める中で英軍を削減できれば西ドイツとの摩擦を回避できた。

西ドイツでも、六六年末に大連立政権の中で外相に就任したブラントが、緊張緩和の手段として軍縮に前向きであった。その結果、アルメル報告の中で、NATOとワルシャワ条約機構の軍事レベルを均衡させながら軍縮を進める方策を研究していくことが合意されたのである。

だが西側陣営は、NATO内で相互軍縮の研究がまとまる前に、軍縮提案を表明することになる。それを主導したのはアメリカであり、アメリカ国内からの圧力がその理由であった。アメリカがアジアにおいてヴェトナム戦争の泥沼に陥っていく中で、米議会はヨーロッパではなくアジアを重視するためにも、西ヨーロッパに駐留する米軍の一方的削減を訴えるようになっていた。ジョンソン政権は、ヨーロッパにおける米軍削減がNATOの同盟国との関係を悪化させる可能性を十分理解していた。それゆえ、議会の圧力に抵抗するためにも、やはり、西側から東西相互の通常戦力の軍縮を主張することで、東側が軍縮に応じなければ駐留米軍の一方的削減はできないという構図を作ろうとしたのである。アメリカの提案を受け、六八年六月にNATO理事会は、アイスランドの首都レイキャヴィクにおいて、東西間の通常戦力を、均衡を保ちつつ相互に削減することを提案した。

「レイキャヴィク・シグナル」と呼ばれるこの提案には、フランスのみが賛同しなかった。東西二つの軍事同盟の間の軍縮交渉となるこの提案は、ドゴールの秩序構想と相容れなかったからである。ドゴールが理想としたのは、「陣営《ブロック》」という枠を超えた二国間対話を通じたデタントであった。米ソが支配する二つの陣営を解体することをドゴールは目指していた。ブロックとブロックとの間の交渉は、ドゴールにとって冷戦秩序そのものだった。それゆえフランスは、その後、七〇年代末まで軍縮に対して一貫して反対の姿勢を示していくことになる。

欧州安全保障会議の開催が東側の多国間デタント構想であったのに対して、レイキャヴィク・シグナルは、西側の多国間デタント構想であった。とはいえ、これまで見たようにNATOは、東側の安保会議の提案に対抗して軍縮構想を提示したわけではない。それは、むしろ米議会を念頭において出されたものだった。実際アメリカは、ソ連が通常戦力の削減交渉を受け入れるつもりがないことを知りつつ、レイキャヴィク・シグナルを打ち出していた。だが、次章で見るように、六九年以降、東西二つの多国間デタント構想は、相互に密接に関係しながら展開していくことになる。

†多角的核戦力から核拡散防止条約へ

ドイツ問題に関して西側陣営は、六〇年代を通じて東ドイツ不承認政策を維持し続け、その点では結束を保った。例えば、六六年三月に東ドイツがポーランドを通じて国連への加盟申請を行ったときも、米英仏三国は、西ドイツが唯一ドイツ人を代表する国家であるという従来の主張を繰り返し、国家承認を受けていない東ドイツが国連に加盟する資格はないとして、その申請を阻止していた。米英仏はそれぞれ独自に二国間デタントを進めようとしていたが、東ドイツの承認という問題に関しては西ドイツに先行するつもりはまったくなかった。他の西欧諸国の中にも、西ドイツの意向に反してまで東ドイツと国交を結ぼうとする国はなかった。

しかし西ドイツの核武装問題に関しては、実質的に東側陣営への歩み寄りが見られた。アメリカが多角的核戦力（MLF）の実現に見切りをつけ、核拡散防止条約（NPT）の実現を目指すようになっていったからである。ウルブリヒト・ドクトリンに示されたように、西ドイツの核武装問題は、六〇年代後半になってもまだ、東側陣営にとって未解決の問題だった。ソ連や、特に東ドイツにとって、西側がMLFを放棄すること、そして西ドイツがNPTに参加し、核武装を断念することがその解決であった。西ドイツの核武装問題の解決は、後に西ドイツとソ連のさらなる関係改善につながり、ひいては欧州安全保障会議開催への道を開くことにもなる。

NPTへの障害は、MLFであった。西ドイツのエアハルト政権は、MLFの実現がNPTへの参加の条件であると主張し続けた。それに対して東側では、フルシチョフがMLFを容認する構えを見せたことにポーランドや東ドイツが激しく反発したことから、フルシチョフの失脚後すぐに、ソ連の新指導部はMLFへの反対を改めて明確にし、MLF放棄をNPTの条件であるとした。東西間の主張は、真っ向から対立していた。

だがアメリカのジョンソン大統領は、早期にMLFへの関心を失っていった。大統領に就任してまだ間もない六四年初頭の時点では、ジョンソンはMLFへの支持を示していた。しかし同年一〇月に中国が核実験を成功させ、さらに、例えばインドなど、核保有国が今後も増えていくことが懸念されるようになると、ジョンソン政権は核拡散の阻止を重視する方向へと舵を切っていったのである。

くわえて、NATO内においてフランスなどMLFに反発する国が多かったことも、アメリカがMLF構想から距離を置く理由となった。西ドイツとの関係に配慮し、ジョンソン政権は表向きMLF構想へのリップサービスを続けたが、MLFという実際の核戦力を創設するのではなく、むしろNATOの核戦略の計画段階に西ドイツを加えることで、西ドイツの安全保障上の懸念を解消する方向が模索されるようになっていった。実際、マクナマラ国防長官の提唱でNATO内に核計画グループ（NPG）という組織が新設され、西ドイツはその常設メンバーとして参加していくことになる。

そのような流れの中、六六年になると、米ソは二国間で核拡散防止条約の草案を作成するようになった。イギリス政府は一貫してNPTに熱心であり、ウィルソン首相はブレジネフに対して、核実験禁止条約の時のようにNPTについても米英ソ三国で協議することを申し出た。だがソ連側はそれを拒否した。ブレジネフは、NPTは米ソ二国間の問題であるとの姿勢を取り、イギリスを交渉に含める必要性を感じていなかった。イギリスの世界大国という地位からの後退は明らかだった。アメリカはいうまでもなく、西ドイツやフランスと比べても、ソ連から見てイギリスは直接交渉する魅力が乏しかった。

米ソは直接、核拡散防止条約の起草作業に着手したが、実際には、同盟国と緊密な協議を行いながらそれは進んでいった。エアハルト政権は六六年末に退陣したが、キージンガー政権は、連立相手であるブラント外相のSPDの意向を受けて、MLF構想を断念することを明確にした。だが、NPTの内容に関してはアメリカ側に様々な要求を行った。他方でソ連も、六三年の部分的核実験禁止条約の時とは異なり、NPTに関してはワルシャワ条約機構諸国と何度も協議を重ねた。そして、核保有国は核兵器の技術や情報を非核保有国に拡散しないこと、非核保有国は核兵器を保有しないこと、さらに核保有国は核軍縮の協議を進めることを骨子とする核拡散防止条約がまとめられていった。両陣営内の協議の緊密化は、時代の変化を物語っていた。

NPTは、ようやく六八年七月初頭に調印の運びとなった。米英ソ三国のほか、世界五九カ国がそれに加わった。しかし肝心の西ドイツが、NPTへの調印を拒否した。ブラント外相はNPTに賛同しており、キージンガー首相も本音ではNPTに同意していたとされる。だが、西ドイツは将来的な核保有の可能性を保持し続けるべきであるとする保守派や外務省内の反N

PT派の圧力の結果、すぐにNPTに調印することを留保したのだった。結局、西ドイツがNPTに調印するためには、政権交代が必要となる。約一年後、ブラントが新首相となり、東方政策を進める中で、それは実現されることになるのである。

ソ連側は、西ドイツのNPT調印拒否に激怒した。ソ連と西ドイツとの関係は険悪になり、当時両国間で続いていた武力不行使協定に関する交渉も六八年七月に決裂した。だが同じ頃、東側陣営を揺るがす大きな動きがチェコスロヴァキアにおいて進行していた。NPT調印の翌月、ソ連のブレジネフは武力でもってそれに対処することとなる。

4 プラハの春

†チェコスロヴァキアの改革

チェコスロヴァキアにおける変化は、共産党内部から始まっていた。他の東欧諸国同様、チェコスロヴァキア経済は一九五〇年代には好調だった。しかし六一年には、日用品が不足するほどにまで経済が行き詰まり始めた。東欧諸国の中で、もっとも経済的落ち込みがひどかった。六三年に入り前年度比でマイナス成長となると、チェコスロヴァキア共産党は経済改革の検討を開始する。改革派の提言は大胆なもので、中央集権的な指令経済の限界を指摘し、限定的な市場原理の導入を主張するものであった。需給バランスに基づいた価格決定、柔軟な賃金の設定、利潤の追求を企業に認め競争原理を導入することなどが謳われた。だが、党内保守派の抵抗により、改革案は実施段階で様々な妨害にさらされた。そのため改革派は、経済改革のみならず、政治改革が必要であると認識するようになっていった。

当初ソ連は、チェコスロヴァキアの改革を容認するかに見えた。同国の独裁的指導者であったアントニーン・ノヴォトニーが、経済苦境を訴えソ連の支援を求めたとき、ソ連側は彼を見限るような態度をとったからである。六八年一月、ソ連の支持を失ったノヴォトニー共産党書記長は、辞任に追い込まれた。代わって後を継いだのが、穏健改革派のアレクサンドル・ドゥプチェク、身長一九〇センチのスロヴァキア人であった。指導者の交代にチェコスロヴァキア国民は期待し、国は興奮に包まれた。

ドゥプチェクは改革派を登用し、「人間の顔を持つ社会主義」の実現を目指した。彼は、経済のみならず政治的変化も進めようとした。公の場での自由な議論を活性化させ、秘密警察の権限も制限し、ソ連派の人々の影響力を徐々に取り除こうとした。とりわけ、出版物などの検閲を廃止したことは大きな試みであった。四月、リベラルな内容の「行動計画」が、チェコスロヴァキア指導部によって採択された。国内では新聞や雑誌で、政治や社会の問題について活発な議論が始まった。非共産主義政党の設立を提唱するグループも国中に出現していた。検閲がなくなり、ある有名な作家によって執筆された、共産党を批判し改革と民主化を訴えた「二千語宣言」が六月に主要各紙に掲載されると、国中からそれを支持する手紙が各新聞社に殺到する。プラハに春が訪れていた。

†ワルシャワ条約機構軍の介入

プラハの春に大きな懸念を示したのは、ソ連よりも他の東欧諸国であった。とりわけポーランドの指導者ゴムウカは、それがポーランド国内に波及することを懸念した。ゴムウカは、一二年前のポーランド一〇月の春の際に同国の指導者になった人物である。だが六八年当時、ポーランド国内では学生運動が活発化しており、それがチェコスロヴァキアの変化と共鳴することをゴムウカは恐れた。実際、ポーランドの学生は「ポーランドは自国のドゥプチェクを待っている!」というプラカードを掲げていた。ゴムウカは早くも三月の段階で、ソ連軍がチェコスロヴァキアを軍事占領すべきであるとの持論を述べていた。

東ドイツのウルブリヒトも、ゴムウカに同調した。ウルブリヒトは、チェコスロヴァキアで起こっていることを「反革命」であると激しく非難した。第二次世界大戦後の東欧諸国は、どこもソ連軍の力によって共産党一党独裁体制が確立されたのであり、マルクス主義的な革命などどこにおいても起こってはいなかった。しかし、チェコスロヴァキアでは一九四八年二月に共産党がクーデターで権力を奪取したことを「革命」と見なしており、折しも六八年二月に、ソ連・東欧諸国の首脳をプラハ城に招いて革命二〇周年記念が盛大に祝賀されたばかりであった。ウルブリヒトの目には、プラハの春が「革命」によってもたらされた成果を後退させてしまうものと映っていた。くわえて、チェコスロヴァキアが西ドイツと密かに接触していたことも、東ドイツにとって大きな懸念材料であった。

ソ連指導部もまた圧力をかけ、ドゥプチェクの改革を止めようとした。ソ連指導部が国防大臣に、チェコスロヴァキアへの軍事介入の計画立案を承認したのは四月であった。だが、まだこの時点で介入の決定がなされたわけではない。ブレジネフは五月にドゥプチェクをモスクワに召喚し、直接懸念を伝えた。ドゥプチェクは、自分は改革をコントロールしていると主張し、またチェコスロヴァキアがワルシャワ条約機構から抜けることもないと強調した。一九五六年の教訓から、ワルシャワ条約機構に留まれば、ソ連はある程度の改革を容認するだろうとの考えがドゥプチェクにはあった。

だがブレジネフは、ドゥプチェクを信用していなかった。ブレジネフの下には、ソ連の諜報機関や駐プラハ大使館からチェコスロヴァキアの行く末を危惧する報告や、西側の陰謀であるといった情報が届いていた。チェコスロヴァキア共産党の保守派からも、ソ連の軍事侵攻を要請する極秘書簡が届けられていた。ブレジネフはドゥプチェクにこう難詰した。「この人間の顔とは何だ？　我々はモスクワでどんな顔をしているとあなたは考えているのか？」

六八年夏、プラハの春は終わりを迎える。ソ連指導部は八月一七日に、「ドナウ」と名付けられた軍事作戦の開始を決定した。ソ連の軍事介入決定の理由は、大きく三つあった。第一に安全保障である。ドゥプチェクの訴えにもかかわらず、もしチェコスロヴァキアがソ連の忠実な同盟国でなくなってしまうと、その地理的な位置からも、東側陣営の安全保障にとって重大な支障を来すと懸念された。第二に、チェコスロヴァキアにおける政治経済改革の波が他の東欧諸国に波及することが不安視された。そして第三に、イデオロギーの問題があった。共産党が「指導的な役割」を果たし続けることが、ソ連にとって何より重要であった。チェコスロヴァキアにおける事態の推移は、その社会主義国の根幹を揺るがすものであると認識されるようになっていた。

八月二〇日、ドナウ作戦が開始された。ルーマニアを除くワルシャワ条約機構諸国の軍隊が、一斉にチェコスロヴァキアに侵攻した。その数、戦車四六〇〇台、兵士一六万五〇〇〇人。兵士の数はその後、五〇万人にまで膨れあがった。チェコスロヴァキア国民は、非暴力的な抵抗で対応したため、五六年のハンガリーと比べると、死傷者の数は遥かに少なかった。しかしチェコスロヴァキアの主要機関は占領され、ドゥプチェクを含む改革派は拘束され、チェコスロヴァキアで進められた改革案は「正常化」の名の下にことごとく撤回させられた。

ソ連は、独特な論理でこの軍事介入を正当化した。チェコスロヴァキア共産党は、軍事介入が道議に反するだけでなく、国際法における主権や自決の原則といった基本理念にも違反していると非難した。ルーマニアも、ワルシャワ条約機構の軍事介入を公に批判し、東側陣営の結束を乱していた。それに対してソ連指導部は、「社会主義諸国の主権と自決権は、社会主義世界の大勢の利益に従属する」と反論した。つまり東側陣営においては、社会主義体制が脅かされている国があれば、それを維持するため、他の社会主義国は、その国の主権や自決権を侵害してでも介入することが認められると強弁したのである。この論理は、西側によって「ブレジネフ・ドクトリン」と呼ばれるようになり、冷戦の終焉まで問題視され続けることになる。

六八年にチェコスロヴァキアの改革を潰したことは、ソ連自身にも跳ね返っていた。ソ連内でも当時、経済改革への取り組みが進行しつつあった。だが、ワルシャワ条約機構軍がチェコスロヴァキアに軍事介入した後、ソ連国内では反改革派の勢力が強まり、ソ連自体の改革も頓挫してしまったのである。ミハイル・ゴルバチョフは、後に彼がソ連の指導者になった時、チェコスロヴァキアの一九六八年とペレストロイカとの違いは何かと尋ねられた際、「二〇年」と答えていた。ゴルバチョフの登場によってソ連が変わるまで、チェコスロヴァキアも変われなかった。その後二〇年以上に渡り同国は、「正常化」させられた保守的な体制を維持し続けることを余儀なくされたのだった。

†通常業務

ワルシャワ条約機構軍のチェコスロヴァキアへの軍事介入に対する西側の反応は、複雑であった。ドゥプチェクの改革は西側にとって間違いなく好ましいものだった。しかし、その一方でソ連がどのように反応するのか深く憂慮していた。武力の行使に対してNATO諸国には強い憤りがあったが、抗議のジェスチャーはとるものの、実際の対応は抑制的であった。経済制裁などが発動されることもなかった。もしソ連がチェコスロヴァキアに介入したとしても、自分たちにできることは何もない。西側諸国は、そう考えていた。緊張緩和の雰囲気が醸成されつつあった時代の中で、東西間の緊張を再び高めたいと思う国はなかった。当初は、武力介入を行ったソ連・東欧諸国との大臣級の交流を禁止するといった措置がとられたが、ほどなくして外交関係を「通常業務《ビジネス・アズ・ユージュアル》」のレベルに戻していった。

フランスのドゴール大統領は、大いに落胆した。デタント政策を進めたにもかかわらず、ソ連による東欧支配という状況を変えることはできなかったことが証明されたからである。今日の目から見ると、確かにドゴールには先見の明があった。東側陣営は約二〇年後に崩壊することになる。しかし当時はまだ、東側陣営を維持する力学は十分働いていた。ドゴールはそれを見誤った。

ドゴールの怒りは、ソ連よりもむしろ西ドイツへと向かった。キージンガー政権の発足当初、ドゴールはエアハルト時代よりもフランスと西ドイツの関係を改善できると考えた。実際、キージンガー首相は仏・西独関係を重視し、またドゴールとブラント外相との関係も悪くなかった。ドゴールは、西ドイツの東側陣営へのアプローチも評価していた。しかし、ワルシャワ条約機構軍による軍事介入が行われると、ドゴールはキージンガーに対して、西ドイツがチェコスロヴァキアの改革を必要以上に煽ったことが問題だと激しく非難した。

確かに西ドイツは、密かにチェコスロヴァキア政府と接触を図っていた。チェコスロヴァキア側からは、西ドイツとの国交樹立に関心があるとの意向も伝えられていた。しかし西ドイツ政府は、東側陣営に内政干渉しているといった非難を受けないよう配慮していた。西ドイツ側はむしろ、「純粋に待ち」の姿勢だったのである。それゆえ西ドイツがプラハの春を煽ったというのは、言いがかりであった。ブラント外相は、ドゴールの態度に愕然とした。そしてブラントは、西ドイツは今後、独自のイニシアティヴを取ることで、東側諸国と二国間関係を発展させる必要があると考えるようになったのだった。

†二国間デタントと陣営

本章では、六〇年代のヨーロッパにおいて二国間デタントが進展すると共に、東西両陣営において軍拡が進められた過程を見た。なぜ六〇年代に、二国間デタントが進んだのか。まず、第二次ベルリン危機とキューバ危機を経験したことで、緊張緩和を求める機運が東西双方で一層高まったことがあげられる。また、二国間ベースで、とりわけ経済・文化交流デタントを進めることで、西側諸国は東ドイツを承認しないまま緊張緩和を進めることができた。五〇年代と異なり、二国間ベースのデタントをまず進め、ドイツ再統一はその先に実現することができるという立場が六〇年代にはとられるようになっていったのである。

ソ連・東欧諸国の方もまた、西側諸国との経済関係を重視し始めた。六〇年代に入り経済成長が鈍化すると、東側諸国はかつての自給自足路線を修正し、東西貿易の促進や技術協力を求めるようになった。その結果、六〇年代に東西間の貿易量は飛躍的に増加するようになった。

さらにフランスのドゴールが、独自の考えから東側陣営との関係改善を進めていったことも六〇年代を二国間デタントの時代にした。ドゴールは、アメリカを重視するエアハルトとの関係を諦め、ソ連・東欧諸国とのデタントを通じた冷戦秩序の変容を模索したのである。ドゴールにとって「陣営」は冷戦秩序そのものであり、それゆえ二国間ベースでの東側との対話を重視した。

しかしながら、ドゴール外交に見られたデタントは、他の西側諸国からすれば陣営の結束を揺るがすものであった。東側においても、ルーマニアが独自路線を貫き、とりわけ西ドイツとの国交樹立を進めたことが、陣営を動揺させた。それに対応すべく、西側ではNATOがアルメル報告を採択し、NATOの存在意義《レゾンデートル》を再確認し、東側ではウルブリヒト・ドクトリンを採択し、陣営の引き締めを図った。NATOは柔軟反応戦略を採択し、ワルシャワ条約機構も軍事同盟としての実体を調《ととの》えていった。くわえて、両陣営はどちらも、様々なレベルでの定期的な同盟内協議を制度化し、それを活性化させていったのである。

二国間デタントはまた、相手陣営の切り崩し政策という側面も持っていた。実際、両陣営においてそのように認識され、警戒された。それゆえに、西ドイツの「平和覚書」やアメリカの「橋渡し政策」は、東側陣営において強い不信感が持たれることにもなった。同じく、東側諸国による西側諸国への個別アプローチも、相手陣営による分断策ではないかと常に疑われていた。六〇年代後半に、東側陣営が再び欧州安全保障会議という多国間デタント構想を積極的に打ち出すようになったのは、二国間デタントによる分断策への対抗でもあった。

ルーマニアが他の東欧諸国を差し置いて西ドイツと国交を結ぶことはあったものの、結局、二国間デタントによる相手陣営の分断策がうまくいくことはあまりなかった。ソ連の支配に反発しつつも、ルーマニアがワルシャワ条約機構を脱退することはなかった。ルーマニアは、東側陣営に留まりつつ、ソ連と西側の双方から利益を得ようとした。ドゴールのフランスもまた、NATOの軍事機構からは脱退するものの、NATOそのものには留まり、東ドイツを承認しないという点においても他の西側諸国と足並みをそろえた。東西それぞれの陣営は必ずしも一枚岩などではなかった。だが、陣営は維持され続けた。

さらに、チェコスロヴァキアにおけるプラハの春による東側陣営の動揺は、またもや武力行使という手段によって押さえ込まれた。ソ連のみならず、ルーマニアを除く東欧諸国もそれを強く求め、ワルシャワ条約機構軍による武力介入となった。チェコスロヴァキアは「正常化」させられ、東側陣営における逸脱は押さえ込まれることとなった。

しかし、プラハの春が潰されても、デタントを進展させヨーロッパを安定させたいとする機運が消えることはなかった。東西両陣営から、すでに多国間デタントの構想が打ち出されていた。六〇年代には、ドイツ問題がネックとなり、安保会議や軍縮交渉が具現化することはなかった。多国間デタントの実現のためには、西ドイツにおける変化が必要だった。次章では、ヨーロッパ冷戦が多国間デタントの時代に入っていく過程を見ていくことにしたい。

コラム6　地中海・バルカンの冷戦——反ヨーロッパ・デタントの国々

　地中海は、第二次世界大戦まではイギリスの勢力圏であった。しかし、戦後の地中海は冷戦の海となっていった。

　一九四九年に成立した西側の軍事同盟が初めて拡大したのは、地中海の東であった。四七年のトルーマン・ドクトリンの後、アメリカの支援を受けていたギリシャとトルコは、NATOへの加盟を希望していた。トルコは朝鮮戦争へも軍を派遣し、西側陣営の一員であることをアピールするほどであった。同時に、もしNATOへの加盟が認められなければ、トルコは中立化するかもしれない、あるいは東側陣営と妥協を強いられるかもしれないと述べていた。結局アメリカの強い後押しにより、両国は五二年にNATO加盟が認められた。

　地中海の西に位置するスペインは、しかし、すぐにはNATOに加盟できなかった。フランコの独裁体制に対する国内の反発から、イギリスとフランスがスペインのNATO加盟には反対したからである。その代わりアメリカは、五三年にスペインと二国間相互防衛条約を締結し、米軍はスペインにも軍事基地を確保することとなる。地中海にはアメリカ海軍の第六艦隊も常駐することとなり、五〇年代前半までに、西側陣営は地中海の北側において反共体制を完成させた。

他方でソ連が重視したのが、地中海の南側である。イスラエルと対立するエジプトに、ソ連はチェコスロヴァキアを介し、五五年以降積極的に武器を売却していった。さらに六〇年代に入ると、ソ連はアルジェリアやリビア、シリア、モロッコなどのムスリム諸国にも援助を拡大していく。地中海は、冷戦の対立と無縁でなどなかったのである。

また南欧の東側陣営諸国、ルーマニアとブルガリアは、五〇年代後半に「核兵器のないバルカン」を唱え、非核地帯の設置を喧伝した。五七年九月、ルーマニアは、バルカン諸国のギリシャ、トルコ、ユーゴスラヴィア、そしてブルガリアに向けて、友好・協力・不可侵協定の締結、そしてバルカン地域の非核化について協議することを提案するが、内部文書はその狙いをこう記していた。もしギリシャとトルコがこれを受け入れれば、バルカン地域におけるNATOの影響力を減じることができ、もし両国が拒否すれば、バルカン地域における共産主義者の影響力を高めることができる。ギリシャとトルコは国内問題に直面するであろう。

西側諸国はこのような東側陣営のバルカン非核化提案をプロパガンダに過ぎないと一蹴した。ユーゴスラヴィアはルーマニアの提案に賛同したが、ギリシャもトルコもこれを受け入れることはなかった。むしろ南欧では、六〇年代初頭までにイタリアとトルコに、アメリカの中距離核ミサイルが配備されていったのである。

しかしながら、NATOにとってもワルシャワ条約機構にとっても、南欧の戦略的重要性は相対的に低かった。両軍事同盟にとって、主戦場は中欧であると想定されていたからである。南欧地域は二次的な重要性しか与えられなかった。アルバニアが中国に接近し、ソ連に対して対立的な姿勢を示しても、またルーマニアがソ連の意向に従わず独自外交を展開しても、ソ連は両国に武力介入をすることはなかった。それは、ソ連にとって南欧の価値が相対的に低かったことを示唆する。

ギリシャとトルコは、NATOが南欧を重視しないことに不信感を抱き続けた。キューバ危機以降、米ソがデタントを進めようとすると、ギリシャとトルコは、ソ連の影響力が拡大しつつあるにもかかわらず、バルカン地域が見捨てられていくのではないかと懸念を募らせた。特にトルコは、ソ連と直接国境を接するNATO加盟国であり、ヨーロッパ冷戦の南方における最前線であった。ギリシャもまた、国境を接するブルガリアをソ連に忠実な好戦的国家であると認識し、脅威を感じていた。六〇年代以降、ヨーロッパでは二国間、そして多国間のデタントが進展するが、ギリシャとトルコはむしろ、NATO内で緊張緩和を進める動きに消極的な姿勢をとり続けることになるのである。

第七章

ヨーロッパ・デタント
——1969～75年

ブラントの跪き(ワルシャワのゲットー記念碑にて、1970年)。

一九七〇年代半ば、ヨーロッパ・デタントは頂点を迎える。東西両陣営の国々とヨーロッパの中立諸国が一堂に会する欧州安全保障協力会議をフィンランドで開催し、その首脳会議でヘルシンキ宣言を採択したのである。このような多国間デタントが実現したのは、六〇年代末に西ドイツにおいて、画期的な政権交代が起こったからであった。新たに首相となったヴィリー・ブラントは東方政策を進め、ソ連・東欧諸国との関係改善外交を展開し、事実上「二つのドイツ」を承認する。その結果、東西両ドイツは席を並べて欧州安保会議に参加することになるのである。安保会議後も、ヨーロッパ・デタントを継続したいという機運は続く。だが、同時期に勃発した第一次石油危機は東西ヨーロッパの経済に深刻な不況をもたらす。西側諸国への依存を深めていた東欧諸国は、次第に巨額の債務を抱え込んでいくことになる。

1　ブラントの東方政策

一九六九年に起こった西ドイツの政権交代は、ヨーロッパ冷戦における一大事件であった。社会民主党（SPD）の党首ブラントが、東ドイツやオーデル・ナイセ線を事実上承認することを前提に、ソ連・東欧諸国と積極的な関係改善を進め、ヨーロッパにおけるデタントを新たな段階へと推し進めていくのである。本節では、ブラントの東方政策がどのようなものであったのか、ソ連や東欧諸国とどのような外交を展開したのか、さらに東側陣営はどのようにブラント外交に対応していったのか、見ていきたい。

†ブラントの構想

前章で見たように、一九六八年までに西ドイツとソ連の関係は著しく悪化していた。西ドイツはNPTに調印せず、ソ連側の怒りを買った。他方でソ連は、チェコスロヴァキアに軍事介入し、さらにチェコスロヴァキアにおける西ドイツの「陰謀」を非難するプロパガンダを展開していた。

しかしながら、ソ連に対する西ドイツ側のその後の方針は、大連立政権内で割れていた。キリスト教民主同盟（CDU）のキージンガー首相がソ連との関係改善を断念する方向に傾く一方で、SPDのブラント外相は、むしろソ連との関係改善を模索していったからである。

ブラントには、構想があった。その構想を描いたのが、彼の腹心エゴン・バールである。バールは、ブラントが西ベルリン市長の時代から市の広報担当として彼の下で働いていた。六一年にベルリンの壁が構築されると、ブラントとバールはともに衝撃を受けた。だが次第に彼らは、壁とともに暮らしていかなければならないと考えるようになる。それは、現状を前提としつつ東西ドイツ、そして東西ヨーロッパの安定を図り、長期的な変化を目指すという考えにつながっていった。それを象徴するのが六三年七月の演説の中でバールが用いた「接近による変化」というフレーズであり、これがブラントの東方政策の基本方針となっていく。

ブラントが六六年末に大連立政権の外相として政権入りすると、バールも外務省の政策企画室長に就任し、ブラントのためにより具体的な構想を策定していった。ブラントとバールの最終目標は、むろんドイツ再統一である。だが彼らは、それを長期的目標に据えた。バールは、ドイツ分断を克服するため、緊張緩和を通じた段階的なアプローチを考案した。それは、第一段階においてソ連および東欧諸国との二国間関係を改善していく。次に、全ヨーロッパの安全保障会議のような多国間の枠組みで軍縮などを進めていく。そして、ヨーロッパにおいて新しい平和秩序を生み出す中でドイツ再統一も実現可能となるとされた。バールはさらに、東西両陣営の軍事同盟を解体する可能性まで検討していたが、そのような考えは同盟国から受け入れられないと判断していた。いずれにせよバールの構想は、大筋でデタントの先にドイツ再統一があるとの考えであり、その点では、五〇年代以降イギリス、アメリカ、そしてフランスにおいて受け入れられていった考えと軌を一にするものであった。

このバールの構想を進めていくためには、まずはソ連との関係改善が重要であり、ブラントはソ連と西ドイツとの経済関係強化を突破口にしようとした。六七年に西ドイツはルーマニアと国交を樹立した。だがその後、ソ連とその他の東欧諸国の態度は硬化してしまっていた。他の東欧諸国との関係改善のためにも、東側陣営の領袖たるソ連との関係改善が必要だった。そして政治関係が悪化する中で、経済関係に焦点が当てられたのである。この方針は、時宜を得たものだった。

折しも、ソ連側も経済面、とりわけ天然ガスとパイプラインに関して西ドイツとの合意を模索するようになっていた。その背景に、ソ連国内のエネルギー危機があった。ソ連は資源大国である。六〇年代に石油の生産量も大きく増やしていた。ところが、それを上回るペースでソ連国内と東欧諸国におけるエネルギー需要が増えていた。軍事部門の肥大化、エネルギー的に非効率な形での工業化、消費社会の拡大などがその原因であった。車の所有者も増えていた。他方でソ連内では、技術の後れから計画通りの石油の増産は実現されず、さらに八〇年代までに既存の油田はピークオイルを迎え、その産出量が減少する見込みであることがはっきりしていた。ソ連は省エネするか、新たなエネルギー供給源を開発するかという選択を迫られた。

ブレジネフが選んだのは、開発だった。彼が目をつけたのが、シベリアの天然ガスである。だが消費地から遠く離れた、しかも極寒のシベリアを開発し、その天然ガスを安定的に利用できるようにするためには、西側の技術と資金が必要だった。エネルギー輸出が滞れば、外貨獲得も危ぶまれる。そこでソ連も、西ドイツに期待するようになったのである。

大口径のパイプラインを製造する技術は西ドイツの企業が持っていた。六〇年代末には、西ドイツの経済省も関与しつつ、西ドイツがパイプラインを輸出し、ソ連から天然ガスを輸入するという取引に関する交渉が進められた。ブラント外相も、駐西ドイツ・ソ連大使との間でこの問題を話し合い、ソ連側が西ドイツとの合意を真剣に求めているとの感触を得ていた。六九年七月には、最高ソビエト会議でグロムイコ外相が、西ドイツとの武力不行使交渉を再開する用意があると言明するまでソ連側の態度は軟化した。経済関係の進展が、政治関係の改善につながり始めていた。

†新東方政策

さらに決定的な変化が、六九年の西ドイツでの総選挙によってもたらされた。政権交代により、ブラントが西ドイツの首相に就任することになったのである。選挙で第一党となったのは、CDUと姉妹党のキリスト教社会同盟(CSU)の連合だった。しかし第二党のSPDと第三党の自由民主党(FDP)の議席数を合わせると、CDU・CSUをかろうじて上回った。それを利用して、SPDとFDPが連立を組み、ブラントを首相とする新政権が一〇月に発足することとなったのである。FDPもデタントの推進に前向きであり、同党の党首ヴァルター・シェールが外相のポストに就いた。これにより西ドイツは、大連立政権の時よりも、さらに積極的な東方政策を展開することができるようになった。この政権交代は、新たな西独・ソ連関係の始まりであり、さらにはヨーロッパ冷戦の新段階をもたらすことになる。

一〇月末、ブラント首相は就任演説において、西ドイツの歴代政権との違いを明確にした。何よりもまず、「一つのドイツ民族の中の二つの国家」という言葉で、東ドイツの存在を事実上承認する立場を示したのである。ブラントとバールは、東ドイツを孤立させるのではなく、対話の相手と見なすことが長期的な変化をもたらすために重要であると考え、東西両ドイツ間の暫定協定の締結を目指す方針を示した。ブラントはまた、ソ連や他のワルシャワ条約機構諸国との武力不行使協定の締結や、四大国の交渉によるベルリン問題の解決を求めた。ブラント政権はさらに、早くも政権発足一月後の一一月末に、核拡散防止条約（NPT）に調印した。これは長年に渡ってくすぶり続けていた西ドイツの核武装問題に終止符を打つものであり、ソ連との交渉に真剣であるという明確なシグナルであった。

西独・ソ連間の交渉はすぐにも開始された。ソ連側もまた、選挙前から西ドイツの選挙におけるSPDの勝利を期待しており、ブラント政権の発足を歓迎していた。西ドイツ側では、もっぱら首相官邸が東方政策を主導した。ブラントが首相になると、バールは首相官邸の東方問題担当次官となり、自らモスクワに何度も足を運び、ソ連外相グロムイコと交渉を重ねた。バールはまた、ソ連との間に、外務省を介さない秘密チャンネルを構築した。ソ連側の相手は諜報機関KGBの議長ユーリ・アンドロポフである。ブラントとバールは、彼を通じてブレジネフに直接考えを伝えることができるようにしていた。

両国はまず、経済面で合意に達した。一九七〇年二月、西ドイツが天然ガスのパイプラインを輸出し、ソ連が西ドイツに天然ガスを輸出するという協定が締結されたのである。天然ガス・パイプラインはシベリアからチェコスロヴァキアと西ドイツとの国境線まで二四〇〇キロの長さになり、ソ連は七三年より二〇年間天然ガスを輸出し、西ドイツの銀行一七社がパイプライン建設のため一二億マルクの融資をするという、両国間で過去最大の契約が結ばれた。これは、西独・ソ連の関係改善の極めて重要な一歩であった。

ソ連との交渉は、単にソ連と西ドイツとの二国間の経済問題や武力不行使協定に留まるものではなかった。それは、他の東欧諸国との関係も含めた包括的な問題の基本的な立場についての合意を目指すものだった。七〇年八月に合意にいたった両国間のモスクワ条約では、戦後のヨーロッパの現状を確認し、国境線が不可侵であると定められた。これは、西ドイツが東ドイツの存在、そしてポーランドとの国境線がオーデル・ナイセ線であることを事実上認めたことを明確にするものであった。他方でソ連も譲歩し、西ドイツにそれらの国際法的な承認までは求めなかった。ヨーロッパの現状をどのように認め合うかが落としどころの鍵であった。

モスクワでの交渉の最大の問題は、ドイツ再統一問題だった。バールには、現状を承認する準備はあった。だが、関係改善を通じて長期的変化をもたらすというのが彼の構想であった。

将来の再統一の扉を開いておく必要があった。変化の可能性を閉ざしてはならなかった。バールはそのため、モスクワ条約の中にではなく、別途書簡をソ連側に送る形で、将来の再統一に関する西ドイツの立場を示そうとした。だがグロムイコ外相は、それに激しく抵抗した。「二つのドイツ」というソ連の公式の立場に反するからである。

行き詰まりを打開したのが、秘密チャンネルだった。このルートを通じて、書簡問題が交渉を決裂させかねないと知ったブレジネフはグロムイコに新たな指令を出し、西ドイツからの書簡を受け入れることに同意させたのである。七〇年八月一二日、ブラントは自らモスクワを訪問し、モスクワ条約に調印した。その日、ブラントは、「この条約は、ヨーロッパにおける平和の状況に尽力し、そこにおいてドイツ国家が自由な自己決定にもとづいてその統一を回復するというドイツ連邦共和国の政治的目的と矛盾しない」としたためた書簡をソ連側に渡した。将来、いわゆる自決の原則に基づいてドイツは再統一するという立場を改めて伝えたのだった。

†ポーランドとワルシャワ条約

ソ連の次がポーランドだった。六〇年代半ば、ポーランドは欧州安全保障会議のような多国間の枠組みの中でオーデル・ナイセ線を国際的に認めさせようとした。しかし、六〇年代末にソ連が西ドイツとの二国間関係改善の意思を明確にし始めると、ポーランドの指導者ゴムウカは、ポーランドの頭越しに望まぬ合意がなされてしまうことを懸念し始めた。それゆえポーランドも、多国間ではなく西ドイツとの二国間交渉に積極的になっていった。さらには、ウルブリヒト・ドクトリンの一要素であった、まず西ドイツは東ドイツを国際法的に承認すべしとの立場をも棚上げにするようになった。東側陣営の共通の立場はなし崩しにされていった。

ブラント政権が発足するとすぐに、モスクワ交渉と並行して、西ドイツとポーランドとの交渉も進められた。モスクワ交渉を横目に、ポーランド政府はそれに先行しないよう慎重に交渉を進めた。そしてモスクワ条約締結の四カ月後、西ドイツとポーランド間で、ワルシャワ条約が締結されたのである。最大の問題はやはり国境線問題だった。両国の間には東ドイツがあり、両国は直接国境を接しているわけではない。しかし両国はワルシャワ条約で、国境線は「不可侵」であり、今後領土問題を互いに持ち出さないとすることで、オーデル・ナイセ線を尊重する立場を確認したのである。しかし、国際法的に直接オーデル・ナイセ線が両国で承認されたわけではない。その点で、ポーランド側の譲歩があった。

七〇年一二月七日、ブラント首相は、やはり自ら条約に調印するためポーランドを訪問していた。その日ブラントは、ワルシャワのゲットー記念碑を訪れ、献花した。彼はさらに、その際、記念碑の前で静かに跪《ひざまず》いた（本章扉写真参照）。そのまま黙禱するブラントの姿は極めて印象的で、人の心を打つものだった。ドイツ軍に殺されたユダヤ人に哀悼の意を示すためになされたその行為は、事前に予定されたものではなく、誰もが驚きを示した。予想外のことに慌てたゴムウカは、ブラントが跪くその姿を、新聞やニュースなどでポーランド国民に見せるのを一切禁止した。

ワルシャワ条約には、西独・ポーランド間の国交正常化に関する条項も含まれていた。しかし、両国が外交関係を樹立するには、さらに一年半の時間がかかることになる。ベルリン問題が解決されなければならなかったからである。ベルリンは、依然として不安定な状態であり続けていた。たしかにベルリンの壁構築は、東ドイツからの人の流出を止めた。だがそれは、東側の一方的な措置であり、西側から西ベルリンへのアクセスの問題など、米英仏ソ間でベルリンをめぐる懸案事項についての取決めは何もなされてなかった。

ベルリンをめぐる交渉については次節で改めて触れるが、ブラントがベルリン問題と、モスクワ条約およびワルシャワ条約の批准をリンクさせる戦術をとったことが、西ドイツとポーランドとの国交樹立を遅らせることになった。調印されたモスクワ条約とワルシャワ条約によって西ドイツは、東ドイツとオーデル・ナイセ線を事実上承認するという歩み寄りを示した。しかし、条約は批准されなければ発効しない。ブラントは、両条約を批准するか否かは、ベルリン問題の解決にかかっているとして、その解決をソ連に促したのである。

ベルリン問題を解決できるのは、ベルリンに関する法的権限を持つソ連と西側三国である。

アメリカ、イギリス、フランスの西側三国は、しかし、ブラントの東方政策に手放しで賛同していたわけではなかった。三国は、ブラントの東方政策に対して不信と懸念を抱いていた。ブラントは、東側陣営とのデタントを推進するため、西ドイツ自身が積極的に外交を主導していかなければならないと考えていた。しかしこれは、西側三国の目には、経済大国となった西ドイツが独自の国益を追求し始めたものと映った。ブラントの積極的な外交は、西側三国と事前に相談せず、事後報告のみを行うという形でも現れ、それが西側三国の不信感にもつながっていた。とりわけ西側三国は、ブラントがソ連に対して、自分たちが望まないような譲歩をソ連側にしてしまうのではないかと懸念した。また、ブラントが東側陣営と交渉を急いだことも、東方政策の進展が早すぎるとの不安を抱かせることにもなった。それゆえ、西側三国は、表向きはブラントを支持する姿勢を示しつつも、ベルリン交渉などを通じて東方政策全体の進展をコントロールすることになる。ベルリンに関する協定は七二年六月にようやく調印され、西ドイツとポーランドの国交正常化もその後に実現していった。

†基本条約と国交正常化

ブラントはソ連との関係改善が東方政策の核心であると考えていたが、何より目指していたのが東ドイツとの関係正常化であった。西ドイツ側は憲法(基本法)上、東ドイツを国際法的に承認することはできず、この事情から東西ドイツ間の関係は対等ではあるが特殊な関係であるとする独特な解決策をブラントは模索した。むろん東ドイツは国際法的な承認を求めていた。しかし七一年に東ドイツの指導者がウルブリヒトからホーネッカーに代わり、独独関係の改善を求めるソ連の意向にホーネッカーがより従順であったこともあって、両ドイツ間の特別な関係を定めた基本条約と呼ばれる条約に七二年一二月に調印することとなったのである。これによって西ドイツは、西ドイツこそが唯一ドイツ人を代表する国家であるとの立場を取り下げた。東西両ドイツが互いを承認し合ったことで、多国間デタントへの道も開けることになった。七三年以降、イギリス、フランス、そしてアメリカが東ドイツを主権国家として承認し、外交関係を樹立した。同年、東西両ドイツは、国連にも同時に加盟する。さらに七〇年代末までに、一五〇近くの国が東ドイツと国交を樹立することにもなった。こうして、「二つのドイツ」は国際社会の常態となっていったのだった。

西ドイツは、他の東欧諸国とも次々に国交を樹立していった。ワルシャワ条約機構軍の侵攻によってプラハの春が終わった後、チェコスロヴァキアでは六九年四月にドゥプチェクが解任され、後任となったグスターフ・フサークは社会主義の「正常化」の名の下に改革の流れを逆行させていった。西ドイツとの関係に関しても、対話を急がないとの態度を示していた。だがそれでも、七一年三月から両国間の交渉は始められ、七三年一二月に国交正常化条約が調印された。

最も早くから西ドイツとの国交樹立を求めていたハンガリーは、しかし、チェコスロヴァキアが西ドイツと合意するまで西ドイツと外交関係を樹立しないとの姿勢を貫いていた。ただしハンガリー指導部は、国交樹立以外の点では、可能な限り西ドイツとの関係を強化するという方針も確認していた。基本的にソ連に忠実な外交をし続けたブルガリアも、西ドイツとの国交回復は一番最後であるべきだと認識していた。その結果、ハンガリーとブルガリアは、チェコスロヴァキアに二週間弱遅れて、七三年一二月に西ドイツと外交関係を樹立した。こうして西ドイツは、すべてのワルシャワ条約機構諸国と国交正常化を果たした。ヨーロッパ冷戦におけるハルシュタイン・ドクトリンは、完全に過去のものとなった。

西ドイツの二国間レベルの東方政策は完成した。だがブラントの構想は、まだその先に多国間デタントを見据えていた。ソ連・東欧諸国もまた、六〇年代半ばより欧州安全保障会議の開催を提唱していた。次節では、それが実現する過程を見ていきたい。

2　欧州安全保障協力会議

ブラントの東方政策の成功は、多国間デタントへの道を開いた。二つのドイツがともに、対等な立場で多国間会議へ参加することが可能になったからである。本節では、ヨーロッパにおける多国間デタントの成功例として、欧州安全保障協力会議（CSCE）が開催され、一九七五年八月のCSCE首脳会議でヘルシンキ宣言が署名されるにいたる過程を見ていく。欧州安保会議の構想は、東側陣営により六〇年代半ばに再び提唱されるようになっていたが、それを西側陣営がどのように受け入れていったのかが注目される。それは、すでに見た西ドイツの東方政策のみならず、ベルリン問題や、NATO側が提唱する通常戦力の軍縮問題と連関し複雑な過程をたどっていった。

†西側陣営の変化

ワルシャワ条約機構諸国は、一九六九年三月にハンガリーの首都ブダペストで開催された会議において、改めて欧州安保会議の開催を呼びかけた。これはブダペスト・アピールと呼ばれる。だがNATO側は、まだ六九年の時点では、ブダペスト・アピールにおける安保会議の提案を無視し、二国間ベースの東西対話を継続する姿勢を続けていた。

東側陣営の提案である安保会議が実現するためには、西側の姿勢に変化がなければならない。七〇年の後半になると、ようやくNATOの主要国、とくにイギリスやフランスが欧州安保会議の考えに前向きになっていく。すでにベルギーなどの小国の中には、安保会議に積極的な姿勢を示す国もあった。西ドイツのブラントは、安保会議の構想自体については賛同するものの、前節で見たように二国間で進める東方政策をまずは重視していた。イギリスは、六〇年代の労働党政権時代は東西間の緊張緩和全般に前向きであったが、安保会議よりも通常戦力の軍縮に積極的であった。だが政権交代が、イギリスの政策に微妙な変化をもたらす。

七〇年六月にエドワード・ヒース率いる保守党政権が発足すると、外交の優先順位に変化が生まれた。ウィルソン労働党政権と比べると、ヒース政権は東側陣営との対話にそれほど積極的ではなかった。また通常戦力の軍縮に関しては、NATOの防衛力維持にとってむしろ害になりかねないと懸念していた。しかし、それに対して安保会議自体は、開催してもそれほど有益ではないかもしれないが、西側にとって害も小さいと評価するようになったのである。

ヒース首相は、緊張緩和の時代において、むしろソ連に対する不信感を強く持つ西側の指導者であった。彼は欧州安保会議も、冷戦の対立の場と捉えていた。安保会議という場は、東欧諸国に自由に発言する機会を与え、東側陣営の結束を乱す機会になるかもしれないと期待された。また、すでに西側陣営内では、六九年末までに、東西対話の中で扱うべき議題として、「人・思想・情報の自由な移動」という人道問題を掲げるようになっていた。これによって、安保会議において東側陣営に攻勢をかけることができるようになるとヒースは考えていた。こうしてイギリスは、軍縮よりも安保会議を優先させ、その開催に前向きな姿勢をとるようになったのである。

フランスもまた、七〇年代に入り、欧州安保会議という考えに積極的になっていった。フランスでは六九年にドゴールが辞任し、ジョルジュ・ポンピドゥが新大統領の座についていた。当初ポンピドゥは、ドゴールと同様に、多国間デタントよりも二国間のデタントを重視していた。だが、ブラントが東方政策を積極的に進めるのを見て、ポンピドゥの態度も変化していった。ポンピドゥは、西ドイツが東側陣営に接近していくことに不信感を抱いていた。というのも彼は、西ドイツがヨーロッパに新たな安全保障秩序を構築するためＮＡＴＯから離脱し、将来的には中立化し、さらには核武装をするのではないかとまで懸念していたからである。ポンピドゥは、西ドイツの独自外交を管理する枠組みとして、欧州安保会議の構想を利用できると考えた。さらに、西ドイツがソ連と七〇年八月にモスクワ条約を締結すると、同年一〇月に訪ソを予定していたポンピドゥは、フランス外交の独自性を示しつつ、仏ソ関係を強化するためにも、ソ連に歩調を合わせる形で安保会議を積極的に支持するようになったのである。それはドゴール時代からの大きな変化でもあった。

†ベルリン問題

だがフランスは、手放しで安保会議に賛同したわけではない。フランスにとって重要だったのはドイツ問題であり、ベルリン問題であった。ドイツの将来に関して影響力を維持するため、フランスが持つベルリンに対する権利を保持し続けることが何より重視された。それゆえフランスは、ベルリン問題の満足のいく解決が、欧州安保会議開催の前提条件であるとの立場をとり続けた。すでに見たように、ブラントもまたベルリン問題の解決が西ドイツにおいてモスクワ条約を批准する前提条件としていた。ベルリン問題は、ヨーロッパ・デタントのまさに中心に位置づけられていった。

ベルリンをめぐる米英仏ソ四カ国の交渉は、七〇年三月末から始まっていた。ベルリン問題は非常に複雑であり、解決しなければならない多くの問題領域が含まれていた。そのすべてを詳述することは、本書の範囲を超える。ここでは、ベルリン交渉において最も重要であった三つの争点についてのみ簡潔に指摘するに留めたい。第一に、すでに第五章で触れたように、「ベルリンの地位」が問題となった。交渉の対象となる「ベルリン」とは「全ベルリン」のことを指すのか、「西ベルリン」のみについてなのか、という問題である。第二に、西ドイツと西ベルリン間のアクセスの問題である。西側三国は、この問題の解決を最も重視した。そして第三に、西ドイツと西ベルリンとの関係についてである。西ベルリンは、西ドイツの支援なくして実質的に成り立たなかった。しかしながら、ソ連と東ドイツは、西ベルリンは四大国の管理下にある「独立した政治的存在」であると主張し、西ベルリンを西ドイツの一部であるかのように扱うことは「違法」であると非難していた。ベルリンが新たな対立の火種とならないためには、特にこれらの問題を解決する必要があった。だが、交渉は遅々として進まなかった。西側三国は交渉において有利な立場にあると考え、強気の姿勢を崩さなかったからである。他方でソ連側は、従来の原則論を繰り返し続けた。

ベルリン問題を動かしたのは、またもやバックチャンネルを通じた秘密交渉であった。六九年一月にアメリカ大統領に就任していたリチャード・ニクソンの安全保障問題担当補佐官ヘンリー・キッシンジャーは、政権発足後まもなく、駐米ソ連大使アナトリー・ドブルイニンとの間に、国務省を介さない極秘の連絡ルートをソ連指導部と構築していた。この非公式のチャンネルを通じて、七一年二月から米ソ間で、ベルリンに関するより踏み込んだやりとりが始まった。さらに、キッシンジャーは西ドイツのバールとも直接つながるパイプを築いていた。本来ならベルリン問題に関する権限は米英仏ソ四大国が保持しており、西ドイツがベルリンに関わる法的権限はなかった。しかしながら、このバールが非公式ルートを通じて、重要な役割を果たした。バールは、ベルリンに関する国際法上の神学論争を棚上げにして、プラグマティックな解決を目指すべきと提案したのである。それが行き詰まる交渉の突破口となった。その結果、この米・ソ・西独三国の極秘交渉を通じて、ベルリン交渉が一気に進むこととなった。イギリスとフランスは完全に蚊帳の外だった。

かくして、一九七二年は国際政治が大きく動く年となった。二月にはニクソンが訪中し、米中接近を果たした。ベルリン問題が大筋合意したことを受け、五月には西ドイツ議会でモスクワ条約とワルシャワ条約がようやく批准された。同月、ニクソンはモスクワも訪問し、米ソは戦略兵器制限条約に署名した。米ソ首脳会談が成功裏に終わったことも、ヨーロッパにおける多国間デタントが実現する重要な前提条件だった。そして六月初頭には、ベルリン協定の正式署名が米英仏ソ四カ国によって執り行われた。さらに一二月には、すでに前節で述べた東西ドイツ間の基本条約も締結され、多国間デタント実施の要件がそろうこととなったのである。

†安保会議と軍縮会議

とはいえ、どのように多国間デタントを実施するのかという問題があった。東側陣営は欧州安保会議を提唱し、他方で西側陣営は六八年の「レイキャヴィク・シグナル」以降、通常戦力の軍縮会議を提案していた。専門書では前者は「ＣＳＣＥ」（欧州安全保障協力会議）、後者は「ＭＢＦＲ」（中部欧州相互均衡兵力削減交渉）とアルファベットで略記されるが、ここでは前者を「安保会議」、後者を「軍縮会議」として話を進めたい。特に、両者をどのような関係にするのかという点が課題であった。この点についてもまた、米ソが密かに方針を決めようとしていた。

アメリカのニクソンとキッシンジャーは、軍縮会議は米議会向けに有用であると考えていたが、安保会議への関心は薄かった。だが、西ヨーロッパの同盟国が安保会議に積極的になる中で、西側陣営の結束維持のために安保会議には反対しないとの立場を取るようになっていった。他方でソ連は、一貫して安保会議によってヨーロッパの現状を多国間で承認することを目指していた。軍縮会議にはずっと消極的であったが、七一年頃からそれを受け入れる姿勢は示していた。

そこで米ソは、安保会議と軍縮会議を別個の会議として、しかしほぼ並行して実施することにした。西ドイツのバールの構想にもあったように、西欧諸国の中には安保会議の中で軍縮問題を扱うべきだとの主張もあったが、両者を明確に切り離すことにしたのである。これは、安保会議の中で軍縮問題を協議し、もしそれがまとまらなければ安保会議全体が失敗ということになってしまうため、ソ連側が安保会議と軍縮会議の切り離しを求めたからであった。五〇年代と異なり、七〇年代のソ連は軍縮に後ろ向きであり、交渉を開始してもそれが容易にまとまることはないと考えていたのであろう。

さらに米ソは、安保会議を早期に決着させ、その後に軍縮会議を開催するという密約まで交わした。これは、早期に安保会議の成果を得たいと考えていたブレジネフと、安保会議そのものには関心はないが、軍縮会議は確実に開催させたいニクソンとキッシンジャーの思惑がかみ合った結果であった。しかしこれは、ヨーロッパ諸国と何ら事前に協議されたものではなかった。

それゆえ西欧諸国は、ヨーロッパ・デタントのスケジュールがヨーロッパの頭越しに米ソ二国間で決められていくことに抗った。西欧諸国は、米ソの密約の存在を疑った。とりわけ安保会議をいつ終わらせるかまで事前に決めておくことに強く抵抗したのである。その結果、米ソの密約は骨抜きにされた。やや細かい話になるが、安保会議と軍縮会議の関係は次のようなものとなった。まず一九七二年一一月に安保会議の予備協議を、七三年一月に軍縮会議の予備協議をそれぞれ行う。その後、七三年六月に外相レベルの安保会議を正式に開催し（第一段階）、それを踏まえて実務レベルの専門家会議をスタートさせる（第二段階）。並行して、軍縮会議の交渉も同年一〇月に開始する。安保会議を終わらせてから軍縮会議を開催するという形ではなくなり、実務レベルの安保会議の長い協議が、実際には七五年夏まで続くこととなったのである。このことの重要性は、時間をかけた交渉が可能になったことで、安保会議の中身が、ソ連側が求めていたヨーロッパの現状を承認するだけの薄いもので終わることが回避されたことにある。ではその結果、安保会議で何が決められたのか。

†ヘルシンキ宣言

一九七五年七月末、東西両ドイツを含むヨーロッパ諸国とアメリカおよびカナダの計三五カ国の首脳が、フィンランドの首都ヘルシンキに集まった（アルバニアだけが参加しなかった）。これはヨーロッパでは、一八一四年のウィーン会議以来の一大イベントであった。三日間続いた首脳会議の最終日、八月一日にヘルシンキ宣言は採択された。

二年の長きにわたって事務レベルで協議された成果が、ヘルシンキ宣言である。この一〇〇頁にもなる文書には、膨大な数の項目が含まれている。それらは、三つの「バスケット」という形で整理された。ここで、この歴史的文書の内容を簡潔に紹介しておこう。

ソ連の指導者ブレジネフは、ヘルシンキ宣言を自らの外交的勝利であると誇った。実際、その第一バスケットに属する「参加国間の関係を律する原則に関する宣言」には、主権平等や内政不干渉、そして国境不可侵の原則が含まれていた。それらは、第二次世界大戦後のヨーロッパの現状が承認されたことを示唆していた。二つのドイツが参加したことを含め、欧州安保会議は、ソ連が最も重視してきた現状維持デタントが実現した場となった。

だが同宣言は、東側の要求ばかりが一方的に盛り込まれたわけではない。まず何より、西側陣営が重視した、人権と基本的自由の尊重が謳われた。また主権平等や武力不行使の原則はソ連にとっては、いわば諸刃の剣であり、西側からすれば六八年のソ連・東欧諸国によるチェコスロヴァキア侵攻の後にソ連が打ち出したブレジネフ・ドクトリン、つまりは制限主権論への牽制の意味があった。ブレジネフ・ドクトリンが社会主義共同体のためには武力介入も認められるとしたのに対して、主権平等や武力不行使の原則は、政治体制やイデオロギーにかかわらず武力介入を認めないとする一般原則だったからである。さらに同宣言には、「平和的変革」という原則も盛り込まれていた。それは国境不可侵の原則によってドイツの東西分断が永遠に固定化されてしまうことを懸念した西ドイツが強く求めたものであった。ヘルシンキ宣言から一五年後、この平和的変革の原則と自決の原則を根拠に、東西ドイツが再統一する道が開かれることになる。

第一バスケットにはまた、「参加国間の関係を律する原則に関する宣言」に加え、信頼醸成措置と呼ばれる一連の項目が含まれていた。すでに見たように、通常戦力の軍縮問題は、軍縮会議の形で安保会議とは別の枠組みで、つまり安保会議の外で取り上げられることとなった。それゆえ、安保会議の中でどのような軍事安全保障の問題を扱うのかという問題が生じ、例えば軍事演習の事前通告やオブザーバーの交換といった、当初は「付随的措置」と呼ばれていたものが「信頼醸成措置」と表現を変えて第一バスケットに盛り込まれたのだった。

第二バスケットは、「経済、科学技術、環境の分野における協力」であり、分量的にはヘルシンキ宣言の中で最も大きな部分となった。とりわけ東欧諸国が早い段階から東西間の経済・文化交流デタントのさらなる発展を求めていたことの反映であった。

第三バスケットでは、西側陣営が最も強く求め、事務レベルの協議で最も論争となった問題である「人・思想・情報の移動の自由」に関する「人道およびその他の分野での協力」が扱われている。そこには、家族の再会などを含む人的接触や、情報へのアクセス・交換、文化交流、教育分野での協力などが取り決められた。まさにこの第三バスケットがヘルシンキ宣言に盛り込まれたことに、西欧諸国が先述の米ソの密約に反発した意義があったのである。

なぜ東側陣営は、人権および基本的自由の尊重に関する原則や第三バスケットを受け入れたのか。むろんソ連・東欧諸国は、これらを躊躇せず受け入れたわけではない。だが、ブレジネフは、何より安保会議の成功を求めた。そして、内政不干渉の原則を盾に西側からの干渉や批判をかわせると判断し、ソ連はそれを最終的に受け入れたのだった。しかしながら、ワルシャワ条約機構諸国は、このヘルシンキ宣言によってその内側から揺さぶられることとなるのである。

3 ECとコメコン

ヨーロッパ・デタントの進展は、ソ連の対欧州共同体（EC）政策をも転換させた。ECを批判し、その存在を長年認めようとしなかったソ連は、一転してECの存在を承認するとともに、コメコンとECとの関係強化を主張するようになる。だがデタント時代に、EC・コメコン関係が進展することはなかった。EC側の冷戦的思考が、それを妨げることになる。

†ECの成功、コメコンの失敗

一九五八年にローマ条約に基づいて発足した欧州経済共同体(EEC)は、一時危機を経験しつつも、経済の高度成長を追い風に六〇年代を通じて着実に経済統合を実現させていった。六七年にEECと、欧州石炭鉄鋼共同体(ECSC)、そして欧州原子力共同体(ユーラトム)の三つは一体化し、ECとなる。ECは、六八年までにEC域内の関税を撤廃し、域外の関税を加盟各国間で共通のものにし、関税同盟を実現した。EC域内の貿易は、それによって大幅に増大し、統合の成果をはっきりと示した。

ECの加盟国も増加した。ドゴールの辞任後、イギリスのEC加盟がようやく認められ、当初六カ国であったECは、七三年にイギリス、アイルランド、デンマークの三カ国が新たに加わり九カ国へと拡大した。

他方で、東側陣営の経済組織コメコンは、ECのような統合はおろか、経済協力も十分に発展させられなかった。六〇年代に多くの東欧諸国の経済が悪化すると、各国レベルで経済改革が模索されると同時に、コメコン統合を求める声も再び持ち上がった。しかしながら、「統合」

の方向性が、コメコン各国で大きく異なっていた。ソ連は、コメコン統合を通じてソ連の政治的経済的支配を強化し、コメコン内貿易を増加させようとした。ソ連に忠実な東ドイツやブルガリアはこの方針を支持した。

他方でハンガリーやポーランド、チェコスロヴァキアは、より外向き志向だった。これらの国々は、より効率的な経済統合を求め、そのため一部に市場経済メカニズムを導入することすら求めた。またコメコン域外との貿易も、コメコン諸国が協力して促進することを期待した。

表向きコメコンは、七一年五月に「総合計画」を採択する。その長い正式名称は、「コメコン加盟国による社会主義的経済統合の協力および発展をさらに進化し改善するための総合計画」といった。だがその中身は、ハンガリー、ポーランド、チェコスロヴァキアの主張を骨抜きにするものだった。「経済統合」をどのように実現するのかも曖昧であった。ルーマニアは、形だけは「総合計画」に賛同したものの、従来通り一貫して自国の主権を主張し続けた。「総合計画」に盛り込まれたコメコン内の様々な経済問題に関する提案は、結局ほとんど実施されることはなかった。コメコンは、表向きは多国間協力を唱え続けた。だが、それが実現することはついぞなく、経済効率よりも政治に左右される二国間ベースの貿易が東側陣営内の経済実態であった。後述するように、東欧諸国の経済状況は厳しさを増していくことになるが、コメコンという枠組みは何ら助けにならなかった。むしろ東欧諸国は、西側への依存を深めていくことになる。

†ECと冷戦

ECとコメコンとの関係が発展することもなかった。七二年一二月、ソ連の指導者ブレジネフは演説の中で初めてECの現実を認め、コメコンとECの関係強化を呼びかけた。これは、五〇年代から一貫して西ヨーロッパ統合の試みを非難し、ECやその前身の諸共同体の存在すら承認してこなかったソ連の立場を大きく転換させるものだった。西側諸国が東ドイツを主権国家として承認しようとしなかったように、東側諸国はECを交渉相手として認めようとしなかったのである。だがブレジネフは、その姿勢を一変させた。なぜか。七〇年代初頭に入り、ソ連が対EC政策を転換したことは、デタントの進展と密接な関係があった。

ブレジネフがECの現実を認めた最大の理由は、七〇年八月にソ連と西ドイツとの間で締結されたモスクワ条約の批准を実現するためであった。条約は議会の批准を経てようやく発効するものであるが、西独議会では野党がブラントの東方政策を批判していた。当時、西独議会の与党と野党の議席数は僅差であった。そして野党は、ソ連がECの存在を認めようとしないことを批判の一つに挙げていた。ブレジネフは、モスクワ条約の締結という成果を非常に重視しており、野党に足をすくわれ、西独議会で同条約が批准されないということがあってはならなかった。それゆえ、戦後ヨーロッパの現状承認という目的を実現するために、ブレジネフはECを認めるという方向に舵を切ったのである。

ブレジネフには、もう一つの狙いがあった。東側陣営の結束維持である。東側陣営としては公式にECを承認していなかったが、東欧諸国は六〇年代に、非公式の形でECへの接近を始めていた。ソ連はその動きを統制するため、ECとの交渉の窓口をコメコンに一元化すべく、コメコン各国が独自の動きをしないよう、コメコンとECとの関係強化を訴えたのだった。

だが西欧諸国は、全体として経済・文化交流デタントに前向きであったにもかかわらず、ECとしては、ブレジネフの呼びかけに応えようとはしなかった。そこには、冷戦的な思考が色濃く反映されていた。六〇年代末までにECは、域外関税を共通にすると同時に、共通通商政策もスタートさせており、通商協定はECが一体として締結することになっていた。EC各国が各自で交渉し、独自の通商協定を締結して関税率を決めてしまうと、共通の域外関税を維持できなくなってしまうからである。これまでEC各国が締結してきた様々な通商協定は、ECとの通商協定に置き換えられる必要が生まれていた。

このことは、東側陣営に対する通商政策もECレベルで見直す必要が生まれたことを意味した。その際、EC諸国は、七〇年代初頭にECの対東側政策を検討し、大きく三つの原則を確立する。第一に、東側陣営との経済協力は、ECのルールに基づいて強化する。第二に、東側と関係強化を進めるとしても、ヨーロッパ統合の進展を妨げてはならない。そして第三に、ソ連の東欧支配の強化を助成するような措置をECは取らない、というのがその原則である。

これらの原則を具体的な政策にしたとき、ソ連との軋轢《あつれき》が生まれることとなった。EC側は、東側陣営諸国とも新たな通商協定を締結するつもりであったが、組織としてのコメコンとは直接協定を締結しないと決定した。なぜなら、EC側はソ連の狙いを理解しており、ソ連がコメコンを牛耳っている以上、EC・コメコン関係の強化は、ソ連が一元的に対EC関係を取り仕切る形で東欧諸国の支配を強めることにつながると考えられたからである。また、実体の乏しいコメコンと何らかの協定を結んだとしても、EC側がそこから得られる利益はほとんどないとも考えられていた。ECはむしろ、共通通商政策に基づき、コメコンという組織とではなく、ソ連・東欧各国と個別に通商協定を締結することが望ましいとしたのである。これは、いわば東側陣営の分断を図るものであり、極めて冷戦的な政策であった。

結局七〇年代に、ECとコメコンとの間で何らかの協定が結ばれることはなかった。ソ連が、あくまでもコメコンとの協定締結に固執し、交渉が決裂したからである。独自路線を続けるルーマニアのみがECと協定を締結したが、他の東欧諸国はソ連の意向に従ったため、既存の二国間通商協定は破棄されることとなった。七五年一月以降、東西ヨーロッパは通商に関して無協定時代に入っていく。ECとコメコンとの関係が再び動き始めるのは、ソ連にゴルバチョフが現れ、東欧各国の独自路線をソ連が積極的に容認するようになるのを待たねばならない。

4 石油危機とヨーロッパ

一九七〇年代は、世界経済が大変動を経験した時代であった。東西を問わず、ヨーロッパ冷戦にも少なからぬ影響がもたらされた。石油危機によって、西側経済は高度経済成長期から一転して長期不況に陥る。七〇年代後半には東西貿易も滞る。さらに東欧諸国の経済も悪化し、累積債務が膨らんでいくことになる。その重荷はやがて、東側陣営解体の一要因となっていくのである。

†東西貿易と東欧諸国の経済

東西貿易は、七〇年代前半までは黄金時代を謳歌できた。六〇年代末の東西貿易額は一六〇億ドルであったが、七四年までに四四〇億ドルに増大した。国際政治レベルでの緊張緩和のおかげで、民間貿易を阻害する要素があまりなかったことに加え、東欧諸国がとった輸入主導型の成長戦略がその背景として指摘できるだろう。特にハンガリーやルーマニア、そしてポーランドは、西側の進んだ技術や機械、そして消費財を輸入し、それを起爆剤として六〇年代に陥った不況からの脱却を目指した。

その政策は、短期的にはうまくいったかに見えた。七〇年代のハンガリーの経済成長率の年平均は五〜六%となり、国内の店舗には輸入した海外の消費財があふれるようになった。コメコン統合に経済発展の基盤を見いだせなくなっていたハンガリーは、政治的にはソ連に忠実な姿勢を維持する一方で、経済的には非共産主義世界を重視するようになっていた。八〇年代初頭までに、ハンガリー貿易の半分がコメコン外との貿易になっていた。

ポーランドは、さらに好調だった。七〇年代半ばまでに、ポーランドは世界で三番目の経済成長の早さを実現する。新指導部が、経済政策の転換を図った結果であった。保守化した指導者ゴムウカは、ポーランドと西ドイツがワルシャワ条約に調印してから二週間も経たない七〇年一二月に辞任を余儀なくされていた。ポーランド政府が食料品の値上げを行ったことに対して民衆暴動が発生し、その責任を取らされた形であった。新たな指導者になったのがエドゥワルド・ギェレクである。ギェレクにとって、ゴムウカの失敗を繰り返さないことが重要だった。

新たな経済政策のアイデアは、すでにゴムウカ時代から経済の専門家や若手共産党員から示されていた。ゴムウカの保守的立場は経済政策にも反映されており、六〇年代には経済的緊縮策がとられ、消費よりも生産が重視された。消費を重視することは、共産主義の教義に反すると考えられていた。オーデル・ナイセ線を承認しようとしない西ドイツとの関係も深まらなかった。しかしながら、経済成長や消費を重視する改革案が、既存の政策に疑念を抱く経済の専門家から提唱されていたのである。めざましい経済成長を遂げていた日本も、経済発展のモデルとしてポーランドで注目されていた。西ドイツとワルシャワ条約が締結されると、政治的な障害も取り除かれることになった。

ギェレクは、新たな経済政策を積極的に採用していった。彼は、西側から技術を輸入し、工業化と消費産業の拡大を図った。その結果、テレビ、冷蔵庫、洗濯機といった消費財も入手しやすくなり、賃金が引き上げられたこともあって国民の生活水準も上昇した。ギェレクは内輪で、「よし分かった。われわれは食肉と公約をばらまいてやろう。そうして国民を黙らせ……ソーセージを口に詰め込んでやる」などと語っていた。

だが、大きな落とし穴があった。ポーランドには、自前で投資するだけの資本蓄積がなかった。輸入重視の経済政策は、もっぱら西側からの多額の融資によって成り立っていたのである。ポーランドや他の東欧諸国は、西側への借金は一時的なものであると当初は考えていた。経済成長することで債務は返済されるはずだった。しかし、そのシナリオは大きく狂うことになる。

†石油危機の影響

一九七三年に勃発した第一次石油危機は、世界経済の流れを大きく変え、ヨーロッパの東西に大きな影響を与えた。工業化による経済成長は、石油へのエネルギー依存とともに進んできた。西ヨーロッパでは、戦後直後の一九四六〜四八年には石油消費は全エネルギーの二〇％であった。当時はまだ石炭の時代だった。しかし七一年には、石油消費の割合は五七％に増加し、その多くを中東から輸入していた。そのような中、石油危機によって突如として石油価格は四倍に跳ね上がったのである。安価な石油の時代は終わり、西側諸国の高度経済成長も止まった。景気は著しく後退し、失業が増え、しかもインフレになった。景気対策のため財政出動すればインフレが悪化したため、西側諸国は有効な経済政策をとれなくなった。

東欧諸国も無縁ではなかった。確かに東欧諸国は、エネルギーをほぼ全面的にソ連の石油に依存しており、ソ連はコメコン諸国に特別価格で石油を輸出していたので、世界市場における石油価格の高騰が直接東欧諸国に影響を与えたわけではない。しかしながら、西側諸国が不況に陥り、保護主義的になり、需要も落ち込んだことで、東側から西側への輸出は減少し始めた。他方で不況下にある西側は、東側諸国を重要な市場と見なし輸出を増やそうとした。加えて、石油価格の高騰は産油国に莫大なオイルマネーをもたらし、それは西側の金融機関に預けられた。だぶついたオイルマネーは貸出先を求め、その一部は東欧諸国へと流れていった。東欧諸国側からすれば、お金を借りやすい状況が生まれたわけである。東欧諸国はその資金で輸入を増やす一方で、輸出は伸び悩むことになり、必然的に債務が膨れあがっていった。

†債務危機

七〇年代末までに、ハンガリーやポーランドの債務は危機的なレベルに達した。どの国にもすでに消費文化が蔓延しており、国民の生活水準を下げるという選択をすることは政治的に難しくなっていた。ポーランドでは七六年に食料品の値上げを再度試みたが、それに反対するストが起こり、政府はすぐに値上げ方針を撤回せざるを得なかった。ソ連は東欧諸国に対して、西側諸国への金融依存の危険性を繰り返し指摘していた。だが、それを止めることはできなかった。ハンガリーの債務は、七二年には一〇億ドルだったのが、七九年には九〇億ドルに達した。経済成長率も、七九年には一・六％まで落ち込み、八〇年にはついにゼロになった。

ポーランドの債務はとりわけひどかった。六〇年代までのポーランドは、ゴムウカが西側への依存を強く嫌ったこともあって、ヨーロッパ内で最も負債の少ない国の一つであった。しかしギェレクの時代になると、七四年には四〇億ドルであった債務が、七九年には二〇〇億ドルになり、もはや返済不能レベルへと膨らんでいったのである。

世界経済のアジアへのグローバル・シフトも、東側陣営には逆風となった。確かに、もともと西側先進工業国にとってコメコン諸国との貿易割合は、必ずしも大きなものではなかった。それでもその割合は、六五年から八一年にかけて二・三八％から一・九四％に減っていった。

コメコン諸国の競合相手となったのが韓国、台湾、香港、シンガポールといったアジアNIEs（新興工業国・地域）であった。西側諸国におけるアジアNIEsの割合は、同じ時期、二・七四%から六・九五%にまで大きく増加した。新興国の安くてしかも品質の良い製品に対して、コメコン諸国の粗悪品が西側の市場で受け入れられることはなくなっていった。

アジアNIEsは、輸出志向型工業化によって成功した。海外市場への輸出を重視し、グローバル・サプライ・チェーンの一部となり、競争力をつけ、生産性を高めていった。それに対してソ連・東欧諸国の計画経済は、そもそも輸出に不向きであった。計画経済は、もっぱら国内の必要性に基づいて生産を行っており、海外市場のインセンティヴに基づく生産はあくまでも例外であった。東側陣営の企業は国内の生産ノルマを満たすことに関心があり、利潤を増やすために海外市場向けに増産したり、品質を向上させたりすることはなかった。経済のグローバル化の中で、東欧諸国は、厳しい競争にさらされつつ、次第に周辺化させられていった。

債務が深刻化する中、ハンガリーはついに、西側資本主義経済の象徴的な国際組織ともいえる国際通貨基金（IMF）に頼ることになった。八一年九月、ハンガリー指導部は、債務の重荷で経済が破綻するのを避けるためには、たとえソ連が反対してもIMFに加盟するしかないとの結論にいたったのである。翌八二年五月、ハンガリーはIMFに加盟した。その一〇年前、七二年にルーマニアが単独でIMFに加盟した後、コメコン内では「資本主義的国際金融機関」への加盟申請は行わないとの決定がなされていた。東ヨーロッパで二番目となったハンガリーのIMF加盟は、このコメコンの決定に反するものだった。ハンガリーはIMFから融資を受けることで、一時的に債務不履行の危機を免れることができた。しかしそれは、コメコンの結束の実質的破綻を示すものでもあったのである。同じ頃、同じく債務に苦しむ隣国ポーランドは全面ストの危機に陥っていた。だが、それについては次章で触れることにしよう。

†多国間デタント

ヨーロッパにおける二国間デタントは、七〇年代に入り多国間デタントへと発展し、欧州安全保障会議という一大イベントを開催するにいたった。多国間デタントにおいては、東西各陣営が緊密な協議を通じて、それぞれの陣営で共通の立場を構築しつつ交渉に臨んだ。それゆえ、多国間の安保会議の場では東欧諸国が自由に発言でき、東側陣営の結束を乱すことができるという、西側諸国が当初望んだようなことが起こることはなかった。多国間デタントは相手陣営の分断策とはならず、むしろ東西両陣営が陣営の結束を維持しつつ、緊張緩和を模索する場となった。

欧州安保会議で採択されたヘルシンキ宣言は、一面で現状を承認し、ヨーロッパ冷戦の対立に安定をもたらすものだった。ドイツが分断され、第二次世界大戦の講和条約が締結されない状態が長らく続いた中で、ヘルシンキ宣言はその講和条約を代替する役割を果たしたともいわれる。かつて現状維持デタントの追求は、西側陣営内で軋轢を生む要因であった。しかし七〇年代以降、西ドイツの東方政策とヘルシンキ宣言によって実現した現状維持デタントは、もはや西側陣営内の対立要因となることはなくなっていった。

だがヘルシンキ宣言は、とりわけ東側陣営に対して変化を促すものでもあった。人権や自由の尊重、人や情報の移動に関して東側は変化を望まず、むしろ東側各国で秘密警察による監視や取り締まりが強化された面もあった。しかし、ヘルシンキ宣言の内容は、欧州安保会議のフォローアップ会議が継続される中で、冷戦の終焉まで東側陣営に対する圧力であり続けることになる。

経済領域でのデタントは、東側の期待通りには進まなかった。西側との貿易や技術協力は、東側の持続的な経済成長につながることはなかった。石油危機が西側諸国にもたらした経済不況は、東西貿易を停滞させた。同時に、ECとコメコンとの間の交渉が決裂し、東西ヨーロッパ間で通商協定が締結できなくなったことも、東西貿易のさらなる発展を妨げる一要因となった。東西ヨーロッパの経済格差は広がる一方だった。石油危機が多大な影響を与えたとはいえ、一九七三年から八九年までの西ヨーロッパの経済成長率の平均は二％であった。それに対して東ヨーロッパは、同じ期間の平均成長率は〇・七％と、際だった違いを見せることになる。経済的欠陥が露わになってきた東欧諸国は西側に依存せざるを得なくなり、それが債務の累積という形に転化されていった。その累積債務が、やがて東側陣営を崩壊に導く構造的要因の一つになっていく。

軍縮・軍備管理デタントは、動き始めたものの、その限界を見せることにもなる。これまでの章で見てきたように、一九五〇年代以降、軍縮・軍備管理デタントはドイツ問題という大きな足かせをはめられてきた。ブラントが東ドイツを事実上承認したことで、東西両ドイツが参加する安保会議が実現し、そこにおいて信頼醸成措置に関する様々な取決めがなされた。これはヨーロッパ冷戦の歴史の中で、一つの画期であったといってよい。しかしながら、次章で見るように、通常戦力の軍縮に関する多国間交渉は、開始されるものの、ほどなく行き詰まることになる。結局、通常戦力の軍縮は、実質的に冷戦が終わる段になって、ようやく実現することになるのである。

コラム7 フィンランドの冷戦——中立国のバランス外交

フィンランドはソ連の隣国であり、両国は一三四〇キロメートルもの長さの国境で接していた。フィンランドはまた、第二次世界大戦においてドイツ側について戦ったため敗戦国でもあった。そのようなフィンランドは、しかし、東欧諸国と異なり、戦後は共産党に政治が支配されることもなく、経済的には資本主義体制を維持し続けた。

西側は、一九四八年四月にフィンランドがソ連と締結した友好・協力・相互援助条約を、ソ連の影響力の拡大とみなし警戒した。しかしこの条約は、ソ連が東欧諸国と締結した類似の条約とは異なっていた。とりわけその前文に、フィンランド側の主張により、「大国間の利害紛争の外に留まりたいというフィンランドの願望を考慮し」との一文が挿入されていた。フィンランドは、これによって中立の立場を維持し続けることができたとされる。実際、一九五〇年以降、フィンランドの首相と大統領を、合わせて三〇年以上に渡って続けたウルホ・ケッコネンは、この前文の言葉を、フィンランドの中立の基盤であると解釈した。

とはいえ、フィンランドがソ連の影響力にさらされ続けたことも確かである。フィンランドは、ソ連の圧力でマーシャル・プランへの参加を見送らざるを得なかった。またケッコネンは、六三年に北欧に非核地帯を設置すべきとする構想を打ち出すが、それはソ連から促されて不本意ながら行ったことであった。ソ連の狙いは、北欧に非核地帯を設置することによって、デンマークとノルウェーのNATOからの離脱を促し、また当時アメリカが模索していたNATOの多角的核戦力(MLF)の実現を阻止することであった。しかし、同構想が他の北欧諸国の賛同を得ることはなかった。

フィンランドは、ドイツ問題に関しては、まさに中立を維持した。同じく中立を掲げていたスウェーデンが西ドイツのみと国交を樹立したのに対して、フィンランドは、七三年まで東西両ドイツのどちらとも外交関係を結ばなかった。そのような国は、世界でフィンランドだけだった。東ドイツはソ連に近いフィンランドが東ドイツを承認することを期待し、六〇年代に積極的にアプローチした。フィンランドとしては、東西両ドイツと同時に国交を樹立したかった。しかし、西ドイツが東ドイツを承認することに強く反対したため、それが叶うことはなかった。

経済関係においても、フィンランドは東西のバランスを取ることに腐心した。フィンランドが冷戦時代にECに加盟することはなかったが、七三年一〇月に、ECと自由貿易協定を締結している。しかし同時に、フィンランドはコメコンとも同様の自由貿易協定を結び、東西どちらかに偏ることを避けつつ経済的利益を追求しようとしたのだった。

そのフィンランドは、ヨーロッパ・デタントにおいて脚光を浴びる存在となる。フィンランドの首都ヘルシンキが、欧州安全保障協力会議（CSCE）の開催地となるのである。そとはいえ、これも実は同会議の実現を目指していたソ連から要請されてのことだった。その申し出があった当初、ケッコネン自身、不信感を抱いたものの、ソ連の意向に従い、六九年に東西両ドイツを含む全ヨーロッパ諸国、そしてアメリカおよびカナダの各国に、安保会議の主催国となる旨の覚書を送付したのである。

西側諸国は当時、このフィンランドのイニシアティヴはソ連が後ろで糸を引いたものであると疑い、冷ややかな対応をした。しかしその後、西ドイツの東方政策が進み、東西両ドイツが互いを承認し合うと、安保会議はようやく開催される運びとなる。フィンランドも七三年一月に、東西両ドイツと同時に国交を樹立することとなった。そして、再びフィンランドが開催国としてクローズアップされることになったのである。七五年夏、NATOとワルシャワ条約機構、そしてヨーロッパの中立・非同盟諸国の首脳がヘルシンキに集まった。CSCE首脳会議は、八月一日、最終議定書を採択する。この文書はヘルシンキ宣言と呼ばれるようになり、歴史にその名を残すことになったのである。

第八章

混在する緊張と緊張緩和
——1976~84年

グダンスクの造船所で演説をするワレサ（1980年）。

一九七五年のヘルシンキ宣言は、ヨーロッパ・デタントの頂点を象徴するものであった。その後も、ヨーロッパ冷戦の緊張緩和が持続することへの期待は、西側・東側の双方で維持された。だがデタントは多面的であり、デタントのどの面を重視するかは、西と東、そして国によって異なっていた。七〇年代後半は、思惑の違いから東西対話は具体的な成果を上げられず、むしろ核兵器の近代化をめぐり軍事的な緊張がにわかに高まり始めることになる。八〇年代前半になると、ポーランドにおいて危機が起こるものの、緊張緩和の機運を何とか維持することに成功する。それでも、軍拡競争を止めることはできなかった。ある文献は、米ソ対立が深まる中でも、ヨーロッパ・デタントは継続されたという面を強調する。別の文献は、軍拡が進められた面を重視し、それゆえデタントは失敗したと主張する。結局、ヘルシンキ宣言以降のヨーロッパ冷戦の一〇年は、緊張と緊張緩和とが入り交じったものとして展開する。本章はその両面を見ていくことにしたい。

1　ヨーロッパ・デタントの停滞

一九七〇年代後半は、デタントの停滞期であった。安保会議をフォローアップする会議は紛糾し、軍縮会議も結果を出せないままとなる。むしろ、軍事技術の発展により、新たな核軍拡の流れが生まれ、ユーロミサイル危機が勃発することになる。

†ベオグラード再検討会議

ヘルシンキ宣言には、その内容に関するフォローアップについての規定が含まれていた。欧州安全保障協力会議（CSCE）を一回限りのもので終わらせるのではなく、七五年以降も定期的に会合を開き、ヘルシンキ宣言の内容の履行状況を確認するという考えがヨーロッパの中立諸国を中心に提案され、同宣言に盛り込まれていたのである。CSCEに端を発する七五年以降の一連の東西対話は、ヘルシンキ・プロセスと呼ばれる。その第一回目となるCSCE再検討会議は、七七年にユーゴスラヴィアの首都ベオグラードで開催される予定であった。だが早速、ベオグラード会議は激しい対立の場と化すことになる。

東西間で、最大の対立点となったのが人権問題であった。ヘルシンキ宣言によって、ソ連・東欧諸国では反体制派の動きが活発化していた。同宣言の、人権および基本的自由の尊重や、人・思想・情報の移動の自由に関する部分に、反体制派の人々が注目したのである。ソ連では、ヘルシンキ・ウオッチという、ヘルシンキ宣言の履行状況を監視する団体が発足した。チェコスロヴァキアでは、七七年に劇作家のヴァーツラフ・ハヴェルらが発起人となり、ヘルシンキ宣言の内容を遵守せよとする「憲章七七」と呼ばれる文書が作成され、多くの署名を集めた。

ポーランドでは七六年にアダム・ミフニクらが中心となり、労働者擁護委員会（KOR）が結成された。これらは、共産党一党支配を認めつつも、ソ連・東欧諸国が調印したヘルシンキ宣言に規定された人権や第三バスケット（人道問題）の内容を、自国においてきちんと尊重することを求めていった。ヘルシンキ宣言に調印する際、東側陣営は、西側からの批判や圧力にさらされることを懸念していた。しかしながら、ソ連・東欧諸国は外側からではなく、内側からの圧力に直面することになったわけである。

ソ連は当初、これらのグループに比較的寛容であったが、次第に弾圧するようになっていった。東側諸国の反体制派が、今日でいうところのトランスナショナルなネットワークを構築していったことが警戒されたからであった。東側各国の反体制人権グループは、相互に刺激を受け関係を構築するのみならず、西側陣営の支援団体やジャーナリスト、メディアとのつながりを広げていった。七七年に国際的な人権NGOであるアムネスティ・インターナショナルがノーベル平和賞を受賞したことに象徴されるように、七〇年代は人権への関心が高まった時期でもあった。七七年にベオグラードCSCE再検討会議の開催が近づくと、ソ連・東欧諸国の多くは反体制派への締め付けを強め、多くの活動家は逮捕され、反体制組織が潰されていった。それでも、ヘルシンキ宣言をきっかけに作られたトランスナショナルなネットワークが消え去ることはなく、人道問題に関する圧力がなくなることもなかった。

七七年一〇月からベオグラードで開催されたCSCE再検討会議は、ほとんど成果のないまま終わった。同年一月に新たにアメリカ大統領に就任していたジミー・カーターは人権外交を掲げ、ベオグラード会議でも人権問題で強硬な姿勢を示した。西欧諸国は、一方でヨーロッパの安定維持を求め、カーター政権の強硬路線を危惧したが、他方で東側陣営に対して、人権問題やヘルシンキ宣言の第三バスケットについて穏健な形で圧力をかけたいとも考えていた。そのバランスに西欧諸国は苦慮したが、会議では次第にカーター政権の立場に近づいていった。

他方でソ連・東欧諸国の側は、ベオグラード会議の前から人権問題などについて一切妥協しないとの立場を固めていた。東側陣営は、会議ではもっぱら、第二バスケットの経済協力に関する主張を続けた。会議は紛糾し、決裂寸前まで行った。結局、実質的に次回の再検討会議を一九八〇年に開催することが合意されただけで、ベオグラード会議は終了することとなった。

†軍縮会議

一九七三年一〇月末からウィーンで始まっていた軍縮会議（MBFR）も、何ら成果を見ることはなかった。ヨーロッパにおける通常戦力の削減を目指して進められたこの会議は、NATOとワルシャワ条約機構のそれぞれの加盟国一九カ国が参加したが、実際の戦力削減対象国は東西両ドイツ、ベルギー、オランダ、ルクセンブルク、ポーランド、そしてチェコスロヴァキアの中部ヨーロッパ諸国に限定されていた。軍縮会議に一貫して反対していたフランスは、会議に参加すらしなかった。

MBFRとは、「東西相互に均衡がとれた戦力の削減」という意味であるが、いかにそれを実現するかは難問であった。七〇年代においても、第二次世界大戦以降続く両陣営間の通常戦力の不均衡は変わっておらず、通常戦力におけるワルシャワ条約機構側の優位に対して、NATO側はそれを核戦力の優位で対抗するという構図が続いていた。それゆえ、例えば、西側は両陣営が同じ程度になるまで通常戦力を削減するのが望ましいと考えたのに対して、東側にとっては、両陣営が同じ割合（例えば双方三〇%ずつなど）で削減することが有利であった。また、ソ連軍はいったん東ヨーロッパから軍を撤退させてもすぐに戻ってこられるのに対して、米軍が西ヨーロッパから撤退すれば、有事の際にまたヨーロッパに戻ってくることは容易ではないといった地理的な不均衡も存在した。東西両陣営は軍縮会議において様々な提案を出し続けたが、結局双方が受け入れられる落としどころを見つけられなかった。軍縮への期待は消えなかったが、その後も交渉だけが延々と続けられていった。

†ユーロミサイル危機と二重決定

通常戦力の軍縮交渉が停滞する一方で、核兵器の分野においては、七〇年代後半以降、ヨーロッパにおいて、むしろ緊張が高まっていった。軍事技術の革新により新型核ミサイルの開発・配備が進められたからである。六〇年代に、新たな技術は、より長距離で、小型で、精確なミサイルを開発することを可能にしていた。それゆえ、NATO内では、七〇年代前半から、西ヨーロッパに配備されている射程距離の短い戦術核兵器を近代化すべきとする議論が進められることとなった。既存の七〇〇〇発の戦術核の多くは五〇年代の旧式で、射程距離も一〇〇キロメートル以下であった。これらは、NATOの柔軟反応戦略のシナリオの中では、初期段階で相手に破壊されるかドイツ領内で使われて終わりになってしまうため、より長距離の新型ミサイルに代えていく必要があるという認識が広まっていた。

ソ連もまた、SS-20と呼ばれる新型中距離核ミサイルを開発し、西側に先行して七六年から実戦配備を始めた。軍部はソ連内で極秘にSS-20を開発する一方で、七〇年代に米ソ首脳間で進められていた戦略核兵器を制限する軍備管理交渉に不満を募らせていた。特に、ソ連を狙うイギリスとフランスの核兵器が、その交渉から除外されていたことが不満の理由の一つであった。ブレジネフはそれゆえ、軍部の不満に応えるため、SS-20の配備に同意していった。だがその配備は、ソ連外務省にも、諜報機関KGBにも、さらには政治局にも知らされないうちに軍部主導で行われていったものだった。

SS-20は旧型のSS-4やSS-5ミサイルよりも射程距離が五〇〇〇キロメートルと長く、

命中精度も三倍、さらに一つのミサイルに三つの核弾頭が備えられていた。ソ連軍部は、このミサイルの性能に魅惑されていたという。ポーランドの国防大臣ヴォイチェフ・ヤルゼルスキ将軍は、SS-20の配備を、「戦略的観点からいってまったく無駄なものではあったが、先端技術の面で西側優位がますます顕著な状況に一矢報いようとする必死の試みだった」と後に回顧している。このSS-20の配備が、ヨーロッパ冷戦において緊張、対立、そして論争を巻き起こすこととなった。

西側陣営の中では、とりわけ西ドイツのヘルムート・シュミット首相がソ連のSS-20に対して強い懸念を抱いた。東方政策を成功させたブラントは国民の人気を博したが、一九七四年に側近がソ連のスパイであったことが発覚し、責任を取って辞任していた。後任として首相の座についたのが、同じ社会民主党(SPD)のシュミットである。彼は、ブラント政権期には国防相も務め、自他ともに認める軍事安全保障問題に精通した人物だった。

シュミットは、SS-20がヨーロッパの軍事的均衡を崩すものと認識した。戦略核兵器である大陸間弾道ミサイルのレベルで米ソが対等になる中で、ヨーロッパにおいてSS-20という中距離核兵器のレベルでソ連が優位に立とうとしていることが、シュミットを大いに懸念させた。もしヨーロッパで戦争になったら、ソ連に対してもはや優位ではなくなったアメリカは、あえて西ヨーロッパを守ろうとしなくなると考えられたからである。シュミットは必ずしも、ソ連がすぐにでもSS-20で西ドイツを攻撃しようとしている、と想定していたわけではない。だが彼は、軍事的均衡が崩れた状況を利用してソ連が脅しをかけ、政治的利益を得ようとする可能性を危惧したのである。

SS-20に端を発するユーロミサイル危機への西側の対応は、「二重決定」と呼ばれる。SS-20に対してNATOの選択肢は二つあった。それに対抗してNATOも軍拡するか、逆にSS-20を撤去させるため軍縮交渉を進めるかである。シュミットが求めたのは、軍縮の方だった。だが先述のように、SS-20の実戦配備以前からNATO内では核戦力の近代化の必要性について合意が形成されつつあった。その結果、NATOとしては、七九年一二月に両方を追求する決定を行った。すなわち、一方でソ連と中距離核兵器を含む軍縮交渉を提案し、それが不首尾に終わった場合、八三年以降、NATOも新型の巡航ミサイルとパーシングⅡミサイルを西ドイツやイギリス、イタリアなどに配備することで合意したのである。NATOは、軍縮と軍拡という「二重」の決定をしたのだった。

だがNATOの二重決定は、同床異夢の産物であった。NATOの決定の後、シュミットは、ソ連を核軍縮交渉のテーブルに着かせようとブレジネフを熱心に説得した。しかしブレジネフは、交渉の対象に英仏の核兵器を含めるよう主張した。

西ドイツと異なり、イギリスはNATOの核戦力の近代化の方を重視していた。とりわけ七九年五月にイギリス初の女性首相に就任した保守党のマーガレット・サッチャーは、保守党が野党の時代から反共産主義を前面に打ち出していた。彼女はソ連を激しく批判し、デタント政策にも懐疑的であった。サッチャーに「鉄の女」との異名をつけたのがソ連であることはよく知られる。彼女にとってNATOの核戦力の近代化は、西側の軍事的優位を回復する上で極めて重要であり、同時にアメリカの巡航ミサイルとパーシングⅡミサイルが西欧諸国に配備されることは、米欧間の結束を再強化することになると考えていた。サッチャーはまた、潜水艦発射弾道ミサイル・トライデントをアメリカから購入することを決定し、イギリスの核抑止力の増強と米英関係強化に邁進していった。逆にサッチャーは、軍縮に対して非常に消極的であった。いわんやイギリスの核兵器を軍縮交渉のテーブルにのせるつもりは、彼女にはまったくなかった。

フランスもまた、自国の核兵器が軍縮交渉に巻き込まれることを望まなかった。ポンピドゥ大統領が七四年に病気で在任中に死去した後、ヴァレリー・ジスカールデスタンが新大統領としてフランスを率いていた。ジスカールデスタンは、七八年に国連軍縮特別総会において欧州軍縮会議（CDE）という構想を提唱していた。これは通常戦力の軍縮に後ろ向きであった従来のフランス政府の方針を大きく転換するものであった。フランスはこれまでの軍縮会議（MBFR）では、軍縮の対象国が中央ヨーロッパに限定されていると批判し、欧州軍縮会議ではソ連を含む安保会議（CSCE）の参加国がすべて対象となるべきであるとした。

フランスの最大の狙いは、しかし、フランスの核兵器を維持することにあった。フランスの核兵器を含むヨーロッパにおける核軍縮を進めるためには、まずはヨーロッパにおける通常戦力の軍縮・均衡の回復が前提条件である。こう主張することで、米ソ間で進められていた核軍備管理交渉に、フランスの核兵器が巻き込まれないようにしたのである。この欧州軍縮会議の提案は、第3節で触れる第二回CSCE再検討会議において主に取り上げられることになる。

2 ポーランド危機

NATOが二重決定に合意してから約二週間後の一九七九年一二月二七日、ソ連は突如としてアフガニスタンに軍事侵攻を開始した。同年九月、アフガニスタンで政変が起こり、親ソ派の首相が失脚させられたことがきっかけであった。だが、ソ連がアフガニスタンへの侵攻を決定したのは、ソ連の南部に位置するアフガニスタンにアメリカの影響力が浸透することを恐れたからであった。アフガニスタンの新首相となったハフィズラ・アミンがアメリカに接近しているとの情報が、ブレジネフの下に届いていた。さらにNATOが二重決定を採択したことも、アメリカはヨーロッパのみならず、アフガニスタンにもアメリカのミサイルを配備するのではないかとソ連指導部に懸念をもたらしていた。

ソ連のアフガニスタンへの軍事侵攻によって、米ソ関係は急速に悪化する。そのような中、ヨーロッパでは、ポーランドにおいて新たな危機の可能性が生まれ始めていた。ポーランドの累積債務は七〇年代末までに二〇〇億ドルに達していたが、八〇年にはこれまでに西側から借りた分の五二億ドルと、それに加えて一九億ドルの利子も支払わなければならないことになっていた。このような状況で、ポーランド政府は八〇年七月初頭、何ら予告なしに食肉価格を大幅に引き上げた。それが大規模なストライキへと発展したのである。まず首都のワルシャワで労働者の賃上げストライキが起こり、それは瞬く間に全国へと拡大していった。

†「連帯」誕生

ポーランドの労働者が積極的に立ち上がった背景には、労働者擁護委員会（KOR）という反体制組織の存在があった。七六年に発足したKORは、ポーランド当局による恣意的な抑圧に対して、「連帯と互助」こそが自らを守る唯一の手段であると宣言し、政府によって迫害された人やその家族を医療、金銭、そして法律面で支援していた。ポーランド当局は、KORの活動を抑えることができなかった。ベオグラードで開催されたCSCE再検討会議は何ら成果をもたらさなかったことは前節で見たが、人権問題がクローズアップされたことがポーランド指導部に少なからぬ影響を与えていたからである。当局は、KORを抑圧すれば西側との関係が悪化し、ポーランド経済に悪影響を与えかねないと懸念し、KORの存在を容認せざるをえなかったのである。

七八年一〇月に、ポーランドのクラクフ大司教であったカロル・ヴォイティワがローマ教皇に選出されたことも、ポーランド国民を熱狂させた。ヨハネ・パウロ二世として教皇となったヴォイティワは、翌七九年六月にワルシャワを訪問し、盛大な歓迎を受けた。「あなた方は強くならなければならない」と彼は語りかけ、ポーランド国民を鼓舞した。無神論を基本とする共産党は、ポーランドにおいても、そしてソ連においてもこの事態を大いに懸念した。

他方でヨハネ・パウロ二世のワルシャワ訪問に勇気づけられたKORは、七月、「労働者の権利章典」を発表した。それは社会の不平等や不正義を非難し、国家による公式の労働組合は労働者を守ることに失敗しており、労働者は自己防衛ために必要な手段、すなわちストライキの権利が奪われていると批判した。そして「労働者の権利章典」は、自分たちを守るため、独立した労組を結成しなければならないと謳っていた。その訴えは、早くも八〇年に実現することとなる。

一九八〇年七月に全国に広まったストライキは、翌月、新たな展開を見せた。ポーランドの指導者ギェレクが一定の譲歩を示したことで全国ストはいったん落ち着いたかに見えたが、八月中旬、バルト海沿岸の工業都市グダンスクのレーニン造船所で、電気工のレフ・ワレサや女性労働者が不当解雇されたことを期に、彼らの復職と賃上げを要求するストライキが再度起こったのである。一万六〇〇〇人の労働者によるストライキは、工場の占拠という形で行われた。闘争はすぐに、周辺都市の工場へも広まった。そして、工場間のストライキを統括するリーダーとして当時三六歳のワレサが選出された。

この動きが、支配政党である共産党から独立した自主的労働組合の誕生につながった。ワレサ率いるストライキ委員会は、政府系労働組合からは独立した自由労働組合の結成、スト権の保障、表現の自由、出版の自由など二一項目の要求を掲げた。ギェレク政権は委員会側との直接交渉に臨み、八月末にグダンスクの造船所において「グダンスク協定」と呼ばれる合意が成立した。労働者たちの要求が、(表向き)受け入れられることになったのである。この後、自由労働組合の結成をめざす労働者の運動がポーランド全土に広まった。九月一七日には「連帯」と呼ばれる、ワレサを委員長とする自由管理労組の全国組織が創設された。東側陣営において初めてのことであり、前代未聞の事態だった。労働者の実に八〇〜九〇%が旧組合を脱退し、「連帯」に加わった。その数は一〇〇〇万人に上った。

他方でポーランド指導部は、刷新を余儀なくされた。経済政策の失敗を理由に、九月初頭にギェレクが党第一書記を解任されたのである。スタニスワフ・カニアが後任に選ばれた。だが指導者が入れ替わったからといって、それが必ずしも労働者側の勝利とはいえなかった。「連帯」がまず取り組まなければならなかったのはグダンスク協定の合意事項を当局に履行させることであったが、ポーランド政府はそれを実施しようとしなかったからである。何よりソ連が、グダンスク協定を認めなかった。その結果、ポーランド国内の対立は八一年末まで続いた。そして、それはポーランド政府による「戒厳令」という形で終わり、ヨーロッパ冷戦における新たな緊張の一要因となっていくことになる。

†ソ連の介入への懸念

西側諸国はポーランドの動向を注視しつつ、慎重に対応した。一方でポーランドの変化の動きを歓迎しつつ、他方でソ連の軍事介入が大いに警戒された。それゆえ西側諸国は、まずポーランドに対する経済援助を行った。ポーランドが経済的に破綻すれば、ソ連の介入を招きかねないと考えられたからである。特に金融支援と食糧支援が重視された。また西側各国はポーランドへの融資を増額し、ポーランドの既存の債務についても支払いを繰り延べする協定を締結した。食糧援助もアメリカとECを中心に積極的に進められた。

西側諸国が最も恐れたのはソ連の軍事介入であり、ポーランド政府自体による自国民への弾圧ではなかった。NATO内では、ポーランド政府自身による武力弾圧という可能性も想定されていた。だが、ソ連の軍事介入というケースについては、最大限の制裁を科すという方針で合意できたものの、それ以外についてNATOは事前に対応を決めることができなかった。経済制裁は、西側の企業にも悪影響をもたらしかねなかったからである。NATO内の微妙な温度差は、後に経済制裁をめぐる米欧間の対立につながることになる。

ソ連の軍事介入に対する西側の懸念が、実は杞憂《きゆう》だったことがすでに明らかになっている。確かに五三年の東ベルリン暴動、五六年のハンガリー動乱、六八年のチェコスロヴァキアへのワルシャワ条約機構軍の軍事介入、そして直近のソ連のアフガニスタン侵攻といった前例からすれば、当然の懸念であった。ソ連はブレジネフ・ドクトリンを公言していた。また、ポーランド隣国の東ドイツの指導部は、今回もポーランドでの出来事が自国に波及することを懸念し、ソ連に軍事介入の必要性を訴えていた。だがソ連指導部は、早くも八一年六月の段階でポーランドに軍事介入しないことを内々に決定していた。そのようなことをすれば西側による経済制裁は免れない。すでに急速に悪化し始めていたソ連及び東側陣営の経済に深刻な影響を与えることになる、と判断されたからである。

実際、ソ連を含む東側陣営に経済的余裕はまったくなくなっていた。八〇年前後には、ソ連経済自体がマイナス成長に陥っていた。ソ連において農産物の不作も続き、食糧の輸入とそのための外貨もさらに必要とされた。ソ連は苦境に陥ったポーランドに四〇億ドル規模の支援を行ったが、芳しい結果をもたらすことはなかった。八一年夏にソ連は、ポーランド以外の東欧諸国に、石油の輸出量を減らすことを通告した。減らした分を西側諸国に輸出することで外貨を稼ぎ、それをポーランド支援に回すことにしたのである。東欧諸国は、「社会主義共同体」を維持するため、石油輸出の減量という形で、いわば連帯責任を課せられることとなった。

このような状況下でソ連指導部は、仮にポーランド指導部から軍事介入の要請があったとしても、軍隊を送らないと決めていた。さらには、新たに「連帯」がポーランドの政治的権限を握ることになったとしても、ソ連はその新政府と協力していかなければならないとすら考えられていた。社会主義共同体を維持するという名目で軍事介入を正当化したブレジネフ・ドクトリンは、すでに八〇年代初頭に、密かに取り下げられていたのだった。

†戒厳令布告

一九八一年になると、ポーランドの状況はいっそう深刻さを増していった。依然としてポーランド政府はグダンスク協定の内容を実施しようとせず、労働者のストライキは断続的に続いていた。自主労組「連帯」の内部でも、さらなる政治的変革を求める声が高まっていた。ポーランド経済も、八一年には、前年に比べ生産性が一〇～一二％減少していた。ポーランド国民の生活費も、八一年前半だけで一五％上昇し、肉や砂糖などは配給制となり、多くの食料品は闇市場でしか入手できなくなっていた。ポーランド政府は同年一一月になってようやくIMFへの加盟申請を決断するが、遅きに失した。IMFに加盟できたとしても、実際にIMFから支援を受けられるのは半年以上先の話であったからである。

軍事介入をしないことを決めていたソ連は、しかし、ポーランドに対して圧力をかけ続けた。ポーランド自らが「反革命勢力」に対する断固とした態度を取ることを、ソ連は要請した。ポーランド側でも三月、その前月に首相兼国防相となっていたヤルゼルスキが、ソ連側に戒厳令の計画書を提出していた。戒厳令の発動に消極的であったカニアが、一〇月にソ連の圧力もあって党第一書記を解任され、そのポストをもヤルゼルスキが担うことになると、戒厳令はいよいよ時間の問題となった。

そして一二月一三日、その戒厳令が布告される。午前六時、ヤルゼルスキはテレビを通じ、ポーランド国内が「戦争状態」に陥っていると宣言し、秩序回復のため戒厳令を発するとしたのである。憲法は停止された。すべての交通・通信も遮断された。夜間外出禁止令が出され、集会やデモも禁止された。党と軍の機関紙以外の新聞も発禁となった。学校も休校になった。そして、「連帯」の幹部らが多数拘束された。戒厳令違反として逮捕された者は、一万人を超える。その中には、映画監督のアンジェイ・ワイダも含まれていた。「連帯」は非合法化された。「連帯」は瓦解し、難を逃れたメンバーは地下に潜行することを余儀なくされた。戒厳令によって、ポーランドは沈黙させられることになった。

ポーランドは実質的に債務不履行《デフォルト》に陥った。だが実際にポーランドが破産すれば、ポーランド政府に多額の融資を行ってきた西側の銀行が破綻し、西側の金融システムにも予測できない影響がもたらされると懸念された。それゆえ西側の銀行は、ポーランドの債務繰り延べに応じることにした。こうしてポーランドの債務危機は、一時的に先延ばしされる。

しかしポーランド政府は、引き続き債務を減らすため大規模な輸入削減政策をとらなければならなくなった。その結果、ポーランド国民の生活水準はさらに下がった。原材料を入手できない工場の多くは遊休化し、工業生産力も著しく減少した。さらにポーランド政府は食料品や消費財の大幅値上げも断行した。戒厳令下で新たなストライキの発生は押さえ込まれたが、ポーランド経済と国民生活は困窮の度を一層深め、出口の見えない状態に陥っていった。

†経済制裁をめぐる米欧対立

他方で、ヤルゼルスキによる戒厳令の発令は、西側陣営において深刻な米欧対立へと発展した。というのも、アメリカが科した厳しい経済制裁に対して、西欧諸国が猛烈に反発したからである。アメリカではちょうど八一年一月に、保守派の支持を集めて反ソ・反共主義を前面に打ち出したロナルド・レーガンが新大統領に就任していた。レーガンはソ連との軍備管理交渉を批判し、ヴェトナム戦争で傷ついたアメリカの威信を回復すべく、強いアメリカの復活を公約に掲げていた。そのためレーガンは、すぐさま大規模な軍拡を進めていった。同時にレーガン政権は、ソ連に対する経済戦争も復活させた。レーガン政権は、ソ連経済が崩壊の淵にあると見ており、経済面における弱みにつけ込んで圧力をかける政策を採用しようとしていた。

そのような中、一二月に発せられたポーランドの戒厳令と「連帯」に対する弾圧は、レーガン政権に強力な経済制裁を発動させるまたとない機会を与えた。レーガン大統領は、戒厳令の報を聞いたとき激しく怒った。彼は、「何かしなきゃならない。奴らにガツンと食らわせ、「連帯」を救う必要がある」と語った。アメリカ政府は早くも一二月一五日に、ポーランドへの食糧支援を停止した。さらにポーランドのみならず、ソ連に対しても経済制裁を発動した。ソ連が直接ポーランドに軍事介入したわけではなかったが、戒厳令布告の背後にソ連の関与があると見なしたからである。ヤルゼルスキは、アメリカが、ポーランドの混乱やソ連の軍事介入よりは戒厳令の方がましであると受け入れてくれることを期待していた。だがレーガンの目には、戒厳令は、共産主義を打ち負かすという使命を果たす絶好の機会であると映っていた。

アメリカの経済制裁が、西側陣営内の対立になったのは、そこにパイプラインに関する制裁が含まれていたからであった。すでに七〇年代前半から、ソ連のガス・パイプライン建設と、西欧諸国によるソ連の天然ガス輸入は始まっていたが、八〇年代初頭に西ドイツとソ連との間で新たな契約が結ばれようとしていた。シュミット西独首相は、ソ連のSS-20ミサイルの配備に反発する一方で、同時に緊張緩和の継続を重視し、ヨーロッパの安定のためにも東側諸国との経済関係が深まることを望んでいた。また、七〇年代に二度の石油危機を経験しており、エネルギー安全保障の観点からも、中東の石油に過度に依存せず、エネルギー供給先を多元化することが重視されていた。そして八一年一一月、「世紀の取引」とも呼ばれる、大型契約が西ドイツとソ連との間で結ばれたのである。五〇〇〇キロメートルの新たなパイプラインを建設し、八四年から二五年間、ソ連の天然ガスを西ドイツが輸入するとの合意である。これは冷戦時代における東西間の最大の取引であった。さらに、パイプラインの建設には西ドイツのみならず、イギリス、フランス、イタリアの企業がタービンなどの関連機材をソ連に輸出する契約がいくつも締結された。問題は、ソ連に対するアメリカの経済制裁の中に、これらパイプライン関連の機材に対する禁輸措置が含まれていたことだった。

レーガン政権は、ソ連に対する経済戦争の一環として、早くからパイプラインの問題に注目していた。まず、西欧諸国がエネルギーをソ連に依存することで、ソ連が政治的な武器を得てしまうことが懸念された。ソ連の脅しに対して、西ヨーロッパが脆弱になってしまうことが問題とされたのである。CIAは、例えば、ソ連がその武器を用いて、NATOの二重決定に基づくアメリカのミサイル配備を阻止しようとするのではないかと警告していた。

さらに、西欧諸国が天然ガスをソ連から輸入することで、ソ連が外貨を獲得でき、ソ連経済を支えることにつながることが問題視された。実際、レーガン政権発足時にソ連は、外貨の六〇%を石油と天然ガスの売却によって得ていた。それゆえ、経済不況にあるソ連に経済的圧力を与えるために、外貨獲得の手段を奪うことが有効な戦術であると考えられたのである。西欧諸国にとって東西貿易は双方の利益となり、それゆえ緊張緩和の手段となるものであった。だがレーガン政権は、それをゼロ・サム・ゲームとして見ていたのだった。

レーガン政権内のタカ派の主導で、アメリカは経済制裁を強化し、アメリカのみならず西ヨーロッパの企業にも影響を与える形での禁輸措置を八二年六月に発表した。レーガン自身、西欧諸国が緊張緩和を重視し、ポーランドの戒厳令がなかったかのように東側陣営との関係を「通常業務《ビジネス・アズ・ユージュアル》」に戻そうとしていることに不満であった。

しかしながら、アメリカの一方的な禁輸措置に対して、西欧諸国から非難の嵐が巻き起こった。各国首脳は、公然とレーガン政権を批判した。対ソ強硬派でレーガンの盟友といわれたサッチャー英首相ですら激怒した。西欧諸国の指導者の中でも、八一年五月にフランスの大統領に就任していたフランソワ・ミッテランはとりわけ、一切の妥協を示そうとしなかった。米欧間の対立は頂点を迎えた。

この対立は、最終的に、八二年一一月にレーガンが経済制裁の解除を発表するまで続いた。

制裁解除の背景には、当時、七九年に合意されたNATOの二重決定を八三年に実施していく上で西側陣営の結束を回復しておかなければならないという政治的必要があった。またレーガン大統領自身、自ら招いたことではあったが、パイプライン問題とそれをめぐる米欧対立にうんざりしていたことも制裁解除の決定につながった。だがレーガンの強硬姿勢は、西側同盟内に大きなしこりを残すこととなった。

3 マドリッド再検討会議

ポーランド危機がまさに起こり始めた頃の一九八〇年九月、二回目となるCSCE再検討会議がスペインのマドリッドで始まった。マドリッド会議は、ソ連のアフガニスタン侵攻とNATOの二重決定により東西間で軍事的緊張が高まったすぐ後での開催となった。同会議は、ポーランド危機による中断を経つつ、三年もの長さとなる。だが前回のベオグラードでの会議と異なり、欧州軍縮会議（CDE）の開催に合意するなど、最終的に一定の成果をもたらす会議となった。米ソ対立が新冷戦と呼ばれるほど悪化する一方で、ヨーロッパ・デタントは継続されたと評価される理由の一つがここにある。本節では、米ソを中心とした冷戦の通史ではほとんど触れられることのないヘルシンキ・プロセスについて、マドリッド再検討会議に注目し、それが成功裏に終わることとなる過程を見ていくことにしたい。

†人権と軍縮

マドリッド会議で主に焦点となったのは、欧州軍縮会議と人権問題であった。前者の欧州軍縮会議は、第1節で述べたように、七〇年代末にフランスが新たに提案したものである。フランスの欧州軍縮会議案は、第一段階で信頼醸成措置について協議し、それがうまくいった後、第二段階として軍縮に進むという二段構えの提案であった。欧州軍縮会議の構想はEC諸国によって支持されたことで、八〇年代に入り、マドリッド会議における議題の一つとなった。

ソ連は、フランスが欧州軍縮会議を提唱した七八年当初は、この構想にほとんど関心を示さなかった。ブレジネフは七九年三月に行った演説の中で、核兵器の先制不使用や信頼醸成措置といった軍事領域における独自の緊張緩和策を提案していたものの、ソ連を含む新たな軍縮の枠組みを創設することには消極的なままであった。しかし七九年末にNATOが二重決定を行い、軍縮が進まなければアメリカの中距離核ミサイルが西ヨーロッパに配備されることになると、この欧州軍縮会議の考えをソ連は積極的に支持するようになった。というのも、この会議を通じて、アメリカの中距離核ミサイルの配備を阻止しようと考えたからである。それゆえソ連側は、欧州軍縮会議が、核軍縮も議題とするよう要求するようになっていった。

他方でアメリカは、欧州軍縮会議を支持しつつも、人権問題をより重視した。マドリッド会議が始まったのはカーター政権の末期であったが、ほどなく八〇年一一月の大統領選挙でレーガンが当選する。レーガンはデタントを批判し続けてきたことから、当初、彼の新政権は、CSCEの再検討会議をボイコットするのではないかと危惧された。だがレーガン政権は、アメリカがヘルシンキ・プロセスを止めたとなると西欧諸国との関係を大いに損ねると考え、マドリッド会議への参加を承認した。また、EC諸国が重視する欧州軍縮会議についても原則として支持した。ただしレーガン政権は、マドリッド会議において、人権問題に関して東側陣営に対して強い姿勢をとると強調したのである。

†休会中の米欧合意

ポーランドにおいて八一年一二月に戒厳令が布告され、自主労組「連帯」が弾圧されたことは、マドリッド会議を危機に陥れた。すでに見たように、レーガン政権はポーランドとソ連に対して経済制裁を発動した。またレーガン政権は、マドリッド会議においても、それをポーランド当局による人権侵害を非難する場として利用し、戒厳令が解除されるまで他の問題については協議をしないとの姿勢を示した。他方でソ連側は、マドリッド会議はポーランド問題を扱うのに適切ではないと反発し、他の問題に議論を移すよう主張した。双方の立場は平行線をたどり、八二年三月に会議は休会となる。

西欧諸国は、マドリッド会議がこのまま無期延期となり、ヘルシンキ・プロセス全体が終わってしまうことを大いに懸念した。それを回避すべく、西欧諸国はアメリカとともに西側の共通の立場を再構築することに注力した。米欧間の合意の鍵は、七九年のNATOの二重決定にあった。二重決定を実施するためには、マドリッド会議で欧州軍縮会議の開催に合意することが必要不可欠であると、西欧諸国はアメリカ側に強調したのである。というのも、二重決定の一方であるアメリカの中距離核ミサイル配備について世論の同意を得るためには、もう一方の軍縮についての取り組みが欠かせなかったからである。特に八〇年代に入り、反核平和運動の第二の波が西ヨーロッパにおいて大きなうねりを見せ始めていたことが、その背景にあった。

八〇年代初頭に反核平和運動の第二の波を引き起こしたのは、ユーロミサイル危機であった。ソ連がSS-20を配備し、NATO側も二重決定に基づき中距離核ミサイルの近代化を目指すと、一般市民の間で核戦争に対する懸念が急速に高まったのである。どちらのミサイルも、わずか数分で相手側に到達する代物だった。それによって、相手側がミサイルを発射しようとする兆しが見られたら、自分たちも即座にミサイルを発射しなければならないような状況が生み出されていた。警戒即発射といった対応をしなければ、自分たちのミサイルが先に破壊され、軍事的に圧倒的に不利になると想定されたからである。だがこれは、相手側が本当に戦争を望んでいるのか確かめる間もなく核ミサイルが発射されてしまいかねない、恐るべき状況でもあった。八〇年にイギリスで発足した欧州核兵器廃絶運動（END）は、同年四月、「ポルトガルからポーランドまで」の非核化を訴えた。一〇月にはロンドンのハイド・パークで、反核運動第一の波の中心を担った「核軍縮キャンペーン」（CND）の主催よる七万人の反核集会が行われた。この動きは西ヨーロッパ各国に広がり、八一年秋には各国で二〇〇万もの人々が反核デモに参加した。西ドイツでは、一部の過激な運動家が米軍基地を襲撃するという事件まで起こる。反核運動は西欧各国政府が無視できない大きな圧力となっていた。

米欧は歩み寄り、マドリッド会議は再開される運びとなった。東側陣営に対する軍事的優位の確立を目指していたレーガン政権は、NATOの核戦力の近代化を重視していた。そのためにはやはり西欧諸国の協力が必要であり、マドリッド会議で欧州軍縮会議の実現を目指す方針に同意したのである。また、ポーランドでの戒厳令布告後にパイプライン関連機材の禁輸措置をめぐって著しく悪化した米欧関係を修復する必要もあった。EC諸国の側も、人権問題で東側により高い要求をすべきとするアメリカの主張を受け入れた。こうして西側陣営の方針がとりまとめられ、アメリカもマドリッド会議に戻ることを受け入れたのだった。

†マドリッド会議の妥結

八二年一一月初頭にマドリッド会議は再開された。しかし、それだけで会議が合意にいたることはなかった。西側は、米欧間の妥協に基づき、人道的問題に関して多くの要求を突きつけた。西側が提示した最終文書の草案には、自由に労働組合を結成する権利、ラジオなどへの電波妨害の停止、民間による人権監視の推進、信教の自由などが含まれていた。多くは戒厳令下のポーランドを念頭に置いたものだったが、東側陣営には受け入れがたいものばかりだった。

ソ連はマドリッド会議の決裂を避け、ヨーロッパ・デタントが継続することを望んでいたが、大幅な譲歩をするつもりもなかった。ちょうどマドリッド会議が再開された頃、ソ連では長く病気であったブレジネフが七五歳で死去し、KGBの議長であったアンドロポフが後任として書記長の座に就いていた。だが、それでもソ連の姿勢はすぐには変わらなかった。ソ連側は、西側陣営内の潜在的な米欧対立に気づいており、それを利用するという戦術を一貫して立てていた。またソ連は、西ヨーロッパやアメリカで盛り上がりを見せていた反核平和運動を裏で積極的に支援した。むろん、東側の支援だけで各地で何十万もの人々を反核運動に動員できたわけではない。多くの一般市民は、自らの意思で反核の声を上げていた。だが東側の諜報機関も、反核平和運動に資金を提供したり、内通者を潜り込ませたりして、何とかアメリカの新型中距離核ミサイルが西ヨーロッパに配備されるのを阻止しようとした。

八三年三月に、ヨーロッパの中立非同盟諸国が、西側の最終草案をかなりトーンダウンさせた最終案を提示し、東西間の妥協を図ろうとした。ソ連は、これで決着をつける決意を固めたが、西側はそれを受け入れようとしなかった。アメリカ内では、前回のベオグラード会議と同様に、次回の再検討会議について決めるだけでマドリッド会議を終わらせるのもやむなしとの意見まで出ていた。

この行き詰まりは、小さな、しかし具体的な案件の解決により打開された。レーガン政権側が歩み寄るためには、個別の人権問題に関して、ソ連側からさらなる具体的な譲歩を必要としていた。それは、米ソ間の秘密交渉によってもたらされた。レーガン大統領自身が早くから気にかけていた案件があった。モスクワのアメリカ大使館内に、庇護を求めていたキリスト教ペンテコステ派の信者が数人かくまわれていたのである。彼らは、大使館から出ればソ連当局に逮捕されてしまう状況に置かれていた。米ソ間で水面下の交渉が続けられていたが、八三年五月になってソ連側が、彼らの出国について同意したのである。ジョージ・シュルツ米国務長官は回顧録で、この合意を「レーガン政権で初の、ソ連とうまくいった交渉」であったと評価している。

これが突破口となり、マドリッド会議は決着へと向かった。西側は、先述の中立非同盟諸国の草案に、若干自分たちの主張を上乗せした案を議長国スペインの最終案として提示した。それを東側も受け入れた。六月末、アンドロポフは他のワルシャワ条約機構諸国の指導者たちに対して、マドリッドの成功は「ヨーロッパにおけるデタント精神の復活にとって非常に重要である」と語った。こうして同年九月、マドリッド会議最終文書がCSCEの三五カ国の外相たちによって採択されたのだった。そこでは、欧州軍縮会議が翌年開催されることが謳われ、さらにアメリカが提案していた人権に関する専門家会議と人の交流に関する専門家会議もそれぞれ開催されることになった。ヘルシンキ・プロセスが途切れることは回避された。

†二重決定の実施

マドリッド会議の成功は、ベオグラード会議の二の舞いにならなかったという点で、そして欧州軍縮会議などがさらに開催されることになったという点では、ヨーロッパ・デタントの継続を象徴するものであった。

しかし、ソ連の期待通りとはならなかった。ソ連は、アメリカの中距離核ミサイルの配備を阻止すべく、マドリッド会議の成功、そして欧州軍縮会議の実施を目指した。だが西側は、NATOの二重決定を実現するため、そして世論をなだめるため、欧州軍縮会議の実現を目指した。欧州軍縮会議の第一段階である信頼醸成措置に関する会議は、まずは予備交渉が八三年一〇月末に開始された。だが同時に、NATO側は二重決定を実施していくことになる。

ヨーロッパにおける中距離核ミサイルをめぐる米ソ交渉は、八一年一一月末から始められていた。レーガン政権は、「ゼロ・オプション」の名で知られる、すべての中距離核ミサイルの禁止を主張した。これは、すでにSS-20の実践配備を進めていたソ連側が受け入れることはないだろうと見越した上での提案であった。NATOの二重決定に従えば、SS-20が削減されなければ、八三年にアメリカは新型中距離核ミサイルを配備することになる。交渉の中で、ソ連側は一定のミサイル削減は受け入れる構えを示した。しかし、レーガン大統領は「ゼロ・オプション」に固執した。ソ連側も、英仏が保有する核と同程度の数は維持されなければならないと主張し、SS-20をゼロにするという案を受け入れようとはしなかった。八三年一〇月には西ヨーロッパで一〇〇万人を超える反核抗議集会も開かれた。だが結局、核軍拡は止まらなかった。一一月、NATOは二重決定に基づいて地上発射巡航ミサイル四六四基とパーシングⅡミサイル一〇八基の配備を開始する決定をした。同月二二日には、西ドイツの議会も、パーシングⅡミサイルの配備受け入れを決議する。それに対して、ソ連はすぐさま、翌二三日に米ソ間の中距離核ミサイル交渉を無期限延期とした。米ソ関係は最悪の状態に陥った。

七九年一二月のNATOの二重決定から四年。すでに関係各国の準備は整っており、決定は速やかに実施された。ミサイルが配備される予定の西欧各国では反核平和運動の激しい抗議活動や妨害活動が続いたが、ミサイル配備を阻止することはできなかった。八三年一二月末、イギリスと西ドイツに配備されたアメリカの中距離核ミサイルは、実戦で使用可能となった。アメリカのミサイルが西ヨーロッパに配備されたことは、米欧関係重視派の人々にとっては、西側陣営の結束が改めて強化されたことを意味したのだった。

4 両ドイツ間のデタント

一九七〇年代末以降、米ソ超大国間の緊張が高まる一方で、東西両ドイツ間の関係はむしろ、八〇年代に好転することになった。戦後の両ドイツ関係は、米ソ関係に従属あるいは連動してきた。だが、この時代、米ソが対立を深める中で、両ドイツは緊張緩和を模索し続けるという現象が見られることになるのである。

†シュミットとホーネッカー

東側陣営との対話を継続し、経済関係を強化することが重要であるとシュミットが主張していたことはすでに述べた。しかし、シュミットのみならず、ホーネッカーの側もまた、米ソ対立が激しくなることで、両ドイツ関係に悪影響を及ぼすことを懸念していた。七〇年代に育ったデタントの果実を失いたくないと考えたからである。まさに、米ソ間対立が悪化したがゆえに、シュミットとホーネッカーは、東西ドイツの関係を良好に保ち続ける必要があるとの認識を深めていった。NATOの二重決定以降、ソ連の新聞が西ドイツ批判を強める一方、東ドイツの新聞は西ドイツ批判を控えるようにもなっていた。

東ドイツは、密かにソ連に抗う姿勢も見せていた。西ドイツがアメリカに追従して、アメリカの中距離核ミサイルを同国に配備しようとしていることに対して、八〇年夏、ソ連は東ドイツに、西ドイツに対して何らかの制裁的措置を取るよう圧力をかけていた。東ドイツは表向き、ソ連に従順な姿勢を見せ、西ドイツから東ドイツへの訪問者を制限するという措置をとる。しかしホーネッカーは、西ドイツ側に対して秘密裏に、両ドイツ関係を変化させる計画はないとの意向を伝えていた。

シュミットも、それに応える外交的ジェスチャーを示した。八一年一二月、シュミットが東ドイツを訪問していた際、ちょうどポーランドでヤルゼルスキが戒厳令を布告し、「連帯」を弾圧した。そのニュースは、東西ドイツの首脳会談にも暗い影を落とした。しかし、シュミットは外交日程を予定通りこなすことで、ブラントの東方政策以来積み上げてきた両ドイツ間関係に悪影響が及ばないよう配慮した。そしてホーネッカーの西ドイツ訪問を正式に要請したのだった。

†コールとホーネッカー

西ドイツにおいて政権交代が起こっても、両ドイツ関係が対立の時代に戻ることはなかった。これも、八〇年代のヨーロッパ冷戦の特徴として指摘できよう。ブレジネフが死去する約一月前の八二年一〇月、西ドイツでは政府に対する不信任案が議会で可決され、その結果、シュミット政権は退陣することとなった。新たに西ドイツの首相となったのが、キリスト教民主同盟（CDU）の党首で、アデナウアーの後継者を自認するヘルムート・コールである。野党時代のCDUは、七〇年代には、ブラントやシュミットの東方政策を激しく批判していたことから、当初コールは両ドイツ関係を後退させると見なされていた。にもかかわらず、コール政権は、八〇年代を通じて東ドイツとの良好な関係を保つ外交を継続し、むしろそれを前進させることになるのである。

コール政権が現状維持デタントを受け入れ、さらに東ドイツとの関係改善を重視していたことの象徴ともいえるのが、八三年と八四年になされた、西ドイツから東ドイツへの合計約二〇億マルクの借款供与である。東ドイツは、八一年までに西側に対する累積債務が二三〇億マルクにまで膨らんでおり、債務危機の様相を呈していた。コール政権によるこの事実上の金融支援は、一時的ではあれ、東ドイツの経済的苦境を緩和することになった。東ドイツ側もまた、人道面で譲歩を示すことで、それに応えた。東西ドイツ間の国境でもっとも野蛮であると見なされていた自動射撃装置や地雷を撤去することを、東ドイツは受け入れたのである。

ホーネッカーは、東ドイツへのSS-20の配備に関しても、ソ連に対して躊躇を示した。ソ連は、もしアメリカの中距離核ミサイルが西欧諸国に配備されるなら、西側のミサイル一基に対して、東側は二基配備することで対抗すると述べていた。東ドイツを含む東欧諸国は、しかし、ワルシャワ条約機構の首脳会議において、NATOのミサイル近代化反対には賛同するものの、ソ連が主張するような対抗措置には懸念を示していた。ヨーロッパ冷戦の軍事的対立がエスカレートすることを、西側の反核運動のみならず、東欧諸国もまた望まなかったからである。ポーランドやルーマニアは、SS-20の受け入れを拒否した。東ドイツは結局、ソ連の圧力を受け、チェコスロヴァキアが同ミサイルの配備を受け入れ、東ドイツのみに配備されるわけではないという形になった後で、不本意ながら同意することとなった。だが、ホーネッカーが西ドイツとの関係悪化を望んでいないことは明らかであった。

ソ連は、東西ドイツの接近の動きを不安視していた。東ドイツが西ドイツへの依存を深めれば、東ドイツもまたポーランドの二の舞いになってしまうと懸念したからである。八三年末に西ドイツにアメリカの中距離核ミサイルが配備され、西ドイツとソ連の関係が悪化した後も、ホーネッカーはこれまでの東西ドイツ関係を維持しようとした。ドイツ社会主義統一党（共産党）の機関紙である『ノイエス・ドイチュラント』は、社会主義諸国は西側諸国との「通常の経済関係」を維持しなければならないとの社説を掲載し、ホーネッカーもまた、コールから送られた西ドイツ訪問の招待を受け入れていた。しかしソ連指導部は、ホーネッカーに強力な圧力をかけ、結局、八四年秋に予定されていた西ドイツ訪問をキャンセルさせたのだった。

ホーネッカーが西ドイツを訪問するのは、八七年九月のことになる。二つのドイツが成立してから三八年の間で初めての東ドイツの指導者による訪問であった。すでにソ連には新たな指導者が誕生していたことから、このホーネッカーの西ドイツ訪問は可能となった。ここに両ドイツ関係は頂点を迎えることになったといえるだろう。だがこれは、ドイツが再統一へと向かい始めたことを意味したわけではない。確かにコールは、ドイツ再統一を求めていると公言していた。しかしながら、ホーネッカーの訪問は、コールが「二つのドイツ」という現実を受け入れていたことを象徴的に示すものであった。ホーネッカーもまた、「火と水が一緒になることがないように、社会主義と資本主義が一つになることも不可能です。それが現実です」と語っていた。両ドイツ間関係が良好になっても、それがそのまま統一ドイツにつながるわけではなかった。分断国家が再統一を果たすには、より広い、より劇的なヨーロッパ冷戦の変化が必要であった。

†陣営の持続

ヨーロッパ冷戦は、一九七五年のヨーロッパ・デタントの頂点の後、その終焉へと単線的に向かって行ったわけではない。確かに、マドリッドでのCSCE再検討会議は成功裏に終わり、ヘルシンキ・プロセスは継続した。パイプライン問題をめぐり、西欧諸国はレーガン政権の経済冷戦に抵抗し、アメリカによるソ連への経済制裁を取り下げさせた。七〇年代末より米ソ関係が悪化する中でも、むしろ東西両ドイツは、両ドイツ関係を良好に維持し続けようとした。八〇年代前半に西ドイツにおいて政権交代が起こった後も、東ドイツを事実上承認するという立場が覆されることはなく、「二つのドイツ」を前提に東西ドイツの関係のさらなる発展が模索されたことは、ヨーロッパ冷戦の緊張緩和に大きく寄与した。ハルシュタイン・ドクトリンも西ドイツの核武装問題も、すでに過去のものとなっており、現状維持デタントは継続した。

しかし、東西間の緊張を持続させる出来事も相次いだ。七〇年代後半には人権問題をめぐって東西両陣営が激しく対立した。通常戦力の軍縮も、交渉は始まるが停滞が続いた。核兵器に関しては、ソ連側がSS-20の配備を進めたことでユーロミサイル危機が勃発した。NATO側も二重決定を行い、対抗する姿勢を示した。ソ連によるアフガニスタン侵攻や、ポーランドの戒厳令に対しては、西欧諸国の多くが抑制的な姿勢を維持したものの、これらが東西間の緊張緩和に水を差す事件であったことは間違いない。そして結局、NATOは二重決定を実行に移し、アメリカの中距離核ミサイルを西ヨーロッパに配備していった。大規模な反核平和運動が起こったが、核軍拡競争が止まることはなかった。

他方で、「陣営」という観点から見ると、東西両陣営の結束は維持された。ソ連は実はブレジネフ・ドクトリンを放棄せざるを得ないところまで追い詰められていたが、ポーランド当局が自ら戒厳令を発して「連帯」を中心とした運動を弾圧したことで、その波及効果も押さえ込むことができた。NATOの二重決定の実施は、米欧間の結束の再確認でもあった。アメリカが西ヨーロッパの防衛に関与していることを改めて示すものだったからである。そして、その力学が、パイプライン問題をめぐる米欧対立を終息させるのに重要な役割も果たしていた。だが同時に、西側陣営の結束維持が、東西間の軍事的緊張を高めることになったのだった。

ヘルシンキ宣言からの一〇年、ヨーロッパは、西側と東側がそれぞれの陣営を維持しながら、緊張と緊張緩和とが入り交じった状態を経験した。そして新たな段階、ヨーロッパ冷戦が終焉へと向かう段階を迎えることになる。ソ連にまったく新しい指導者が誕生することになるのである。

コラム8 ソ連のアフガニスタン侵攻とEC諸国——幻の中立化構想

一九七九年一二月のソ連によるアフガニスタン侵攻は、米ソ関係を新冷戦と呼ばれる対立の時代へと転換させた事件とされる。実際、当時のアメリカのカーター政権はソ連を激しく非難し、他のNATOの同盟国と相談することなく厳しい経済制裁を一方的に発動した。また、軍事予算も大幅に増加させ、米ソ関係は一気に冷え込んだ。ソ連に批判的であったイギリスのサッチャー首相も、ソ連の行動に憤り、アメリカの対応を支持した。

しかし、他の西欧諸国の指導者の多くはカーター政権と距離を保った。とりわけシュミット西独首相やジスカールデスタン仏大統領は、ヨーロッパから遠く離れたアフガニスタンでの出来事によって、ヨーロッパ・デタントが危険にさらされることを望まなかった。ソ連に対するアメリカの一方的な貿易制限に同調することもなかった。仏・西独両首脳は、八〇年二月の共同声明において、ソ連のアフガニスタン侵攻は「受け入れがたい」が、「このようなことがもう一度行われたら、デタントは持たないだろう」と述べた。これはソ連との関係を継続するとのメッセージであった。実際、ジスカールデスタンは八〇年五月に、シュミットは六月にブレジネフと首脳会談を行い、対話を続けようとした。

EC諸国はまた、ソ連のアフガニスタン侵攻に対して、独自のイニシアティヴをとった。

アフガニスタンを中立化し、ソ連軍の撤退を促すという提案を八〇年二月に打ち出したのである。これは、イギリスの提案に基づくものであった。イギリス外務省は、軍事的あるいは経済的圧力によってソ連をアフガニスタンから追い出すことはできないと考えていた。それゆえソ連に対して、対決姿勢を取るのではなく、解決策を示すという外交で対抗しようとした。これは、中立・非同盟諸国にもアピールするプロパガンダとなり、国際的圧力をソ連にかけるという狙いもあった。アフガニスタンという国自体、元は六一年にユーゴスラヴィアの首都ベオグラードで開催された第一回非同盟諸国首脳会議の創設メンバー国であった。それゆえ、アフガニスタンをかつての立場に戻すとすることで、ソ連の顔を立てつつソ連軍が撤退できる状況を作ることができると考えられた。

サッチャー首相自身は、このアフガニスタン中立化案は「役に立たないだろう」と考えていた。だが、それでもイギリス政府としてこの構想を他のEC諸国と協議することを認めた。そしてサッチャーよりもEC諸国との協力を重視していたキャリントン英外相が、熱心にアフガニスタン中立化構想を売り込むことになったのである。

イギリスの提案は、他のEC諸国に受け入れられた。カーター政権の対決姿勢と異なり、イギリス案はより建設的であり、ヨーロッパ・デタントを維持したいと考える西ドイツやフランスの立場とも合致するものであった。アメリカとは異なる、アフガニスタンにおける危機を克服するための前向きなデタント政策をECとして明確に打ち出すこともできた。

だが、ソ連は聞く耳を持たなかった。一九六〇年代のヴェトナム戦争の時代に、フランスのドゴール大統領はヴェトナム中立化構想を唱えたが、アメリカはそれをドゴール流のパフォーマンスであるとして一蹴した。今度はソ連が、ECのアフガニスタン中立化構想を拒否したのである。ソ連指導部は、アフガニスタンを軍事的に制圧するのにそれほど時間はかからないと考えており、ECの提示した出口戦略も一顧だにしなかった。だが結局、アフガニスタンはソ連のヴェトナムとなり、出口の見えない泥沼にソ連ははまり込んでいくことになる。

ゴルバチョフの時代になり、ソ連はようやくアフガニスタンから撤退することになる。ゴルバチョフはすぐにアフガニスタンでの戦争がソ連経済にとって大きな負担になっていると認識したが、一度介入した戦争から抜け出すことは容易ではなかった。ゴルバチョフが撤退を表明するのは、八八年になってのことである。そして八九年に、すべてのソ連軍の撤退が完了する。アフガニスタン介入によるソ連軍の戦死者は一万四〇〇〇人弱といわれる。しかし、その人命の代価としてソ連が得たものは結局何もなかった。

第九章

終焉の始まり
——1985~89年

オーストリアとハンガリー間の鉄条網撤去(1989年)。

一九八〇年代後半、一大転機が訪れる。ソ連の新しい指導者にゴルバチョフが抜擢され、彼が従来のソ連の政策を刷新していくことになるからである。ゴルバチョフは、ソ連の国内経済の立て直しを最優先課題とし、国際的な緊張緩和と軍縮、そして西側との経済協力を積極的に推し進めていく。彼はアメリカのみならず、それ以上に西ヨーロッパの指導者らと関係を深めていくことになる。他方で東欧諸国はソ連にとって重荷として認識されるようになっていった。ゴルバチョフはコメコン統合を進め、ワルシャワ条約機構も維持するつもりだった。だが、次第に東西両陣営を架橋する「ヨーロッパ共通の家」という考えを重視するようになり、冷戦の対立の超克を模索するようになっていく。

さらに、ポーランドとハンガリーが、一九八九年の東欧革命の先鞭をつけていった。両国はすでに、ワルシャワ条約機構諸国の中では改革路線をとっていたが、八〇年代末からそれが加速し、ヨーロッパ冷戦に大変動をもたらす。加速の仕方は、ポーランドとハンガリーでは対照的だった。ポーランドでは民衆の下からの突き上げが重要だったのに対して、ハンガリーでは党内の改革派による上からの変革が原動力となった。そしてポーランドでは、東側陣営で初となる非共産党政権を発足させる。かたやハンガリーは、鉄のカーテンを開くことになる。ゴルバチョフはこれらの動きを容認する。それは、ベルリンの壁崩壊へとつながり、結局、東側陣営の崩壊を引き起こすことになるのである。

1 ゴルバチョフと西欧諸国

一九八〇年代半ば、ソ連指導部は混乱に見舞われていた。高齢の指導者が相次いで死去することになったからである。アンドロポフは、任期わずか一年半で、八四年二月に六九歳で死去する。その後を継いだコンスタンティン・チェルネンコも、約一年後の八五年三月に七三歳で世を去った。

ソ連指導部で老人支配が続いた中、若手のホープとして頭角を現していたのが、ゴルバチョフである。彼は、最年少の政治局員だった。アンドロポフの葬儀のためにモスクワを弔問したイギリスのサッチャー首相は、老齢のチェルネンコの先は長くはないと見限り、ソ連の次世代の政治家をロンドンに招待したいと考えた。八四年一二月、議員団の団長の肩書きでイギリスを訪問したのがゴルバチョフであった。このときサッチャーが、ゴルバチョフはこれまでのソ連の政治家とは話し方がまったく異なるのを見て取り、「彼を気に入った。彼とは仕事ができる」と述べたことはあまりにも有名である。ゴルバチョフも、この訪英時に、後に彼の秩序構想の中心概念となる「ヨーロッパ共通の家」という言葉を口にしている。それは、かつてジダーノフが唱えた「二つの陣営」という論理とは異なるものであり、ソ連を含む全ヨーロッパの枠組みで安全保障と経済の協力が必要であるとの姿勢を示唆するものであった。

それから三カ月後の八五年三月、ゴルバチョフはチェルネンコの後任として、ソ連共産党書記長に抜擢された。当時ゴルバチョフは五四歳。ソ連の指導者としては異例の若さであった。このソ連の新指導者が、冷戦を終わらせる上で最も重要な役割を果たすことになる。だが彼は、社会主義を放棄しようとしていたわけではない。むしろ社会主義国ソ連を力強く復活させるために、積極的に改革を推し進めようとした。

†ゴルバチョフの新思考外交

ゴルバチョフの改革は、内政と外交が密接に結びついていた。この新指導者にとって喫緊の課題は、八〇代初頭より顕著になっていた深刻なソ連経済の立て直しだった。ソ連では消費財が不足し、店に長い行列ができる姿は日常になっていた。計画経済は、人々が必要とするものをもたらすことができなくなっていた。技術面でも西側に遥かに立ち後れていた。当時、アメリカには三〇〇〇万台あったコンピューターはソ連には五万台しかなかった。それゆえゴルバチョフは、ロシア語で再構築を意味する「ペレストロイカ」を標語に、様々な改革を行っていった。

同時にゴルバチョフが重視したのが、核軍縮である。ソ連経済の立て直しにとって、国家予算の四〇%ともいわれる莫大な軍事費の削減は必須であった。そのため、外交分野においても「新思考」が提唱された。平和共存は東西間が協調的なものでなければならず、真の安全保障は相互的なものでなければならず、そして米ソは戦略面において合理的に十分な戦力を持たなければならない。これが新思考の原則だった。ゴルバチョフにとって米ソの核兵器は合理的に十分である以上の数に上っていた。核軍縮を進めることで緊張緩和を進め、軍事費を削減できる国際状況を生み出し、より多くの予算を経済再建に利用することを彼は目指した。さらなる軍拡競争は、ソ連にとって自滅への道であった。

†ストックホルム軍縮会議

それゆえ、ヨーロッパよりも米ソ関係がゴルバチョフ外交の優先順位の上位にあったのは確かである。しかしゴルバチョフは、早くも八六年秋に、ヨーロッパ冷戦にも重要な影響を与えることになる。チェルノブイリ原発事故によってゴルバチョフは、「透明性」や「公開性」を意味するグラスノスチという二つ目の改革路線を打ち出し、それによって軍縮・軍備管理デタントを今一歩前に進めることになるからである。ヘルシンキ・プロセスの一環である、スウェーデンの首都ストックホルムで開催されていた「欧州信頼安全醸成措置軍縮会議」、いわゆるストックホルム軍縮会議が同年九月に合意に達することができたのは、ゴルバチョフによる方針転換の結果であり、それはソ連軍部の抵抗を抑えてのことであった。

ストックホルム会議の本会議は、まだアンドロポフがソ連の指導者であった八四年一月半ばに開始された。当初、東側陣営が求めたのは、西ヨーロッパにアメリカの中距離核ミサイルが配備された直後だったこともあり、核兵器の先制不使用宣言や非核地帯の設定について「至急」合意することだった。ソ連側にパーシングⅡミサイルを軍事的に阻止する手段はなく、アンドロポフらは当時、西側が戦争を準備しているのではないかと真剣に懸念していた。他方で西側は、信頼醸成措置の拡充を重視し、軍事領域における透明性を求めた。だがソ連側に、それを受け入れる準備はなかった。ストックホルム軍縮会議の最初の一年、両者の主張の開きは大きかった。

しかし八五年にゴルバチョフがソ連の指導者になり、さらに八六年四月にウクライナでチェルノブイリ原発事故が起こると、膠着していたストックホルム会議を動かすことになる。多数の死者を出し、大量の放射性物質をまき散らしたチェルノブイリの大惨事は、同時に、事故対応への遅れや事故処理の杜撰さによって、ソ連の官僚体制の欠陥をも露わにした。この事故は、それゆえ、ゴルバチョフの改革路線に多大な影響を与え、さらに軍を含む官僚機構に対する彼の不信感を著しく高めることになったのである。その結果打ち出されたのがグラスノスチであった。

チェルノブイリの衝撃と、グラスノスチは、軍部の抵抗を無力にした。透明性や公開性を重視するこの改革路線は、ソ連国内の問題のみならず、ヨーロッパの東西冷戦にも影響をもたらした。ソ連軍部は、ストックホルム軍縮会議において、信頼醸成措置の名の下にソ連内部が査察されることについて、かたくなに抵抗していた。しかし、チェルノブイリの後、ゴルバチョフは官僚機構の秘密主義や硬直性に対して激怒しており、軍部はもはや抵抗できなくなった。ソ連の安全保障にとって、透明性を高くする方が、秘密主義を続けるよりも害が小さい。ゴルバチョフは、そう考えるようになっていた。その結果彼は、ソ連軍参謀総長のセルゲイ・アフロメーエフ自身をストックホルム軍縮会議に派遣し、軍事査察の受け入れを表明させた。さらに、軍事訓練などの軍事活動計画について四二日前までに報告を義務づけることや監視員の設置などについても東側陣営は同意していった。こうして、八六年九月に、会議の最終文書である「ストックホルム文書」への署名にこぎ着けることができたのである。これはヨーロッパ冷戦の安定化にとって大きな前進であった。これを踏まえ、さらに同年一一月からは、第三回目となるCSCE再検討会議がウィーンで開始されることにもなった。

†ヨーロッパの核軍縮

同じ頃、ヨーロッパの核軍縮に関しても、画期的な進展があった。八六年一〇月のレイキャヴィクにおける米ソ首脳会談で、ゴルバチョフが中距離核ミサイルの全廃を受け入れる構えを見せたのである。これは、かねてからレーガンが主張していた「ゼロ・オプション」で米ソが合意できることを意味した。ゴルバチョフの発言に、アメリカ側は驚愕した。

だがレイキャヴィク会談自体は、合意の場とはならなかった。合意寸前まで行った交渉を躓《つまず》かせたのが、アメリカの「戦略防衛構想（SDI）」だった。SDIとは、人工衛星がレーザー光線によって戦略核ミサイルを宇宙空間で破壊するというシステムを構築する構想である。もしこれが実現できるのであれば、アメリカはソ連から飛来する大陸間弾道核ミサイルを無力化することができることになる。レーガンはそれを、八三年三月から提唱していた。メディアはこれを、「スター・ウォーズ計画」と名付けた。レーガンの中では、SDIは「核兵器を無力で時代遅れのものにする手段」であり、あくまでも防衛的な計画であった。

しかしSDIは、ソ連側では、アメリカの防衛体制が強化されることで、むしろアメリカが戦争をより始めやすくするものであると認識された。なぜなら、ソ連のミサイルの無力化が可能になるのであれば、アメリカ側は報復を恐れることなく、ソ連を攻撃できるようになるからである。だが当時ソ連には、SDIに対抗する軍事システムを構築するだけの技術も経済的余力もなかった。ゴルバチョフは、アメリカが宇宙空間における軍拡競争を進めようとしていると非難したが、レーガンはSDIの棚上げに関して聞く耳を持たなかった。レイキャヴィクにおけるレーガンの強気の姿勢の背景に、ソ連経済の悲惨な状況を鑑みれば、最終的にソ連側は折れるだろうとの計算があったからである。

ゴルバチョフは当初、アメリカの姿勢を変えさせるために、西欧諸国に期待した。というのも、西欧諸国もSDIに懸念を抱いていたからである。SDIは、NATOの同盟国に事前にまったく知らせることなくレーガンが発表したものだった。西欧諸国では当初、多くの人が「スター・ウォーズ計画」をレーガンの冗談かと思ったという。西欧諸国から見てもやはり、アメリカがSDIによって完全に守られることは、アメリカがヨーロッパにおいてソ連と戦争をしやすくなることを意味した。レーガンの好戦的な発言を踏まえれば、今やソ連よりもアメリカの方がヨーロッパの平和にとってより大きなリスクであるように思われた。

だが西欧諸国にも、レーガンの考えを変えさせる術《すべ》はなかった。サッチャーも、西ドイツ首相のコールも、対米関係を悪化させないよう、慎重にSDIへの賛同を示していった。ミッテラン仏大統領はSDIに反対し続けた。しかし、ゴルバチョフの役には立たなかった。八五年一〇月、ゴルバチョフがソ連の指導者となって最初の西側訪問国として選んだのはフランスであった。ミッテランとゴルバチョフは、SDIに反対であることで意見は一致したものの、当初仏ソ関係はそれほど進展せず、ミッテランもアメリカにSDIを放棄させるよう動くことはなかった。

結局ゴルバチョフは、レーガンにSDIを断念させることを諦めざるをえなかった。その結果、SDI問題を切り離す形で、米ソ間で、中距離核戦力全廃条約（INF条約）が調印された。八七年一二月のことである。INF条約は、史上初の核軍縮条約だった。これによって、条約の定めにより、九一年までに、ヨーロッパに配備されていたソ連のSS-20や、アメリカのパーシングⅡおよび地上発射巡航ミサイルなど、合計で約二七〇〇基のミサイルが解体されることとなった。反核運動を担っていた人たちも、この条約の締結を高く評価した。七〇年代から続いたユーロミサイル危機は、こうして終息することとなったのだった。

とはいえ、これで西欧諸国の核兵器への依存がなくなったわけではなかった。INF条約では、潜水艦発射ミサイルや水上艦艇発射巡航ミサイルなどは対象外となっていた。また、ゴルバチョフは、その後さらに短距離核戦力（SNF）の全廃も主張したが、逆にNATO諸国の中にはSNFの近代化を求める声も強まっていた。アメリカの中距離核戦力が全廃されることは米欧関係のつながりを弱体化させることになりかねないため、その代わりにSNFを重視する主張がなされるようになったのである。そして、第4節で見るように、このSNF問題が西側陣営内での論争になっていくことになる。

†ゴルバチョフと西欧諸国の首脳たち

ゴルバチョフはアメリカとの関係のみならず、八七年以降、従来にも増して西欧諸国との関係をより緊密なものにしていくようになる。これは、後述するように、ソ連経済が深刻度を増し、ゴルバチョフが改めてECとの関係強化を重視し、さらにソ連が東欧諸国から距離を取り始めることと軌を一にするものであった。まず象徴的だったのが、同年三月のサッチャー首相のモスクワ訪問である。この英ソ首脳会談では率直な意見交換がなされ、サッチャーは歯に衣着せぬソ連批判を行った。この会談で、何か画期的な成果があったわけではない。にもかかわらず、興味深いことに、この首脳会談でゴルバチョフに対するサッチャーの個人的支持は確固としたものになる。ペレストロイカを支援しなければならない。ソ連からの帰国後、彼女はそう公言するようになるのである。他方でゴルバチョフも、サッチャーがモスクワを離れた後、側近らとの会合の中で、西ヨーロッパを「我々の基本的なパートナー」と呼ぶようになった。

ゴルバチョフの西ヨーロッパ重視は、ソ連と西ドイツとの関係改善においてはっきりと見られるようになる。ゴルバチョフがソ連の指導者の座を引き継いだとき、西ドイツはアメリカの中距離核ミサイルを受け入れていたことから、ソ連・西独関係はすでに悪化していた。コール政権が八五年五月にSDIに賛同したことも、西ドイツに対するゴルバチョフの印象を悪くしていた。むしろゴルバチョフが期待していたのは、アメリカの中距離核ミサイルやSDIへの反対を主張し続ける社会民主党（SPD）であった。コール首相の方も、そのようなゴルバチョフに対して当初は不信感を抱いた。そしてとりわけ、八六年一〇月のニューズウィーク誌とのインタビューの中で、コールがゴルバチョフのことをナチスの宣伝部長ヨーゼフ・ゲッベルスになぞらえたことで、両者の関係は著しく険悪になった。ゴルバチョフは、サッチャーやミッテランとの会談を重ねる一方で、コールとは三年半もの間会おうとしなかった。

だがやはり、八七年が転機となる。まず同年一月、西ドイツでの総選挙でSPDは勝利できなかった。コールが引き続き首相を続けることになったことで、ゴルバチョフは彼と向き合わざるを得なくなった。経済大国であり、従来から西側陣営におけるソ連の最大の貿易相手国であった西ドイツとの関係を悪化させ続けるわけにはいかなかった。そのような中、同年七月に西ドイツのリヒャルト・フォン・ヴァイツゼッカー大統領がソ連を訪問したことが、ソ連・西独関係改善の大きなきっかけとなった。そして翌八八年一〇月末に、コール首相が初めてソ連を訪問することになったのである。これはコールが首相に就任して六年目のことだった。この首脳会談で、コールとゴルバチョフとの間のわだかまりは一気に解消した。西ドイツとソ連との間で、経済や文化、環境などに関する六つの協定も締結された。コールとともに訪ソした七〇名以上の企業関係者も、数多くの民間契約を交わした。初のコール訪ソは、多くの実際的な成果をもたらすこととなった。

ゴルバチョフと西ヨーロッパの政治指導者たちとの対話は、ゴルバチョフ自身の考えを変えていった。彼は、スウェーデンの首相で八六年に暗殺されてしまった社会主義者のオロフ・パルメを高く評価し、スペインの社会主義労働者党党首フィリペ・ゴンサレスとは親友といえる関係を築いた。ゴルバチョフはまた、西ドイツの元首相ブラントとも連絡を取っていた。これらの対話を通じて、ゴルバチョフは西側について多くのことを学んだ。彼の外交顧問であったアナトリー・チェルニャーエフによれば、ゴルバチョフは社会主義国ソ連とは違う世界を知るようになり、それがソ連の「ヨーロッパへの回帰」という考えにつながっていったという。そしてゴルバチョフは、「ヨーロッパ共通の家」という構想をより前面に押し出していくのである。

2　ゴルバチョフと東欧諸国

†矛盾に満ちた東欧政策

ゴルバチョフの東欧政策は、一貫性に欠けていた。ゴルバチョフは、ソ連のペレストロイカに倣《なら》い、東欧諸国においても改革が進むことを望んだ。彼は、ソ連には指導的国家としての責任があると考えていた。だが、各国に介入したり何かを強制したりするのではなく、ソ連自身が改革の模範を示すことで他のコメコン諸国もそれに見習ってついてくるものと期待していた。彼は、コメコン諸国の主権や独立を尊重する姿勢を示した。

しかし同時に、ゴルバチョフは、コメコン統合も求めていた。いま一つの理由は、ゴルバチョフがコメコンと欧州共同体（EC）との関係強化を望みつつ、ECに対する東側の交渉力を高めるためにも、ECとの対話の前に、まずはコメコンの一層の統合を進め東側の経済力を復活させようとしたからであった。だが、コメコンの統合を進めることは加盟国に対する統制を強化することを意味し、コメコン諸国の主権と独立を尊重し、各国独自の改革を促すとする方針とは相容れなかった。

ゴルバチョフは、書記長就任後の早い段階から、ECに対する関心を示していた。ゴルバチョフはソ連の指導者になったばかりの八五年五月に、当時ECの議長国であったイタリアの首相ベッティーノ・クラクシがモスクワを訪問した際、今こそECとコメコンとの間で「経済問題において相互に利益のある経済関係を構築するとき」ですと彼に語っていた。実際その翌月、コメコンの事務局長は、同年一月にEC委員長に就任したばかりのジャック・ドロールに対して書簡を送り、ECとコメコンの共同宣言を打ち出すよう提案した。

当時ECは、新たな段階へ踏み出そうとしていた。七〇年代の二度の石油危機のせいで、E

C諸国は八〇年代に入ってからも経済不況が続いていた。ヨーロッパの景気回復は、日本やアメリカに後れを取っていた。そのような中、EC諸国は改めてヨーロッパ統合を深化させることで長引く不況からの脱却を図ろうとしたのである。八五年六月のEC首脳会議で各国は、九二年までにECの単一市場を創設することで合意した。それは単に関税をなくすのみならず、非関税障壁を撤廃するという野心的な試みだった。九二年に向けて、ECはにわかに活気づいた。すでに八一年にはギリシャが一〇番目のEC加盟国になっていたが、さらに八六年にはスペインとポルトガルが加盟し、ECは一二カ国に拡大しようとしていた。西ヨーロッパにおける統合のさらなる発展は、ソ連・東欧諸国を否応なく西側に引きつける力を持ち始めていたのである。

矛盾をはらんだゴルバチョフの東欧政策が思うように進むことはなかった。ゴルバチョフ時代に入って激変したソ連の姿勢に、東欧諸国はついて行けなかった。東欧諸国が独自の大胆な改革を進めたとしても、ソ連が武力介入をすることはないとの考えは八六年一一月のコメコン首脳会議において、東欧諸国の指導者たちに直接伝えられていた。だが改革志向を持つハンガリーやポーランドにとっても、本当のところいったいどこまでの改革がソ連によって許容されるのかは判然としなかった。逆に改革志向のない国は、ゴルバチョフの意向に従うつもりはまったくなかった。東ドイツの政治局員の一人は、東ドイツにおけるペレストロイカの必要性について尋ねられたとき、「隣人が壁紙を貼り替えたからといって、自分の家も同じようにする必要があるでしょうか」と答え、改革の意思のないことをはっきりと示した。

コメコン統合が進展することも、やはりなかった。フルシチョフもブレジネフも実現できなかったコメコン統合は、ゴルバチョフにとっても実現不可能な挑戦であった。ソ連・東欧諸国の方向性が各国で異なり、ゴルバチョフ自身、各国独自の政策を尊重するとしている中で、何らかの形でコメコン統合が進展する可能性などどこにもなかった。八八年三月、政治局会合の中でゴルバチョフは、「(コメコン統合の)計画は死んだ」と述べることになる。

ECとコメコンとの間の交渉も、遅々として進まなかった。EC側は以前と同様、コメコンが東欧諸国を支配する道具として強化されることを嫌い、あくまでもECとソ連・東欧各国とが個別に関係を構築する形を重視した。ゴルバチョフの苛立ちは募っていった。

†重荷となる東ヨーロッパ

そのような中、経済改革を進めようとしたゴルバチョフに対して衝撃を与えたのが、八六年の石油価格の暴落であった。七九年の第二次石油危機以来、石油をめぐる国際情勢は変化し始めていた。石油輸出国機構(OPEC)はカルテルを結んで石油価格を上昇させたが、それがもたらした石油危機は、むしろ市場の力を開放した。非OPECの産油国が増え、OPECは価格を支配できなくなり、石油価格は市場にゆだねられることになっていったのである。不況と西側諸国の省エネ政策により石油需要が減退する一方で、石油の売り手が増えたことから八二年頃から石油価格は低下し始めていた。そして八〇年には一バレル約四〇ドルだった石油価格は、八六年には一四ドル台にまで大暴落した。この逆オイルショックとも呼ばれる暴落は、外貨獲得を石油輸出に大きく依存してきたソ連経済を直撃した。八三年に石油輸出額はおよそ一五六億ドルだったのが、八六年には七〇億ドル以下にまで激減したのである。その後ソ連経済は、もはや立ち直れなくなっていく。そしてそれは、EC諸国の重要性を一層強く認識させるとともに、ソ連の東欧政策にも少なからぬ影響を及ぼすようになる。

八六年末までに、東ヨーロッパは、ソ連にとって重荷であると認識されるようになっていった。ゴルバチョフは、東ヨーロッパの安定を維持するため、ソ連は年間数百億ドルのコストをかけていると聞かされ、東欧諸国の自己責任を重視するようになった。ゴルバチョフが経済面におけるソ連の従来の立場を大きく転換させたのが、八六年一一月にモスクワで開催されたコメコン首脳会議の場である。彼は、東欧諸国からの輸入品の支払いを国際価格で行うと述べ、社会主義圏の「友好国価格」はもはや適応しないとした。また、東欧諸国の品質の悪い工業製品は買い取らない可能性があるとも示唆した。さらに、東欧諸国の累積債務をソ連が肩代わりすることもないと明言したのである。それは、東側陣営全体の経済改革の一環であった。だが、実際にそれが意味したのは、ソ連の東ヨーロッパからの経済的撤退だった。もはやソ連に、東欧諸国を支援する余力はなくなっていた。

ECとコメコンは、八八年六月になってようやく共同宣言をまとめた。しかしながら、そこに両組織間の協力に関する具体的な内容は何もなかった。この共同宣言は、実質的には、ECに対する東欧諸国の解放宣言であったと言ってよい。七〇年代以降、ソ連はECとの窓口をコメコンに一元化するため、東欧諸国が個別にECとの関係を樹立するのを認めようとしてこなかった。だが今や、そのような縛りはなくなった。形だけの共同宣言を出す一方で、コメコン諸国は個別にECとの関係を進めることをゴルバチョフは認めるようになったのである。その背景には、東欧諸国に変化を促さなければ、ソ連自体が西側経済に参入できなくなるといった懸念があった。EC・コメコン共同宣言の後、ソ連・東欧諸国はすぐさま、それぞれECとの外交関係を樹立していき、併せて貿易協定も締結していくこととなる。これはEC側も東欧諸国も望んだ結果であったが、ソ連にとってもまた、東欧諸国の重荷を軽減する政策の一環であった。冷戦後から振り返ってみれば、この八八年の共同宣言は、ソ連が東欧諸国の手綱を手放し、その負担をEC（そして後のEU）に譲り渡していく転換点を象徴するものであったといえるだろう。

†ヨーロッパ共通の家

東欧諸国の主権と独立を尊重するとしつつも、ゴルバチョフは、ワルシャワ条約機構を維持し続けるつもりだった。ただし彼は、同時にその軍事ドクトリンを大幅に変化させた。ワルシャワ条約機構のそれまでの攻撃重視の戦略から、防衛重視の戦略への転換を図ったのである。やはり、ソ連経済を立て直すため、軍事費を削減する必要があると考えたからである。軍部からは強い抵抗があったが、ゴルバチョフは今回もそれを押し切った。八八年一二月の国連総会の場でゴルバチョフは、二年以内にソ連軍を一方的に五〇万人削減し、東ドイツ、ハンガリー、そしてチェコスロヴァキアに駐留するソ連軍を五万人、戦車五三〇〇両を撤退させると明言した。ワルシャワ条約機構が防衛的な性格の同盟であることを強調し、東西間の軍縮をより容易にするためでもあった。

ゴルバチョフはまた、この国連演説の中で、「ブレジネフ・ドクトリン」を放棄したことを世界に向けて明らかにした。確かに、すでに八〇年代初頭に、ポーランドにおける連帯運動の盛り上がりを前に、当時のブレジネフ指導部は武力介入をしないと決定していた。しかし、それはあくまでもソ連政治局内での極秘の決定であった。また先述の通り、ゴルバチョフもまた内々に、東側陣営の指導者らに対して同様の意向を述べてはいた。だがゴルバチョフは、国連総会という舞台において、「誰しも選択の自由を持たなければなりません」と述べ、東ヨーロッパの人々は自分たちの将来を自分たちで決めてよいと明言したのである。ゴルバチョフのこの劇的な演説に対して、国連総会に出席していた各国首脳や大使たちからは割れんばかりのスタンディング・オベーションが巻き起こった。ここにいたり、ソ連はもはや本当に武力介入を行わないと信じられるようになった。それは、翌年始まる東欧革命の最も重要な素地を作ることになる。

ゴルバチョフは、ワルシャワ条約機構は維持しつつも、より広い全ヨーロッパ的観点から、秩序と安定を模索するようになった。とりわけゴルバチョフが重視したのが、CSCEのヘルシンキ・プロセスである。それは、内政と外交両面において重要であった。ゴルバチョフにとってヘルシンキ・プロセスは、国内ではペレストロイカを成功させるためのものであり、外交面では、「ヨーロッパ共通の家」という構想を実現させるためのものとなっていた。というのも、CSCEにおける西側との協力を通じて、ソ連は政治的・経済的改革の余裕を得られると考えられていたからである。

ゴルバチョフは、人権問題に関する譲歩が西側から支援を得るための鍵であると認識していた。それゆえゴルバチョフは、八六年から始まっていたウィーンでの第三回CSCE再検討会議を成功させるべく、西側の主張の多くを受け入れた。例えば、数百人もの政治犯の釈放や、西側のテレビ・ラジオ放送に対する通信妨害の停止、旅行制限の撤廃、さらには人権監視をも受容したのである。その結果、八九年一月に「ウィーン文書」が採択されるにいたった。

ウィーン会議ではさらに、新たな通常戦力の軍縮交渉の枠組みについても合意された。ヨーロッパにおける軍縮・軍備管理デタントの枠組みは名称や参加国が何度も変化し、わかりにくい。結局、ヨーロッパ軍縮会議(CDE)の第二段階は、CSCE三五カ国によって、信頼醸成措置をいっそう強化するための会議として開催されることとなった。他方で、これまでまとまることのなかった軍縮会議(MBFR)は解散し、新たにNATOとワルシャワ条約機構の加盟国である二三カ国によって進められる「ヨーロッパ通常戦力(CFE)」という交渉が三月から開始されることとなったのである。

八〇年代末までに、ゴルバチョフにとって東欧諸国の重要性はかなり低くなっていったが、それに代わって彼は、「ヨーロッパ共通の家」という言葉を、彼の外交のキャッチフレーズとして多用するようになっていた。その中身について最も踏み込んで語ったのが、八九年七月に彼が行ったストラスブールの欧州審議会での演説である。ゴルバチョフは、「ヨーロッパ共通の家」には四つの要素があると説明した。抑止ではなく自制に基づく集団安全保障、完全な経済統合、環境保護、そして人権の尊重の四つである。この新しいヨーロッパの中で、東西二つの軍事同盟は徐々に変容し、CSCEと国連が新たに強化されていくことになっていた。さらにゴルバチョフは、CSCEの首脳会議を再び開催することも提案した。だがその時すでに、東欧諸国でかつてない変化が進行しつつあった。

3 ポーランドとハンガリーの一九八九年

†ポーランドにおける「連帯」の復活

結局のところ、一九八一年にポーランドの指導者ヤルゼルスキが布告した戒厳令は、同国の問題に対する一時的な対症療法に過ぎなかった。当面の混乱は収束したかもしれない。だが、ポーランド経済はいっそう悪化した。戒厳令自体は、八三年七月に解除された。しかし、自主労組「連帯」は非合法のままにされた。状況が改善する見込みは何もなかった。西側の支援なしに、債務を返済することもできなかった。

八〇年代後半になると、ポーランド指導部は改めて行き詰まりに対処せざるを得なくなった。八六年秋に当局は、全政治犯の釈放を発表する。それは西側による経済制裁の解除につながった。その年、ポーランドはIMFにもようやく加盟する。そして八七年末、ヤルゼルスキは賭けに出た。一定の民主化と痛みを伴う経済改革をセットにし、その賛否を国民投票という形でポーランド国民に問うたのである。結果は、惨敗だった。棄権も含めると、国民の四四％しか政府案に賛同しなかった。だがポーランド政府は、経済改革の名の下に、食料品や消費物資の値上げを断行する。そして、八〇年代初頭の状況が繰り返されることとなる。

八八年に入り、再びストライキとデモの季節がやってきた。それらを通じて、「連帯」が非合法のまま復活した。ワレサは、その先頭に立った。ストライキは、ポーランド当局によって、治安部隊を通じて弾圧された。ヤルゼルスキは「連帯」との対話を検討し始めた。もはや再度の戒厳令布告はあり得なかった。それが問題解決につながらず、西側から再び経済制裁を受けることは明らかだったからである。ポーランド経済を立て直すためには、「連帯」と西側の協力が不可欠だった。ソ連やコメコン諸国の支援にも頼れなかった。同年七月、ゴルバチョフがポーランドを訪問した際、ヤルゼルスキは、ワレサとの交渉を検討していると伝えた。ゴルバチョフは、それを急ぐよう促した。ポーランド指導部内には強硬派もいたが、ゴルバチョフの意向を受け、その力は弱まった。その結果、八月末にヤルゼルスキによって提案されたのが、幅広い関係者が対等な立場で話し合う「円卓会議」の開催であった。

ワレサもまた、ポーランド当局との対話を受け入れていった。「連帯」の中にも当局に不信感を持つ者が少なくなかった。しかし、ローマ教皇ヨハネ・パウロ二世やポーランドの教会が対話による解決を支持し、「連帯」側と当局側の橋渡しをしたことが懐疑派を説得する上で非常に重要な役割を果たした。ただしワレサは、「連帯」が合法化されなければ、円卓会議もあり得ないとの立場を崩さなかった。

「連帯」の合法化は、ポーランド統一労働者党（共産党）内の激論の末、八九年一月になりようやく認められた。ヤルゼルスキが、もしそれが認められなければ辞任するとの態度を示して、ようやく党内をまとめることができたのだった。こうして二月六日より、「連帯」や反体制派知識人、カトリック教会、そしてポーランド政府が円卓を囲む会議が開始される。かつて戒厳令が施行された際に弾圧した側と投獄された側との対話が始まった。

†ポーランドの準自由選挙

他の東欧諸国における後の大変動と比べると、ポーランドの円卓会議の結果は抑制が効いたものに見える。八九年二月に始まった円卓会議は、四月に合意に達した。「連帯」は正式に合法化されることになった。最大の成果は、ポーランド議会を二院制にして、新しい議会のための選挙を六月に実施することになったことだった。だが、一〇〇議席の上院は完全自由選挙とされたものの、四六〇議席の下院は三五％のみが在野勢力に割り当てられることになった。つまり議席の六五％は、自動的に共産党のものとなる。また導入された大統領制でも、強い権限を持つ同職には、ヤルゼルスキが就任することが暗黙の了解とされた。総じて、共産党の優位は今後も続くかに見える合意であった。実際、「連帯」の側も、自分たちにはまだ政権担当能力はないと認識しており、まずは自分たちの声を発することができる場を議会に確保することが目指された。円卓会議の参加者は、ポーランド国民の意思を過小評価していた。

わずか二カ月後の議会選挙は性急だった。共産党側には、「連帯」に十分な選挙運動をさせないという狙いがあったという。確かに「連帯」側には組織力も資金力も十分ではなかった。逆に共産党には組織力と資金力があった。国内メディアは共産党が完全に牛耳っていた。それでも「連帯」は精力的に選挙運動を行った。カトリック教会も、またラジオ・フリー・ヨーロッパも積極的に「連帯」支持を訴えた。それに対して、選挙期間における共産党の存在感は乏しかった。選挙運動らしきことを共産党はほとんどしなかった。それまで自由選挙のなかった国の支配者たちには、選挙運動が必要であるとの考えがなかったのである。

六月の選挙結果は、あまりに劇的だった。上院は一〇〇議席中九九議席、下院は割り当てられていた一六一議席のうち一六〇議席を「連帯」が制した。まさに圧勝だった。惨敗した共産党指導部はショック状態に陥った。中には非常事態宣言を出して、選挙結果を無効にすべきとの声も上がった。しかしヤルゼルスキは、選挙の翌日にゴルバチョフと話した後、選挙結果を受け入れた。下からの、選挙を通じた平和的革命が起こった。

†非共産主義者の首相誕生

八月、ポーランドは新たな歴史を歩み始めた。選挙での「連帯」の圧勝を受け、ポーランドは東側陣営で初の非共産主義者の首相を誕生させることになったのである。円卓会議の暗黙の了解に従い、ヤルゼルスキは大統領となった。しかし、首相には「連帯」指導者の一人であったタデウシュ・マゾヴィエツキが就任することになった。閣僚の多くも「連帯」系の人物が占めた。マゾヴィエツキ政権が早速行ったのが、市場経済導入の発表だった。

ルーマニアの指導者チャウシェスクは、危機感を募らせた。彼は、ソ連を始め他のワルシャワ条約機構諸国に対し、ポーランドを救うための軍事介入を呼びかけ、ヤルゼルスキにも「救国政府」を樹立すべきと訴えた。六八年にワルシャワ条約機構軍がチェコスロヴァキアに軍事侵攻した際、ルーマニアはそれに同調せず、むしろソ連を非難していた。それから二〇年、今やルーマニア自身が軍事行動を求めるようになったのである。だが何も起こらなかった。ゴルバチョフは、ルーマニアの要請に応えるつもりはなかった。ソ連が動かない中で、他の東欧諸国が独自に軍事行動を起こすこともなかった。

ゴルバチョフは東欧諸国の改革を促したが、ヨーロッパが不安定化することは望んでいなかった。そのため彼は、当面はワルシャワ条約機構もコメコンも維持するつもりであった。同盟の解体は、深刻な不安定化をもたらすとゴルバチョフは明言していた。たとえ民主化され、共産党独裁体制が崩れたとしても、ポーランドやハンガリーが東側陣営の国際組織に留まることを期待していた。この点で、ゴルバチョフの見通しは楽観的であった。

実際、ポーランドは安定的な変化を進めていると見なされていた。ヤルゼルスキは大統領に就任した。内相や国防相といった重要ポストも、共産党出身者が占めた。そしてマゾヴィエツキ政権は、ワルシャワ条約機構からの脱退の意思はないことを明確にしていたのである。ゴルバチョフはこれを歓迎していた。

ポーランドの変化は、東側陣営の歴史の中では確かに画期的なものだった。平和的な変革を達成したことは、のちに革命を起こしていくことになる他の東欧諸国の人々にモデルを示したかもしれない。だが、ポーランド革命の波及効果は限定的であった。歴史を加速させたのは、ハンガリーだった。

†ハンガリーの急進的改革

東側陣営の中でハンガリーは、相対的に最もリベラルな国であった。五六年のハンガリー動乱の後に指導者の座についたカーダールは、当初は改革を潰した人物と目されていたが、自らが指導者の立場につくと、次第に、注意深く、様々な経済改革を試みていった。だがそれでも、ハンガリー経済は立ち直らなかった。そして、増え続ける対外債務は、国民一人あたりに換算すると、ヨーロッパで最も多くなっていた。すでに見たように、八二年にはIMFの支援を受けていた。八七年にも西ドイツから一〇億マルクの融資を受け、八八年にはいち早くECと貿易協定を締結するなど、改革路線をとるハンガリーは西側諸国から好意的に見られていた。しかし、右肩下がりのハンガリー経済に回復の兆しは見られなかった。インフレは進み、賃金も生活水準も下がり、国民の不満は高まっていった。そのような状況を背景に、後に政党に発展していくことになる様々な「フォーラム」や「団体」が、首都ブダペストで増え始めていた。八八年に入り、ハンガリーでも政治が動き始めた。まず、すでに七五歳と高齢になっていたカーダールが辞任することとなった。ゴルバチョフのソ連は、もはやかつてのように東欧諸国の指導者を指名するような態度をとるつもりはなかった。しかしハンガリー指導部の中でカーダールに対する不満が高まり、相談を受けたゴルバチョフが間接的に、カーダールはもはや潮時であるとの意向を示すと、それを聞いたカーダールは自ら引退を決意した。五月、新たにハンガリー社会主義労働者党（共産党）の書記長に就任したのが、グロース・カーロイである。だが彼は、ハンガリーの基準では、経済改革のみを認めるとする守旧派であった。グロースは、権威主義体制のまま経済成長することに成功した朴正煕の韓国を変革のモデルにしようとしていた。しかしながら、同国にとってより重要な変化は、一一月にハンガリー政府の首相に若手の改革派ネーメト・ミクロシュが抜擢されたことだった。

ハンガリーの変革は、ネーメトを中心とする急進改革派が主導していった。ネーメトは首相就任時に四〇歳という若さであり、ハーバード大学のビジネススクールにも一年間留学経験のある経済の専門家であった。このような人物が首相になれたのは、長年に渡ってハンガリーが改革路線を模索してきたからであろう。ネーメトはすでに、社会主義体制を見限っていた。ハンガリー共産党内の急進改革派たちは、改革を進めるにあたってソ連の出方を気にしつつも、その視線を西側に向けていた。すぐにハンガリー指導部内では、ネーメトとグロースの対立が顕著になった。

ネーメト政権は、主に三つの大きな改革を行った。まず試みたのが、歴史解釈の見直しだった。ネーメトの親友で、改革担当大臣の立場にあったポジュガイ・イムレは、五六年のハンガリー動乱は「反革命」でありハンガリーを帝国主義や反動主義から守るため軍事介入は必要であったとの解釈を覆し、あれは「民衆蜂起」であったとの見解を八九年一月に示した。これは、ソ連は間違っていたと言っているに等しい行為である。それゆえ、ソ連の許容範囲がどこまでなのかを探る観測気球の役割を果たした。実際、ソ連外務省はこの新解釈に抗議する準備を進めた。しかし、ゴルバチョフはそれを止めさせた。ソ連からの反応がなかったため、ハンガリーの急進改革派は、さらに先に進むことができた。

六月、ハンガリー動乱の際に処刑されたナジ・イムレの再埋葬の式典が実施された。それは、ハンガリー指導部内における改革派の勝利を示すものとなった。ほとんど誰も知らない場所に極秘のうちに埋められたナジの遺体は掘り返され、新たに埋葬し直すことでナジの名誉回復がなされた。この式典には、二〇万とも三〇万ともいわれるハンガリー国民が集まった。ハンガリーの改革は上からのものだったが、ナジの再埋葬は、改革派に対する国民の大きな支持があることを示した形となった。ナジの再埋葬に反対であった守旧派のグロース書記長は、その後辞任に追いやられた。

ネーメト政権の第二の改革は、複数政党制を認め、自由選挙の実施を目指したことであった。八九年一月には結社法と集会法が制定され、共産党以外の政党や政治組織が合法化された。ネーメトは三月に訪ソし、ゴルバチョフにハンガリーの民主化方針を伝えた。レーニン主義を信奉するゴルバチョフはそれに反対だと述べたものの、ハンガリーは自国の責任でそれを行うことができると応えた。さらにゴルバチョフは、五六年のような軍事介入をソ連がすることはないと改めて明言した。

ネーメト政権の三つ目の、そしてもっとも重要な決断は、鉄のカーテンを開けることであった。まずネーメトは、ハンガリーとオーストリアとの間の二〇〇キロにわたる国境地帯に設置してあった鉄条網と電気監視装置を撤去することを決めた。実際それは老朽化しており、誤作動も頻繁に起きていた。新たなものに作り替えるには材料や部品を西側陣営から輸入しなければならなかったが、それには多額の外貨を必要とした。しかし、そのような余裕はハンガリーにはないと判断したネーメトは、撤去を決定した。三月にゴルバチョフと会談した際、ネーメトは国境地帯の鉄条網を取り去る方針も伝えた。ゴルバチョフは、ソ連にはその新設を支援する資金はないと答え、ネーメトの決定を黙認する姿勢を示した。

五月、オーストリアとの国境の鉄条網の撤去が開始された。その際、テレビカメラも招かれ、ハンガリーの国境警備隊が鉄条網を取り払う様子が映像で世界に伝えられた。西側諸国に対してハンガリーのイメージアップを図るためだった。鉄条網がなくなっても、国境警備や検問がなくなったわけではない。しかし、その後ハンガリーには、ニュースを見た東ドイツの人々が続々と訪れることになる。

†鉄のカーテンの綻び

ハンガリーはかねてより、夏期休暇の人気の旅行先だった。東ドイツ人も、東側諸国への旅行は認められており、毎年多くの東ドイツ人がハンガリーを訪れていた。ハンガリーの方も、早くも一九七〇年代から旅行制限を緩和しており、年間六〇〇万人が主に西側へ旅行していた。隣国オーストリアは、ハンガリー人が最も行きやすい西側の国だった。東側陣営で初めてヒルトン・ホテルが建ったのも、ハンガリーの首都ブダペストであった。一九七七年のことである。ハンガリーを訪れる外国人は、毎年二五〇〇万人を数えた。観光地バラトン湖は、西ドイツ人と東ドイツ人がハンガリーで出会える絶好の場にすらなっていた。

一九八九年は、例年と異なっていた。五月にハンガリーの国境地帯の鉄条網が撤去されたとのニュースが報じられた後、東ドイツ人が例年にも増してハンガリーを訪れるようになっていた。そして何より、それまでと異なっていたのは、ハンガリーに来た東ドイツ人が帰国しようとしなかったことである。彼らは、オーストリア経由で西ドイツにたどり着けることを期待していた。東ドイツ国民は、自動的に西ドイツの国籍を取得できることにもなっていた。一九六一年のベルリンの壁構築以降、壁を越えて逃れるのは、文字通り命がけの行為になっていた。だが八九年になり、新たな脱出ルートが生まれつつあった。

東ドイツ人の多くが帰国してこないことに、東ドイツ当局はすぐに気づき、懸念した。実際、五月以降、東ドイツ人が不法越境する形でハンガリーからオーストリアに逃れ、オーストリアの西独大使館に亡命を申請するケースが増加していた。東ドイツはハンガリーに対し、ハンガリーに滞在する東ドイツ人の「不法滞在者」を東ドイツに強制送還するよう求めた。確かに、六九年に締結された両国間の条約で、そのような措置を取ることは義務とされていた。

しかしながら、ハンガリー側は、強制送還を拒否した。ハンガリー政府は、ハンガリーに留まる東ドイツ人を、「不法滞在者」ではなく「難民」として扱うようになっていった。駐ハンガリー米国大使は、東ドイツ人を強制送還すれば、アメリカとの関係が悪化することになると、ハンガリー政府に伝え圧力をかけていた。西ドイツの外相ゲンシャーも、ハンガリーが締結していた難民条約に基づき、東ドイツ国民を強制送還しないよう求めた。そしてハンガリー政府もまた、西ドイツへ亡命を希望する東ドイツ人を強制送還しないと約束した。ハンガリーのネーメト首相は早くから西ドイツのコール首相と接触を図り、ハンガリーへの支援を要請していたという背景があったからであった。

他の東欧諸国は、ハンガリーやポーランドの動静に著しく懸念を強めていた。七月にルーマニアの首都ブカレストで開催されたワルシャワ条約機構首脳会議では、ルーマニア、チェコスロヴァキア、そして東ドイツの指導者たちが、社会主義を破壊しようとしているとして、ポーランドとハンガリーを激しく非難した。

だがワルシャワ条約機構内の対立の図式は、六〇年代から大きく様変わりしていた。八〇年代末までにソ連、ポーランド、ハンガリーの改革派三国連合が形成されていた。かつて自主外交を貫き、独自路線をとっていたルーマニアは体制維持に執着する保守派になっていた。ハンガリー首相ネーメトは、このワルシャワ条約機構首脳会議が初参加であったが、ゴルバチョフはハンガリーを擁護した。ゴルバチョフは、各国独自の立場を尊重し、ソ連が内政干渉することはないとの姿勢を改めて示した。ブカレスト会議で、ヤルゼルスキはただ黙っていた。

八月後半になると、ハンガリーで二つの重要な事件が起こる。その時までに、ハンガリーに滞在する東ドイツ国民は二〇万人にまで膨れあがっていた。事件の一つは、「ヨーロッパ・ピクニック事件」と呼ばれる。オーストリアとの国境近くのショプロンにおいて、国境を越えたピクニックを行うという催しが行われた。その間、ハンガリーとオーストリアの国境は開かれたままにされた。それを利用して、一〇〇〇人ともいわれる東ドイツ人が、オーストリア側に脱出していったのである。この「ピクニック」には、ハンガリー側ではポジュガイ改革担当大臣が深く関わっており、東ドイツ人の脱出もハンガリー政府の黙認の下でなされたものだった。国境警備隊も、ピクニック会場付近には近づかないよう厳命されていた。ハンガリー政府にとっても、増え続ける東ドイツ「難民」は問題となっていた。しかし、「ピクニック」はハンガリー側が期待したほど、東ドイツ人を脱出させることにはならなかった。

ハンガリー政府を国境開放に向かわせることになる、より直接的な事件は、もう一つの方だった。「ヨーロッパ・ピクニック事件」から数日後の八月二一日、国境を越えてオーストリアに逃れようとした東ドイツ人をハンガリーの国境警備隊が射殺するという事件が起こったのである。ネーメト首相はこれを極めて深刻に受け止めた。このようなことが続けば、ベルリンの壁を越えようとする者を射殺する東ドイツと同じようにハンガリーも見られてしまう。西側との関係を重視するネーメトは、「難民」問題を解決すべく、オーストリアとの国境を開放することを決断した。

ネーメトはその決定を、ソ連ではなく、西ドイツにまず伝えた。八月二五日、ネーメトは密かに西ドイツに向かい、急遽、コール首相と会談した。ネーメトは、人道的観点から国境を開放し、東ドイツ人を西ドイツへと向かわせるとの考えを語った。同時に、ハンガリーが置かれた経済的苦境についても説明した。この会談の公式記録には、ネーメトが国境開放の見返りに経済援助を求めたとの記述はない。だが後日、ハンガリーには西ドイツから五億マルクの緊急融資がなされることになった。ネーメトへの感謝を述べた書簡の中でコールは、ハンガリーの決断を、人の自由移動に関するCSCEの理念に基づくものであると賞賛した。

ハンガリーとオーストリアの国境は、九月に開かれることになった。数万人の東ドイツ国民がそこを通り抜けていった(一五七頁図3参照)。コールは、ソ連の意向も確認していた。彼がゴルバチョフに電話をし、ハンガリーの措置に対するソ連の考えを聞いた際、ゴルバチョフは、「ハンガリー人は良い人です」と応えた。遠回しに、ハンガリーの国境開放を容認する意思を伝えたのである。

他方で東ドイツ当局は、緊急のワルシャワ条約機構外相会議の開催を各国に要請したが、拒否された。東ドイツは同時に、ハンガリー側に激しく抗議した。しかしハンガリー外相ホルン・ジュラは、あくまでも人道的立場から国境開放を行ったと述べ、「難民」を本国に強制送還することは問題外であると伝えた。ハンガリー側はもはや、東ドイツとの関係悪化を恐れてはいなかった。ハンガリーは、西側諸国との関係を意識して決定を行ったのだった。

とはいえ、ネーメトは、東側陣営を崩壊させようとして国境開放の決定を行ったわけではなかった。この国境開放はベルリンの壁崩壊への導火線に火をつけ、ひいてはワルシャワ条約機構の解体につながることになる。だが、その展開の早さはネーメトの想像を遥かに超えるものだった。事実、ハンガリーが改革の先頭を走ることで、より多くの支援を西側から得ようとするネーメトの目論見は崩れることになる。東側陣営全体が混乱していく中で、ハンガリーはすぐに特別な存在でなくなっていくからである。しかしながら、変化の早さについていけなかったのは、西側陣営も同じであった。

4　NATO諸国の一九八九年

†ブッシュ政権と東ヨーロッパ

西側陣営の一九八九年は、アメリカでの新大統領の誕生とともに始まった。レーガンが二期八年大統領を務めた後、同じ共和党のジョージ・ブッシュ（父）が大統領選挙に勝利していた。だが、米ソ関係は一時停滞する。レーガンはゴルバチョフと五回もの首脳会談を通じて関係を深めていったが、ブッシュはその関係を引き継がなかった。ブッシュ政権内にはゴルバチョフに対する不信感を持つ者が少なくなく、政権発足後、むしろ対ソ政策の見直しを進めたからである。ゴルバチョフの方はブッシュとの早期の会談を望んだ。だが、ブッシュはすぐに会おうとしなかった。ブッシュ政権の対東欧政策も、当面は様子見という形になった。

西欧諸国はポーランドとハンガリーの変化を注視しつつ、今度もジレンマに陥った。一方で、東欧諸国の変化は歓迎すべきものであった。しかしながら、急激な変化はヨーロッパを不安定化させるのではないかと危惧された。さらに懸念されたのが、ゴルバチョフの立場である。東ヨーロッパが揺らげば、ゴルバチョフに対する批判がさらに高まる恐れがあった。サッチャー英首相も、ミッテラン仏大統領も、コール西独首相も、ゴルバチョフを評価し、彼との関係を重視していた。東欧諸国の改革も支持したい。ゴルバチョフも支持したい。だが、両者はトレードオフの関係にあると認識されていた。それゆえ西欧諸国は、ポーランドやハンガリーがワルシャワ条約機構からの脱退を目指すなどといった、既存の秩序を揺るがすほどの改革に先走らないことを望んだ。

同様に、ブッシュ政権の対応も慎重だった。それがはっきりと示されたのが、七月に行われたブッシュ大統領のポーランドとハンガリー歴訪である。ポーランドの反体制派などは、これを機にアメリカからマーシャル・プランのような大規模な経済援助を期待していた。しかしながら、ブッシュがそれに応えることはなかった。経済改革が先決である。改革が進む前に援助してもカネをドブに捨てるようなものである、というのがブッシュ政権の考えだった。レーガン政権時代の軍拡によって膨らんだ財政赤字も、ブッシュ政権の消極姿勢の一因となっていた。「連帯」指導者らは、困窮するポーランド国民を代弁し、まず経済援助をと訴えたが、アメリカの支援は期待外れのものに留まった。東ヨーロッパで最も改革が進んでいた国を訪れたにもかかわらず、ブッシュはその変化を後押ししようとはしなかった。

ブッシュは安定志向の政治家だった。彼は、ポーランドとハンガリーへの歴訪が、両国の反体制派や改革派をいたずらに煽るようなことになってはならないと考えていた。改革を急ぎすぎてはならないとのメッセージをブッシュは送った。彼自身、経験の浅い急進的な改革派や反体制派よりも、穏健改革派の共産主義者が政権に留まり続ける方がよいとすら考えていた。事実、ブッシュはヤルゼルスキがポーランドの大統領になることを積極的に後押しした。

ハンガリー訪問でも、ドラマティックなことは何もなかった。ネーメト首相は、ブッシュ大統領に、鉄のカーテンから切り取った鉄条網の一部を記念品として送った。ハンガリーの改革への支援を期待するメッセージである。だがそれに応えたのは、前節で見たように、アメリカではなく西ドイツだった。実際、東ヨーロッパを支援するのは、アメリカではなく西ヨーロッパの役割であるとブッシュは考えていた。

ブッシュ政権は、レトリックの面では冷戦を戦い続けた。ゴルバチョフが「ヨーロッパ共通の家」というヴィジョンを打ち出していることを、アメリカは当然知っていた。しかし、それを和解の基盤とは考えず、むしろ対決すべき対象であるとみなしていたのである。ゴルバチョフは、「ヨーロッパの家」という共通の枠組みを強調し、安定的な変革を目指そうとした。ゴルバチョフは、政治体制が異なってもヨーロッパの伝統や文化、そしてCSCEで合意された原則を土台とする「共通の家」を構築できると主張した。ゴルバチョフが改革を通じて目指したのは社会主義体制の刷新であり、それを放棄することでなかったことは、すでに述べたとおりである。その点で、「ヨーロッパ共通の家」という構想には、「平和共存」というソ連の従来からの政策と共通する部分が含まれていた。それに対しブッシュ政権は、ゴルバチョフの「ヨーロッパの家」の中は、異なる政治体制や軍事同盟の「部屋」で分断されてしまっていると批判的に評価していた。ゴルバチョフの構想は、ブッシュ政権からすれば、ヨーロッパの冷戦を終わらせるものではなく、現状維持政策に過ぎなかった。

西ヨーロッパでゴルバチョフ人気が高まる中、ブッシュは、アメリカが外交のイニシアティヴを取らなければならないと考えていた。それゆえブッシュは五月末、西ドイツのマインツでの演説で、冷戦の終焉とはヨーロッパの分断の克服であり、西側の価値に基づく統一であるとの考えを明らかにした。「われわれは、すべてのドイツ、そしてすべての東ヨーロッパのための自決を求める」と彼は語り、新たに「民主主義の家、自由の共同体」というスローガンを打ち上げた。それは、「ヨーロッパ共通の家」を掲げつつ社会主義体制を維持しようとするゴルバチョフへの対抗であった。

それゆえブッシュ政権初期の冷戦政策は、レトリックと実際の行動とが大きく乖離《かいり》していた。「西側の価値に基づく統一」とは、結局のところ社会主義陣営が崩壊することを意味した。しかしながら、他方でブッシュは、実際には安定を望み、東ヨーロッパの変化にブレーキをかけるかのような態度を示していたのである。だが次章で見るように、ドイツ再統一問題に関する限り、ブッシュは安定よりも変化を求めていくことになる。

†短距離核戦力と通常戦力の軍縮

一九八九年前半におけるブッシュ政権の優先順位は、ソ連・東欧諸国よりもむしろNATOにあった。八九年までに、NATO内では短距離核戦力（SNF）の近代化の問題が深刻な対立を生んでおり、その解決の方が優先課題であると考えられていた。短距離核戦力とは、射程距離五〇〇キロメートル以下の核ミサイルのことを指し、戦術核兵器とも呼ばれる。八七年に中距離核戦力（ＩＮＦ）を全廃する条約が米ソ間で締結されたが、短距離核戦力は一部しか廃棄対象には含まれていなかった。ＩＮＦ条約の締結は西ヨーロッパの多くの一般の人々に歓迎されたが、西ヨーロッパの防衛を長年核兵器に依存してきた西欧諸国政府の中には、中距離核戦力の全廃を懸念する者も少なくなかった。それゆえ、ソ連の大規模な通常戦力に対抗するためには、引き続き短距離核戦力に依存すべきとの考えが強調されることとなった。さらに既存の短距離核戦力は老朽化が進んでいたため、八〇年代末までに新型のものへと近代化すべきとの方針が打ち出されていたのである。

しかし、その方針に強く反対したのが西ドイツであった。アメリカの短距離核戦力は、西ドイツに配備されることが想定されていた。西ドイツ国民からすれば、それが意味したのは、もし使用されることになれば、射程距離が短いだけに、もっぱら東西ドイツ国内のドイツ人が犠牲になるということだった。それゆえ、根強い反核運動の歴史のある西ドイツの世論の中では、短距離核戦力の近代化に反対する声が大きかった。

コール政権内でも、ゲンシャー外相が短距離核戦力の近代化に激しく反対した。ゴルバチョフが短距離核戦力についても全廃を目指すべきとの提案をしたことから、ゲンシャーもそれに応える形で核軍縮交渉を進めるべきだとの論陣を張った。そしてゲンシャーは、八九年四月の西独議会での演説で「東西関係の非軍事化」を訴えたのである。ゴルバチョフの登場以降、ヨーロッパ冷戦の緊張緩和が著しく進んだ時代に、短距離核近代化を進めるなどというのは、「恐ろしいまでに非現実的」であるとゲンシャーは認識していた。連立政権の重要なパートナーであるゲンシャー外相の意向を、コール首相は無視できなかった。実際、ゲンシャーの自由民主党（FDP）の支持なしに、西独議会で短距離核近代化に関する法案を可決することは不可能だった。

他方で、短距離核近代化を最も熱心に支持したのが、イギリスのサッチャー首相であった。彼女は強硬な核抑止論者であり、核兵器の存在によってヨーロッパの「平和」が保たれているを強く信じていた。それゆえ、コールが短距離核近代化に及び腰になるにつれ、サッチャーとコールの関係は悪化していった。またサッチャーは、八〇年代後半にゴルバチョフと良好な関係を築いていたが、核廃絶論者のゴルバチョフに対して、核問題については一歩も引かなかった。中距離核戦力のみならず、短距離核戦力をもヨーロッパから廃絶するなど、サッチャーにとって悪夢であった。ブッシュ政権発足後、サッチャーがブッシュとすぐに会談し、まず訴えたのが短距離核近代化の必要性だった。

しかしながらブッシュ政権は、短距離核近代化を強引に推し進めるのではなく、西側陣営の結束を図ることを重視した。八九年五月にはNATO創設四〇周年を記念する首脳会議が控えており、NATO内の対立を解消しておくことが優先課題であると考えられたのである。

この点で、ブッシュ政権は重要な貢献をした。短距離核近代化問題を通常戦力削減交渉と結びつけることで、NATO内の宥和を図ったのである。折しも、ウィーンでのCSCE再検討会議の決着後、八九年三月から「ヨーロッパ通常戦力（CFE）」削減交渉が始まっていた。そこでブッシュ政権は、このCFE削減交渉をまずは優先させ、短距離核戦力問題を先延ばしすることにしたのである。NATO内では、冷戦は「二〇〇〇年まで続く」と断言していたサッチャーが依然として強硬であったが、他の同盟国の多くは軍縮・軍備管理デタントの進展を望むようになっていた。そこでブッシュ政権は、まずCFE削減交渉を通じて通常戦力の軍縮を進め、それがまとまった後で短距離核戦力の軍縮交渉を始めるとした。短距離核戦力に関しては、九二年まで近代化もしないが、ソ連と軍縮交渉もしないとすることで、近代化に反対する声にも、逆に全廃に反対する声にも対応することにしたのである。

このブッシュ政権の提案は、NATOの結束を維持する上で大きな成功を収めた。ワシントンでの五月のNATO首脳会議において、ブッシュ大統領は、CFE削減交渉を前進させるため在欧米軍を二七万五〇〇〇人にまで縮小すると発表した。約二〇％の削減である。NATO諸国は、短距離核近代化の延期についても合意した。早期の短距離核近代化を求めていたサッチャーにとっては忸怩たるものがあった。しかし彼女はすでにNATO内で孤立しており、受け入れざるを得なかった。他方でアメリカは、事前に西ドイツとの調整を済ませていた。レーガン時代と異なり、ブッシュ政権期に米英関係は停滞し、米・西独関係の方がより緊密になっていた。

ＮＡＴＯが四〇年前に創設されたときから、西欧諸国はヨーロッパにおける米軍の増強を求め、その後ヨーロッパから米軍が撤退してしまう可能性を常に懸念してきた。それに鑑みると、一九八九年になって在欧米軍の大幅削減がＮＡＴＯ内で受け入れられたことは、時代が変化したことを物語っていた。

五月のＮＡＴＯの決定を、ゴルバチョフも歓迎した。すでにゴルバチョフは八八年末にソ連の通常戦力の一方的削減を提示し、八九年四月のワルシャワ条約機構会議でも兵力削減で合意していたことから、ＮＡＴＯ首脳会議の新方針によってＣＦＥ削減交渉は大きな弾みがついた形になった。実際、通常戦力に関する画期的な軍縮条約となるＣＦＥ条約は一九九〇年末に締結されることになる。五〇年代から提唱されてきた通常戦力の軍縮が、ここにいたりようやく実現することになるのである。だがそれは、ヨーロッパ冷戦の終焉をもたらす東欧諸国の激動が、この軍縮の流れを一気に追い越して進んでいったからであった。さらにそれは、ＮＡＴＯの短距離核戦力の近代化に関する計画をも無意味なものにしていくことになるのである。

†一九八九年の陣営

本章は、ゴルバチョフがソ連の指導者となり、ヨーロッパ冷戦が終焉へと向かい始める過程を見た。ゴルバチョフは一方で、緊張緩和を進め、ひいては東西対立を終わらせようとした。ストックホルム軍縮会議を成功に導き、またＩＮＦ条約に調印することでヨーロッパの核軍縮を進展させ、ユーロミサイル危機を終わらせたのは、ゴルバチョフによるところが極めて大きい。彼はまた、アメリカのレーガン大統領のみならず、西欧諸国の指導者たちとも精力的に会談し、「ヨーロッパへの回帰」という考えを強め、「ヨーロッパ共通の家」というヴィジョンを全面に掲げるようになっていった。

他方でゴルバチョフは、東側陣営を維持しようともした。そもそもゴルバチョフは、社会主義のイデオロギーを放棄しておらず、改革を通じてその刷新を図ろうとした。東欧諸国はすでに、ソ連にとって経済的に大きな負担になっていたものの、ゴルバチョフはワルシャワ条約機構やコメコンといった東側陣営の多国間制度を存続させたいと望んだ。それが国際的安定をもたらすと考えられたからである。ゴルバチョフにとって、陣営を維持することと、「ヨーロッパ共通の家」を構築し東西対立を終わらせることとは矛盾するものではなかった。

しかしながら、ゴルバチョフの改革路線は、東欧諸国を東側陣営から解放していくものとなっていく。彼は自ら東欧諸国の改革を促し、改革を進めてもソ連は武力介入しないと明言した。ポーランドやハンガリーにおける変化は、東側陣営を大きく揺さぶるものであったが、ゴルバチョフはそれを容認した。だがソ連は、武力によって陣営を維持するという手段を自ら封じる一方で、陣営を維持するため東欧諸国を経済的に支援する余裕もなくしていた。東側陣営を見限ったハンガリーは、西側志向をいっそう強めていった。そして鉄のカーテンを開くことを、ハンガリー政府は決断した。東ドイツ人は、ハンガリー経由でオーストリアへ、さらにその先の西ドイツへと向かった。それは、結果的に東ドイツを見捨てることを意味した。東側陣営を崩壊させる連鎖反応が始まった。

東側陣営の維持にとってゴルバチョフの登場と彼の新思考外交は致命的であったが、西側陣営は、一九八九年になると、それまでとは異なる形で陣営の結束を保った。当時、短距離核戦力（SNF）の近代化問題でNATOは揺れていた。しかしNATO諸国は、通常戦力の軍縮を優先させ、その一環として駐留米軍を削減し、さらにSNF近代化を先延ばしすることで、その問題を回避した。冷戦時代を通じて、西ヨーロッパにおける米軍の維持とアメリカの核抑止力の提供が、西側陣営を維持する上で非常に重要な要素であり続けた。だがついに、米軍を削減し、核兵器を近代化しないとしたことが、むしろ同盟をまとめることになったのである。

より抽象的には、西側では、陣営維持と緊張緩和とが親和性を持つようになったのだと言えよう。それまでは陣営の結束を重視することは、緊張緩和に逆行することが多かった。デタントに反対する国へ配慮すれば、その分だけ東西対話の余地が狭まることになるからである。しかし、八〇年代末に東側陣営が大変動を起こす兆しを示す中で、西側はヨーロッパ冷戦の緊張を高めることなく、陣営の結束を保ったのだった。

陣営の維持とデタントを両立させはしたが、西ドイツがハンガリーに経済支援したことを除き、西側諸国は東ヨーロッパにおける変化を見守るほかなかった。西側諸国は、ソ連におけるゴルバチョフの政治基盤を脅かしかねない急激な変化を望んではいなかった。むしろ、東側陣営に対して安定的な変化を求めていた。しかしながら、変化のスピードはあまりにも速かった。一九八九年は激動の年となる。ベルリンの壁は崩壊し、東欧革命が起こり、さらに翌年にはドイツが再統一される。ヨーロッパ冷戦がついに終わりを迎えることになるのである。

コラム9 バルト三国の独立と西側の対応――自決の原則はどこへ？

ラトビア、リトアニア、エストニアのバルト三国は、五〇年以上に渡ってソ連に併合され続けた。バルト三国は、ロシア革命の後、一九一九年にいったん独立を果たし、二〇年間は自由を謳歌した。だが独ソは、三九年八月二三日の不可侵条約の中で、三国をソ連に併合することで秘密裏に合意する。第二次世界大戦が勃発すると、四〇年にソ連はバルト三国に侵攻し武力で併合した。その併合を西側諸国が承認することはなかったが、戦後ソ連はバルト三国をソ連の一部として扱い続けた。

時は移り、八〇年代後半。ゴルバチョフがペレストロイカとグラスノスチというスローガンを掲げソ連内で改革を進めると、その波はバルト三国へも波及した。バルト三国における変化は、当初は、バルト海の汚染に関する環境保護運動として始まった。それは次第に、バルト三国内の民主化要求、さらにはソ連からの独立要求へと発展していった。他のソ連の共和国と異なり、バルト三国にはかつて独立していた記憶があった。西側がバルト三国併合を承認していないという法的基盤もあった。バルト三国には、独自の言語というアイデンティティもあった。

八〇年代後半、バルト三国の各国にそれぞれ「人民戦線」が創設され、三国間の連帯をもたらした。その連帯の最大の象徴となったのが、独ソ不可侵条約締結からちょうど五〇年目にあたる八九年八月二三日に実施された「人間の鎖」デモである。バルト三国の人口は計八〇〇万人であったが、そのうち二〇〇万人が参加し、三国の首都タリン、リガ、ヴィリニュスを六五〇キロメートルに渡って人々が手を結んだのである。東欧諸国の変化も、バルト三国の変化と連動していた。それは、世界の注目を集めることとなった。

そして九〇年三月には、まずリトアニアがソ連からの分離独立を宣言する。これに対してゴルバチョフは独立宣言の無効を通告し、さらにはリトアニアに経済制裁も発動した。ゴルバチョフは、バルト三国が自発的にソ連に加盟したとの立場をとり続けていた。

独立を求めるバルト三国の動きに対して、西側の指導者たちの態度は冷淡ですらあった。サッチャーも、ミッテランも、コールも、ブッシュも、むしろゴルバチョフの立場を案じた。また、ソ連の安定がヨーロッパの安定につながると考え、ナショナリズムに基づくソ連からの分離独立運動を積極的に支持しようとはしなかったのである。

西側の指導者たちにとって最も重要だったのは、当時の最重要課題であったドイツ再統一問題だった。もしバルト三国の独立を支持すれば、それはソ連から内政干渉であると非難され、再統一交渉に悪影響を及ぼしかねないことが懸念されたのである。西ドイツのコールは、自決の原則を掲げてドイツ再統一に邁進したわけだが、バルト三国の自決権を支持しようとはしなかった。ブッシュは、米国内の圧力もあり、ソ連への支援の条件として バルト三国問題の平和的解決を求めたが、コールはそのような条件をつけることもなく、再統一のため多額の経済支援をゴルバチョフに与えていった。

九〇年一〇月にドイツが再統一を果たして以降、ゴルバチョフは保守派にすり寄っていった。翌九一年一月にはソ連の特殊部隊がリトアニアとラトビアの首都に武力侵攻し、死者まででることとなる。だが、同年八月のクーデター未遂事件以降、ゴルバチョフの権威は決定的に失墜する。そして、ソ連の国家評議会が九月六日、最終的にバルト三国の独立を承認することになったのである。西側主要国も、その頃になってようやくバルト三国を承認していったのだった。

バルト三国は独立後一三年して、NATOに加盟していった。冷戦後、NATOはまず九九年三月、ポーランド、チェコ、ハンガリーの三国を新たな加盟国に迎えた。バルト三国はその年、アルバニア、ブルガリア、ルーマニア、スロヴァキア、スロヴェニア、マケドニアとともにNATOへの加盟申請を行う。そして二〇〇四年、NATOの第二次東方拡大の際に、かつてソ連邦の構成国だったラトビア、リトアニア、エストニアの三国が、ついに正式にNATOに加盟することになったのである。

終　章

ドイツ再統一とヨーロッパ分断の終焉
——1989~90年

CSCEパリ首脳会議(1990年)。

ゴルバチョフの登場、そして東欧諸国の変化は、一九八九年秋に、ついにベルリンの壁を崩壊させることになる。その後、八九年の東欧革命というヨーロッパ冷戦終焉の第一幕と並行して、ヨーロッパ冷戦終焉の第二幕が始まる。ドイツ再統一へ向かうプロセスである。ドイツが東西に分断されて以降、ドイツ再統一問題は一貫してヨーロッパ冷戦の中心課題であった。それは単に東西に分断されたドイツを再統一すべきか否かのみならず、どのように再統一するかという点も大きな問題であった。かつて、一九五〇年代には中立の統一ドイツというあり方も盛んに提唱された。しかしドイツは、最終的にNATOの加盟国として統一されることになる。

1　ベルリンの壁崩壊

†ドイツ問題の復活

おそらく、一九八九年にベルリンの壁が崩壊すると予想したものはいなかった。しかしながら、八〇年代に入り、ドイツ再統一をめぐる議論は再び活発化していた。ブラントの東方政策が一定の成果を収めた後、ドイツ問題は後景に退いていたが、八二年に西ドイツでコールが首相になると、彼はドイツ人の自決権やドイツ人の統一という考えを何度も主張するようになる。

それに伴い、西ドイツ国内でもドイツ再統一という問題が再び議論されるようになっていた。

コールは八八年に初めてモスクワを訪問した際にも、ゴルバチョフとの首脳会談においてドイツ再統一問題を取り上げた。コールはゴルバチョフに対して、ドイツ人はすべて一つの国に住むことを望んでいると直截《ちょくせつ》に語った。だがゴルバチョフは、ソ連が東ドイツと「共通の社会システムと共通の社会主義的志《こころざし》」を共有していると述べ、ドイツ問題に関しては「二つのドイツ」という五〇年代からのソ連の立場を崩すことはなかった。この時点で二年後にドイツが再統一を果たすなど、両者とも想像することはできなかった。

英米仏の西側三国は、時代の変化を認識し始めていた。コール首相やゲンシャー外相の発言、ゴルバチョフの登場、さらにポーランドやハンガリーの変化を受け、各国はドイツ問題に関しても政府内で分析を進めていた。イギリス外務省は、ソ連がドイツ再統一に反対であることから、中期的には変化はないものの、長期的な変化は不可避であると評価していた。そしてドイツの自決権を尊重するとする従来のイギリスの立場を維持し、ドイツ再統一を妨げるべきではないと判断していた。さらに、イギリスにはその変化を止める外交力はないとも認識されていた。だが、首相のサッチャーは違った。ドイツに対する根強い不信感を持つサッチャーは、ドイツ再統一に反対し続けることになる。

フランスは、冷戦後のヨーロッパを見据え、その文脈の中でドイツ問題を捉えていた。フランス外務省もミッテラン大統領も、八九年前半までに、冷戦は終わりつつあると認識するにいたっていた。だが、冷戦終焉後のヨーロッパに関してはまったく不透明であり、ナショナリズムや民族対立の高まりなど、むしろ不安定化するリスクが存在した。それゆえフランス政府は、八九年前半から、冷戦後のヨーロッパの秩序を模索し始める。ミッテランは、ヨーロッパの分断を克服するうえで、CSCEの枠組みが有益であると考えていた。その点で、ミッテランはゴルバチョフの考えと近く、彼の「ヨーロッパ共通の家」という構想も評価していた。だがミッテランは、「ヨーロッパ共通の家」には具体的な内容が乏しいと思っていた。彼はまた、ヨーロッパ人によるヨーロッパの秩序が必要であると考えていた。次節で見るように、彼はその構想を、八九年の終わりに打ち出すことになる。

ミッテランにとってさらに重要だったのは、ヨーロッパ統合であった。冷戦が終焉し、その先にドイツ再統一の可能性が想定される中、ヨーロッパを安定的に変革する鍵は、ECにあるとフランス政府は考えていた。それは、西ドイツを西側陣営にしっかりと留め置き、さらには東欧諸国をヨーロッパ統合のプロセスに引き込んでいく磁石の役割を果たすと期待されていた。そしてそのためには、EC統合がさらに深化する必要があるとミッテランは認識するようになっていった。

八九年に発足したアメリカのブッシュ政権は、早くからドイツ再統一を支持する姿勢を示した。ブッシュ大統領のチームは、アメリカのヨーロッパ政策にとって西ドイツとの関係が最も重要であると分析し、コール首相を支えるべきであると進言した。ブッシュはその提言を気に入り、五月一六日には『ワシントン・ポスト』紙に、「私は再統一されたドイツを見てみたい」と語る。そして同月末のマインツでの演説で、すべてのドイツ人の自決の権利を強調する演説をドイツ人に向けて行った。むろんこの時点で、ブッシュ政権がドイツ再統一に向けて何か具体的な政策を進めていくつもりがあったわけではない。あくまでもコール首相を支援するためのパフォーマンスであった。およそ一年半後に、本当にドイツが再統一するとはブッシュも想像していなかっただろう。

†東ドイツの破綻

一九八九年は、東ドイツ建国四〇周年の年でもあった。その年までに、ベルリンの壁は一層高く頑丈になっていた。ホーネッカーは一月、壁はあと五〇年でも一〇〇年でも存続するだろうと豪語していた。だが東ドイツの人々は、この国から抜け出すため、まずハンガリーへ向かい、「大脱走」を行った。ホーネッカーの要請でハンガリーとチェコスロヴァキアの国境も封鎖されると、すでにチェコスロヴァキアに入りそこで足止めされていた数千人の東ドイツ国民が向かったのが、プラハの西ドイツ大使館である。ハンガリーに次いで、今度はチェコスロヴァキアが大量の「難民」を抱え込むことになった。

東ドイツとチェコスロヴァキアの指導者は、この「難民」を特別列車で西ドイツに運ぶことで合意した。チェコスロヴァキア政府にとって大量の東独難民は自国の反体制派を刺激しかねない存在であり、早急に解決しなければならない問題となっていたからである。一〇月初頭、六三〇〇人を乗せた特別列車は、東ドイツを抜け西ドイツに向かった。多くの東ドイツ市民がそれを見送った。見送った人々は東ドイツに留まることとなったが、すぐに東ドイツ内で抗議のデモを行う人々に変化した。東ドイツの民衆が、「我々は、ここに留まる」と叫び、街頭に繰り出し始めたのである。

ホーネッカーは、時代の変化を認識していなかった。彼は、一九七一年から一八年間、東ドイツの指導者として君臨してきた。八九年に七七歳になっており、尊大で独善的になり、重要な決定も少数あるいは一人で決めるようになっていた。一〇月七日、建国四〇周年の記念式典が盛大に行われる中、招待されたゴルバチョフは、東ドイツ市民が「ゴルビー、助けてくれ」と叫ぶ声を聞いた。この声に心を動かされたとゴルバチョフは回顧している。ゴルバチョフは式典で、「世界が変化していることを認識しなければならない」と演説した。だが、ホーネッカーには馬耳東風だった。ホーネッカーは、むしろ自慢げにこう演説した。「未来は社会主義にあるとの自信を抱きながら（東ドイツは）二〇〇〇年という年に向かっていくことでしょう」。

ホーネッカーはさらに、公式の夕食会で、一〇年後の五〇周年を記念して乾杯した。彼は、東ドイツの命運がもはや尽きかけていることも、さらに自分自身の終わりが目前に迫っていることも知らなかった。

建国記念式典の二日後、東ドイツ第二の都市ライプチヒで、七万人のデモが行われた。すでに九月から、ライプチヒで、さらにドレスデンなどほかの地域でもデモが繰り返されていた。当局からは、デモ禁止令が出されていた。この日、一〇月九日は、治安部隊など武装したおよそ八〇〇〇人が動員され、デモを力ずくで解散させる準備がなされていた。実弾も支給されていた。四カ月前に起こっていた中国での天安門事件の再現が懸念された。ホーネッカー自身、中国のこの対応を称賛していたからである。

しかし、「ライプチヒの奇跡」が起こった。人々は平和的なデモを貫き、「我々こそ人民である」と叫んだ。もしデモが一部でも過激化すれば、当局は武力介入を躊躇しなかったかもしれない。だが結局、ライプチヒの党幹部は、平和的デモに対して武力行使するという決断ができなかった。ろうそくの火を手にライプチヒ市を一周するデモは、流血の事態を回避し成功裏に終わった。民衆の勝利であった。「英雄都市」。ライプチヒはすぐに、そう呼ばれるようになった。

ついにホーネッカーも失脚することになった。すでに東ベルリンでは、宮廷クーデターの計画が党の若手幹部を中心に密かに進められていた。東ドイツは、財政的にも破綻していた。党の経済専門家は、東ドイツは負債を積み重ねており、このままの状態が続けば九一年には破産すると報告し、政治局に衝撃が走っていた。一〇月一七日、定例の政治局会議が始まると、すぐにホーネッカーの解任動議が出される。そして、満場一致でホーネッカーは国家評議会議長を辞任させられることになった。東ドイツ建国四〇周年の演説をしてから、わずか一〇日後のことである。二八年前の一九六一年に西ベルリン封鎖の陣頭指揮を執った男は、こうして歴史の表舞台から消えていった。

†壁の崩壊

ホーネッカー辞任後も、デモの人数は膨れあがるばかりだった。一一月四日に東ベルリンで行われたデモには、約五〇万人が参加した。さらに六日のライプチヒでは、参加者一〇〇万人ともいわれ、東ドイツ史上最大のデモとなった。彼らは、自由選挙、集会の自由、報道の自由、そして旅行の自由を要求した。同時に東ドイツを去る国民も増える一方だった。ベルリンの壁が崩壊するまでに二五万人が国を離れていった。ベルリンの壁が作られる前と同じく、多くの若者、そして医師や教師など専門職が国を去り、社会基盤が揺らいでいった。労働者も工場に来なくなり、経済は動かなくなった。

東ドイツの新指導部は、国民の支持を得るため、旅行を自由化する新たな規則を作らざるを得なかった。国外旅行を自由にし、そしてちゃんとまた東ドイツに戻ってきてもらうことを新指導部は期待していた。新指導部のナンバー・ツーでホーネッカー追放の立役者の一人だったギュンター・シャボフスキーは、一一月九日、記者会見の席で、その新旅行規則を公表した。それは、翌一〇日から施行されることになっていたが、それを知らなかったシャボフスキーは、「施行はいつからか」という記者の質問に対して「すぐに」と答えてしまった。この一言が、一一月九日を歴史的な日にすることとなった。

午後六時の記者会見の後、それを見た東ベルリンの人々はベルリンの壁の国境検問所に集まり始めた。当然ながら、検問所はまだ閉まっていた。係官も何の指令も受けていなかった。だが、時間がたつにつれ、人々の数は膨れあがり、とてつもない圧力がかかり始めた。現場は混乱した。もはや持ちこたえられないと判断した国境警備隊の隊長は、午後一一時半、検問所を開放した。ベルリンの壁がついに開いた。

この日も、流血の事態は回避された。民衆に対する発砲命令が出されることはなかった。東ドイツに駐留するソ連軍に対しても、東ドイツで何が起ころうとも一切の武力行使を禁止するとの命令が以前からなされていた。ゲートをくぐった多くの東ベルリン市民が西ベルリンの人々と抱き合い、喜びを分かち合った。現場は夜通しお祭り騒ぎとなった。

人々はすぐに、ベルリンの壁によじ上り始めた。この日まで、近づくだけで警備兵に射殺されていた壁の上に、である。中には、どこからかつるはしを手に入れ、壁を叩き壊し始めるものも出てきた。ベルリンの壁が壊され始めた。

シャボフスキーの誤った一言が、ベルリンの壁を崩壊させたといわれる。ベルリンの壁は偶発的に崩れたという話である。それは事実を含んでいるが、誇張である。東ドイツはすでに膨らみ切った風船のようなものであった。いつ破裂してもおかしくなかったのである。シャボフスキーの一言は、最後の小さなひと押しに過ぎなかった。死者・負傷者を一切出すことなく、あのベルリンの壁が崩れることになったことにこそ真の重要性がある。

ベルリンの壁が開いたとのニュースは、西側諸国を驚かせた。ワシントンは昼間だった。ブッシュ大統領はソ連を刺激しないため喜んだ姿を見せないようにし、言葉を選び慎重な姿勢を保ち続けた。ロンドンとパリは夜だった。イギリスの首相官邸は、東ドイツの旅行制限がなくなったことを歓迎する緊急声明を出したが、サッチャー首相は事態の進展の早さに戸惑っていた。ミッテラン大統領も、公には「喜ばしい出来事だ」と歓迎する言葉を口にしつつも、事態の不安定化を大いに懸念した。

冷静だったのがゴルバチョフである。ベルリンと二時間の時差のあるモスクワは、すでに夜中を過ぎていた。ゴルバチョフは就寝しており、知らせを受け取ったのは翌朝だった。だがゴルバチョフに驚きはなかった。「彼らは正しいことをした」との感想をゴルバチョフは述べたという。

ベルリンの壁が開いた日、コール首相はポーランドを公式訪問していた。「間違った晩餐会に来てしまった」との名言を残し、彼は大慌てで西ドイツに戻ることとなった。コールはすぐに、一連の電話外交を始めた。各国首脳は、口をそろえて事態の沈静化を訴えた。ベルリンの壁崩壊は間違いなく大事件であったが、コールはそれを革命的ではないと述べ、事件を小さく見せようとした。ゴルバチョフも、コールに対して東ドイツの状況の沈静化を望むと答えた。ブッシュはゴルバチョフとの電話で、アメリカは不安定化を望んでおらず、東ドイツや他のワルシャワ条約機構諸国における変化を一方的に利用する意図はないと強調した。ミッテランもゴルバチョフに対して、「われわれはいかなる混乱も回避したい」と述べ、ドイツ再統一につながるような国境変更の問題を今は提起すべきではないと語った。だが、歴史の流れを止めることは誰にもできなかった。

†ブルガリア、チェコスロヴァキア、ルーマニア

東ヨーロッパの変化は、加速度を増していった。すでにハンガリーでは、一〇月、共産党が党名を「社会党」に変更していた。国名もハンガリー共和国に変更し、翌年春に自由選挙を行

うことが合意されていた。ベルリンの壁が開いたのと同じ日、ブルガリアでは、三五年もの長きにわたって独裁的な支配を続けてきたトドル・ジフコフが、その座から引きずり下ろされた。ブルガリアの反体制派の動きはまだ小さいものだった。ジフコフ失脚は、党指導部の一部による宮廷クーデターであった。

その約一週間後、チェコスロヴァキアでは「ビロード革命」が始まった。最初は、一一月一七日の学生によるデモから始まった。これは警察機動隊により、力ずくで解散させられ多くの若者が病院に送られた。だがこの時、学生の一人が死亡したとの噂が広まり、その後の連日のデモにつながっていった。二〇日には、首都プラハのヴァーツラフ広場におよそ三〇万人が集まった。チェコ共産党は、混乱状態となった。強硬派は武力によるデモ弾圧を画策したが、軍も秘密警察も動かなかった。自国民への発砲命令に従うものがいなかったからである。二四日、党第一書記のミロシュ・ヤケシュと指導部全員が辞任した。共産党は、一九四八年のプラハ・クーデターから四一年もの間この国を支配してきた。だが、八九年の学生デモからわずか一週間で、その支配は脆くも崩れ去った。その後のチェコスロヴァキアの政治を引き継いだのは、一九日に発足していた「市民フォーラム」だった。その代表で劇作家のハヴェルは、年末までに大統領の座につくことになる。

一九八九年のルーマニアの経済および人権状況は、とりわけひどかった。独自外交を進めた指導者のチャウシェスクは、七〇年代にはアメリカに支持されていた。七二年には、ルーマニアは国際通貨基金（ＩＭＦ）にも加盟できた。その結果、七〇年代のルーマニア経済は比較的好調であった。しかしその一方で、国内の人権侵害は最悪のレベルに達していた。西側諸国は次第にルーマニアから距離を置くようになり、八〇年代に入るとルーマニア経済は悪化していった。東欧諸国の多くは、西側の支援がなくなることを恐れた。しかしチャウシェスクは、西側の経済支援の代償に、ルーマニア国内に干渉されることを嫌った。そのため彼は、国内に苛酷な緊縮財政を敷くことで、西側の債務を返済していった。だがその結果、ルーマニアの国民生活も最悪のレベルに落ち込んでいった。

チェコスロヴァキアで整然とした革命が進んだのとは対照的に、ルーマニアでは一〇〇〇人を超える流血の惨事となった。チャウシェスクは、反体制デモにも容赦ない武力弾圧を命じた。ラジオ・フリー・ヨーロッパは虐殺を報じ、ルーマニア国民はそれを聞いていた。チャウシェスクは、墓穴を掘った。八九年一二月二一日、彼は自ら、約一〇万の人々を宮殿前の広場に集め演説を行った。テレビ中継も準備し、自分が国民から支持されている姿を大々的に示そうとしたのである。だが集まった人々からすぐに、ブーイングと批判の声が高まった。そして彼らは宮殿へとなだれ込んでいった。チャウシェスクと夫人はヘリコプターで脱出するも、ほどなくして捕まり監禁された。混乱の最中、ルーマニアは一時内乱状態となり、多くの犠牲者が出た。二五日、チャウシェスク夫妻は、「人民裁判」で有罪とされ、即座に処刑された。二四年間のチャウシェスク独裁に、幕が下りた。

2 ドイツ再統一へ

一九八九年一一月九日にベルリンの壁が開いた後、主要国が求めたのは変化ではなく安定であった。しかし、その一一カ月後、ドイツは再統一を果たし、ヨーロッパの地図は塗り替えられることになる。八〇年代に入りドイツ再統一に関する議論が再び活発化していたとはいえ、これほどのスピードで一つのドイツが誕生すると想像できた者は皆無に近かった。主要国の指導者の多くが早期のドイツ再統一に反対であったにもかかわらず、なぜ九〇年一〇月にそれが実現したのか。

何よりもまず、国家として崩壊寸前だった東ドイツの国民がドイツ再統一を求めたことが重要である。さらに西ドイツの首相コールが、それを受けて、再統一実現に邁進していくことになる。コールの尽力なしに、これほど早期のドイツ再統一はありえなかっただろう。

八九年の東欧革命にアメリカが果たした役割は小さかったが、ドイツ再統一にアメリカが果たした役割は非常に大きかった。ブッシュ米大統領は、米英仏ソ四大国の指導者の中で最も早くからドイツ再統一を支持した。のみならず、NATOの中でのドイツ再統一を強く求め、どのようにドイツ再統一を実現するのかという点で絶大な影響を与えた。ソ連のゴルバチョフは、再統一を阻止する上で潜在的に最も大きな力を持っていたが、それゆえに、最終的に彼がドイツ再統一を受け入れたことも極めて重要であった。

それに比べると、イギリスのサッチャー首相やフランスのミッテラン大統領の役割は限定的なものにとどまった。サッチャーはドイツ再統一に反対し続けるが、次第に孤立していく。イギリス、フランス、そしてソ連が手を組んで早期の再統一を阻止することもできなかった。ミッテランの冷戦後のヨーロッパ秩序構想も積極的に取り上げられないまま、ドイツ再統一のプロセスは加速していった。

†コールの「一〇項目提案」

ドイツ再統一への歩みは、ベルリンの壁崩壊から二〇日ほど経った一九八九年一一月末、コール首相が西ドイツの議会演説で打ち出した「一〇項目提案」を起点とする。その中でコールは、ドイツ再統一へと向かう段階的な青写真を提示して見せた。ただし、そこで示された具体案は完全な統一ではなく、東西ドイツの「国家連合」構想であった。彼は演説の中で、それを実現するタイムスパンについて直接明言したわけではない。だがコールは、「国家連合」構想ですら五年ないしは一〇年かかると当初考えていた。確かに「一〇項目提案」は、コールがドイツ再統一へ向けてのイニシアティヴを取ろうとしたものであった。とはいえ彼は、始めからそれを急いだわけではなかった。むしろ当面の目的として、東西ドイツの国家連合案を示すことで、東ドイツ国民による西ドイツへの殺到が止まり、彼らが東ドイツに留まるようになることが期待されていた。

「一〇項目提案」は、しかし、主要国との事前協議なしにコールによって一方的に打ち出されたため、西ドイツに対する不信感を高める結果となった。「一〇項目提案」はもっぱら首相官邸でコールとその側近のみで作成され、連立政権のパートナーであるゲンシャー外相にすら知らされていなかった。アメリカにのみ、まさに発表の直前に伝えられただけだった。長年コールと友好関係を積み重ねてきたミッテランは、「一〇項目提案」についてフランスに何ら前もって通知がなかったことに激怒した。サッチャーも、一二月初頭のNATO首脳会議において、ドイツ再統一は一〇年から一五年は実施すべきでないと主張し、嫌悪感をあらわにした。ゴルバチョフも、ソ連との協議なしには何もしないと語っていたコールに裏切られたと感じた。彼は、一二月五日にソ連を訪問していた西ドイツのゲンシャー外相に向かって怒りもあらわに、こうまくし立てた。「国家連合の意味は何なのか?……西ドイツはどうなるのか。NATOの中にあるのか、それともワルシャワ条約機構か?　あるいは、おそらくそれは中立になるのだろうか？　西ドイツのいないNATOはどうなるのか？」

†ブッシュとサッチャーの反応

アメリカのブッシュ大統領の反応は違った。ブッシュは統一ドイツがNATOとECに加盟し続けることを条件に、自決権に基づきドイツが再び統一することを明確に支持したのである。ブッシュ政権内にも、早期の再統一に懸念を持つ者はいた。だが大統領自身が、それに積極的に賛同した。ブッシュは、西ドイツの民主主義を信じていた。西ドイツ建国からの四〇年の間に、西ドイツには民主主義の規範と手続きが定着したと考えていた。

ブッシュにとっての問題は、ドイツ再統一を認めるかどうかではなく、どのように再統一するかであった。とりわけ懸念されたのが、中立主義である。ブッシュは、東ドイツがもはや国家としてもたなくなる一方で、西ドイツ国民が早期の再統一の実現を最優先するあまり、ソ連に譲歩して中立国としての統一ドイツを受け入れてしまう可能性を恐れた。それがNATOを弱体化させ、米軍のヨーロッパからの撤退が促され、ひいてはアメリカの影響力の低下につながると考えられたからである。ブッシュにとってNATOの中の統一ドイツは絶対に譲れない大前提であり、その点ではコール首相を信じ、彼を支持し、彼との関係をいっそう強化することでドイツ再統一過程をアメリカにとって望ましい方向へと進めていこうとした。

ブッシュと対照的だったのが、イギリスのサッチャー首相である。サッチャーは、ドイツもコールも信じてはいなかった。四〇年が過ぎても、サッチャーの目には、ドイツの本質は変わっていなかった。彼女にとってドイツは依然としてヨーロッパにおける不安定要素だった。ドイツ再統一はドイツを強大化し、ヨーロッパにおける影響力を増大させるだけである。ドイツ再統一による国境線の変更は、さらにヨーロッパ全体の秩序を揺るがしかねなかった。パンドラの箱を開けるべきではない、とサッチャーは主張した。

ヨーロッパの現状を維持することが、サッチャーにとって最良の選択だった。東ドイツは民主化されるべきであるが、「二つのドイツ」もワルシャワ条約機構も存続し、東ドイツはワルシャワ条約機構に留まることをサッチャーは望んだ。ひいてはそれが、ソ連国内で苦境に立たされているゴルバチョフを支えることにもつながると彼女は考えていた。ブッシュはコールを重視したが、サッチャーはゴルバチョフを重視した。

サッチャーはヨーロッパ統合の深化にも反対し続けた。NATOが最重要の枠組みであることについて、サッチャーに異存はなかった。しかしながら、ミッテランと異なり、EC統合を深化させることでドイツ問題を解決できるとはまったく考えていなかった。むしろそれは、サッチャーによれば、ドイツが逆にヨーロッパを支配することにつながる間違った方向であった。サッチャーは、ドイツ再統一の支持を表明したブッシュを見限り、ミッテラン、そしてゴルバチョフに再統一の阻止を期待した。だがその当ては外れ、イギリスの役割は次第に周辺に追いやられていくことになる。

†ミッテランのヨーロッパ国家連合構想

当初ドイツ再統一の実現には時間がかかると考えていたコールの姿勢を大きく変え、再統一のプロセスを加速させることになったのが、一二月中旬のコールによる東ドイツ訪問であった。彼はドレスデンで、東ドイツ国民から熱烈な歓迎を受けた。コールはそこで、人々の歓喜の声と、「ドイツ、一つの祖国」という叫びを聞いた。このドレスデン訪問を機に、中長期的なドイツ再統一を想定していたコールは、国家連合構想を放棄し、可能な限り早期に真のドイツ再統一を実現する決意を固めたのだった。

コールがドイツ再統一に前のめりになっていく中、彼とフランスのミッテラン大統領との関係は一時険悪になった。ミッテランはベルリンの壁崩壊以前から「ドイツ再統一を恐れてはいない」と公言していたが、その実現はまだ先の話であり、再統一の前提条件が整ってからであると考えていた。その前提条件としてミッテランが最も重視したのが、国境線の不変更である。とりわけ彼にとって、東ドイツとポーランドの国境線となっていたオーデル・ナイセ線が維持されることが重要だった。ミッテランはコールに、オーデル・ナイセ線を認め、ポーランドと条約を締結する形で法的に確認するよう求めた。しかし西ドイツ内には、旧ドイツ領でポーランドの領土になってしまった土地から追放された人々が多く存在し、コールの政党であるキリスト教民主同盟（CDU）の支持基盤の一部を構成していた。それゆえコールは国内からの批判を恐れ、国境の画定はドイツ再統一後にすべきとする立場を譲ろうとしなかった。

ミッテランはまた、冷戦後のヨーロッパ秩序に関する新たな構想を打ち出し、外交的イニシアティヴを握ろうとした。一二月三一日、ミッテランは新年に向けたテレビ演説で東欧革命について語り、それを二〇〇年前のフランス革命になぞらえた。そこで彼は新たに、ヨーロッパ国家連合《コンフェデラシオン》という構想を提唱した。それは、東欧諸国でソ連と共産党の支配が終わった後、どのような新たな秩序をヨーロッパに構築するのかについてのミッテランの答えであった。

ミッテランは、二段構えの秩序を思い描いていた。彼にとって最も重要であったのが、ECでありヨーロッパ統合の深化であった。統合を深めることで、ドイツ再統一問題、そして変革期の東欧諸国に対応できる秩序の土台を強化する必要があった。だが、東欧諸国をすぐにECに加盟させることはできない。ECの拡大を急げば、ECを深化させることが難しくなるからである。しかしながら、体制変革の途上にある東欧諸国を野放図にすることは好ましくない。何らかの形で東欧諸国に新たな秩序の枠組みを提供し、ひいては、米ソから独立した冷戦後の新たなヨーロッパの秩序に東欧諸国を組み入れていくことがミッテランには望ましかった。そこで提唱されたのが、ＥＣを中心としつつ、ＥＣにすぐには加盟できない東欧諸国を包み込み、東欧諸国はＥＣとの協力関係を構築できる国家連合という構想だったのである。

ミッテランは、この構想の実現がドイツ再統一よりも先であると考えていた。同構想を表明した四日後の九〇年一月初頭に行われた仏・西独首脳会談で、コールはミッテランの構想を支持すると述べた。しかしコールは、ヨーロッパ国家連合構想は東西両ドイツ関係には適用されないと強調した。つまり、同構想の実現は、ドイツ再統一の前提条件とはならないと釘を刺したのである。コールは、ドイツ再統一問題が、冷戦後のヨーロッパ秩序構築といった他の問題とリンクさせられることを嫌った。ドイツ再統一過程は、独自のペースで、そしてブッシュの考えと同じく、ＮＡＴＯやＥＣといった既存の組織の枠内で進められるべきであった。

ミッテランは、ソ連に期待していた。ドイツ再統一はいずれ避けられないと認識していたミッテランは、そのための前提条件を時間をかけて整えなければならないと考えており、ソ連が再統一に反対し続ける限りその時間を稼ぐことができると思っていた。サッチャーのように露骨に再統一に反対することは、西ドイツとの関係をいたずらに悪化させるだけだった。それゆえミッテランは、表向きドイツ再統一を原則として支持する姿勢を示していた。彼の本心は、しかし、例えば一月末のイタリア大統領に対する発言に垣間見ることができる。ミッテランは、再統一のスピードを遅らせることはでき、その実現には数年かかることになると語っていた。

だがすぐに、ミッテランの思惑も外れることになる。

†ゴルバチョフのドイツ再統一受容

ドイツ再統一が実現するためには、長年「二つのドイツ」政策を掲げてきたソ連の同意が不可欠であった。また物理的にも、東ドイツには三八万人ものソ連軍が駐留していた。すでに述べたように、ゴルバチョフはコールの「一〇項目提案」に対して激しく憤っていた。そのゴルバチョフがドイツ再統一を受け入れ、それが九〇年一〇月という早期に実現することになる過程は、二段階で説明される必要がある。まずゴルバチョフは、ドイツ再統一の流れが不可避であると認識するようになる。その後さらに、統一ドイツのNATO帰属に同意していくことになる。

ゴルバチョフが正確にいつドイツの再統一が不可避であると考えるようになったかはわからない。しかし、ゴルバチョフの回顧録の記述からは、九〇年一月の間であると推察される。とりわけ東ドイツの状況が、彼の判断に大きな影響を与えた。東ドイツでは、連日各地で大規模なデモや集会が開かれ、人々の要求はますます急進的になっていた。一月一五日には、デモ参加者が、東ドイツの諜報機関シュタージ(国家保安省)の本部を占拠する。ソ連の諜報機関KGBの議長からは、東ドイツの政府機関はすでに崩壊しているとの報告がゴルバチョフに届いていた。

そのような中、一月二六日にゴルバチョフが開催した側近と主要閣僚によるドイツ問題に関する会合が、ソ連の新たな方向性を決める場となった。ドイツ再統一はもはや不可避であるとの認識が前提となり、次にそれをどのような条件で受け入れるかが問題となった。そして、四時間にわたったこの会合で、東西両ドイツとベルリンを占領する米英仏ソの計六カ国で交渉を進めること、NATOの東方への拡大を阻止すること、東ドイツからのソ連軍撤退に関する金銭的補償を求めるといった基本方針が決められた。ドイツ再統一が不可避だとしても、ソ連は西側からできる限りの譲歩を引き出し、再統一が実現される日を可能な限り先延ばししたいと考えられたのだった。この日の会合は、ドイツ再統一へ向かうプロセスの中で重要な一里塚であったが、これで再統一へと単線的に進むことになったわけではない。

ゴルバチョフは当初、統一ドイツがNATOのみに帰属することを受け入れるつもりはまったくなかった。それはソ連の敗北を意味し、ソ連内のとりわけ強硬派や軍に容易に受け入れられるものではなかった。むしろソ連は、九〇年前半の間、統一ドイツを国際的に中立に近い状態に置く案をいくつも提示した。まさに統一ドイツを中立化し非武装化する案から、統一ドイツをNATOとワルシャワ条約機構の両方に帰属させる案、ソ連をNATOに加盟させる案、あるいは二つの軍事同盟を解体し、全ヨーロッパの新たな安全保障体制を構築する案など、数々の対抗案を提示し続けた。ゴルバチョフはすでに一九八九年一一月に、CSCEの首脳会議を一年後にパリで開催することを提唱していた。ゴルバチョフは、CSCEを極めて重要な安全保障の枠組みとして認識していた。

西側諸国内でも、NATOを東方に拡大させないとする発言が見られた。西ドイツのゲンシャー外相は、ゴルバチョフを安心させるため、九〇年一月末の演説で、NATOは東方に拡大しないと明言した。ベーカー米国務長官も、二月初頭の訪ソの際に、ゴルバチョフに対して、「NATOの管轄範囲を一インチも東に拡大しない」と断言した。だがこの発言はブッシュ政権内の合意事項ではなかったため、後に問題となる。

二月一〇日、ベーカー訪ソの直後になされたソ連と西ドイツとの首脳会談は、ドイツ再統一に関する最初の重要な合意の場となった。コールもゴルバチョフに、NATOを東ドイツの領域には拡大しないとはっきりと伝えた。ドイツ問題は「ヨーロッパの屋根の下」で解決される。そう強調することでコールは、「ヨーロッパ共通の家」を唱えるゴルバチョフにアピールすることも忘れなかった。ゴルバチョフも、再統一を望むか否かを決めるのは、西と東のドイツ人であると述べ、ドイツの自決権を尊重する姿勢を示した。統一ドイツをめぐる安全保障問題については、この会談では何ら合意することはなかった。だが、コールの「一〇項目提案」発表以降、ソ連がドイツ再統一に反対する姿勢を露わにし、ソ連と西ドイツの関係が冷え込んでいたことからすれば、この首脳会談においてゴルバチョフがドイツの自決権を認めたことは極めて大きな成果だった。コールはすぐさま記者会見を開き、首脳会談の成果を発表した。モスクワからの帰路、コール一行はシャンパンのボトルを開けて祝った。そして帰国後コールは、まずは両ドイツ間の経済・通貨統合を進めていくことになる。

†東ドイツの選挙

東ドイツ国民の意思も、一月後に示されることになった。ベルリンの壁崩壊後、東ドイツ内では混乱が続くものの、共産党政権と様々な市民団体が円卓会議を開催し、東ドイツの将来について話し合いを続けていた。その円卓会議は、三月半ばに人民議会の選挙を行うことを決定する。その結果が、ドイツ再統一をさらに加速させることになった。

東ドイツにおける初の自由選挙は、西ドイツの政党政治とも連動していった。東ドイツの中には、西側の資本主義体制を嫌い、「人間の顔をした」社会主義体制に東ドイツを変革していくことを主張する政党もあった。しかしながら、選挙の結果は、多くの人々がドイツの再統一を求めていることを示した。コール率いるCDUの東ドイツにおける姉妹政党が選挙で勝利したのである。コールの東西ドイツ経済統合政策が功を奏した結果でもあった。

東ドイツ国民が再統一を望むとの意思を示したことは決定的だった。どの国もそれを否定することはできなかった。自決の原則を否定することは、ゴルバチョフの「新思考」外交と矛盾するものでもあった。彼はこれまで、東欧諸国が独自の道を歩むことを認めてきた。ドイツのみを例外とすることはできなかった。サッチャーやミッテランは早期のドイツ再統一を望んでいなかった。ソ連がそれを認めないことを期待していた。だが、ゴルバチョフが自決の原則を受け入れ、ドイツ再統一に原則として反対しなくなり、さらに東ドイツ国民が再統一を望む意思を選挙で示したことで両者は観念し、サッチャーもミッテランもドイツ再統一を受け入れていくことになった。

イギリス、フランス、ソ連が一体となってドイツ再統一に反対するという図式はありえたかもしれない。しかし、サッチャーはともかく、ミッテランもゴルバチョフも、再統一を望む西ドイツと正面から対立したくはなかった。とりわけゴルバチョフにとって、ひどくなる一方のソ連経済への支援を期待できるのは西ドイツしかなかった。アメリカはソ連に対して財政支援を一切しようとせず、フランスにもイギリスにもそのような経済力はなかったからである。ペレストロイカを達成するためにも、西ドイツの支援は不可欠だった。フランスもソ連も、自国のみが泥をかぶりたくなかった。実際ゴルバチョフは、イギリスとフランスがドイツ再統一問題に関してソ連を矢面に立たせようとしていると感じており、それを苦々しく思っていた。フランスやソ連と手を組めなかったサッチャーは孤立し、影響力を失っていった。こうして、早期のドイツ再統一を阻止するという選択肢が消えていった。そして、ベルリンの壁が崩壊した直後には考えられなかったほどの速さで、ドイツ再統一が実現していくことになる。

†ドイツ再統一とヨーロッパ統合

ヨーロッパ冷戦が終焉しドイツが再統一していく過程は、ヨーロッパ統合がさらなる飛躍を遂げる過程と並行し、関連しながら展開していった点も指摘しておかねばならない。とりわけ西ドイツのコールが、ドイツ再統一をEC諸国、中でもフランスに受け入れてもらうべく、統合の深化にいっそう積極的になったからである。

コールは、西ドイツが引き続きヨーロッパ統合に関与し、そのさらなる発展に貢献する姿勢を示すことで、関係国を安心させようとした。彼は、ECが政治連合に発展すべきと提案し、さらにフランスが重視していたECの通貨統合も加速させることに同意していった。コールは、九〇年四月末にアイルランドのダブリンで開催されたEC首脳会議の場で、ドイツ再統一によって他のEC諸国を犠牲にはしないと強調した。ダブリン会議では、ドイツ再統一後に東ドイツの領域がECに組み込まれることが合意された。それは、EC諸国がドイツ再統一を受け入れたことを意味した。また同会議は、ローマ条約を改定し、統合をさらに深化させていくことも決定した。それは九二年に調印されるマーストリヒト条約として結実し、欧州連合（EU）

の発足へとつながっていくことになるのである。

3 分断の終わり

ゴルバチョフは、ドイツ再統一はもはや不可避であると認めるようになった。東ドイツの選挙結果は、それが既定路線となったことを明確にした。だが、統一ドイツがどのような国際的な地位と枠組みの下に置かれるのかについては、まだ確定していなかった。米英仏の西側三国は、統一ドイツはNATOに帰属すべきであるとの立場であり、中でもアメリカがそれをかたくなに主張した。コールもまた、統一ドイツはNATOの一員であるべきであると考えていた。しかしゴルバチョフは、統一ドイツのNATO帰属に反対し続けており、立場の違いはあまりにも明確であった。

ゴルバチョフが最終的に、統一ドイツのNATO帰属を受け入れていったのは、主に三つの要因があった。第一に、アメリカがソ連に対して積極的に安心を供与しようとしたことである。ブッシュ政権は、NATOの変革やCSCEの強化、あるいはさらなる軍縮を提案することで、可能な限りソ連の安全保障に配慮する姿勢を示していった。第二に、フランスへの期待が裏切られたことがゴルバチョフにとっては大きかった。彼は、ミッテランが統一ドイツのNATO

帰属に賛同しないと思っていた。そして最後に、やはりゴルバチョフが最も必要としたのが経済援助であり、それを得るためにも統一ドイツのNATO帰属に譲歩せざるを得なかったのである。

†アメリカの安心供与

ブッシュ大統領は最も早くからドイツ再統一を支持していた西側の指導者であったが、その大前提が統一ドイツのNATO帰属であった。ブッシュにとってそれ以外の冷戦後のヨーロッパ秩序は考えられず、それこそが勝利の姿であった。それゆえ、それをどのように実現するかが難題であった。

ブッシュ政権の戦略は、ソ連への安心供与であった。すなわち、ドイツが統一され、それがNATOに帰属したとしても、NATOはもはやソ連の安全保障にとって脅威とはならないことをゴルバチョフに受け入れさせようとしたのである。そのような発想は、五〇年代半ばにイギリスやフランスが試みたことと同じであった。ブッシュは安心供与の方針を、九〇年五月初頭のオクラホマ州立大学での演説の中で示すことにした。演説において彼は、早期にNATOの首脳会議を開催し、NATOの役割を大幅に見直すことを提唱した。またCSCEを強化し、ヨーロッパの東西分断を克服する場とすることを提案した。さらには、通常戦力の軍縮交渉

（CFE）を加速することを求め、短距離核戦力（SNF）の近代化計画を放棄すると明言した。これらはすべて、統一ドイツのNATO帰属をソ連に受け入れやすくするための措置であった。

ブッシュ自身は特にCSCEを重視していたわけではなかった。むしろ、CSCEがNATOに取って代わり、ヨーロッパ安全保障の中心になってしまうことをブッシュは懸念していた。しかしCSCEの強化はゴルバチョフが一貫して主張してきたことであり、英仏そして西ドイツもCSCE重視の姿勢を示す中、アメリカ側もそれを無視することはできなかった。それゆえCSCEの強化を受け入れつつ、ブッシュ政権は統一ドイツをNATOに帰属させ、NATOが冷戦後のヨーロッパ秩序の中心となることを目指したのである。

†ミッテランの拒否

アメリカの安心供与策は、しかし、それだけでゴルバチョフの立場を変えることはできなかった。ブッシュのオクラホマ州立大学演説のすぐ後、ベーカー国務長官がモスクワに飛び、より詳細なブッシュ政権の考えを伝えた。だがゴルバチョフは、この時点では、統一ドイツがNATOのみに帰属することを受け入れようとはしなかった。

ゴルバチョフに大きな影響を与えたのが、この問題に関するミッテランの姿勢であった。統一ドイツのNATO帰属を阻止する上で、ゴルバチョフは仲間を必要とした。NATO信奉者のサッチャーは問題外だった。ゴルバチョフが期待したのは、イギリスではなく、長年NATOとは一定の距離を置いてきたフランスだった。確かにミッテランは、部分的にはゴルバチョフの期待に応えた。九〇年五月下旬に開かれた仏ソ首脳会談で、ミッテランは、NATOの東方拡大については賛同しなかったからである。NATOは東方に拡大させず、その代わりヨーロッパ国家連合の枠組みに東欧諸国を包摂していくというのが、ミッテランの持論だった。

ミッテランは、しかし、統一ドイツはNATOに帰属すべきとはっきり主張した。彼とゴルバチョフは、冷戦後のヨーロッパについて近い考えを持っているかに見えた。だが、統一ドイツのあるべき姿について、両者の見解はすれ違っていた。ミッテランの賛同を得られず、ゴルバチョフは、統一ドイツのNATO帰属問題に関して孤立することになった。彼は近年の回顧録でこう述べている。「ドイツのNATO加盟問題では、私はアメリカ側と差しで向かい合う状態に残された」。そのことが、ゴルバチョフの決断を促すこととなった。

ゴルバチョフが統一ドイツのNATO帰属を事実上受け入れる姿勢を初めて明確にしたのは、五月末より始まった米ソ首脳会談の席である。この会談で、ゴルバチョフは当初、従来の立場を繰り返した。しかしブッシュもまた、譲らなかった。そして、ついにゴルバチョフは、統一ドイツにはどの同盟に加わるかを決める権利があると明言したのである。これは実質的に、統一ドイツがNATOを選択してもソ連はその決定を受け入れると述べたに等しかった。ゴルバチョフに同伴していたソ連政府高官たちは、彼の発言に驚愕した。ソ連側では、事前に統一ドイツのNATO帰属を受け入れるとの合意がなかったからであろう。これは、ゴルバチョフ単独の決断であった。後にゴルバチョフは、ドイツ問題はこのとき終わったと述べている。しかし、これで終わったわけではない。ゴルバチョフは、実際の問題に対処していかなければならなかった。まず、ソ連国内で彼に対する不満や批判が渦巻く中、彼は政治的に生き延びなければならなかった。その点で、ブッシュが主導したNATO改革が大きな意味を持った。それが、ゴルバチョフを支える一助となったからである。

ブッシュが呼びかけたNATO首脳会議は七月初頭イギリスの首都で開催され、そこで「ロンドン宣言」が打ち出された。「ヨーロッパは新たな、明るい時代に入った」との出だしで同宣言は始まる。その中でNATOは、防衛的な同盟であり続けることを強調し、攻撃的な意図はないこと、すべての紛争を平和的に解決すること、そしてとりわけ武力の先制不使用を謳った。また同年中に通常戦力削減条約を締結することを最優先課題とし、それが締結された後、ヨーロッパにおける短距離核兵器の全廃を提案するとも述べた。核兵器への依存を減らし、核の使用は「最後の手段」であると明言したことは、NATOの軍事戦略の大きな変化を示唆していた。加えて、CSCEは、ヨーロッパの将来において、より際だったものとなるべきであることも唱えられた。ブッシュ政権の安心供与策が、ロンドン宣言にはふんだんに盛り込まれていた。それは、ちょうどその時期、ソ連において共産党大会が開かれている最中、各方面からソ連国内で批判にさらされていたゴルバチョフに対する援護射撃の意味があった。

†ドイツとヨーロッパの分断の終わり

ゴルバチョフは、共産党大会を乗り切り、書記長に再選された。ソ連経済が八九年よりマイナス成長に陥り瀕死の状態にある中、彼は次に、西ドイツとドイツ再統一をめぐる諸問題を解決しなければならなかった。七月半ばのコールの訪ソが、最後の大きな山場となった。そして、そこにおいて、ほとんどの重要課題について決着を見ることとなる。まず、統一後のドイツは大幅に兵力を削減することが合意された。四七万の西ドイツ兵力は、統一後は三年以内に三七万人にまで減らされることとなった。また統一ドイツは核拡散防止条約（NPT）に加盟し続け、核・生物・化学兵器（ABC兵器）の製造・所有・使用が禁じられることをコールは受け入れた。

他方でゴルバチョフは、統一ドイツのNATO加盟を改めて受け入れた。東ドイツに駐留するソ連軍は、四年以内に撤退することとなった。三八万人の兵士とその家族の撤退には、帰国後の住居の提供など、多大な費用がかかることが懸念されていたが、西ドイツ側がそれを負担することとなった。後に決められたその額は、一二〇億マルク。それ以外にも、西ドイツは多額の財政支援をソ連側に約束した。コールはこれがドイツ再統一の最大の機会であると考えており、金で解決できる問題についてはいくらでも払う覚悟であった。ゴルバチョフもまた、統一ドイツのNATO加盟を受け入れる代償として、西ドイツからの援助額を可能な限りつり上げようとした。ドイツ再統一の背景として、ソ連に対する西ドイツの経済支援が大きな役割を果たしたことは間違いない。

九月一二日、ドイツ統一に関する条約が、東西両ドイツ、アメリカ、ソ連、イギリス、そしてフランスの六カ国の間でついに締結された。「最終規定条約」と呼ばれるこの条約の中では、ヨーロッパ冷戦の中心となってきたドイツ問題に関する諸問題が、すべて取り上げられている。繰り返しになる部分もあるが、その要点を確認しておこう。まず、ドイツが再統一するに際して、国境が不変であることが確認された。本書で何度か触れたように、戦後、ポーランドと東ドイツとの間のオーデル・ナイセ線は、西側陣営の間では国際法的に未定との扱いであり、ドイツ再統一後に画定するというのが公式の立場であった。実際には、米英仏三国はオーデル・ナイセ線を変更すべきでないと長年考えてきたが、西ドイツはそれを公式に認めようとはしなかった。その問題が、ドイツ再統一過程の中で、ようやく解決することになったのである。統一ドイツとポーランドの二国間では、一一月一四日に国境画定に関する条約を締結することになる。

六カ国による最終規定条約はまた、統一ドイツのＡＢＣ兵器の禁止、統一ドイツ軍の縮小、九四年末までのソ連軍の撤退、そして統一ドイツには帰属する同盟を選択する権利があることを確認した。さらに同条約によって、ドイツの主権が完全に回復することとなった。ドイツ・ベルリンに関して米英仏ソが持っていた権利が、一〇月二日の午前零時をもってして消滅することになったからである。こうしてかつての敗戦国ドイツは、ようやく真の独立を達成したのだった。

ドイツは、一〇月三日に再統一を果たした。その日は、冷戦の中で分断された国家が一つとなった、極めて象徴的な日となった。東ドイツは実質的に西ドイツに吸収合併される形となり、東ドイツを構成していた五つの州が、統一ドイツの中の五つの州になった。国家の象徴たる軍や外務省も消えた。東ドイツ人民軍は西ドイツ軍に吸収され、旧東ドイツ兵は西ドイツ軍の軍服を着、西ドイツ軍の軍規に服することとなった。東ドイツ外務省は西ドイツ外務省の一部門となり、東ドイツの在外公館の資産は没収されていった。東西ドイツ間の経済・通貨統合は七月初頭から実施されていたが、その三カ月後、政治統合もまた完成した。ただし、東ドイツに駐留していたソ連軍が完全撤退するのは、九四年九月のこととなる。

ヨーロッパの分断克服の象徴となったのが、一九九〇年一一月にパリで開催されたＣＳＣＥ首脳会議である。一九七五年のヘルシンキ会議から一五年ぶりとなる、二度目の首脳会議であった。ほぼすべてのヨーロッパ諸国およびアメリカ、カナダの首相が、凱旋門に近いクレベール国際会議場に集まった。この会議に先立ち、NATOとワルシャワ条約機構の二つの軍事同盟の加盟国は、不戦宣言に調印し、「敵対国ではなく、新しいパートナーシップを築き、相互に友好の手を差し伸べる」と誓った。CSCE首脳会議では、通常戦力の軍縮条約である、欧州通常戦力（CFE）条約が締結され、大幅な軍縮を実現することとなった。開催国フランスのミッテラン大統領は、「歴史上初めて戦争や革命によらない構造変革が起きた」と述べ、ヨーロッパ冷戦の終焉の意義を強調した。

「ヨーロッパは過去の遺産から自らを解放しつつある。人々の勇気、意思の強さをもって、ヘルシンキ宣言の理念が民主、平和、統一の新時代を開いた」。CSCE首脳会議が採択したパリ憲章は、そう謳う。このパリ憲章は、「ヨーロッパの対立と分断の時代は終わった」と高らかに宣言したのだった。

4　ヨーロッパ冷戦とは何だったのか

†安定をめぐる対立

ヨーロッパでは、二つの陣営《ブロック》が形成され、陣営と陣営が対立し、陣営の維持継続が図られ、そして陣営が崩壊していった。第二次世界大戦後の相互不信の高まりの中で、ヨーロッパは東西二つの陣営に分裂し、軍事的な緊張が高まり、対立の図式は制度化されていった。それぞれの陣営は、同じ価値観、同じイデオロギー、そして共通の社会経済システムを持つと認識された共同体であった。ヨーロッパ各国は、どちらかの陣営への帰属意識を持ち、それぞれの陣営は相手側を敵であり、脅威であるとみなした。

陣営間での軍拡競争は続いた。スパイ合戦やプロパガンダ合戦も続いた。どちらの社会経済システムの方が優れているかをめぐる競争も続いた。だがスターリンの死去以降、軍事面、経済面、そして政治面において、それぞれの陣営、それぞれの国から、緊張緩和《デタント》のための様々な提案がなされるようになった。とはいえ、東西間で妥協点を見いだすことは容易ではなかった。望ましいヨーロッパの安定の姿が大きく異なっていたからである。ヨーロッパ冷戦では、安定をめぐる対立が繰り広げられることとなった。

ヨーロッパ冷戦における陣営間の対立は、とりわけデタントと相まって独特な展開を見せた。自陣営の結束が乱れれば、それが相手陣営の利得となり、相手陣営を分断させられれば、自陣営の利得となる。ヨーロッパ冷戦における陣営とは、そのような認識を共有する共同体でもあった。そしてデタントは、相手陣営の分断策という側面も持っていた。ある領域で東西間の安定や経済的利益をもたらすかに見える政策は、時に相手陣営を切り崩す手段でもあった。多国間デタントにも、分断策の側面があった。例えば、東側陣営は当初、アメリカを欧州安保会議の正規の参加国から外そうとした。西側陣営の中にも、安保会議という枠組みの中では、東欧諸国がソ連から自立した行動をとるのではないかとの期待があった。それゆえ、東西双方において、相手側のデタント政策への警戒心が生まれることとなったのである。

デタントをめぐる対立はさらに、東西間のみならず、東西それぞれの陣営内における軋轢も生み出すこととなった。東西間のデタントを追求すれば、陣営内での対立が高まり、逆に陣営内の結束を重視すれば、東西間の対立が続くことになった。その典型がドイツ問題であり、それは現状維持デタントと軍縮・軍備管理デタントとのリンケージという形で現れた。冷戦の中でドイツは東西に分断されたが、一九六〇年代末まで、西側陣営は「一つのドイツ」を公式の立場とし、東ドイツの存在を認めようとしなかった。これに対して、東側陣営は「二つのドイツ」政策をとり、東ドイツが国際社会において主権国家として国際法的に承認されることを求め続けた。特に西ドイツは、「一つのドイツ」の立場に固執し、ドイツ再統一への動きが見られない限り、軍縮・軍備管理デタントや、東ドイツを承認することになるような多国間の協定の締結に反対する姿勢をとり続けた。そのため、西側陣営の同盟国が安定を求め軍縮や多国間協定に関心を示すと、陣営内の軋轢が高まることになった。デタントと陣営の結束は、しばしばトレードオフの関係を示した。

そのような構図の中で、経済・文化交流デタントの進展が、ゆるやかながらも、他の領域のデタントに先行した。両陣営の経済体制は大きく異なり、ヨーロッパ冷戦の勃発当初は、経済面での東西分断が著しく深まった。一方でスターリンのソ連による東欧の経済的支配を背景に、東欧各国において社会主義経済への転換が進められると、西側経済に依存しない経済発展が目指された。他方で西側陣営も、アメリカ主導で東側陣営に対する戦略物資の禁輸措置をとり、東西ヨーロッパ間の経済分断が鮮明になった。しかしながら、東西貿易の促進に対する潜在的な経済的利益は東西双方の欧州諸国にあり、ドイツ問題と距離を置く形で二国間ベースの貿易は徐々に進められ、次第に拡大していった。

むろん、経済・文化交流デタントにおいても、しばしば東西両陣営内での対立がもたらされた。東西貿易をどのように進めるのか、禁輸措置をどの程度緩和するのか、経済制裁は望ましいのかといった問題は、西側陣営の中で何度も論争となった。また、特に危惧されたのが、相手陣営への依存である。例えば西側陣営では、パイプラインの輸出とソ連からのエネルギー輸入の問題をめぐりアメリカと西欧諸国が激しく対立した。東側陣営においても、東欧諸国が西側からの多額の融資を受け、西側への依存度が増すことに関して、ソ連は懸念を示した。ヨーロッパ冷戦においては、陣営の自律と緊張緩和とが相反する関係にあった。

東西それぞれにおける陣営内関係をさらに複雑にしたのが、陣営が持つ支配の体制という側面であった。とりわけフランスやルーマニアが、それに反感を抱いた。だが、両国に同調する国はほとんどなかった。両国が独自外交を展開すると、他の国々はむしろ陣営の結束が重要であるとの考えを強めていった。その結果、同盟内の協議が活発化し、アルメル報告やウルブリヒト・ドクトリンなどが生まれることにもなったのである。こうして西側と東側は、それぞれの陣営における協議の制度化を進め、陣営内における不満に対応し、共通の立場をすり合わせ、陣営の維持を図っていった。そして、陣営が維持されることで、ヨーロッパ冷戦も継続していったのである。

多国間デタントは、分断策への対抗策であり、陣営維持の手段でもあった。西側陣営は、東欧諸国をソ連から引き離そうとした。西ドイツは特に、東ドイツを他国から分断し、東側陣営の中で東ドイツを孤立させようと画策した。しかし東側陣営は、欧州安全保障会議という多国間デタント構想で対抗し、多国間の枠組みの中で東ドイツの国際的承認を求めた。陣営の結束を維持しつつ、緊張緩和を進めようとしたのである。だが西側は、六〇年代末まで東ドイツを承認しようとせず、東ドイツの承認につながる多国間デタントを受け入れようとはしなかった。

ヨーロッパにおいて、二国間ではなく多国間のデタントが可能になったのは、西ドイツの立場が変化したからである。ブラントの東方政策により、西ドイツが「二つのドイツ」を受け入れた結果、欧州安全保障会議（ＣＳＣＥ）という形で多国間デタントが実現することとなった。すでにこの時までに、西側諸国の多くは「二つのドイツ」やオーデル・ナイセ線の現状を受け入れる準備ができていた。ＣＳＣＥの首脳会議で署名されたヘルシンキ宣言は、現状維持デタントを明文化するものであった。多国間の枠組みの中で東ドイツが承認され、領土保全の原則が確認されることとなったからである。それはソ連・東欧諸国が長らく求めてきたものであった。東側陣営は、これで国際的な正統性と安定が得られたと考えた。とはいえ、西側陣営は安保会議において、ただ現状を認めただけではない。現状承認の代償として東側陣営は、ヘルシンキ宣言の中で、人権の原則や、人や情報の自由移動に関して、限定的ながらも認めさせられることとなった。

多国間デタントは、東西双方が陣営の結束を維持しつつ、東西間の緊張緩和を模索する枠組みとなった。現状維持デタントが実現したことで、多国間による軍縮・軍備管理デタントの対話の場も生まれた。だが、交渉は始まっても、ヨーロッパにおける軍縮が実現したわけではなかった。そもそも通常戦力に関しては、東西両陣営に戦力差があり、双方が受け入れ可能な軍事レベルを見いだすことが困難であった。また、六〇年代以降軍拡を重視したソ連の側に、通常戦力の軍縮への関心が薄かったことも、交渉をまとめることを難しくした。

それでも、軍縮・軍備管理デタントの領域では、冷戦期ヨーロッパの独自の展開として、信頼醸成措置に関する取決めが進んだ。軍事演習の事前通告などで合意することで、軍事面でのヨーロッパの安定に寄与し、また米ソ対立が再燃する中でも、ヨーロッパにおける緊張緩和の継続を可能にしたのが、信頼醸成措置という分野であった。緊張緩和の継続は、経済・文化交流デタントの継続を可能にする土台となった。だがそれは、東側陣営が西側陣営への経済的依存を深めていく背景にもなっていった。

†ヨーロッパ冷戦の終焉

西側諸国は安定と同時に変化を求めた。すなわち、国際レベルにおいて国家間関係の安定を求めつつ、ソ連・東欧諸国の国内レベルでの変化を期待していたのである。経済や人の交流が進むことで、国内の人権状況が改善され、やがては平和的な形での民主化が起こることを理想とした。むろん、共産党の一党独裁体制が揺らげば、ソ連による武力介入の可能性が高まる。西側諸国の方針は、それゆえジレンマを抱えるものであった。

西ヨーロッパの国々は、八〇年代末まで、実際には変化より安定の方を重視したといってよい。八〇年代に入り西ドイツにおいて再び政権交代が起こっても、コール首相はブラントが進めた東方政策を反故にすることはなかった。コール外交は、実質的に「二つのドイツ」の存在を前提としたものであり、現状維持デタントを継続した。アメリカのレーガン政権は経済冷戦を再開しようとしたが、西欧諸国は激しく反発し、経済・文化交流デタントやヘルシンキ・プロセス継続の重要性を強調し続けた。ヨーロッパの国際秩序が激変することは、必ずしも望まれていなかった。

東側諸国は、国際レベルでの安定を、国内体制の安定・維持へとつなげたかった。それゆえ、現状維持デタントとともに、経済・文化交流デタントを重視し、実際、東西貿易も活発化させていった。短期的に経済が好転した国もあった。しかし結局、西側経済への依存が深まり、累積債務が肥大化する一方で、東側陣営の経済は根本的には改善しなかった。経済・文化交流デタントの個々の国への影響は一様ではなかった。だがそれは、東側陣営全体としては、陣営の結束を揺るがす遠心力として作用したのだった。

ソ連のゴルバチョフは、やはりソ連経済を立て直すため、大胆な改革を推し進めた。ゴルバチョフの政策には、安定と変化が同居していた。彼自身、社会主義イデオロギーを抱き続けた。社会主義国としてのソ連を維持するために、積極的な改革と東西関係の改善、特に軍縮が必要であると考えていた。ワルシャワ条約機構をより防衛的なものに変化させようとしたが、同機構そのものは国際的安定のため維持すべきと考えていた。当初は、再度のコメコン統合の可能性も模索した。しかし、ソ連にとって東欧諸国は重荷になっていた。ゴルバチョフは、東欧諸国の政治経済改革を促しつつ、東欧諸国に対して従来行ってきた寛大な経済支援から撤退していった。そして、独自の変革を進めても、ソ連はもはや武力介入を行ったりはしないと強調し、陣営維持の最終手段を放棄した。そのような手段を用いれば、西側の強い反発を招き、ソ連経済を再建できなくなるからである。ゴルバチョフに東側陣営を解体する意図はなかった。だがソ連には、陣営を支えるだけの経済力もなかった。武力行使を行えば、西側の支援を失いソ連経済は悪化するが、武力行使以外の手段で陣営を維持することもできない。西側の支援を得て改革を進めるためには、人権といった西側の価値も一定程度考慮せざるをえない。ゴルバチョフ時代のソ連は、そのような状況に追い込まれていた。こうして、ヨーロッパの東西関係が安定する中で、東側陣営が解体していく素地が作られていった。

東側陣営の解体は、一九八九年に、連鎖反応として起こった。その最大のきっかけは、ハンガリーが鉄のカーテンを開き、東ドイツ国民がオーストリアへと出国することを認めたことであった。ハンガリーは、東ドイツとの関係が悪化することに躊躇しなかった。むしろ西側、とりわけ西ドイツとの関係を重視していたからである。もはや、兄弟国同士で互いに力を合わせて陣営を維持するという考えは失われていた。ハンガリーの決定に、ゴルバチョフが介入することもなかった。彼は、国際的安定の中で東側各国がそれぞれ大胆な改革を進めれば、東側陣営を維持し続けられると考えていたのかもしれない。だが、ハンガリーが西側に接近し、東ドイツを犠牲にする形で同国が行った決定をソ連が容認したことで、東側陣営は崩壊へと向かっていった。

東ドイツ人のハンガリー経由での大脱走は、すでに経済的に限界に近づいていた東ドイツの体制に決定的な衝撃を与えた。多くの人々が西側に出国するとともに、東ドイツ国内でも大規模な反体制デモが発生し、革命となり、ベルリンの壁が崩壊することとなった。ソ連はもはや、一連の変化を、武力介入という手段によって止めることはしなかった。そして東欧諸国では、次々と共産党一党独裁体制が崩壊していったのである。

東ドイツの社会経済が麻痺する中、ドイツ再統一は必然の流れだった。だが問題は、いつ、どのように、であった。ベルリンの壁崩壊直後には、ドイツ再統一の早期実現に対して、多くの政治指導者が懸念を抱いた。ヨーロッパの国際情勢が急速に変化する中、さらなる不安定化は忌避された。しかし、東ドイツ国民の多数が再統一を求めると、西ドイツのコール首相は再統一に積極的になり、アメリカのブッシュ大統領が後押ししたことで、そのプロセスは加速していった。ドイツ人の自決の意思を無視することは、もはやできなかった。

冷戦時代、一九五〇年代までは、ドイツの再統一こそが優先課題であるとの声は少なくなかった。しかし、どのようにドイツ再統一を実現するのかをめぐり、東西間で合意することはできなかった。その後、ソ連は「二つのドイツ」政策に固執するようになり、西側陣営内でも次第に、デタントを優先させ、ドイツ再統一は平和的なヨーロッパ国際秩序の中でのみ達成されるとの考えが広がっていった。

実際、ソ連にゴルバチョフが登場し、ヨーロッパにおける緊張緩和がさらに広がり、八九年の東欧革命によって東側陣営が解体していく中で、ドイツ再統一へのプロセスは進み始めた。しかし、そのスピードは驚くほど早く、冷戦後の新しいヨーロッパ秩序が何らかの形で構築される前に、ドイツ再統一は実現することとなった。主に二つの事情が、そのプロセスを加速させたといえる。まず、東ドイツが不安定さを増していく中で、ドイツを再統一するという形で問題の解決が急がれた。また、とくにブッシュがNATOの中でのドイツ再統一を強く求め、ミッテランも結局その立場に同調したことで、ゴルバチョフは統一ドイツのNATO帰属問題について孤立することとなった。ドイツ再統一はもはや不可避であると考えていたゴルバチョフは、NATOの安心供与と西ドイツからの経済支援と引き換えに、NATO内の統一ドイツを受け入れていったのだった。

†一つのヨーロッパへ

一九九〇年の時点ではまだ、ワルシャワ条約機構の解体という話は既定路線ではなかった。八九年の東欧革命によって、ほとんどの東欧諸国で共産党は政権の座を追われていたが、同機構を改革するという議論はあっても、東欧諸国が即座に脱退を表明し、NATO加盟を希望したわけではなかった。当初、東欧諸国には、安定のためワルシャワ条約機構の存続を望む国や、中立を志向する国も多かった。

しかし九一年一月に、ソ連からの独立を目指していたバルト三国において、ソ連の特殊部隊が武力を行使し、死者も出ると、東欧諸国の態度は一気に硬化した。ポーランド、ハンガリー、チェコスロヴァキアはワルシャワ条約機構の軍事機構を迅速に解体することを要求し初め、三月末にワルシャワ条約機構は軍事同盟としての役割を終えた。六月末には、すでに経済協力の枠組みとして実体を失っていたコメコンが正式に解散した。そして、七月一日、形式的には政治的協議の場となっていたワルシャワ条約機構も解体されることとなったのである。東欧諸国とバルト三国はその後、新たな安全保障の枠組みとしてNATOを選択していくことになる。

ワルシャワ条約機構が解体された一方、NATOはもはや不要であるとの声は、西側諸国の中では皆無に近かった。とはいえ、冷戦時代の主要な脅威が消滅すると、NATOもまた変革する必要に迫られた。NATOは、冷戦時代から単なる軍事同盟の枠を超えて、すでに様々な外交・安全保障問題を協議する組織に変質しており、それゆえ冷戦の終焉に対しても柔軟に対処することが可能であった。NATOは、集団防衛に加えて、地域紛争やテロ、大量破壊兵器の拡散、サイバー攻撃など、幅広い安全保障上の脅威に対する危機管理活動をもその主要な任務としていくことになる。

軍事面に関しても、NATOはそれまでの柔軟反応戦略を修正し、核兵器への依存を減らしていった。冷戦末期に問題となった短距離核戦力(SNF)は、九一年秋にブッシュ大統領が大幅削減を一方的に提起した。それに対して、ゴルバチョフもまたすぐに応え、ソ連の短距離核のみならず、核地雷などの撤去も発表した。その結果、現在ではヨーロッパに配備されている米軍保有の核戦力は、航空機搭載型のものが一五〇発程度であるとされ、それに加えて、フランスが約三〇〇発、イギリスが約二〇〇発の核戦力を保有しているといわれている。ヨーロッパにおける駐留米軍も、冷戦時代の三〇万人から、一〇万人態勢に縮小していった。

八九年末にミッテランは冷戦後のヨーロッパ秩序構想として、「ヨーロッパ国家連合」という考えを提唱していた。東側陣営の解体を予想し、その受け皿として考案されたものであった。しかし、その構想は東欧諸国に支持されなかった。東欧諸国の目から見て、ミッテランの構想には二つの問題点があったからである。その一つは、ヨーロッパ国家連合からはアメリカが排除される一方で、ソ連が参加国の一つになっていた点である。アメリカも、フランスの構想に不信感を抱いていた。それゆえ、東欧諸国にとってアメリカが賛同しない提案に加わることは望ましくなかった。

またミッテランが、ヨーロッパ国家連合構想を、東欧諸国のEC加盟に代わる措置として強調したことが、かえって東欧諸国の不信感を高めてしまった。確かに、東欧諸国がすぐにEC

に加盟することは困難だったかもしれない。しかし、チェコスロヴァキアの大統領ハヴェルは、国家連合に加わることは「二級国家」扱いされることであると反発した。結局、東欧諸国は、時間をかけてでも後のEUに加盟することを目指していくことになる。

ソ連は、九一年には文字通り末期状態だった。経済の悪化に歯止めがかからず、国民の不満は限界に達し、ソ連各地で民族紛争が頻発していた。そのような中、同年八月にクーデター未遂事件が起こる。クーデターは阻止されたが、ソ連の消滅は止められなかった。九一年一二月末、ゴルバチョフはソ連大統領の職務停止を宣言し、ソ連は一五の共和国へと解体する形で消滅することになった。ソ連は、六九年でその歴史に幕を下ろした。

消滅した旧ソ連の法的地位や核兵器、そして大使館などの在外資産を引き継いだのはロシア共和国である。そのロシアが、冷戦後のヨーロッパ国際秩序に関して最も重視したのは、CSCEの強化であった。冷戦時代には参加していなかったアルバニアも、冷戦後の九一年六月にすでにCSCEに加盟していた。翌九二年一月までに、旧ソ連の共和国もすべてCSCEに加盟し、CSCEはヨーロッパにおける最も包括的な安全保障の枠組みとなった。このCSCEをさらに強化すべく、ロシアは、例えばCSCE内に国連の安全保障理事会と似たような意思決定機関を設けるべきといった提案を行ったりした。結局このような提案は受け入れられなかったが、CSCEは、九四年の首脳会議で欧州安全保障協力機構（OSCE）として組織化され、ウィーンに本部を置く常設機関となる。この後OSCEは、従来の信頼醸成措置の機能とともに、紛争処理や民主化支援といった活動に重点を置き、一定の成果を見せていく。とはいえ、OSCEは冷戦後のヨーロッパ秩序において中心的な役割を果たせないまま今日にいたっている。

ドイツは一つとなり、ヨーロッパの東西の分断は克服された。東西二つの陣営のうち、一つが解体した。軍事同盟としてのNATOは存続した。だが認識共同体としての西側陣営もまた、実質的に消滅していったといえる。敵対する陣営がなくなり、NATOの役割も変質していったからである。ヨーロッパ冷戦は、こうして終わった。そしてヨーロッパは一つになっていった。すでに東欧革命の最中から、東側諸国の中で「ヨーロッパへの回帰」が謳われていた。「ヨーロッパへの回帰」は、旧ワルシャワ条約機構諸国と独立したバルト三国が、NATOとEUへ加盟していく形で進んでいくこととなった。そして二〇〇〇年代までに、NATOは二八カ国に、EUも二七カ国にまで加盟国を増大させ、両組織は旧ソ連の国境に迫るまでに東方へと拡大していくのである。

あとがき

本書は、東西に分断されていたヨーロッパが一つになっていった、というところで筆を置いた。あたかもハッピー・エンディングであるかのように。だが、ヨーロッパにおける冷戦の終焉が、そのまますぐに明るく豊かな社会をもたらしたわけでは必ずしもなかった。NATOとEUは東方に拡大し、旧東欧諸国とバルト三国は両組織に加盟していったが、東側陣営にいた人々は、その後急激な国内体制の改革と、新自由主義の嵐に巻き込まれていった。その結果、多くの人が失業し、あるいは年金を失い、そして格差が広がっていった。ユーゴスラヴィアは分裂し、凄惨な内戦へと突入していった。二〇〇〇年代になると、アメリカによる〇三年のイラク戦争を大きな契機として、ロシアとアメリカの関係は急速に悪化していく。そして、一四年に勃発したウクライナ危機は、ヨーロッパの国際環境を決定的に悪化させ、NATO諸国はロシアを再び脅威の対象として認識するようになった。イギリスもEUを離脱した。しかし、これら冷戦後のヨーロッパに関する話は、すでにいくつもある他書に譲ることにしたい。

いずれにせよ、ようやく、かねてより書きたいと思っていた本を書くことができた。高校生の時に冷戦の終焉を経験したことで国際関係という分野に興味を持ち、大学時代にゼミを通じて冷戦への関心を深め、その後大学院に入ってから今日までヨーロッパ冷戦の史的研究に携わってきた。本書はそれゆえ、これまでの自分の研究活動の一つの結果である。

だが、ヨーロッパ冷戦史の執筆は、考えていたより大変だった。それなりに積み重ねてきたものを元に書けると考えていたが、それほど簡単ではなかった。理由の一つは、欲張ったからである。書きたいことはいくらでもあった。西側陣営だけでなく、東側陣営も書く。政治、経済、軍事といった複数の領域を盛り込む。そう心に決めて書くことにしたのはよいが、あれも、これもになりすぎて、バランスを取ることや、何をどのような順番で記述するかについてはかなり苦心した。

本書を書く上で強く意識したのは、どう書けば普通の「冷戦史」ではなく「ヨーロッパ冷戦史」になるかであった。冷戦時代にヨーロッパで起こった出来事をただ並べて書くだけではヨーロッパ冷戦史にはならない。それは単なる戦後ヨーロッパ史であろう。また、アメリカを無視して冷戦を語ることはできないが、アメリカばかりが目立つと、普通の冷戦史と変わらなくなってしまうのも悩ましかった。それゆえ本書では、アメリカと米ソ二国間関係についての記述を抑え気味にする一方で、米ソ冷戦史ではあまり触れられないアメリカの対東欧政策（およ

び ソ連の対西欧政策）については意識的に書くよう心がけた。だが、アメリカについてなるべく書かないとした結果、本書には冷戦を一から学びたい初学者にとって不親切な部分が多々あるかもしれない。

ドイツ問題や東西ドイツにとっての冷戦、イギリスの冷戦、フランスの冷戦、ヨーロッパにおける軍拡競争、東西ヨーロッパ間の対話や経済交流などなど、ヨーロッパ冷戦らしいトピックスはいくつも思い浮かび、一九八九年の東欧革命、ベルリンの壁崩壊、そしてドイツ再統一にいたるまでの大まかな目次を考えるのは容易だった。

しかし、当然ではあるが、ヨーロッパ冷戦とは何か、という問いに行き着いた。執筆しながら、その問いについて考え続けた。ヨーロッパ冷戦は変化を伴うものであったため、ヨーロッパ冷戦とは何かを短く一言でいうのは難しい。終章で論じた部分を参照していただけたら幸いである。だがその最大の特徴は、「陣営《ブロック》」と「緊張緩和《デタント》」の交錯であるというのが私の考えである。二つの陣営が形成され、対立し、持続し、そして崩壊していく過程で、東西ヨーロッパ間の緊張緩和をめぐる政治力学が展開されていった。これは米ソ超大国間の冷戦とは異なる、ヨーロッパ独自の冷戦といってよいのではないだろうか。

本書は、その特徴を念頭にヨーロッパ冷戦史の全体像を素描した。しかし、「全史」を書いたと豪語するつもりはない。書かなかったことは、いくつもある。例えば、ヨーロッパ諸国によるヨーロッパ域外の冷戦への関与についてである。西欧諸国とヴェトナム戦争との関連や、東欧諸国の中東やアフリカへの介入などに関しては、ほとんど言及しなかった。ヨーロッパ各国の国内冷戦についても、記述を最小限に留めることにした。国の数が多く、網羅的に書こうとすれば紙幅がいくらあっても足りないからである。フランスと西ドイツ、ポーランドと東ドイツといった二国間関係についても深入りはしなかった。政治・軍事・経済については書いた一方で、社会・文化の面に関しては書くのを断念した。そもそも私の専門ではないし、私自身、文化的な人間でないというのも理由であるが、社会・文化については各国固有の要素が色濃く、陣営に注目するという本書が取ったマクロなアプローチとは相性が悪かったからでもある。

とはいえ、本書において東側陣営について積極的に描いたことは、私の専門を超える試みであった。研究者としての私は、これまでもっぱら西ヨーロッパの国際関係に軸足を置いてきたからである。だが実は、私の卒業論文のテーマは、一九五六年のハンガリー動乱である。その後も今日まで、冷戦における東側陣営については関心を持って新しい論文を読んできた。東側陣営に関する研究の進展もめざましい。特に近年では、ソ連・東欧各国のみならず、ワルシャワ条約機構やコメコンといった多国間組織に注目した史料に基づく研究がいくつも生み出されている。これらなくして、「陣営」に注目した本書は書けなかったであろう。今、このような本が出せたのは、こういった研究蓄積のおかげである。

ただし、本書を書くにいたった実際の経緯は、偶然によるところも大きい。私は二〇一八年九月から一年間、イギリスで在外研究を行う機会をいただいた。しかし、本書を書くために渡英したわけではまったくなかった。そのような考えも企画もなかった。図らずも、同じ時期にイギリスで在外研究をされていた上智大学の宮城大蔵先生とロンドンで一緒になり、いろいろな話をする機会に恵まれた。新書の話は、その中から出てきた。最初は、新書を書くとすれば、どんなテーマが可能かといった話だった。だがすぐに、自分の中で新書一冊分の目次が頭に浮かんでいた。そして宮城先生に、元筑摩書房の湯原法史氏、現在ちくま新書編集長の松田健氏をご紹介いただいた。二〇一九年夏のことである。このような出会いがなければ、本書が生まれることもなかった。在外研究の機会を与えてくれた勤務校の西南学院大学、本書誕生のきっかけを与えてくれた宮城先生、湯原様、そして私の企画をすぐに受け入れてくださった松田様に、御礼申し上げたい。

二〇一九年秋に日本に帰国し、松田氏と直接お目にかかって打ち合わせをしたのち、本書の執筆を開始した。およそ一年かけて、最初の草稿を書き上げた。早速草稿を、東北学院大学の三須拓也先生と、神奈川大学の吉留公太先生に読んでもらった。当初は、それなりに書けたのでは、などと自分で思っていた。しかし、両氏から重要なコメントをいくつもいただいたことで、さらにチャレンジ精神をかき立てられ、大幅に改稿することとなった。お二人の後押しがなければ、本書はもっと未成熟なままで留まっていただろう。誰かに原稿を読んでもらうことの重要さを痛感した次第である。貴重な時間を割いて草稿すべてに目を通していただいた三須先生と吉留先生には、感謝しきれないほどである。本当にありがとう。

本書は、数多くの先行研究に基づいて書かれている。新書ということもあり注をつけないことにした。典拠を直接お知りになりたい方にはご不便をおかけすることになるが、ご寛容願いたい。その代わり、やや長い参考文献リストを付すことにした。だが、いうまでもなく私の知見は、これらの本や論文からのみ得られたわけではない。とりわけ、私がメンバーの一員である冷戦史研究会の皆さんには、研究会などでいつも多大な知的刺激を与えてもらっている。メンバーの皆さんには、この場を借りて、改めてお礼申し上げたい（本書は、科学研究費〔課題番号17H00977、ならびに課題番号18K01485〕による研究成果の一部である）。

最後に、改めて本書を担当いただいた、ちくま新書編集長の松田健氏に感謝申し上げたい。私と同年代で、やはり冷戦の終焉を経験し、ヨーロッパについても関心を持たれたとのこと。本書が、松田氏の関心に少しでも応えることができていれば幸いである。

二〇二一年一月

山本　健

人名索引

あ行

か行

さ行

た行

な行

は行

ま行

や行

ら行

わ行

参考文献一覧

邦語文献

青野利彦『「危機の年」の冷戦と同盟 ―― ベルリン、キューバ、デタント 1961-63年』有斐閣、2012年。

青野利彦、倉科一希、宮田伊知郎（編）『現代アメリカ政治外交史 ――「アメリカの世紀」から「アメリカ第一主義」まで』ミネルヴァ書房、2020年。

アプルボーム、アン（山崎博康訳）『鉄のカーテン ―― 東欧の壊滅 1944-56』（上・下）、白水社、2019年。

板橋拓己『アデナウアー ―― 現代ドイツを創った政治家』中央公論新社、2014年。

板橋拓己「『制約なき完全な主権』を求めて ―― 統一ドイツNATO帰属問題とゲンシャー外交」『年報政治学2019-1　主権はいま』筑摩書房、2019年。

板橋拓己、妹尾哲志（編）『歴史のなかのドイツ外交』吉田書店、2019年。

今井宏平『トルコ現代史 ―― オスマン帝国崩壊からエルドアンの時代まで』中央公論新社、2017年。

岩間陽子『ドイツ再軍備』中央公論社、1993年。

石井修『1940年代ヨーロッパの政治と冷戦』ミネルヴァ書房、1992年。

石野裕子『物語　フィンランドの歴史 ―― 北欧先進国「バルト海の乙女」の800年』中央公論新社、2017年。

ヴァイス、モーリス（細谷雄一・宮下雄一郎監訳）『戦後国際関係史 ―― 二極化世界から混迷の時代へ』慶應義塾大学出版会、2018年。

ウェスタッド、O. A.（益田実監訳）『冷戦　ワールド・ヒストリー』（上・下）、岩波書店、2020年。

ヴェントカー、ヘルマン（岡田浩平訳）『東ドイツ外交史　1949-1989』三元社、2013年。

ヴォルフルム、エドガー（飯田収治・木村明夫・村上亮訳）『ベルリンの壁 ―― ドイツ分断の歴史』洛北出版、2012年。

小川浩之『イギリス帝国からヨーロッパ統合へ』名古屋大学出版会、2008年。

荻野晃「ハンガリーのオーストリア国境の開放（1989） ―― 対東ドイツ交渉を中心に」『法と政治』第66巻、第1号、2015年。

カーショー、イアン（三浦元博訳）『分断と統合への試練 ―― ヨーロッパ史　1950-2017』白水社、2019年。

ガートン・アッシュ、ティモシー（杉浦茂樹訳）『ヨーロッパに架ける橋

── 東西冷戦とドイツ外交』(上・下)、みすず書房、2009年。

金子譲『NATO　北大西洋条約機構の研究 ── 米欧安全保障関係の軌跡』彩流社、2008年。

河合信晴『物語 東ドイツの歴史―分断国家の挑戦と挫折』中央公論新社、2020年。

菅英輝（編）『冷戦と同盟 ── 冷戦終焉の視点から』松籟社、2014年。

川嶋周一『独仏関係と戦後ヨーロッパ国際秩序 ── ドゴール外交とヨーロッパの構築　1958-1969』創文社、2007年。

吉川元『ソ連ブロックの崩壊 ── 国際主義、民族主義、そして人権』有信堂高文社、1992年。

木戸蓊『激動の東欧史 ── 戦後政権崩壊の背景』中央公論社、1990年。

君塚直隆、細谷雄一、永野隆行（編）『イギリスとアメリカ ── 世界秩序を築いた四百年』勁草書房、2016年。

クラーク、ピーター（市橋秀夫・椿建也・長谷川淳一・西沢保訳）『イギリス現代史　1900-2000』名古屋大学出版会、2004年。

倉科一希『アイゼンハワー政権と西ドイツ ── 同盟政策としての東西軍備管理交渉』ミネルヴァ書房、2008年。

倉科一希「米欧関係とアメリカの核 ── 核兵器共有とドイツ問題」『アメリカ史研究』第38号、2015年。

黒田友哉『ヨーロッパ統合と脱植民地化、冷戦 ── 第四共和制後期フランスを中心に』吉田書店、2018年。

合六強「西ドイツの核不拡散条約（NPT）署名問題と米国の対応　1968-1969年」GRIPS Discussion Paper 18-03, 2018年。

ゴルバチョフ、ミハイル・セルゲービッチ『ミハイル・ゴルバチョフ　変わりゆく世界の中で』朝日新聞出版、2020年。

齋藤嘉臣『冷戦変容とイギリス外交 ── デタントをめぐる欧州国際政治　1964〜1975年』ミネルヴァ書房、2006年。

佐々木卓也『封じ込めの形成と変容 ── ケナン、アチソン、ニッツェとトルーマン政権の冷戦戦略』三嶺書房、1993年。

佐々木卓也『アイゼンハワー政権の封じ込め政策 ── ソ連の脅威、ミサイル・ギャップ論争と東西交流』有斐閣、2008年。

サロッティ、メアリー・エリス（奥田博子訳）『1989　ベルリンの壁崩壊後のヨーロッパをめぐる闘争』(上・下)、慶應義塾大学出版会、2020年。

志田淳二郎『米国の冷戦終結外交 ── ジョージ・H・W・ブッシュ政権とドイツ統一』有信堂高文社、2020年。

志摩園子『物語 バルト三国の歴史 ── エストニア・ラトヴィア・リトアニア』中央公論新社、2004年。

清水聡『東ドイツと「冷戦の起源」 1949〜1955年』法律文化社、2015年。

ジャット、トニー（森本醇・浅沼澄訳）『ヨーロッパ戦後史』みすず書房、2008年。

ステイル、ベン（小坂恵理訳）『マーシャル・プラン——新世界秩序の誕生』みすず書房、2020年。

妹尾哲志『戦後西ドイツ外交の分水嶺——東方政策と分断克服の戦略、1963〜1975年』晃洋書房、2011年。

セベスチェン、ヴィクター（三浦元博・山崎博康訳）『東欧革命1989——ソ連帝国の崩壊』白水社、2009年。

武田龍夫『物語 北欧の歴史——モデル国家の生成』中央公論新社、1993年。

高橋進『歴史としてのドイツ統一——指導者たちはどう動いたか』岩波書店、1999年。

津崎直人『ドイツの核保有問題』昭和堂、2019年。

ドブズ、マイケル（三浦元博訳）『ヤルタからヒロシマへ 終戦と冷戦の覇権争い』白水社、2013年。

鳥潟優子「ベトナム戦争批判とドゴール外交の現実——1966年9月「プノンペン演説」をめぐる一考察」『西洋史学』第222号、2006年。

永井清彦『現代史ベルリン』（増補）、朝日新聞社、1990年。

橋口豊『戦後イギリス外交と英米間の「特別な関係」——国際秩序の変容と揺れる自画像 1957〜1974年』ミネルヴァ書房、2016年。

羽場久美子「東欧と冷戦の起源再考——ハンガリーの転機：一九四五〜一九四九」『社會勞働研究』第45巻、第2号、1998年。

ヒルトン、クリストファー（鈴木主税訳）『ベルリンの壁の物語』（上・下）、原書房、2007年。

広瀬佳一（編著）『現代ヨーロッパの安全保障——ポスト2014：パワーバランスの構図を読む』ミネルヴァ書房、2019年。

藤澤潤『ソ連のコメコン政策と冷戦——エネルギー資源問題とグローバル化』東京大学出版会、2019年。

ブラウン、アーチー（小泉直美・角田安正訳）『ゴルバチョフ・ファクター』藤原書店、2008年。

細田晴子『戦後スペインと国際安全保障——米西関係に見るミドルパワー外交の可能性と限界』千倉書房、2012年。

細谷雄一『戦後国際秩序とイギリス外交——戦後ヨーロッパの形成 1945年〜1951年』創文社、2001年。

細谷雄一『外交による平和 アンソニー・イーデンと二十世紀の国際政治』有斐閣、2005年。

ホロウェイ、デーヴィド（川上洸・松本幸重訳）『スターリンと原爆』

（上・下）、大月書店、1997 年。

本間雅美「ソ連とブレトン・ウッズ会議」『経済と経営』第 25 巻、第 1 号、1994 年。

マイケル、マイヤー（早良哲夫訳）『1989　世界を変えた年』作品社、2010 年。

マストニー、ヴォイチェフ（秋野豊・広瀬佳一訳）『冷戦とは何だったのか ── 戦後政治史とスターリン』柏書房、2000 年。

益田実『戦後イギリス外交と対ヨーロッパ政策 ──「世界大国」の将来と地域統合の進展、1945〜1957 年』ミネルヴァ書房、2008 年。

益田実・青野利彦・池田亮・齋藤嘉臣（編）『冷戦史を問いなおす ──「冷戦」と「非冷戦」の境界』ミネルヴァ書房、2015 年。

益田実・山本健（編）『欧州統合史 ── 二つの世界大戦からブレグジットまで』ミネルヴァ書房、2019 年。

水本義彦「英・ソ連「パーセンテージ」協定（1944 年 10 月）の再考」『国際学論集』第 40 号、1997 年。

水本義彦「イギリス外交と「グランド・アライアンス」の崩壊（1945 年 8 月-12 月）──「ビック・スリー」協調から「三つのモンロー」勢力圏へ」『国際学論集』第 42 号、1998 年。

水本義彦「ジュネーヴ首脳会談（1955 年 7 月）成立過程におけるイギリスの役割」『国際政経』第 15 号、2010 年。

宮下雄一郎『フランス再興と国際秩序の構想 ── 第二次世界大戦期の政治と外交』勁草書房、2016 年。

村田奈々子『物語 近現代ギリシャの歴史 ── 独立戦争からユーロ危機まで』中央公論新社、2012 年。

メーラート、ウルリヒ（伊豆田俊輔訳）『東ドイツ史　1945-1990』白水社、2019 年。

山本健太郎『ドゴールの核政策と同盟戦略 ── 同盟と自立の狭間で』関西学院大学出版会、2012 年。

山本健「冷戦の緊張緩和とヨーロッパ統合」青木人志・田中孝彦（編著）『〈戦争〉のあとに　ヨーロッパの和解と寛容』勁草書房、2008 年。

山本健『同盟外交の力学 ── ヨーロッパ・デタントの国際政治史　1968-1973』勁草書房、2010 年。

山本健「天然ガス・パイプライン建設をめぐる西側同盟、一九八一〜一九八二」益田実・青野利彦・池田亮・齋藤嘉臣（編）『冷戦史を問いなおす ──「冷戦」と「非冷戦」の境界』ミネルヴァ書房、2015 年。

山本健「ポーランド危機と西側諸国の対応、1980-81 年 ── 安定化政策と緊急対応政策」『法学論集』第 49 巻、第 1 号、2016 年。

吉岡潤「ソ連による東欧『解放』と『人民民主主義』」『スターリニズムと

いう文明』（ロシア革命とソ連の世紀　第２巻）岩波書店、2017 年。

吉留公太『ドイツ統一交渉とアメリカ外交』晃洋書房、近刊。

渡邊啓貴『アメリカとヨーロッパ――揺れる同盟の 80 年』中央公論新社、2018 年。

欧文文献

Allen, Debra J., *The Oder-Neisse Line: The United States, Poland, and Germany in the Cold War*, Praeger Publishers, 2003.
Anderson, Sheldon R., *A Cold War in the Soviet Bloc: Polish-East German Relations: 1945–1962*, Westview Press, 2001.
Aronsen, Lawrence R., "The Economic Foundations of the Cold War Alliance System, 1945–1953," in Michael A. Hennessey and B. J. C. McKercher (eds.), *War in the Twentieth Century: Reflections at Century's End*, Praeger, 2003.
Badalassi, Nicolas and Sarah B. Snyder (eds.), *The CSCE and the End of the Cold War: Diplomacy, Societies and Human Rights, 1972–1990*, Berghahn Books, 2018.
Baev, Jordan, "The Establishment of Bulgarian-West German Diplomatic Relations within the Coordinating Framework of the Warsaw Pact", *Journal of Cold War Studies*, 18/3, 2016.
Banchoff, Thomas F., *The German Problem Transformed: Institutions, Politics, and Foreign Policy, 1945–1995*, University of Michigan Press, 1999.
Bange, Olivier, "Onto the Slippery Slope: East Germany and East-West Détente under Ulbricht and Honecker, 1965–1975", *Journal of Cold War Studies*, 18/3, 2016.
Bange, Olivier, "SS-20 and Pershing II: Weapon Systems and the Dynamization of East-West Relations", in Christoph Becker-Schaum, Philipp Gassert, Martin Klimke, Wilfried Mausbach, and Marianne Zepp (eds.), *The Nuclear Crisis: The Arms Race, Cold War Anxiety, and the German Peace Movement of the 1980s*, Berghahn Books, 2016.
Bange, Oliver, and Gottfried Niedhart (eds.), *Helsinki 1975 and the Transformation of Europe*, Berghahn Books, 2008.
Bange, Olivier und Bernd Lemke (hrsg.), *Wege Zur Wiedervereinigung: Die Beiden Deutschen Staaten in Ihren Bündnissen 1970 bis 1990*, Walter de Gruyter, 2013.
Bange, Olivier, Poul Villaume (eds.), *The Long Détente: Changing Concepts of Security and Cooperation in Europe, 1950s–1980s*, Central

European University Press, 2017.
Bar-Noi, Uri, *The Cold War and Soviet Mistrust of Churchill's Pursuit of Détente, 1951–1955*, Sussex Academic Press, 2008.
Békés, Csaba, "Hungarian Foreign Policy in the Soviet Alliance System, 1968–1989," *Foreign Policy Review*, 2/1, 2004.
Békés, Csaba, "The 1956 Hungarian Revolution and the Declaration of Neutrality," *Cold War History*, 6/4, 2006.
Békés, Csaba, "Hungary, the Soviet Bloc, the German Question, and the CSCE Process, 1965–1975", *Journal of Cold War Studies*, 18/3, 2016.
Bilandzic, Vladimir, Dittmar Dahlmann, Milan Kosanovic (eds.), *From Helsinki to Belgrade: The First Csce Follow-up Meeting and the Crisis of Détente*, V&r Unipress, 2012.
Bischof, Günter, Saki Dockrill (eds.), *Cold War Respite: The Geneva Summit of 1955*, Louisiana State University Press, 2000.
Blinken, Antony J., *Ally versus Ally: America, Europe, and the Siberian Pipeline Crisis*, Praeger, 1987.
Blumenau, Bernhard, Jussi M. Hanhimäki, Barbara Zanchetta (eds.), *New Perspectives on the End of the Cold War: Unexpected Transformations?*, Routledge, 2018.
Bluth, Christoph, *Britain, Germany, and Western Nuclear Strategy*, Clarendon Press, 1995.
Borhi, László, *Dealing with Dictators: The United States, Hungary, and East Central Europe, 1942–1989*, Indiana University Press, 2016.
Bozo, Frédéric, *Two Strategies for Europe: De Gaulle, the United States, and the Atlantic Alliance*, Rowman & Littlefield, 2001.
Bozo, Frédéric, *Mitterrand, the End of the Cold War, and German Unification*, Berghahn, 2009.
Bozo, Frédéric, N. Piers Ludlow, Marie-Pierre Rey, Leopoldo Nuti (eds.), *Europe and the End of the Cold War: A Reappraisal*, Routledge, 2007.
Bozo, Frédéric, Marie-Pierre Rey, N. Piers Ludlow, Bernd Rother (eds.), *Visions of the End of the Cold War in Europe, 1945–1990*, Berghahn Books, 2012.
Bozo, Frédéric, Andreas Rödder, Mary Elise Sarotte (eds.), *German Reunification: A Multinational History*, Routledge, 2016.
Bozo, Frédéric, and Christian Wenkel (eds.), *France and the German Question, 1945–1990*, Berghahn Books, 2019.
Braat, Eleni, Pepijn Corduwener (eds.), *1989 and the West: Western Europe since the End of the Cold War*, Routledge, 2019.

Brady, Steven J., *Eisenhower and Adenauer: Alliance Maintenance under Pressure, 1953–1960*, Lexington Books, 2010.

Brands, Hal, "Non-Proliferation and the Dynamics of the Middle Cold War: The Superpowers, the MLF, and the NPT," *Cold War History*, 7/3, 2007.

Burr, William, "Avoiding the Slippery Slope: The Eisenhower Administration and the Berlin Crisis, November 1958 -Janurary 1959," *Diplomatic History*, 18/2, 1994.

Cain, Frank, *Economic Statecraft during the Cold War: European Responses to the US Trade Embargo*, Routledge, 2007.

Calandri, Elena, "La détente et la perception de l'Union soviétique chez les decideurs français: Du printemps 1955 à février 1956," *Revue d'histoire diplomatique*, no. 2 1993.

Calandri, Elena, Daniele Caviglia, Antonio Varsori (eds.), *Détente in Cold War Europe: Politics and Diplomacy in the Mediterranean and the Middle East*, I. B. Tauris & Company, 2016.

Coppolaro, Lucia, "East-West Trade, the General Agreement on Tariffs and Trade (GATT), and the Cold War: Poland's Accession to GATT, 1957–1967," in Jari Eloranta and Jari Ojala (eds.), *East-West Trade and the Cold War*, Jyväskylä University Printing House, 2005.

Cox, Mick, and Steven Hurst, "'His Finest Hour?,' George Bush and the Diplomacy of German Unification", *Diplomacy & Statecraft*, 13/4, 2002.

Creswell, Michael, *A Question of Balance: How France and the United States Created Cold War Europe*, Harvard University Press, 2006.

Crump, Laurien, *The Warsaw Pact Reconsidered: International Relations in Eastern Europe, 1955–1969*, Routledge, 2015.

Deighton, Anne, *The Impossible Peace: Britain, the Division of Germany and the Origins of the Cold War*, Clarendon Press, 1990.

Deighton, Anne, "Entente Neo-Coloniale?: Ernest Bevin and the Proposals for an Anglo-French Third World Power, 1945–1949," *Diplomacy & Statecraft*, 17/4, 2006.

DePorte, A. W., *Europe between the Superpowers: The Enduring Balance*, Yale University Press, 1979.

Dietl, Ralph, "'Une Déception Amoureuse'? Great Britain, the Continent and European Nuclear Cooperation, 1953–57," *Cold War History*, 3/1, 2002.

Dockrill, Saki, *Britain's Policy for West German Rearmament, 1950–1955*, Cambridge, 1991.

Dockrill, Saki, *Eisenhower's New-Look National Security Policy, 1953-61*, Macmillan, 1996.
Dockrill, Saki (ed.), *Controversy and Compromise: Alliance Politics between Great Britain, Federal Republic of Germany, and the United States of America, 1945-1967*, Philo, 1998.
Domber, Gregory F., *Empowering Revolution: America, Poland, and the End of the Cold War*, University of North Carolina Press, 2014.
Dragomir, Elena, *Cold War Perceptions: Romania's Policy Change towards the Soviet Union 1960-1964*, Cambridge Scholars Publishing, 2015.
Dujardin, Vincent, "Go-Between: Belgium and Détente, 1961-1973," *Cold War History*, 7/1, 2007.
Eibl, Franz, *Politik der Bewegung: Gerhard Schröder als Außenminister 1961-1966*, Oldenbourg, 2001.
Eichengreen, Barry, *The European Economy since 1945: Coordinated Capitalism and Beyond*, Princeton University Press, 2008.
Eisenberg, Carolyn Woods, *Drawing the Line: The American Decision to Divide Germany, 1944-1949*, Cambridge University Press, 1996.
Ellison, James, *The United States, Britain and the Transatlantic Crisis: Rising to the Gaullist Challenge, 1963-68*, Palgrave, 2007.
Engel, Jeffrey A., *When the World Seemed New: George H. W. Bush and the End of the Cold War*, Houghton Mifflin Harcourt, 2017.
Evangelista, Matthew, *Unarmed Forces: The Transnational Movement to End the Cold War*, Ithaca, NY, 1999.
Fink, Carole and Bernd Schaefer (eds.), *Ostpolitik, 1969-1974: European and Global Responses*, Cambridge University Press, 2008.
Friedmann, Harriet, "Warsaw Pact Socialism: Détente and the Disintegration of the Soviet Bloc," in Allen Hunter (ed.), *Re-Thinking the Cold War*, Temple University Press, 1998.
Fritsch-Bournatzel, Renata, *Confronting the German Question: Germans on the East-West Divide*, Berg, 1988.
Frøland, Hans Otto, "Distrust, Dependency and Détente: Norway, the Two Germanys and 'the German Question', 1945-1973," *Contemporary European History*, 15/4, 2006.
Fulcher, Kara Stibora, "A Sustainable Position? The United States, the Federal Republic, and the Ossification of Allied Policy on Germany, 1958-1962," *Diplomatic History*, 26/2, 2002.
Fursenko, Aleksandr and Timothy Naftali, *Khrushchev's Cold War: The*

Inside Story of an American Adversary, W. W. Norton & Co. Ltd., 2006.
Gala, Marilena, "The Essential Weaknesses of the December 1979 'Agreement': The White House and the Implementing of the Dual-Track Decision", *Cold War History*, 19/1, 2019.
Gearson, John P. S., *Harold Macmillan and the Berlin Wall Crisis, 1958–1962: The Limits of Interests and Force*, Macmillan, 1998.
Gearson, John P. S., and Kori Schake (eds.), *The Berlin Wall Crisis: Perspectives on Cold War Alliances*, Palgrave, 2002.
Germuska, Pal, "Failed Eastern Integration and a Partly Successful Opening up to the West: The Economic Re-orientation of Hungary during the 1970s", *European Review of History*, 21/2, 2014.
Germuska, Pal, "Balancing between the COMECON and the EEC: Hungarian Elite Debates on European Integration during the Long 1970s", *Cold War History*, 19/3, 2019.
Giauque, Jeffrey Glen, *Grand Designs and Visions of Unity: the Atlantic Powers and the Reorganization of Western Europe, 1955–1963*, University of North Carolina Press, 2002.
Gilbert, Mark, *Cold War Europe: The Politics of a Contested Continent*, RI, 2014.
Gloriant, Frédéric, "To Adapt to the Cold War Bipolar Order? Or to Challenge it? Macmillan and de Gaulle's Rift in the Face of the Second Berlin Crisis", *Cold War History*, 18/4, 2018.
Gori, Francesca, and Silvio Pons (eds.), *The Soviet Union and Europe in the Cold War, 1943–53*, Macmillan, 1996.
Granieri, Ronald J., *The Ambivalent Alliance: Konrad Adenauer, the CDU/CSU, and the West, 1949–1966*, Berghahn Books, 2003.
Grant, Matthew (ed.), *The British Way in Cold Warfare: Intelligence, Diplomacy and the Bomb 1945–1975*, Continuum, 2011.
Gray, William Glenn, *Germany's Cold War: The Global Campaign to Isolate East Germany, 1949–1969*, The University of North Carolina Press, 2003.
Greenwood, Sean, *Britain and the Cold War, 1945–1991*, Macmillan Press, 1999.
Guillen, Pierre, *La Question Allemande, 1945 à nos Jours*, Paris, Imprimerie nationale, 1996.
Haftendorn, Helga, *Security and Détente: Conflicting Priorities in German Foreign Policy*, Praeger Publishers, 1985.
Haftendorn, Helga, *NATO and the Nuclear Revolution: A Crisis of*

Credibility 1966–1967, Clarendon Press, 1996.
Haftendorn, Helga, *Coming of Age: German Foreign Policy since 1945*, Rowman & Littlefield, 2006.
Haftendorn, Helga, et al., (eds.), *The Strategic Triangle: France, Germany, and the United States in the Shaping of the New Europe*, Johns Hopkins University Press, 2006.
Hanrieder, Wolram F., *Germany, America, Europe: Forty Years of Germany Foreign Policy*, Yale University Press, 1989.
Harrison, Hope M., *Driving the Soviets Up the Wall: Soviet-East German Relations, 1953–1961*, Princeton University Press, 2003.
Haslam, Jonathan, *The Soviet Union and the Politics of Nuclear Weapons in Europe, 1969–87*, Cornell University Press, 1990.
Haslam, Jonathan, *Russia's Cold War: From the October Revolution to the Fall of the Wall*, Yale University Press, 2012.
Hatzivassiliou, Evanthis, "Commerce as a British Cold War 'Heresy': The Intra-NATO Debate on Trade with the Soviet Bloc, 1962–5", in Fisher et al. (eds.), *The Foreign Office, Commerce and British Foreign Policy in the Twentieth Century*, Palgrave Macmillan, 2017.
Heiss, Mary Ann, and S. Victor Papacosma (eds.), *NATO and the Warsaw Pact: Intrabloc Conflicts*, The Kent State University Press, 2008.
Hentilä, Seppo, "Maintaining Neutrality between the Two German States: Finland and Divided Germany until 1973," *Contemporary European History*, 15/4, 2006.
Heuser, Beatrice, *NATO, Britain, France and the FRG: Nuclear Strategies and Forces for Europe, 1949–2000*, Palgrave Macmillan, 1992.
Heuser, Beatrice, Robert O'Neill (eds.), *Securing Peace in Europe, 1945–62: Thoughts for the post-Cold War Era*, Palgrave Macmillan, 1992.
Heyde, Veronika, *Frankreich Im KSZE-Prozess: Diplomatie im Namen der Europäischen Sicherheit 1969–1983*, Walter de Gruyter, 2017.
Hiepel, Claudia, (ed.), *Europe in a Globalising World: Global Challenges and European Responses in the "long" 1970s*, Nomos, 2014.
Hitchcock, William, *France Restored: Cold War Diplomacy and the Quest for Leadership in Europe, 1944–1954*, University of North Carolina Press, 1998.
Hoegselius, Per, *Red Gas: Russia and the Origins of European Energy Dependence*, Palgrave Macmillan, 2012.

Hughes, Geraint, *Harold Wilson's Cold War: The Labour Government and East-West Relations, 1964–1970*, Royal Historical Society/Boydell Press, 2009.

Hughes, R. Gerald, *Britain, Germany and the Cold War: The Search for a European Détente 1949–1967*, Routledge, 2007.

Hutchings, Robert, *American Diplomacy and the End of the Cold War: An Insider's Account of U.S. Policy in Europe, 1989–1992*, Wilson Center Press, 1997.

Ingimundarson, Valur, "The Eisenhower Administration, the Adenauer Government, and the Political Uses of the East German Uprising in 1953," *Dipolomatic History*, 20/3, 1996.

Jackson, Ian, *The Economic Cold War: America, Britain and East-West Trade 1948–63*, Palgrave, 2001.

Jackson, Ian, "Economics", in Saki Dockrill & Geraint Hughes (eds.), *Palgrave Advances in Cold War History*, Palgrave, 2006.

Jain, Rajendra K., *Germany, the Soviet Union and Eastern Europe*, Advent Books Division, 1992.

Jarzabek, Wanda, "Polish Economic Policy at the Time of Détente, 1966–78", *European Review of History*, 21/2, 2014.

Jarząbek, Wanda, "The Impact of the German Question on Polish Attitudes toward CSCE, 1964–1975", *Journal of Cold War Studies*, 18/3, 2016.

Junker, Detlef, (ed.), *The United States and Germany in the Era of the Cold War, 1945–1990. A Handbook*, Cambridge University Press, 2004.

Kaldor, Mary, *The Imaginary War: Understanding the East-West Conflict*, Blackwell, 1991.

Kansikas, Suvi, *Socialist Countries Face the European Community: Soviet-Bloc Controversies over East-West Trade*, Peter Lang, 2014.

Kemp-Welch, A., *Poland under Communism: A Cold War History*, Cambridge University Press, 2008.

Kieninger, Stephan, *The Diplomacy of Détente: Cooperative Security Policies from Helmut Schmidt to George Shultz*, Routledge, 2018.

Kipp, Yvonne, *Eden, Adenauer und die deutsche Frage: britische Deutschlandpolitik im internationalen Spannungsfeld 1951–1957*, Schöningh, 2002.

Kissinger, Henry, *White House Years*, Little, Brown, 1979.

Kosthorst, Daniel, *Brentano und die deutsche Einheit: Die Deutschland-*

und Ostpolitik des Außenministers im Kabinett Adenauer 1955–1961, Drost, 1993.
Kourkouvelas, Lykourgos, "Denuclearization on NATO's Southern Front: Allied Reactions to Soviet Proposals, 1957–1963," *Journal of Cold War Studies*, 14/4, 2012.
Kovrig, Bennett, *Of Walls and Bridges: The United States & Eastern Europe*, NYU Press, 1991.
Kramer, Mark, "The Soviet Bloc and the Cold War in Europe", in Klaus Larres (ed.), *A Companion to Europe since 1945*, Wiley-Blackwell, 2009.
Kramer, Mark, "The Warsaw Pact Alliance, 1985–1991: Reform, Adaption, and Collapse", in Hanns Juergen Küesters (Hg.), *Der Zerfall des Sowjetimperiums und Deutschlands Wiedervereinigung*, Boehlau-Verlag Gmbh, 2016.
Kramer, Mark, and Vit Smetana (eds.), *Imposing, Maintaining, and Tearing Open the Iron Curtain: The Cold War and East-Central Europe 1945–1989*, Lexington Books, 2014.
Larres, Klaus, *Churchill's Cold War*, Yale University Press, 2002.
Larres, Klaus (ed.), *A Companion to Europe since 1945*, Wiley-Blackwell, 2009.
Larres, Klaus and Kenneth Alan Osgood (eds.), *The Cold War after Stalin's Death: A Missed Opportunity for Peace?*, Rowman & Littlefield, 2006.
Leffler, Melvyn P., *The Struggle for Germany and the Origins of the Cold War*, German Historical Institute, Occasional Paper 16, Washington, D.C., 1996.
Leffler, Melvyn P. and David S. Painter, *Origins of the Cold War: An International History*, Routledge, 2005.
Leffler, Melvyn P. and Odd Arne Westad (eds). *The Cambridge History of the Cold War* (3 volumes), Cambridge University Press, 2012.
Lemke, Michael, *Einheit oder Sozialismus?: die Deutschlandpolitik der SED, 1949–1961*, Bohlau Verlag, 2001.
Lerner, Mitchell, "Trying to Find the Guy Who Invited Them": Lyndon Johnson, Bridge Building, and the End of the Prague Spring," *Diplomatic History*, 32/1, January 2008.
Lippert, Werner D., *The Economic Diplomacy of Ostpolitik: Origins of NATO's Energy Dilemma*, Berghahn Books, 2011.
Locher, Anna and Nuenlist, Christian, "What role for NATO? Conflicting

Western perceptions of detente, 1963–65," *Journal of Transatlantic Studies*, 2/2, 2004.
Loth, Wilfried (Hg.), *Die Deutsche Frage in der Nachkriegzeit*, Akademie Verlag, 1994.
Loth, Wilfried, *Stalin's Unwanted Child: The Soviet Union, the German Question and the Founding of the GDR*, Macmillan, 1998.
Loth, Wilfried (ed.), *Crises and Compromises: the European Project, 1963–1969*, Nomos, 2001.
Loth, Wilfried, "Moscow, Prague and Warsaw: Overcoming the Brezhnev Doctrine," *Cold War History*, 1/2, 2001.
Loth, Wilfried, *Overcoming the Cold War: A History of Détente, 1950–1991*, Palgrave, 2002.
Loth, Wilfried (ed.), *Europe, Cold War and Co-Existence 1953–1965*, Frank Cass, 2004.
Loth, Wilfried, *Die Sowjetunion und die deutsche Frage. Studien zur sowjetischen Deutschlandpolitik*, Vandenhoeck & Ruprecht, 2007.
Loth, Wilfried and Georges-Henri Soutou (eds.), *The Making of Détente: Eastern and Western Europe in the Cold War, 1965–75*, Routledge, 2008.
Ludlow, N. Piers, *European Integration and the Cold War: Ostpolitik-Westpolitik, 1965–73*, Routledge, 2007.
Lunák, Petr, "Khrushchev and the Berlin Crisis: Soviet Brinkmanship Seen from Inside," *Cold War History*, 3/2, 2003.
Lundestad, Geir, *The United States and Europe since 1945: From "Empire" by Invitation to Transatlantic Drift*, Oxford University Press, 2003.
Lüthi, Lorenz M., *Cold Wars: Asia, the Middle East, Europe*, Cambridge University Press, 2020.
Machcewicz, Pawel, *Poland's War on Radio Free Europe, 1950–1989*, Stanford University Press, 2015.
Mahan, Erin, *Kennedy, de Gaulle and Western Europe*, Palgrave, 2002.
Mark, James, Bogdan C. Iacob, Tobias Rupprecht, Ljubica Spaskovska, *1989: A Global History of Eastern Europe*, Cambridge University Press, 2019.
Martin, Garret, *General De Gaulle's Cold War: Challenging American Hegemony, 1963–1968*, Berghahn Books, 2013.
Mastny, Vojtech, "The Soviet Non-Intervention of Poland in 1980–1981 and the End of the Cold War," *Europe-Asia Studies*, Vol. 51, No. 2, 1999.

Mastny, Vojtech, "The Soviet Union and the Origins of the Warsaw Pact in 1955," in Niels Erik Rosenfeldt, Bent Jensen, and Erik Kulavig (eds.), *Mechanisms of Power in the Soviet Union*, Palgrave Macmillan, 2000.

Mastny, Vojtech, "The 1963 Nuclear Test Ban Treaty: A Missed Opportunity for Détente?," *Journal of Cold War Studies*, 10/1, 2008.

Mastny, Vojtech and Malcolm Byrne (eds), *Cardboard Castle?: An Inside History Of The Warsaw Pact, 1955-1991*, Central European University Press, 2005.

Mastny, Vojtech, Sven S. Holtsmark, Andreas Wenger (eds.), *War Plans and Alliances in the Cold War: Threat Perceptions in the East and West*, Routledge, 2006.

Mastny, Vojtech, and Zhu Liqun (eds.), *The Legacy of the Cold War: Perspectives on Security, Cooperation, and Conflict*, Lexington Books, 2013.

Maull, Hanns W. (ed.), *The Rise and Decline of the Post-Cold War International Order*, Oxford University Press, 2019.

Maulucci, Thomas, Jr., "The Foreign Office of the Federal Republic of Germany and the Question of Relations with Communist States, 1953-55," *Diplomacy & Statecraft*, 12/1, 2001.

McKenzie, Francine, "GATT and the Cold War: Accession Debates, Institutional Development, and the Western Alliance, 1947-1959," *Journal of Cold War Studies*, 10/3, 2008.

Mueller, Wolfgang, "The Soviet Union and Early West European Integration, 1947-1957: From the Brussels Treaty to the ECSC and the EEC," *Journal of European Integration History*, 15/2, 2010.

Mueller, Wolfgang, "Recognition in Return for Détente?: Brezhnev, the EEC, and the Moscow Treaty with West Germany, 1970-1973," *Journal of Cold War Studies*, 13/4, 2011.

Mueller, Wolfgang, Michael Gehler, Arnold Suppan (eds.), *The Revolutions of 1989: A Handbook*, Austrian Academy of Sciences, 2014.

Muschik, Alexander, "Headed towards the West: Swedish Neutrality and the German Question, 1949-1972," *Contemporary European History*, 15/4, 2006.

Naimark, Norman M., *The Russians in Germany: a history of the Soviet Zone of occupation, 1945-1949*, Belknap Press of Harvard University Press, 1995.

Naimark, Norman, and Leonid Gibianskii (eds.), *The Establishment of*

Communist Regimes in Eastern Europe, 1944-1949, Westview, 1997.
Niedhart, Gottfried, *Entspannung in Europa: Die Bundesrepublik Deutschland und Der Warschauer Pakt 1966 bis 1975*, Walter de Gruyter, 2014.
Njølstad, Olav et. al. (eds.), *The Last Decade of the Cold War: From Conflict Escalation to Conflict Transformation*, Frank Cass, 2004.
Nuenlist, Christian, "Dealing with the Devil: NATO and Gaullist France, 1958-66", *Journal of Transatlantic Studies*, 9/3, 2011.
Nuenlist, Christian, Anna Locher, Garret Martin (eds.), *Globalizing de Gaulle: International Perspectives on French Foreign Policies, 1958-1969*, Lexington Books, 2010.
Nuti, Leopoldo, "Me Too Please: Italy and the Politics of Nuclear Weapons 1945-75," *Diplomacy and Statecraft*, 4/1, 1993.
Nuti, Leopoldo, "The F-I-G Story Revisited," *Storia delle Relazioni Internazionali*, 13/1, 1998.
Nuti, Leopoldo, (ed.), *The Crisis of Détente in Europe: From Helsinki to Gorbachev 1975-1985*, Routledge, 2009.
Nuti, Leopoldo, Frederic Bozo, Marie-pierre Rey, Bernd Rother (eds.), *The Euromissile Crisis and the End of the Cold War*, Stanford University Press, 2015.
Oliver, Kendrick, *Kennedy, Macmillan and the Nuclear Test-Ban Debate, 1961-63*, Macmillan, 1998.
Ouimet, Matthew J., *The Rise and Fall of the Brezhnev Doctrine in Soviet Foreign Policy: The Inside Story of the Collapse of the Soviet Empire*, The University of North Carolina Press, 2003.
Ostermann, Christian F. (ed.), *Uprising in East Germany 1953: The Cold War, the German Question, and the First Major Upheaval Behind the Iron Curtain*, Central European University Press, 2001.
Ostermann, Christian F., "The United States and German Unification", in Michael Gehler und Maximilian Graf (Hg.), *Europa und die deutsche Einheit*, Vandenhoeck & Ruprecht Gmbh & Co., 2017.
Ozinga, James R., *The Rapacki Plan: The 1957 Proposal to Denuclearize Central Europe, and an Analysis of Its Rejection*, McFarland & Co., 1989.
Paczkowski, Andrzej, *The Spring Will Be Ours: Poland and the Poles from Occupation to Freedom*, Pennsylvania State University Press, 2003.
Paczkowski, Andrzej and Malcolm Byrne (eds.), *From Solidarity to*

Martial Law: The Polish Crisis of 1980–1981, Central European University Press, 2007.

Patel, Krian Klaus, and Kenneth Weisbrode (eds.), *European Integration and the Atlantic Community in the 1980s*, Cambridge University Press, 2013.

Pechlivanis, Paschalis, *America and Romania in the Cold War: A Differentiated Détente, 1969–80*, Routledge, 2019.

Pedaliu, Effie G.H., "Truman, Eisenhower and the Mediterranean Cold War, 1945–57", *Maghreb Review*, 31/1–2, 2006.

Pedaliu, Effie G.H., "'A Sea of Confusion': The Mediterranean and Détente, 1969–1974", *Diplomatic History*, 33/4, 2009.

Pennacchio, Charles F., "The East German Communists and the Origins of the Berlin Blockade Crisis", *East European Quarterly*, 24, 1995.

Perović, Jeronim and Dunja Krempin, "The key is in our hands": Soviet energy strategy during Détente and the global oil crises of the 1970s", *Historical Social Research*, 39/4, 2014.

Perović, Jeronim (ed.), *Cold War Energy: A Transnational History of Soviet Oil and Gas*, Palgrave Macmillan, 2018.

Planck, Charles R., *The Changing Status of German Reunification in Western Diplomacy 1955–1966*, Johns Hopkins Prese, 1967.

Rajak, Svetozar, Konstantina E. Botsiou, Eirini Karamouzi, Evanthis Hatzivassiliou (eds.), *The Balkans in the Cold War*, Palgrave Macmillan, 2017.

Rey, Marie-Pierre, *La tentation du rapprochement: France et URSS à l'heure de la détente (1964–1974)*, Publications de la Sorbonne, 1991.

Rey, Marie-Pierre, "'Europe is our Common Home': A study of Gorbachev's diplomatic concept," *Cold War History*, 4/2, 2004.

Reynolds, David (ed.), *The Origins of the Cold War in Europe: International Perspectives*, Yale University Press, 1994.

Rizas, Sotiris, "Formulating a Policy towards Eastern Europe on the Eve of Détente: The USA, the Allies and Bridge Building, 1961–1964", *Journal of Transatlantic Studies*, 12/1, 2014.

Roberts, Geoffrey, *Molotov: Stalin's Cold Warrior*, Potomac Books, 2011.

Romano, Angela, *From Détente in Europe to European Détente: How the West Shaped the Helsinki CSCE*, Peter Lang, 2009.

Romano, Angela, "Re-designing Military Security in Europe: Cooperation and Competition between the European Community and NATO during the early 1980s", *European Review of History*, 24/3, 2017.

Romano, Angela, and Federico Romero (eds.), *European Socialist Regimes' Fateful Engagement with the West: National Strategies in the Long 1970s*, Routledge, 2020.

Ruggenthaler, Peter, *The Concept of Neutrality in Stalin's Foreign Policy, 1945–1953*, Lexington Books, 2015.

Sanchez-Sibony, Oscar, *Red Globalization: The Political Economy of the Soviet Cold War from Stalin to Khrushchev*, Cambridge University Press, 2014.

Sarotte, M. E., *Dealing with the Devil: East Germany, Détente, and Ostpolitik, 1969–1973*, University of North Carolina Press, 2001.

Savranskaya, Svetlana, Thomas Blanton and Vladislav Zubok (eds.), *Masterpieces of History: The Peaceful End of the Cold War in Europe, 1989*, Central European University Press, 2010.

Sayle, Timothy Andrews, *Enduring Alliance: A History of NATO and the Postwar Global Order*, Cornell University Press, 2019.

Schake, Kori, "NATO after the Cold War, 1991–1995: Institutional Competition and the Collapse of the French Alternative", *Contemporary European History*, 7/3, 1998.

Schoenborn, Benedikt, "Bargaining with the Bear: Chancellor Erhard's Bid to Buy German Reunification, 1963–64," *Cold War History*, 8/1, 2008

Schulz, Matthias, and Thomas A. Schwartz (eds.), *The Strained Alliance: Conflict and Cooperation in US-European Relations from Carter to Reagan*, Cambridge University Press, 2010.

Schwartz, David, *NATO's Nuclear Dilemmas*, Brookings Institution, 1983.

Schwarz, Hans-Peter, *The Statesman, 1952–1967, (Konrad Adenauer: A German Politician and Statesman in a Period of War, Revolution, and Reconstruction; v.2)*, Berghahn Books, 1997.

Selvage, Douglas, "The End of the Berlin Crisis: New Evidence from the Polish and East German Archives," *Cold War International History Bulletin* 11, 1998.

Selvage, Douglas, "Poland, the GDR, and the 'Ulbricht Doctrine'", in Mieczyslaw B. Biskupski and Piotr Stefan Wandycz (eds.), *Ideology, Politics, and Diplomacy in East Central Europe*, University of Rochester Press, 2004.

Shumaker, David H., *Gorbachev and the German Question: Soviet-West German Relations, 1985–1990*, Praeger Publishers, 1995.

Smith, Raymond, "A climate of opinion: British officials and the

development of British Soviet policy, 1945–7," *International Affairs*, 64/4, 1988.

Sjursen, Helene, *The United States, Western Europe and the Polish Crisis: International Relations in the Second Cold War*, Palgrave Macmillan, 2003.

Skogmar, Gunnar, *The United States and the Nuclear Dimension of European Integration*, Palgrave Macmillan, 2004.

Smyser, W. R., *From Yalta to Berlin: the Cold War Struggle over Germany*, Macmillan, 1999.

Snyder, Sarah B., "The CSCE and the Atlantic Alliance: Forging a New Consensus in Madrid", *Jouranl of Transatlantic Studies*, 8/1, 2010.

Snyder, Sarah B., "The Foundation for Vienna: A Reassessment of the CSCE in the mid-1980s", *Cold War History*, 10/4, 2010.

Snyder, Sarah B., *Human Rights Activism and the End of the Cold War: A Transnational History of the Helsinki Network*, Cambridge University Press, 2011.

Sodaro, Michael J., *Moscow, Germany, and the West from Khrushchev to Gorbachev*, Cornell University Press, 1990.

Sowden, J. K., *The German Question 1945–1973: Continuity in Change*, Bradford University Press, 1975.

Spaulding, Robert Mark, *Osthandel and Ostpolitik: German Foreign Trade Policies in Eastern Europe from Bismarck to Adenauer*, Berghahn Books, 1997.

Spohr, Kristina, *The Global Chancellor: Helmut Schmidt and the Reshaping of the International Order*, Oxford University Press, 2016.

Spohr, Kristina, *Post Wall, Post Square: Rebuilding the World after 1989*, William Collins, 2019.

Spohr, Kristina, and David Reynolds, *Transcending the Cold War: Summits, Statecraft, and the Dissolution of Bipolarity in Europe 1970–1990*, Oxford University Press, 2016.

Soutou, Georges-Henri, "Les problèmes de sécurité dans les rapports franco-allemands de 1956 à 1963," *Relations internationals*, 58, 1989.

Soutou, Georges-Henri, *L'alliance incertaine: les rapports politico-stratégiques franco-allemands, 1954–1996*, Fayard, 1996.

Steiner, André, "The Globalisation Process and the Eastern Bloc Countries in the 1970s and 1980s", *European Review of History*, 21/2, 2014.

Stent, Angela, *From Embargo to Ostpolitik: The Political Economy of*

West German-Soviet Relations, 1955–1980, Cambridge, 1981.
Stromseth, Jane, *The Origins of Flexible Response: NATO's Debate over Strategy in the 1960s*, Macmillan, 1988.
Suri, Jeremi, *Power and Protest: Global Revolution and the Rise of Détente*, Harvard University Press, 2003.
Taubman, William, *Khrushchev: The Man and His Era*, W. W. Norton & Company, 2003.
Tismaneanu, Vladimir, *Stalinism for All Seasons: A Political History of Romanian Communism*, University of California Press, 2003.
Trachtenberg, Marc, *A Constructed Peace: The Making of the European Settlement 1945–1963*, Princeton University Press, 1999.
Trachtenberg, Marc (ed.) *Between Empire and Alliance: America and Europe during the Cold War*, Rowman & Littlefield, 2003.
Vaïsse, Maurice, *La Grandeur: Politique étrangère de général de Gaulle 1958–69*, Fayard, 1998.
Vaïsse, Maurice, Pierre Mélandri, et Frédéric Bozo (dir.), *La France et l'OTAN, 1949–1996*, Editions Complexe, 1996.
Van Oudenaren, John, *Détente in Europe: The Soviet Union and the West since 1953*, Duke University Press, 1991.
Varsori, Antonio, "Great Britain and Italy 1945–56: The Partnership between a Great Power and a Minor Power?" *Diplomacy and Statecraft*, 3/2, 1992.
Varsori, Antonio, and Elena Calandri (eds.), *The Failure of Peace in Europe, 1943–1948*, Palgrave, 2002.
Villaume, Poul and Odd Arne Westad (eds.), *Perforating the Iron Curtain: European Détente, Transatlantic Relations, and the Cold War, 1965–1985*, Museum Tusculanum Press, 2010.
Wenger, Andreas, "Crisis and Opportunity: NATO and the Miscalculation of Détente, 1966–1968", *Journal of Cold War Studies*, 6/1, 2004.
Wenger, Andreas, Christian Nuenlist and Anna Locher (eds.), *Transforming NATO in the Cold War: Challenges beyond deterrence in the 1960s*, Routledge, 2006.
Wenger, Andreas, Vojtech Mastny, and Christian Nuenlist (eds.), *Origins of the European Security System: The Helsinki Process Revisited, 1965–75*, Routledge, 2008.
Wettig, Gerhard, *Stalin and the Cold War in Europe: The Emergence and Development of East-West Conflict, 1939–1953*, Rowman & Littlefield, 2007.

Wettig, Gerhard, "The Last Soviet Offensive in the Cold War: Emergence and Development of the Campaign against NATO Euromissiles, 1979-1983", *Cold War History*, 9/1, 2009.

White, Brian, *Britain, Détente, and Changing East-West Relations*, Routledge, 1992.

Woolcock, Stephen, *Western Policies on East-West Trade*, Routledge & Kegan Paul, 1982.

Yamamoto, Takeshi, "Détente or Integration? EC Response to Soviet Policy Change towards the Common Market, 1970-75", *Cold War History*, 7/1, 2007.

Young, John W., "The Failure of the New Entente Cordiale, 1947-50," in Alan Sharp and Glyn Stone (eds.), *Anglo-French Relations in the Twentieth Century: Rivalry and Cooperation*, Routledge, 2000.

Zelikow, Philip, and Condoleezza Rice, *Germany Unified and Europe Transformed: A Study in Statecraft*, Harvard University Press, 1997.

Zelikow, Philip, and Condoleezza Rice, *To Build a Better World: Choices to End the Cold War and Create a Global Commonwealth*, Twelve, 2019.

Zubok, Vladislav, *A Failed Empire: The Soviet Union in the Cold War from Stalin to Gorbachev*, The University of North Carolina Press, 2007.

ドキュメンタリー

BS世界のドキュメンタリー「1989“鉄のカーテン”消滅への序章」(2016年11月10日放送)

BS世界のドキュメンタリー「ラジオ　フリーヨーロッパ〜“鉄のカーテン”の向こうへ〜」(2009年11月23日放送)

BS世界のドキュメンタリー「ライプチヒの軌跡」(前編2009年11月13日放送、後編2009年11月14日放送)

ちくま新書
1550

ヨーロッパ冷戦史《れいせんし》

二〇二一年二月一〇日　第一刷発行

著　者　山本　健（やまもと・たけし）

発行者　喜入冬子

発行所　株式会社　筑摩書房
東京都台東区蔵前二-五-三　郵便番号一一一-八七五五
電話番号〇三-五六八七-二六〇一（代表）

装幀者　間村俊一

印刷・製本　株式会社　精興社

ISBN978-4-480-07373-0 C0222